projeto **Teláris**

estudar LÍNGUA PORTUGUESA

CB026360

Janie Airey/Lifesize/Getty Images

Wavebreakmedia ltd./Shutterstock/Glow Images

Ao ler (ouvir) uma notícia ou reportagem, em papel, num *site*, na televisão, onde for, atente para:

- ✔ **O QUE** diz a notícia;
- ✔ **QUEM** são as pessoas envolvidas;
- ✔ **QUANDO** o fato ocorreu;
- ✔ **ONDE** aconteceu;
- ✔ **COMO** aconteceu;
- ✔ **POR QUE** aconteceu.

Não é difícil! A maior parte dessas informações está no primeiro parágrafo!

Arme-se... de lápis, marca-texto, papel para anotações!

>> Notícias e reportagens, em geral, vêm acompanhadas de **FOTOS**.

Observe a foto. Leia a legenda.

- ✔ A foto ilustra exatamente o conteúdo da notícia ou traz informação nova?
- ✔ Você consegue perceber a intenção do fotógrafo ao fazer essa foto?

Um bom leitor tem de ficar atento a isso!

Daniel Almeida/Arquivo da editora

Você já se viu diante do desafio de traçar **estratégias** para ganhar um jogo ou enfrentar uma situação complicada? Já "bolou" algum artifício para tornar mais fáceis as tarefas do dia a dia? Deixar à mão a roupa que vai usar no dia seguinte pode ser um bom estratagema para dormir um pouco mais pela manhã antes de sair de casa...

Programar o celular para lembrar alguma coisa, ou amarrar um barbante no dedo...

Vamos apresentar a seguir algumas **estratégias** que podem ser úteis a você na hora **de estudar**!

ANTES DE LER UM TEXTO...
pense na finalidade da leitura.

- ✔ **É para estudar?**
- ✔ **Para fazer uma atividade? Qual?**

Saber antecipadamente **PARA QUE** vamos ler ajuda a direcionar melhor a leitura para encontrar no texto o que queremos.

ORGANIZE...
as anotações no caderno!

1. Escreva sempre a **DATA**, no início da aula, para cada disciplina: ficará mais fácil localizar a matéria na hora de estudar.

2. No final de cada aula, anote o **ASSUNTO** que foi tratado.

3. Use **CORES** diferentes para ressaltar um título, uma definição, uma ideia importante.

4. Procure escrever com **LETRA LEGÍVEL** para reler com facilidade.

E SE O TEXTO FOR...
um jornal em papel?

Ninguém precisa ler um **jornal inteiro**! Cada um lê aquilo que é do seu interesse. Os fatos mais importantes estão anunciados **na primeira página** do jornal.

- ✔ **Leia a primeira página**: manchetes, chamadas de notícias e resumos dos fatos.
- ✔ **Veja se há indicação das páginas das notícias**: você pode ir direto ao que lhe interessa.

TUDO AO MESMO TEMPO?

Muitos se incomodam com a rotina e gostam de ter experiências novas a cada dia. Isso é interessante, mas, para conseguir bons resultados nos estudos, é preciso planejar seu dia a dia.

DICAS PARA VOCÊ SE ORGANIZAR, APROVEITAR MAIS SEU TEMPO E NÃO DEIXAR TUDO PARA A ÚLTIMA HORA.

✔ Agenda

Manter uma agenda para organizar suas atividades é muito útil para você cumprir seus compromissos e tarefas. Pode ser uma agenda de papel ou virtual, como aplicativos de celular. Tanto faz o tipo, o fundamental é ter uma e, claro, acompanhá-la e atualizá-la diariamente. Nela, é bom ter anotados os telefones celulares e fixos de seus colegas de classe para eventuais contatos.

✔ Anotações

Para lembrar-se de seus compromissos, é bom não confiar só na memória: anote em sua agenda tudo o que você precisa fazer. Há quem considere perda de tempo anotar, porque o compromisso parece simples, fácil de ser lembrado, mas nem sempre isso acaba bem, e o resultado pode trazer consequências negativas, em especial se a data combinada não puder ser prorrogada... Então, lembre-se: data e conteúdo de provas, de entrega de trabalhos, de apresentações, de lição de casa, de fazer trabalho em grupo: tudo para a agenda!

✔ Planejamento

Para conseguir cumprir satisfatoriamente seus compromissos e tarefas, é essencial planejá-los com antecedência. Sempre que você tiver trabalho para entregar, apresentação oral, prova para estudar, lição para fazer, planeje-se. E planejar tem a ver com a fase de preparação de uma tarefa, de programação de ações coordenadas para realizá-la devidamente. O planejamento deve ser pensado em relação à data de entrega ou apresentação da tarefa. Então, é necessário tentar prever o tempo que será preciso para iniciar e finalizar a tarefa, que materiais serão necessários, entre outros detalhes, para que tudo possa ser cumprido dentro do prazo disponível, sem atraso. No planejamento, a agenda será sua grande aliada.

✔ Prioridades

Organize-se sempre em função das prioridades. Quando muitas tarefas e compromissos se acumulam, a solução é priorizar. E o que é priorizar? É dar preferência ao que precisa ser feito primeiro, que tem mais importância, mais urgência no momento. Fazer uma lista de prioridades ajuda bastante, para ter ideia da situação geral e do que deve ser feito primeiro. Se houver algo atrasado ou com prazo vencendo, reserve um momento para resolver isso. E começar a resolver pelas coisas mais complicadas é o mais indicado, pois você vai iniciar a organização com a cabeça mais tranquila para solucionar o atraso.

ROTINA, ela é nossa aliada.

DICAS PARA CRIAR UMA ROTINA!

✔ **Horários fixos.** Ter horário fixo para dormir, acordar, estudar, descansar, alimentar-se é essencial, pois ajuda a aumentar o rendimento, a produtividade.

✔ **Respeito ao horário de sono.** Dormir 8 horas por noite é o ideal para o bom funcionamento do cérebro.

✔ **Estude nos horários em que você não estiver cansado.** Não deixe para estudar à noite, por exemplo. O rendimento não será o mesmo se você estiver cansado.

✔ **Hora de pausa.** A cada hora de estudo, faça uma pausa de 10 minutos, procurando descansar um pouco a mente e os olhos.

✔ **Esporte e diversão.** Procure praticar um esporte. E essa dica é para a vida toda. Reserve também um tempo para se encontrar pessoalmente com os amigos, se distrair e se divertir!

projeto Teláris

O nome do Projeto Teláris se inspira na forma latina telarium, que significa "tecelão", para evocar o entrelaçamento dos saberes na construção do conhecimento.

Ana Trinconi Borgatto
Terezinha Bertin
Vera Marchezi

Português 7

Ana Maria Trinconi Borgatto
- Licenciada em Letras pela Universidade de São Paulo (USP)
- Mestre em Letras pela USP
- Pós-graduada em Estudos Comparados de Literaturas de Língua Portuguesa pela USP
- Pedagoga graduada pela USP
- Professora universitária
- Professora de Língua Portuguesa do Ensino Fundamental e Médio

Terezinha Costa Hashimoto Bertin
- Licenciada em Letras pela USP
- Mestre em Ciências da Comunicação pela USP
- Pós-graduada em Comunicação e Semiótica pela Pontifícia Universidade Católica de São Paulo (PUC–SP)
- Professora universitária
- Professora de Língua Portuguesa do Ensino Fundamental e Médio

Vera Lúcia de Carvalho Marchezi
- Licenciada em Letras pela Universidade Estadual Paulista (Unesp – Araraquara, SP)
- Mestre em Letras pela USP
- Pós-graduada em Estudos Comparados de Literaturas de Língua Portuguesa pela USP
- Professora universitária
- Professora de Língua Portuguesa do Ensino Fundamental e Médio

Use esse QR Code para acessar o *site* exclusivo do Projeto Teláris. Basta fazer o *download* de um leitor de QR Code no seu celular ou *tablet* e posicionar a câmera como se fosse fotografar a imagem acima.

editora ática

editora ática

Diretoria de conteúdo e inovação pedagógica
Mário Ghio Júnior

Diretoria editorial
Lidiane Vivaldini Olo

Gerência editorial
Luiz Tonolli

Editoria de Língua Portuguesa
Renato Luiz Tresolavy

Edição
Rosângela Rago,
Valéria Franco Jacintho
e Francisca Tarciana Morais da Silva (estag.)

Arte
Ricardo de Gan Braga (superv.),
Andréa Dellamagna (coord. de criação),
Tomiko C. Suguita (editora de arte)
e Casa de Tipos (diagram.)

Revisão
Hélia de Jesus Gonsaga (ger.), Rosângela Muricy (coord.),
Ana Curci, Ana Paula Chabaribery Malfa,
Vanessa de Paula Santos e Brenda Morais (estag.)

Iconografia
Sílvio Kligin (superv.),
Ellen Colombo Finta (pesquisa),
Cesar Wolf e Fernanda Crevin (tratamento de imagem)

Ilustrações
Carlos Araujo, Cláudio Chiyo, Mauricio Pierro, Nik Neves,
Suryara Bernardi e Theo
Bruno Algarve e Daniel Almeida (fôlder Estudar)

Foto da capa: Tiplyashina Evgeniya/
Shutterstock/Glow Images

Direitos desta edição cedidos à Editora Ática S.A.
Avenida das Nações Unidas, 7221, 3º andar, Setor C
Pinheiros – São Paulo – SP – CEP 05425-902
Tel.: 4003-3061
www.atica.com.br / editora@atica.com.br

Dados Internacionais de Catalogação na Publicação (CIP)
(Câmara Brasileira do Livro, SP, Brasil)

Borgatto, Ana Maria Trinconi
    Projeto Teláris : língua portuguesa : ensino
fundamental 2 / Ana Maria Trinconi Borgatto,
Terezinha Costa Hashimoto Bertin, Vera Lúcia de Carvalho
Marchezi. – 2.ed. – São Paulo : Ática, 2015. – (Projeto
Teláris : português)

    Obra em 4 v. para alunos do 6º ao 9º ano.

    1. Português (Ensino fundamental) I. Bertin,
Terezinha Costa Hashimoto. II. Marchezi, Vera
Lúcia de Carvalho. III. Título. IV. Série.

15-03002   CDD-372.6

Índice para catálogo sistemático:
1. Português : Ensino fundamental   372.6

2017

ISBN 978 85 08 17239-9 (AL)
ISBN 978 85 08 17240-5 (PR)
Cód. da obra CL 738798
CAE 542 446 (AL) / 542 447 (PR)

2ª edição
5ª impressão

Impressão e acabamento
Bercrom Gráfica e Editora

Apresentação

Interagir, compreender as mudanças trazidas pelo tempo, conviver com diferentes linguagens e comunicar-se são desafios que enfrentamos em nosso dia a dia.

Esta obra foi feita pensando em você e tem por finalidade ajudá-lo nesses desafios e contribuir para sua formação como leitor e produtor de textos. Também tem outros objetivos: aguçar a imaginação, informar, discutir assuntos polêmicos, contribuir para aflorar emoções, estimular o espírito crítico e, principalmente, tornar prazerosos seus estudos.

O que você encontrará aqui?

Textos de diferentes tipos e gêneros: letras de música, histórias, notícias, reportagens, relatos, textos expositivos ou argumentativos, debates, charges, quadrinhos, poesia e outras artes... E muita reflexão sobre usos e formas de organizar a língua portuguesa, instrumento fundamental para você interagir e se comunicar cada vez melhor.

Venha participar de atividades diferenciadas, que podem ser realizadas ora sozinho, ora em dupla, ora em grupo, ora em projeto interativo que envolve todos os alunos na construção de um produto final.

O convite está feito! Bom estudo!

As autoras

Conheça seu livro de Língua Portuguesa

Escada circular vista de cima.

① Abertura das Unidades

A imagem da abertura de cada Unidade e as questões sugeridas no **Ponto de partida** são propostas para aguçar sua curiosidade e convidá-lo a explorar os conteúdos dos capítulos.

Os livros dividem-se em quatro Unidades. Cada Unidade reúne dois capítulos e é identificada por um **ícone laranja**, repetido nas páginas ímpares.

② Capítulos

Cada capítulo concentra o estudo em um gênero textual, tendo como base o(s) texto(s) proposto(s) como **Leitura**.

A **Interpretação de texto** é dividida em três momentos — **Compreensão**, **Construção do texto** e **Linguagem do texto** — para que você possa desenvolver com mais eficiência suas habilidades de leitura. **Compreensão** conta sempre com **Conversa em jogo**, em que há uma proposta de argumentação oral relacionada com o texto lido.

③

Em **Prática de oralidade** você vai exercitar sua habilidade em organizar a fala de acordo com a situação comunicativa proposta, produzindo gêneros orais afinados com os estudos do capítulo.

④

Em **Língua: usos e reflexão** você estuda as estruturas linguísticas fundamentais do gênero trabalhado no capítulo.

No dia a dia procura chamar sua atenção para usos da língua que não seguem a gramática normativa, mas que cada vez mais estão presentes na fala e/ou na escrita do português brasileiro.

A seção **Hora de organizar o que estudamos** apresenta um mapa conceitual que vai ajudá-lo a organizar seus conhecimentos sobre o gênero e também sobre os conceitos linguísticos estudados.

Estudar a Língua Portuguesa é fundamental para dominar habilidades de leitura e de produção de textos apropriadas a diversas situações comunicativas. É essencial também para que você reflita sobre aspectos linguísticos e se habitue a identificar os contextos de produção e de circulação dos gêneros textuais.

Esse estudo é proposto também para encantá-lo com a linguagem. Lendo e ouvindo textos, interpretando significados e conversando informalmente sobre música, fotografia, opiniões... você vai se encantar com a linguagem e redescobrir a língua a cada dia.

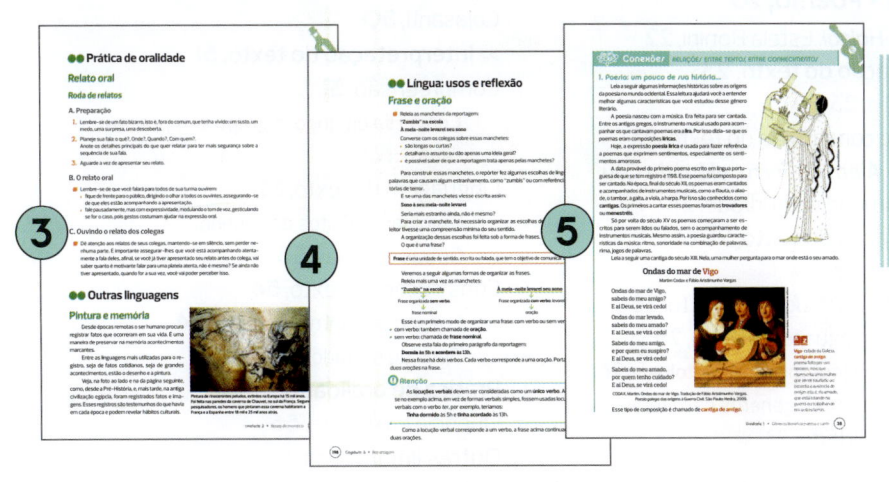

Este ícone indica que há conteúdo digital disponível em: www.projetotelaris.com.br

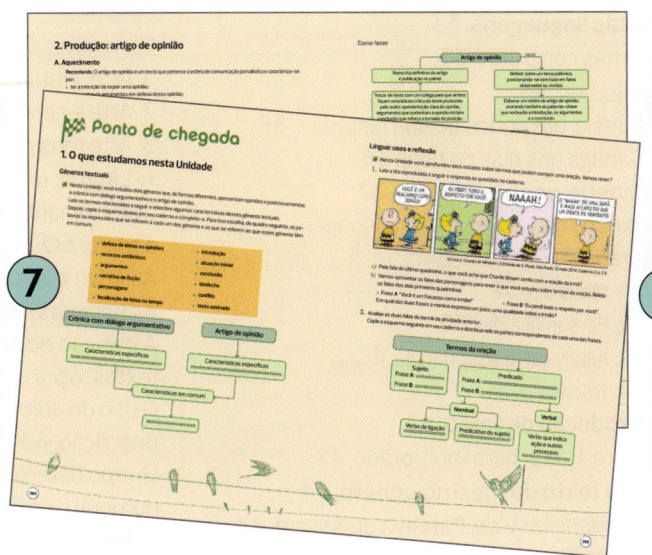

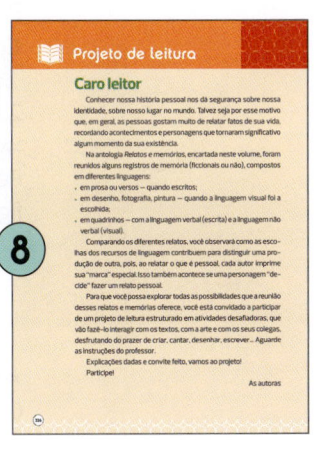

⑤ A seção **Conexões** traz textos em diferentes linguagens verbais e não verbais, indicando relações entre o texto de leitura e muitos outros e favorecendo, sempre que possível, as relações entre a língua portuguesa, outras linguagens e outras disciplinas.

⑥ Na seção **Produção de texto** você será convidado a produzir textos escritos e orais aplicando o que estudou no capítulo.

⑦ Fechamento das Unidades

Depois do segundo capítulo de cada Unidade, há sempre um quadro de **Autoavaliação** que vai ajudá-lo a perceber o que aprendeu e o que precisa rever. Na página seguinte, as **Sugestões** trazem dicas de livros, filmes, *sites* e CDs. O **Ponto de chegada** da Unidade organiza-se em dois tópicos: um deles propõe atividades para você retomar e consolidar seus estudos de língua e de gênero; o outro propõe uma produção escrita a ser desenvolvida em etapas acompanhadas de esquemas.

⑧ Fechamento do livro

Na **Unidade Suplementar** trabalham-se conteúdos de ortografia, acentuação e outros complementares aos estudos de estruturas linguísticas desenvolvidos nos capítulos. Aponta-se, na seção *Língua: usos e reflexão*, a relação entre esses estudos e conteúdos da Unidade Suplementar. No **Projeto de Leitura**, há um livro ou uma coletânea de textos selecionados especialmente para ajudá-lo a desenvolver com prazer a prática de leitura.

Sumário

Nik Neves/Arquivo da editora

Relato de memória

Theo/Arquivo da editora

Maurício Pierro/Arquivo da editora

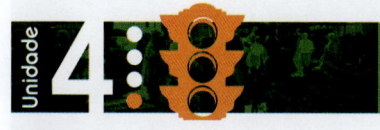

Unidade 4 — Ideias e opiniões

Carlos Araujo/Arquivo da editora

 Sumário

Carlos Araujo/Arquivo da editora

Língua: origem e influências

Se alguém lhe perguntasse que língua você fala, o que você responderia? Língua portuguesa, com certeza, porque, no Brasil, a língua oficial é o português.

Leia e, se possível, cante a letra da música a seguir, observando bem as palavras.

Querelas do Brasil

Maurício Tapajós e Aldir Blanc

alaúde: instrumento musical parecido com o violão.

ataúde: urna funerária, caixão de defunto.

piá: menino, criança.

carioca: aquele que nasce na cidade do Rio de Janeiro.

porecramecrã: grupo indígena que vivia às margens do rio Tocantins.

akarone ou **akarore**: nome de um grupo indígena também conhecido como Kreen-Akarore ou Panará.

tororó: conversa fiada.

piriri: diarreia, dor de barriga.

ratatá: onomatopeia para o som dos tiros de uma metralhadora.

caratê: luta marcial japonesa, esporte.

jereba: animal de pouca qualidade; pangaré.

cunhãs: nome indígena para *esposas*.

aura: vento brando, brisa, aragem, sopro.

jererê ou **jereré**: rede para a pesca de camarões ou peixes miúdos.

sarará: aquele que tem pelos ruivos.

sururu: revolta, motim.

O Brazil não conhece o Brasil
O Brasil nunca foi ao Brazil

Tapir, jabuti,
Iliana, alamanda, ali, **alaúde**
Piau, ururau, aki, **ataúde**
Piá-carioca, **porecramecrã**
Jobim **akarone**, jobim-açu,

Uou, uou, uou
Pererê, camará, **tororó**, olerê
Piriri, **ratatá**, **caratê**, olará

O Brazil não merece o Brasil
O Brazil tá matando o Brasil
Jereba, saci,
Caandradea, **cunhãs**, ariranha, aranha
Sertões, guimarães, bachianas, águas
Imarionaíma, arirariboia,
Na **aura** das mãos de jobim-açu

Vou, vou, vou
Jererê, **sarará**, cururu, olerê
Blá-blá-blá, bafafá, **sururu**, olará
Do Brasil, S.O.S. ao Brasil

Tinhorão, urutu, sucuri
Ujobim, sabiá, bem-te-vi
Cabuçu, Cordovil, Cachambi, olerê
Madureira, Olaria e Bangu, olará

Gerson Gerloff/Pulsar Imagens

Cascadura, Água Santa, Acari
Ipanema e Nova Iguaçu
Do Brasil, S.O.S. ao Brasil

TAPAJÓS, Maurício; BLANC, Aldir. *A transversal do tempo — 1978*. Intérprete: Elis Regina. [s.l.]: Universal Music, 2002. Gravada ao vivo no Teatro Ginástico em 1978, Rio de Janeiro, pela extinta Phonogram.

Manuel Lourenço/Olhar Imagem

Peter Anderson/Dorling Kindersley/Getty Images

Tapir (anta)

Jabuti

CONTEÚDO DIGITAL

Iliana ou liana (cipó)

Alamandas (trepadeira, planta ornamental)

Piau (peixe comum da bacia Amazônica)

Ururau (jacaré–de–papo–amarelo)

Camará (planta ornamental)

Jereba (pangaré)

Ariranha (lontra–gigante)

Aranha

Cururu (sapo–boi)

Filhote de anta

Urutu (serpente venenosa)

Sucuri (serpente de grande porte)

Querela é uma palavra que tem origem no latim. Significava *lamentação, queixa*. Hoje a palavra é usada para indicar um tipo de canto terno em que se lamenta um fato ou, por extensão do sentido original, pode significar também divergência de opiniões, discussão.

Nessa letra de música, é feito um contraponto entre o registro de *Brazil* com a letra Z e de *Brasil* com a letra S, sinalizando uma crítica aos que não conhecem o Brasil real, que tem na sua origem o indígena, além do português, do africano e de outros povos. Para destacar a diversidade cultural do Brasil, os compositores escolheram cuidadosamente as palavras.

Observe:

Palavras da letra de música	Língua de origem
tapir, jabuti, piau, ururau, piá, carioca, camará, tororó, piriri, jereba, saci, cunhãs, ariranha, sarará, cururu, urutu, sucuri, sabiá	tupi
aranha, aura, alamanda	latim
liana	francês
alaúde, ataúde	árabe
caratê	japonês

verbete: o conjunto de significados, exemplos e informações que definem e explicam o termo contido em um dicionário, enciclopédia ou livro, por meio da reunião de palavras relacionadas a um assunto.

Para conhecer a origem das palavras da letra de música, vocês podem consultar um dicionário completo da língua portuguesa que, em cada **verbete**, além do significado, traga também a **etimologia** das palavras.

> **Etimologia** é o estudo da origem e da evolução das palavras.

Veja como em um verbete do *Dicionário Houaiss da língua portuguesa* aparece a etimologia da palavra *jabuti*.

Fabio Colombini/
Acervo do fotógrafo

jabuti s.m. (1587 cf. NotBr) **1** HERP desig. comum aos quelônios, terrestres e herbívoros, da fam. dos testudinídeos, de carapaça alta, em forma de domos, patas posteriores tubulares, semelhantes às dos elefantes, dedos curtos, com garras e movimentos lentos [...]
• ETIM tupi yawoˊti; f.hist. 1624 *jubutins*, c1698 jabutys, c1777 jabuti SIN/VAR nas acp. HERP: jaboti.

Dicionário Houaiss da língua portuguesa. Rio de Janeiro: Objetiva, 2001.

Para entender tudo o que um verbete de dicionário pode trazer é preciso consultar também a lista das reduções utilizadas, pois a forma de abreviação de palavras pode variar de autor para autor.

No verbete anterior, copiado da página 1664, as abreviações usadas significam respectivamente:
• **s.m.**: substantivo masculino.
• **cf.**: *confira* ou *confronte*.
• **Not Br**: *Notícia do Brasil* (1587), obra do português Gabriel Soares de Sousa.
• **HERP**: abreviatura da palavra *herpetologia*, que significa ramo da zoologia que estuda os répteis.
• **ETIM**: etimologia.

●● A língua portuguesa no Brasil

A língua portuguesa originou-se do latim.

O latim era uma língua falada no Lácio, região da atual Itália que fazia parte do Império Romano. À medida que os romanos conquistavam novos territórios, o latim, levado pelos soldados e mercadores, ia se modificando no contato com outras culturas. Assim, deu origem a novas línguas, das quais derivam as chamadas línguas neolatinas: o espanhol, o francês, o catalão, o provençal, o romeno, o italiano, o galego, além do português.

Entre os séculos XV e XVI, os portugueses espalharam seu idioma por regiões da África, da Ásia e da América.

Quando aqui chegaram, encontraram uma natureza diferente da que conheciam: plantas e animais que não existiam na Europa, cujos nomes foram dados pelos povos que aqui viviam. Por isso muitos nomes de frutas, animais, rios e cidades que hoje fazem parte do português são de origem indígena. O mesmo acontece com os nomes dos seres da mitologia indígena que são parte da nossa cultura: *iara*, *saci*, *boitatá*, *curupira*, entre outros.

Ao compor a letra da música, os autores escolheram cada palavra com a **intenção** de garantir o ritmo desejado e ainda destacar o Brasil real, o que valoriza sua origem linguística e sua cultura. Na criação dos versos, foi considerado também o **contexto histórico** e **cultural** brasileiro, isto é, o momento em que a letra da canção foi composta (final da década de 1970), além do espaço em que nós, brasileiros, vivemos e o que é representativo de nossa cultura, nossos hábitos.

1. Citações culturais

Releia algumas das palavras da letra da música e as relações culturais que podem ser estabelecidas:

- **Caandrades**: referência a três escritores brasileiros de sobrenome *Andrade* cujas obras defendem a importância da cultura nacional.

Acervo Iconographia

Oswald de Andrade (1890-1954), poeta brasileiro.

Acervo Iconographia

Mário de Andrade (1893-1945), escritor brasileiro, autor do romance *Macunaíma*.

Rogerio Reis/Arquivo da editora

Carlos Drummond de Andrade (1902-1987), poeta e escritor brasileiro.

- **Sertões**: refere-se tanto à obra *Os sertões*, de Euclides da Cunha, quanto ao romance *Grande sertão: veredas*, de João Guimarães Rosa.

Euclides da Cunha (1866–1909), autor do romance *Os sertões*.

João Guimarães Rosa (1908–1967), autor do romance *Grande sertão: veredas*.

- **Aririboia**: contração de *Ari* com *Araríboia*, faz referência a duas figuras da cultura brasileira: ao compositor de *Aquarela do Brasil* e a um grande chefe indígena, Araríboia.

Veja:

Ary de Resende Barroso (1903–1964), compositor da canção "Aquarela do Brasil".

Estátua de Araríboia, chefe tupi, considerado o fundador da cidade de Niterói (RJ).

- **Bachianas**: referência a uma série de nove composições musicais do maestro Heitor Villa-Lobos, escritas entre 1930 e 1945.

Heitor Villa-Lobos (1887–1959), maestro e compositor brasileiro.

2. Uma crítica musical

Releia o verso:

Tinhorão, urutu, sucuri

A palavra *tinhorão*, que aparece antes de *urutu* e *sucuri* (serpentes), pode dar nome a:

- uma planta bastante apreciada em razão de sua folhagem, embora seja muito tóxica.

Tinhorão, a planta.

ou a:

- um crítico musical chamado **José Ramos Tinhorão** (1928–), estudioso da música popular, conhecido por depreciar a bossa nova e os compositores da época, como Tom Jobim.

Tinhorão, o crítico musical. Foto de 2014.

urutu: serpente venenosa da mesma família da jararaca e da cascavel.

sucuri: serpente não venenosa que vive perto de rios e pântanos. Ela ataca animais, envolvendo e apertando o corpo de sua presa, matando-a por constrição.

1. Em sua opinião, a qual dos significados da palavra *tinhorão* o verso "Tinhorão, urutu, sucuri" pode estar se referindo?

Releia o verso que vem logo após "Tinhorão, urutu, sucuri":

Ujobim, sabiá, bem-te-vi

Agora leia as informações referentes às fotos a seguir:

O sabiá-laranjeira, também conhecido como sabiá amarelo ou de peito roxo, é considerado a ave-símbolo do Brasil.

O bem-te-vi é um dos pássaros mais populares do Brasil. O som de seu nome lembra o som de seu canto.

Antônio Carlos Brasileiro de Almeida Jobim (1927-1994), ou Tom Jobim, foi um importante compositor brasileiro, conhecido por suas composições de bossa nova.

2. Em grupo. Converse com dois ou três colegas sobre os versos "Tinhorão, urutu, sucuri/Ujobim, sabiá, bem-te-vi" e as informações lidas. Na opinião de vocês, que relações podem existir entre esses dois versos?

Muitos outros artistas nacionais se preocuparam com a valorização das coisas genuinamente brasileiras, entre elas a origem indígena de muitos elementos da nossa cultura, presente também na língua portuguesa falada no Brasil.

Entretanto, a língua se modifica ao longo do tempo, pois os seres humanos mudam. Assim, novas palavras surgem para nomear o que é novo – novas tecnologias, novos conhecimentos, novas relações sociais, etc.

A língua portuguesa foi e continua sendo influenciada por outras línguas: palavras estrangeiras têm sido incorporadas ao nosso idioma constantemente. Muitas tiveram sua forma escrita aportuguesada, como *garçom* ou *futebol*. Outras, principalmente no Brasil, são usadas no dia a dia em sua forma de origem, como *mouse* ou *web*.

Veja, no quadro a seguir, algumas palavras originárias de outras línguas e que foram incorporadas ao vocabulário da língua portuguesa:

Língua de origem	Palavras
línguas africanas (banto, iorubá e quimbundo)	acarajé, bagunça, bunda, caçula, cafundó, cafuné, candomblé, camundongo, fubá, marimbondo, mandioca, paçoca, pipoca, beiju, macaxeira, moleque, moqueca, samba, senzala, vatapá, etc.
árabe	arroz, azeite, açúcar, álcool, alface, alfafa, algema, almofada, alfinete, açougue, cuscuz, mesquinho, refém, xadrez, etc.
espanhol	bolero, castanhola, colcha, neblina, cavalheiro, granizo, pastilha, rebelde, guerrilha, novilho, pandeiro, mochila, etc.
francês	abajur, apartamento, ateliê, bicicleta, brisa, chofer, envelope, matelassê, menu, restaurante, batom, bijuteria, boate, bufê, buquê, carrossel, chique, maiô, maquiagem, toalete, etc.
inglês	bar, basquete, bife, clube, computador, futebol, iate, jóquei, júri, panfleto, piquenique, recital, repórter, sanduíche, boxe, deletar, becapear, *playback*, *playground*, blecaute, chiclete, clipe, tênis, teste, coquetel, *scanner*, estresse, time, voleibol, etc.
italiano	aquarela, banquete, boletim, cenário, macarrão, maestro, palhaço, piano, *pizza*, serenata, soprano, balcão, poltrona, gazeta, fiasco, tômbola, confete, tchau, etc.
japonês	caratê, caraoquê, saquê, nissei, biombo, haicai, origâmi, tatame, quimono, etc.

Carlos Araujo/Arquivo da editora

E assim, ao longo do tempo, a língua portuguesa no Brasil tem convivido tanto com a busca e a manutenção de suas origens quanto com a incorporação do novo e do diferente pelo processo criativo e criador que marca a transformação de todas as línguas.

Carlos Neto Shutterstock/Glow Images

Escada circular vista de cima.

Grafismos deste livro: Banco de imagens/Arquivo da editora

Gêneros literários: poema e conto

Nesta Unidade você vai estudar textos escritos em verso e prosa. Você vai descobrir que alguns poetas organizam as palavras no verso de modo a sugerir certas imagens que despertam a percepção e a sensibilidade de seus leitores. Verá que a expressão em prosa, quando se empregam alguns recursos do poema, pode, também, criar uma atmosfera que vai além da realidade, instalando um clima de sonho e magia.

Ponto de partida

1. Você acha que uma imagem é capaz de despertar nas pessoas algum tipo de sentimento, como afeto, tristeza, entusiasmo, solidão?
2. Se você fosse expressar por escrito algum sentimento especial, que gênero escolheria: poema ou conto? Por quê?

1

Poema

Aldemir Martins: artista plástico brasileiro, nasceu em Ingazeiras (CE), em 1922. Seus quadros revelam traços marcantes da cultura brasileira. Faleceu em 2006.

Monet: pintor, nasceu em Paris, França, em 1840. Foi um dos criadores do movimento impressionista na pintura. Faleceu em 1926.

Poema ou poesia?

Você já deve ter ouvido a expressão "a poesia está no ar". O que será que ela significa?

Deve ter ouvido falar também que uma música, uma pintura, uma foto ou uma paisagem podem ter **poesia**, ou seja, ser **poéticas**.

Pense alguma coisa que, em sua opinião, tenha poesia, que possa ser poética.

Observe a seguir a pintura de **Aldemir Martins** e, na próxima página, a de Oscar-Claude **Monet**.

Marinha. 1971. Aldemir Martins. Acrílico sobre tela.

Coleção Marcelo R. Barbosa/Foto: Marcus Correa

Óleo sobre tela, 50 x 64 cm. Fundação Barnes, Merion, EUA

Barco ateliê. 1874.
Oscar–Claude Monet.
Óleo sobre tela.

O que essas pinturas despertam em você: indiferença, alegria, saudade, lembranças?

Geralmente as pessoas dizem que algo tem poesia querendo dizer que o que estão vendo, lendo ou ouvindo estimula os sentimentos, a sensibilidade. Sensibilizar é impressionar, tocar os sentimentos.

Você diria que a pintura que tem mais poesia é a de Aldemir Martins ou a de Monet? Ou as duas?

E poema? Você sabe qual é a diferença entre poesia e poema?

Embora muitas pessoas empreguem *poesia* e *poema* como sinônimos, esses termos têm algumas diferenças.

Poesia é a caracterização de um estado de espírito, de um sentimento que pode ser estimulado por algum fato, por uma imagem, uma música, um filme, uma cena, uma obra de arte — como essas pinturas que você acabou de observar.

Poema é um gênero textual com características específicas: versos, sonoridade (rima, ritmo, jogos sonoros com palavras). O poema também pode, pela forma de empregar a linguagem, estimular sentimentos e emoções diversas. Nesse caso, dizemos que o poema tem poesia.

Leia um dos vários poemas que o escritor brasileiro Carlos Drummond de Andrade escreveu sobre a poesia:

Lembrete

Se procurar bem, você acaba encontrando
não a explicação (duvidosa) da vida,
mas a poesia (inexplicável) da vida.

ANDRADE, Carlos Drummond de. *Corpo.* Rio de Janeiro:
Record, 2011. p. 99.

É importante olhar, ver, sentir, ler, descobrir a poesia que pode existir ao nosso redor e que muitas vezes não percebemos.

Neste capítulo, vamos estudar poemas em diversos formatos.

Óleo sobre tela, 61 x 50 cm. Museu Nacional de Belas Artes, Buenos Aires, Argentina.

O moinho da Galette (Le Moulin de la Galette). 1886. Vicent van Gogh. Óleo sobre tela.

 **Leitura 1** CONTEÚDO DIGITAL

Haicai

Estela Bonini

Tempestade faz
As três pás do moinho
Perderem a paz

BONINI, Estela. *Haikai para Van Gogh*. São Paulo: Massao Ohno; Aliança Cultural Brasil–Japão, 1992.

Estela Bonini nasceu em São Paulo (SP), em 1949. Tem formação em Sociologia e na área de saúde. É uma poeta reconhecida por seus haicais.

Reprodução/Massao Ohno/Aliança Cultural Brasil-Japão

A autora do poema, Estela Bonini, inspirou-se em quadros de **Van Gogh** para escrever **haicais**. Cada quadro inspirou um haicai diferente. A pintura que originou o haicai aqui reproduzido chama-se *O moinho da Galette* e foi feita em 1886.

●● Interpretação do texto

Compreensão

explícito: algo que está expresso claramente, sem deixar dúvidas; contrário de *implícito* (subentendido).

1. Observe bem a pintura de Van Gogh, note os detalhes, as cores, a cena. Converse com os colegas sobre o que cada um sentiu em relação à pintura.

2. Releia em voz alta o poema e responda no caderno: qual é o aspecto **explícito** da pintura que foi escolhido como tema desse haicai?

3. Observe novamente a pintura e responda no caderno:
   a) Que ideias não estão explícitas na pintura, mas são tema do haicai?
   b) Que elementos da pintura podem ser considerados opostos à ideia de tempestade?

4. Tanto a pintura como o poema são produções artísticas. O que predomina nessas obras: ideias explícitas ou ideias implícitas? Explique.

Linguagem e construção do texto

Os primeiros poemas de que se tem notícia no mundo ocidental foram criados para serem cantados, portanto eram musicados. Depois, o poema se separou da música, mas manteve algumas características musicais. Uma das mais importantes foi a sonoridade: ritmo, rimas e jogos de palavras para criar efeitos sonoros e de sentido.

Para perceber melhor a sonoridade é importante que o poema seja lido em voz alta, com bastante expressividade.

1. Formem três grupos e façam uma leitura jogralizada e expressiva dos versos do haicai:
   - cada grupo deve ler um verso;
   - todos devem falar de maneira clara e articulada, pronunciar bem o final das palavras, especialmente as que rimam, e fazer pausas expressivas ao final de cada verso.

2. Transcreva no caderno as palavras que rimam, isto é, que repetem o som final.

3. Releia os versos:

   A tempestade faz / As três pás do moinho / Perderem a paz

   A poeta empregou um recurso chamado **personificação**. Pelo sentido dos versos, identifique a alternativa que pode corresponder a uma definição desse recurso de linguagem.
   a) Transformar um objeto — as pás do moinho — em um símbolo da paz.
   b) Atribuir a seres inanimados ações e sentimentos próprios de uma pessoa.
   c) Fazer uma brincadeira para confundir o leitor.

4. Explique que ideias podem estar explícitas na pintura a partir dos elementos presentes nela.

5. O haicai quase sempre faz um flagrante de um momento. Qual é o flagrante que, provavelmente, a poeta quis expressar? Identifique a alternativa que responde a essa questão.
   a) Um momento de paz que pode vir a ser perturbado.
   b) Um momento de agitação que precisa de paz.
   c) Um momento de incerteza que faz pensar em tempestade.

Agora você vai ler um poema de Carlos Drummond de Andrade. Observe que o formato deste poema é diferente do formato do haicai.

Além da Terra, além do Céu

Carlos Drummond de Andrade

Além da Terra, além do Céu,
no trampolim do sem-fim das estrelas,
no rastro dos astros,
na magnólia das nebulosas.
Além, muito além do sistema solar,
Até onde alcançam o pensamento e o coração,
vamos!
vamos conjugar
o verbo fundamental essencial,
o verbo transcendente, acima das gramáticas
e do medo e da moeda e da política,
o verbo sempreamar,
o verbo pluriamar,
razão de ser e de viver.

ANDRADE, Carlos Drummond de. *Amar se aprende amando.*
Rio de Janeiro: Record, 2009. p. 22.

Nik Neves/Arquivo da editora

Carlos Drummond de Andrade nasceu na cidade de Itabira (MG), em 31 de outubro de 1902. Escreveu diversas obras literárias tanto em verso como em prosa. É considerado um dos maiores poetas de língua portuguesa. Faleceu em 17 de agosto de 1987, na cidade do Rio de Janeiro (RJ).

Fernando Seixas/Arquivo da editora

Gêneros literários e gêneros não literários

Como você já sabe, os textos podem ter formatos diferentes, ainda que tratem de um mesmo tema. Leia os textos **A** e **B**.

Texto A

Desistência

Maria Dinorah

O menino Tonho
mexendo no lixo
achou um sonho
e pôs-se a sonhar.

Com queijo de nuvens,
bolachas de estrela,
pastéis de luar.

O sonho era duro
e estava mofado.
E ele desistiu
de sonhar acordado.

DINORAH, Maria. *Barco de sucata*.
Porto Alegre: Mercado Aberto, 1986.

Ilustrações: Nik Neves/Arquivo da editora

Texto B

Pessoas e urubus disputam restos

Em Belford Roxo, onde deveria existir a rodovia estadual RJ–040, urubus e gente disputam os detritos espalhados por um trator, sobre as margens de um riacho e de um mangue à beira da estrada. O mau cheiro é uma constante e a miséria é compreendida no pedido de Sebastião Mangueira, o Tião, que sobrevive dos restos produzidos, aos borbotões, pela sociedade de consumo. "Queria provar um pedaço de panetone. Nesta época do ano vejo um monte dessas caixas, mas nenhuma delas traz um pedacinho que seja. Deve ser muito bom", sonha o trabalhador, de 63 anos [...].

Disponível em: <www.anbio.org.br/site/index.php?option=com_content&view=article&id=388: melhor–opcao–e–o–aterro–sanitario&catid=66:biodiversidade&Itemid=61>. Acesso em: fev. 2015.

Vamos comparar o texto **A** com o texto **B**.

🟧 Responda no caderno:

a) Em qual dos textos predomina a intenção de emocionar o leitor e em qual deles prevalece a intenção de informar?

b) Em relação à forma, qual a diferença fundamental entre os dois textos?

c) Qual dos dois textos você considera mais objetivo? Explique.

d) O que há em comum entre os assuntos abordados nos dois textos?

Escolhas do autor

Ao elaborar um texto, o autor deve levar em conta alguns aspectos da situação comunicativa, pois isso é o que vai ajudá-lo a fazer as escolhas de linguagem. São eles:

- a **intenção** pretendida com o texto;
- o **público** a que o texto se destina (o interlocutor);
- a **situação** em que o texto será lido, ouvido ou apresentado;
- o **contexto** que determinou ou motivou a criação do texto.

De acordo com a situação comunicativa, o autor produzirá um texto mais objetivo ou mais subjetivo.

Se tiver caráter mais informativo, com fatos comprováveis, verídicos, observáveis, será um texto mais objetivo.

Se for mais artístico, imaginativo, etc., será um texto mais subjetivo.

Essas escolhas determinarão se o gênero textual é **literário** ou **não literário**.

O texto "Desistência", de Maria Dinorah, é um poema, um gênero literário, assim como todos os poemas que você analisou neste capítulo.

O texto "Pessoas e urubus disputam restos", que faz parte de uma notícia, apresenta fatos comprováveis, verídicos: é um gênero não literário.

Algumas informações sobre a poesia que você lerá na seção *Conexões: relações entre textos, entre conhecimentos* também são gêneros não literários.

Verso e prosa

O texto **A** está escrito em **versos**.

O texto **B** está escrito em **prosa**.

1. Imagine um leitor para cada um dos textos e converse com os colegas: que tipo de leitor gostaria de ler o texto **A** e que tipo de leitor gostaria de ler o texto **B**?

2. E você, como leitor, qual dos dois textos escolheria para ler primeiro? Explique por quê.

Rimas

Em um texto não literário, a ocorrência de **rima** pode ser considerada um uso inadequado da língua. Observe:

Sem saber a razão da confusão, o rapaz correu, foi tomado por ladrão e acabou na prisão.

Já no poema, que também pode ser chamado de texto literário, a rima é um dos elementos mais importantes para a construção da sonoridade, uma das características essenciais desse gênero. Observe:

A rua das rimas

Guilherme de Almeida

A rua que eu imagino, desde menino, para o meu destino pequenino
uma rua de poeta, reta, quieta, discreta,
direita, estreita, bem feita, perfeita,
com pregões matinais de jornais, aventais nos portais, animais e varais nos quintais;
e acácias paralelas, todas elas belas, singelas, amarelas,
douradas, descabeladas, debruçadas como namoradas para as calçadas;
[...]

ALMEIDA, Guilherme de. A rua das rimas. In: VOGT, Carlos (Seleção).
Os melhores poemas de Guilherme de Almeida. 3. ed. São Paulo: Global, 2004. p. 60.

Em publicidade, um gênero não literário, a rima é usada como recurso para atrair a atenção do leitor ou espectador e para facilitar a memorização da marca ou *slogan* de um produto. Confira no exemplo a seguir:

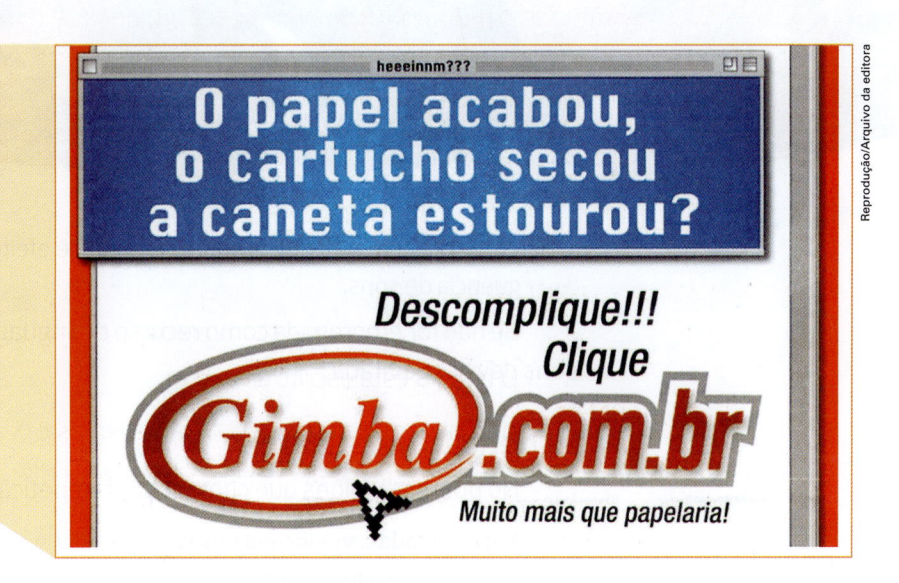

Anúncio publicado no jornal *O Estado de S. Paulo*, São Paulo, 24 mar. 2004.

Repetição de sons

Além das rimas, outros recursos produzem o efeito de musicalidade. No trecho do poema "Violões que choram", por exemplo, esse efeito é conseguido pela repetição de algumas consoantes:

Violões que choram

João da Cruz e Sousa

[...]

Vozes veladas, veludosas vozes,

Volúpias dos violões, vozes veladas,

Vagam nos velhos vórtices velozes

Dos ventos, vivas, vãs, vulcanizadas.

Tudo nas cordas dos violões ecoa

E vibra e se contorce no ar, convulso...

Tudo na noite, tudo clama e voa

Sob a febril agitação de um pulso.

[...]

CRUZ E SOUSA, João da. Faróis. In: MUZART, Zahidé (Org.).
Poesia completa. Florianópolis: Fundação Catarinense de Cultura;
Fundação Banco do Brasil, 1993.

Nik Neves/Arquivo da editora

🟧 Converse com os colegas sobre que tipo de efeito pode ser provocado por essa sequência de sons.

Se não for empregada como recurso de linguagem, a repetição de sequências de sons deve ser evitada.

Repetição de palavras

No poema "Violões que choram", há a repetição da palavra *vozes*:

Vozes veladas, veludosas vozes,
Volúpias dos violões, vozes veladas,

Provavelmente, a intenção do poeta ao escolher a repetição foi enfatizar a musicalidade, o ritmo, a sonoridade, como uma forma de realçar vozes que acompanhem a melodia de um violão sendo tocado.

Em um texto não literário, a **repetição** de termos torna o texto cansativo e é considerada uma falha, e não um recurso para produzir novos sentidos ou reforçar ideias.

Veja um exemplo de texto não literário em que há esse tipo de repetição:

O professor avaliou o processo do **aluno** no semestre. O **aluno** estava com notas baixas, exceto na última prova da matéria. O **aluno** acabou sendo reprovado na matéria.

No caso dos textos que você leu, as metáforas, os jogos sonoros e as escolhas de palavras têm a intenção de produzir efeitos estéticos para sensibilizar o leitor ou despertar emoções nele.

A diferença fundamental entre um texto **literário** e um texto **não literário** é a intenção de quem escreve: em um texto não literário, o autor tem a intenção de informar, expor, explicar algo, em geral com maior grau de objetividade.

Já no texto literário o autor busca a expressividade para produzir efeitos estéticos, e os textos são mais voltados para a ficção, a arte, o belo.

Para melhor compreender o que foi afirmado anteriormente, veja um esquema que agrupa alguns gêneros em literários e não literários:

📁 Hora de organizar o que estudamos

Gêneros textuais

Literários
- Romances, contos, crônicas, fábulas, peças de teatro, poemas (em todos os formatos), letras de música, etc.

Não literários
- Notícias, reportagens, relatos de viagem, manual de instruções, textos de informação científica, cartas comerciais, artigos de opinião, etc.

> A palavra **literatura** vem do latim *littera*, que originalmente significa 'letra'. Com o tempo passou a significar 'a arte de escrever'. Umas das explicações para a palavra *literatura* no dicionário é: 'escrever trabalhos artísticos em prosa ou verso'. Assim, um texto literário parte da intenção de um autor de produzir arte com a escrita, o que o levará a fazer escolhas de linguagem para produzir efeitos estéticos, artísticos.

Alguns textos são **mistos**, como é o caso do texto publicitário, que, mesmo não sendo um gênero literário, usa recursos característicos da linguagem literária.

●● Prática de oralidade

Sarau

Você sabe o que é um **sarau**?

> **Sarau** é uma reunião festiva para ouvir músicas, declamações, fazer leituras de textos literários. Essas reuniões inicialmente aconteciam na corte imperial do Rio de Janeiro, mas, em meados do século XIX, elas já se espalhavam pelas capitais brasileiras. A palavra *sarau* vem do latim *seranus*, que é relativa ao anoitecer.

Depois de ler e analisar tantos poemas, propomos que você e os colegas façam um sarau de poemas.

1. Sob a orientação do professor, dividam-se em grupos de cinco pessoas. Cada grupo vai pesquisar e escolher três poemas de que mais gostar.

2. Além de poemas de outros poetas que vocês conheçam ou que queiram pesquisar para conhecer melhor, podem incluir poemas deste capítulo e de colegas da classe.

3. O grupo deverá escolher a melhor forma de apresentar os poemas:
- individualmente ou em grupo;
- acompanhados de fundo musical;
- na forma de jogral, para que sejam ressaltados os aspectos sonoros mais evidentes: rimas, ritmo adequado ao que o poema quer expressar, ênfase nos recursos linguísticos, como repetição de sons, repetições de palavras, jogos com palavras.

4. Ensaiem bastante:
- leiam o poema várias vezes e tentem memorizá-lo;
- treinem a leitura em voz alta, procurando dar uma entonação expressiva;
- procurem ler com firmeza, naturalidade e segurança;
- articulem os sons das palavras com clareza;
- tentem expressar palavras, versos, estrofes de acordo com seu significado, em especial se isso contribuir para evidenciar algum efeito de sentido do texto;
- se necessário e adequado à compreensão do poema, gesticulem e movimentem o corpo;
- dirijam o olhar para lugares específicos enquanto leem, por exemplo, para um ponto acima da plateia ou mesmo diretamente para ela;
- procurem não ler de cabeça baixa, a menos que isso seja feito para expressar melhor algum sentido do poema.

Lembrem-se de que o texto poético é marcado pela sensibilidade e pela expressividade. A leitura em voz alta deve ressaltar esses aspectos.

O professor deverá marcar uma data para a apresentação.

Se quiserem, no dia da apresentação, os membros do grupo poderão vir caracterizados, isto é, vestidos de acordo com o que vão apresentar: poemas de amor, irônicos, poemas que fazem crítica a algum aspecto da sociedade, que fazem brincadeiras, que representem alguma cena da natureza.

Ao final da apresentação, façam a apreciação da atividade: o que mais chamou a atenção nas apresentações, de que mais gostaram, de que não gostaram, etc.

●● Outras linguagens

Poemas concretos

Agora você vai ler dois poemas que estão dispostos na página de maneira bem diferente dos que você já leu neste capítulo. Observe a forma de cada poema e levante hipóteses sobre a provável razão de o autor construí-los desse modo.

1. Ao ler o poema a seguir, conversem sobre como o poeta conseguiu expressar a ideia de movimento veloz.

Ronaldo Azeredo/Acervo do artista

```
V V V V V V V V V V
V V V V V V V V V E
V V V V V V V V E L
V V V V V V V E L O
V V V V V V E L O C
V V V V V E L O C I
V V V V E L O C I D
V V V E L O C I D A
V V E L O C I D A D
V E L O C I D A D E
```

AZEREDO, Ronaldo. Velocidade. In: *Revista de Cultura Vozes – Concretismo*. n. 1. Ano 71. Petrópolis: Vozes, 1977.

2. Leia outro poema:

Haroldo de Campos/Acervo do artista

```
vem navio
vai navio
vir    navio
ver    navio
ver    não ver
vir    não vir
vir    não ver
ver    não vir
ver navios
```

CAMPOS, Haroldo de. Ver navios. In: BANDEIRA, João (Org.). *Grupo Noigrandres – Arte concreta paulista*. São Paulo: Maria Antonia USP, Cosac & Naify, 2002.

Converse com os colegas: que efeito de sentido a distribuição gráfica das palavras e dos versos desse poema consegue produzir?

3. Observe o arranjo visual do poema a seguir e o jogo com as palavras. Leia-o em voz alta para perceber a aproximação entre os significados das palavras.

Conversem sobre:

a) A disposição dos versos.

b) O que acontece com a letra **A** ao longo do poema.

c) O jogo de palavras que provoca um efeito humorístico.

Sérgio Capparelli/Acervo do artista

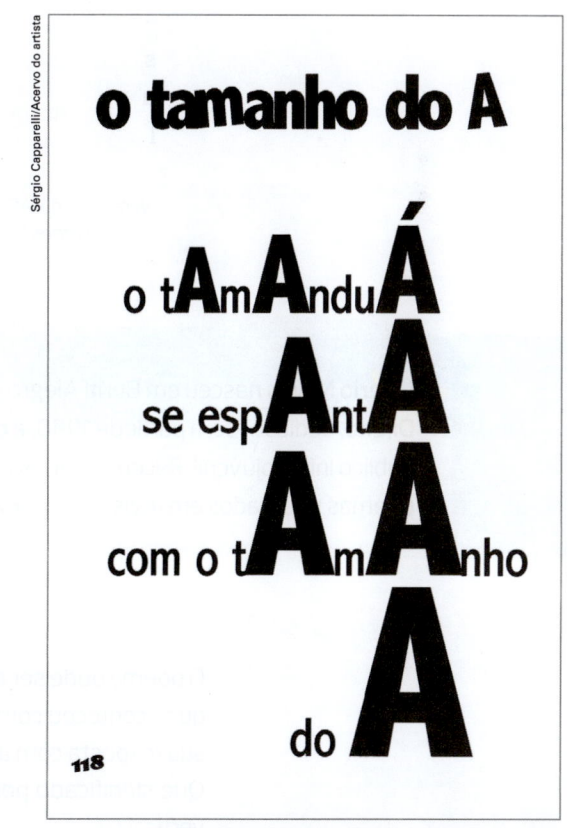

CAPPARELLI, Sérgio. *111 poemas para crianças*. Porto Alegre: L&PM, 2008. p. 118.

Unidade 1 • Gêneros literários: poema e conto

4. Observe o traçado formado pela disposição dos versos e procure associar esse traçado ao sentido que o poema quer exprimir.

Pássaro em vertical

Libério Neves

Cantava o pássaro e voava
          cantava para lá
voava para cá
voava o pássaro e cantava
de
  repente
    um
      tiro
        seco
  penas fofas
     leves plumas
   mole espuma
e um risco
  surdo
  n
  o
  r
  t
  e
  –
  s
  u
  l

NEVES, Libério. Pássaro em vertical. In: AGUIAR, Vera (Coord.); ASSUMPÇÃO, Simone; JACOBY, Sissa. *Poesia fora da estante*. 2. ed. Porto Alegre: Projeto CPL/PUCRS, 1996. p. 34.

Libério Neves nasceu em Buriti Alegre (GO), em 1934. Formado em Direito, dedicou-se, a partir de 1980, à criação de poesia e ficção para o público infantojuvenil. Recebeu vários prêmios literários e teve seus poemas publicados em revistas do México e da Espanha.

a) O poema pode ser dividido em três partes, cada uma referente a um momento do que aconteceu com o pássaro. Quais são essas três partes do poema? Compare sua resposta com as dos seus colegas.

b) Que significado pode-se atribuir às palavras *norte* e *sul*, dispostas no sentido vertical?

c) Que significado o traçado geral do poema sugere?

1. Poesia: um pouco de sua história...

Leia a seguir algumas informações históricas sobre as origens da poesia no mundo ocidental. Essa leitura ajudará você a entender melhor algumas características que você estudou desse gênero literário.

A poesia nasceu com a música. Era feita para ser cantada. Entre os antigos gregos, o instrumento musical usado para acompanhar os que cantavam poemas era a **lira**. Por isso dizia-se que os poemas eram composições **líricas**.

Hoje, a expressão **poesia lírica** é usada para fazer referência a poemas que exprimem sentimentos, especialmente os sentimentos amorosos.

A data provável do primeiro poema escrito em língua portuguesa de que se tem registro é 1198. Esse poema foi composto para ser cantado. Na época, final do século XII, os poemas eram cantados e acompanhados de instrumentos musicais, como a flauta, o alaúde, o tambor, a gaita, a viola, a harpa. Por isso são conhecidos como **cantigas**. Os primeiros a cantar esses poemas foram os **trovadores** ou **menestréis**.

Só por volta do século XV os poemas começaram a ser escritos para serem lidos ou falados, sem o acompanhamento de instrumentos musicais. Mesmo assim, a poesia guardou características da música: ritmo, sonoridade na combinação de palavras, rima, jogos de palavras.

R. Bernard/Edições Del Prado

Leia a seguir uma cantiga do século XIII. Nela, uma mulher pergunta para o mar onde está o seu amado.

Ondas do mar de Vigo

Martim Codax e Fábio Aristimunho Vargas

 CONTEÚDO DIGITAL

Ondas do mar de Vigo,
sabeis do meu amigo?
E ai Deus, se virá cedo!

Ondas do mar levado,
sabeis do meu amado?
E ai Deus, se virá cedo!

Sabeis do meu amigo,
e por quem eu suspiro?
E ai Deus, se virá cedo!

Sabeis do meu amado,
por quem tenho cuidado?
E ai Deus, se virá cedo!

National Gallery, Londres/Arquivo da editora

CODAX, Martim. Ondas do mar de Vigo. Tradução de Fábio Aristimunho Vargas. *Poesia galega*: das origens à Guerra Civil. São Paulo: Hedra, 2009.

Esse tipo de composição é chamado de **cantiga de amigo**.

A Z

Vigo: cidade da Galícia.
cantiga de amigo: poema feito por um homem, mas que representa uma mulher que sente saudade ou lamenta a ausência do *amigo*, isto é, do amado, que está lutando na guerra ou trabalhando em outras terras.

2. Cantiga nos dias de hoje

Leia (e se possível ouça) a letra de música a seguir. Ela mostra uma produção contemporânea com influência da cantiga trovadoresca.

Cantiga

Zeca Baleiro

Flower não é flor
Mas eu te dou meu amor,
little flower
Sete cravos, sete rosas,
liro–liro lê, liro–liro lá
Girândolas, girândolas

Give me your love
Love me alive
Leve me leve

Nas asas da borboleta-leta
Que borbole bole-bole
Sol que girassole
sole mio amore
flore me now and forever
never more flores
never more flores

Nik Neves/Arquivo da editora

BALEIRO, Zeca. Cantiga. Intérprete: Ceumar.
In: *Dindinha*. São Paulo: Atração, 2000. 1 CD. Faixa 4.

poesia de cordel: literatura popular, escrita em versos, que narra histórias de heróis, animais misteriosos, valentias de personagens reais, fatos acontecidos, etc. É publicada em folhetos impressos, que ficam expostos pendurados em cordéis. Daí seu nome.

No Brasil, a influência desses cantares portugueses é sentida também na **poesia de cordel** e dos cantadores do sertão, ou **trovadores** — palavra que perdurou desde a Idade Média e que hoje se refere àquele que divulga a sua poesia cantando ou declamando.

Esse tipo de poesia, geralmente acompanhado de instrumentos musicais, em especial a viola e o violão, espalhou-se por diversos lugares do Brasil.

Veja na seção *Outro texto do mesmo gênero* um poema de um dos mais famosos representantes da poesia de cordel do Nordeste.

●● Língua: usos e reflexão

Recursos de construção e linguagem figurada

No uso da língua, muitas palavras e expressões são empregadas com seu sentido alterado.

Por exemplo, no poema "Pássaro em vertical", que analisamos, a expressão *norte-sul* não está empregada em seu sentido próprio: não indica a direção real do norte para o sul, como a conhecemos. Seu sentido está alterado para expressar a queda do pássaro em sentido vertical, de cima para baixo.

A todo momento, mesmo sem perceber, usamos expressões em **sentido figurado**, isto é, fora de seu sentido próprio, para dar expressividade às nossas ideias.

Figura de linguagem é o nome que se dá às palavras ou expressões empregadas em sentido figurado, como nestas frases:

- Tenho *um caminhão de provas* na semana que vem.
- Carlinhos é *um bicho* quando está bravo!
- Com meu irmão é sempre *uma guerra*: nunca estamos de acordo.

Vamos observar algumas figuras de linguagem.

1. Metáfora

Releia os versos:

Além da Terra, além do Céu.
no trampolim do sem-fim das estrelas,

Você consegue visualizar esse tipo de trampolim imaginado pelo poeta?

1º) Pense no significado de *trampolim* em seu sentido próprio.
2º) Imagine um céu estreladíssimo e imenso, também no sentido próprio da expressão.
3º) Observe o que acontece:

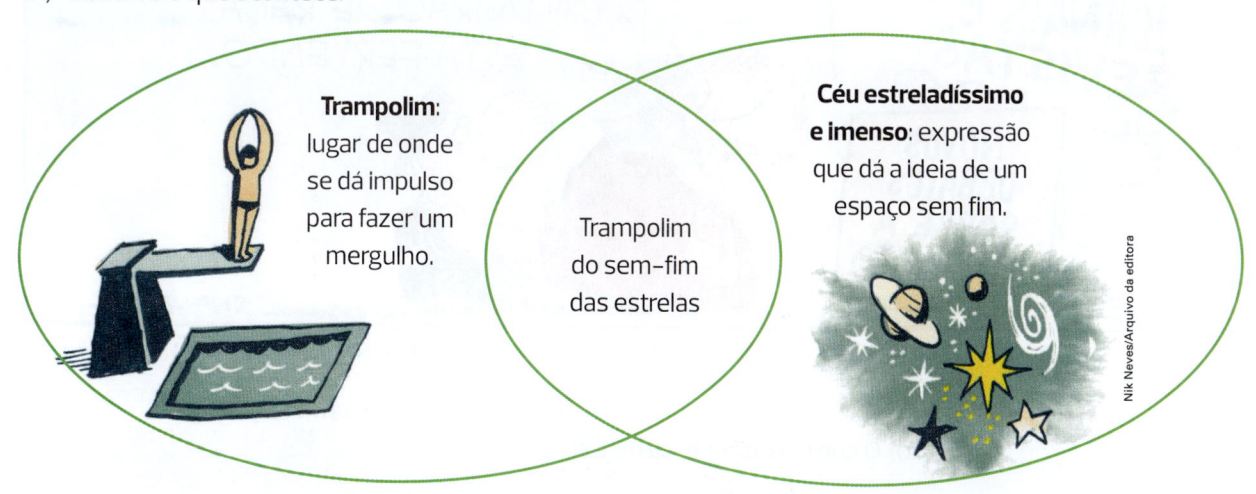

Trampolim: lugar de onde se dá impulso para fazer um mergulho.

Trampolim do sem-fim das estrelas

Céu estreladíssimo e imenso: expressão que dá a ideia de um espaço sem fim.

Nik Neves/Arquivo da editora

Da junção dessas duas **imagens** nasce outra **imagem**, isto é, um trampolim criado pela imaginação do poeta, talvez para sugerir um lugar de onde se pode "mergulhar" no infinito. Isso não existe no seu sentido real; é algo imaginado a partir das relações entre as duas **imagens** iniciais. Dizemos, portanto, que a expressão "trampolim do sem-fim das estrelas" está no sentido figurado.

É assim que se constrói uma **metáfora**.

A metáfora é o resultado de uma relação entre termos, por comparação: o "trampolim do sem-fim das estrelas" **como se fosse** um lugar ou sentimento de onde se poderia "mergulhar" no infinito.

Na metáfora, a comparação não é explícita. Por exemplo:

Ela é *como uma flor*. ⟶ comparação explícita

Ela é *uma flor.* ⟶ comparação implícita ⟶ **metáfora**

Veja outras metáforas nos quadrinhos a seguir.

Observe esta tira do Menino Maluquinho:

ZIRALDO. *As melhores tiras do Menino Maluquinho*. São Paulo: Melhoramentos, 2000. p. 12.

Maluquinho se refere ao dono da casa como *uma fera*. O que ele quer dizer é que o dono da casa é bravo **como se fosse uma fera**. Faz uma comparação implícita. A expressão *uma fera* é uma metáfora.

■ Leia a tira a seguir:

THAVES, Bob. Frank&Ernest. *O Estado de S. Paulo*. São Paulo, 10 mar. 2011. Caderno 2, p. D4.

a) Transcreva em seu caderno a expressão em que há metáfora.

b) O que quer dizer essa metáfora?

Quando uma metáfora é construída, dizemos que quem escreve utilizou **linguagem metafórica** ou **figurada**.

> **Metáfora** é uma figura de linguagem em que, ao sentido literal de uma palavra, acrescenta-se outro sentido por associação de significados, por relação de semelhança.

2. Personificação

Releia estes versos:

Tempestade faz
As três pás do moinho
Perderem a paz

Já vimos que nesses versos Estela Bonini atribui às pás do moinho um sentimento humano: o sentimento de perder a paz.

A figura que consiste em atribuir qualidades próprias dos seres humanos a seres não humanos (animais, plantas, objetos) chama-se **personificação**.

🟠 Veja outro exemplo de personificação nesta peça de campanha publicitária em favor da preservação da mata Atlântica. Observe as imagens e o *slogan*:

Que ideia compõe a personificação na peça publicitária?

3. Aliteração e assonância

Nos versos *Tempestade faz/ As três pás do moinho/ Perderem a paz*, observe o efeito sonoro produzido pela repetição do som /p/ e do som /s/.

Por um lado, o som /s/ (presente em *tempestade, faz, três, as, pás, paz*) reforça a ideia de *paz*, de *calmaria*. Por outro, o som forte e explosivo do fonema /p/ pode sugerir *barulho, estampido, estrondo de tempestade*.

> A **aliteração** é a repetição de sons de consoantes em diferentes palavras de um verso ou de uma frase para produzir efeitos de sentido.
> A **assonância** é o nome dado ao recurso em que se dá maior ênfase à repetição do som de uma vogal em diferentes palavras de um verso ou de uma frase para produzir efeitos de sentido.

4. Trocadilho

Voltando ao poema de Sérgio Capparelli, fale em voz alta a palavra *tamanduá* e a expressão *tamanho do a*. Os sons ficam muito semelhantes. Foi feita uma brincadeira sonora com as palavras.

Trata-se de um **trocadilho**, isto é, um jogo de palavras com significados diferentes, mas sons semelhantes.

■ Agora você: qual é o trocadilho feito no poema de José Paulo Paes a seguir?

Aqui jaz o morcego
que morreu de amor
por outro morcego.
Desse amor arrenego:
amor cego de morcego!

Nik Neves/Arquivo da editora

PAES, José Paulo. *Poemas para brincar*.
São Paulo: Ática, 2000.

⚙ Atividades: recursos de construção e linguagem figurada

1. Localize e transcreva as **metáforas** utilizadas nos textos seguintes:

I. "Café da manhã, uma expressão de amor."

Revista *Saúde*, n. 231. São Paulo: Abril, dez.
2002. Contracapa.

II. "O amor é um grande laço
Um passo pr'uma armadilha
É um lobo correndo em círculo
Pra alimentar a matilha
[...]"

DJAVAN. Faltando um pedaço. Intérprete: Djavan.
In: *Djavan ao vivo – Volume 2*. [s.l.]: Sony, 1999. 2 CDs. Faixa 1.

III. "Mentira?
A mentira é uma verdade que se esqueceu
[de acontecer."

QUINTANA, Mário. In: CARVALHAL,
Tânia Franco (Org.). *80 anos de poesia*. 9. ed.
São Paulo: Globo, 1998.

2. Escolha uma das metáforas encontradas na atividade 1 e proponha uma explicação para o seu significado.

3. Crie uma estrofe que enfatize a ideia de *paz*, utilizando palavras em que um mesmo som consonantal seja repetido.

4. Releia o poema "Ver navios", na página 33. Agora, responda:

a) Há aliteração nos versos do poema?

b) Quais são as consoantes que mais se repetem?

c) Que ideias podem ser realçadas pelo uso da aliteração nesse poema?

5. Leia o trecho de um poema de Guilherme de Almeida:

Rua

A rua mastiga
os homens: mandíbulas
de asfalto, argamassa,
cimento, pedra e aço.
[...]

ALMEIDA, Guilherme de. *Melhores poemas.* Seleção de Carlos Vogt. 2. ed. São Paulo: Global, 2001. p. 108.

a) Considere o verbo no primeiro verso: *mastiga.* Identifique a figura de linguagem que ocorre no poema.

b) Que imagem pode sugerir o trecho: "mandíbulas de asfalto, argamassa, cimento, pedra e aço"? Que figura de linguagem ocorre nesses versos?

6. Leia o poema "Tecelagem", de Sérgio Capparelli, transcrito a seguir:

Fiandeira, por que fias?
Fio fios contra o frio.
Fiandeira, pra quem fias?
Fio fios pros meus filhos.
Fiandeira, com que fias?
Com fieiras de três fios.

CAPPARELLI, Sérgio. Tecelagem. *111 poemas para crianças.* Porto Alegre: L&PM, 2003. p. 110.

a) Que sentidos a repetição do som /f/ no poema sugere?

b) Que nome recebe esse recurso de repetição de uma mesma consoante para produzir sentidos?

c) Que relação se pode estabelecer entre o título, "Tecelagem", e a sonoridade do poema?

7. Que recurso o poeta utiliza para fazer a brincadeira com o nome que aparece no poema a seguir?

Você por acaso conheceu
um contador chamado Romeu?
Toda vez que errava
as contas, gritava:
"Erro meu! Erro meu! Erro meu!"

PAES, José Paulo. *É isso ali.* 2. ed. São Paulo: Salamandra, 1993.

8. Explique o trocadilho desenvolvido nesta charge:

JEAN. Mínimo. *Folha de S.Paulo*, São Paulo, 5 jun. 2004, p. A2.

Hora de organizar o que estudamos

Ajude a organizar no esquema a seguir o que você aprendeu.

Copie o esquema em seu caderno e complete os quadros com exemplos retirados dos textos do capítulo.

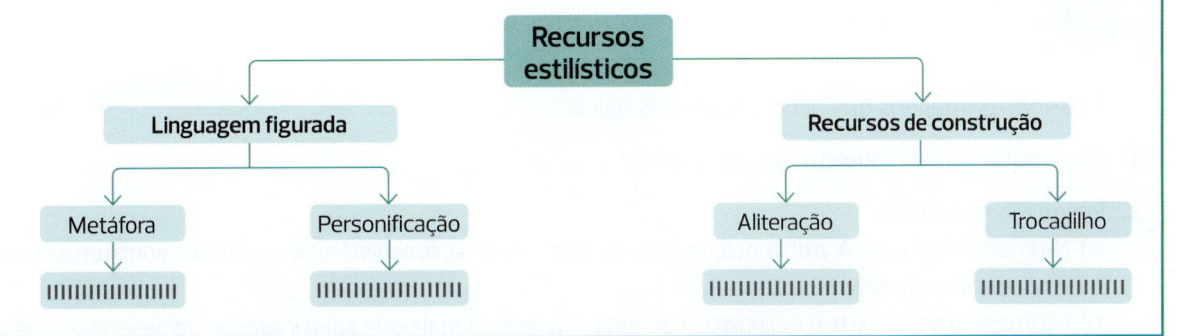

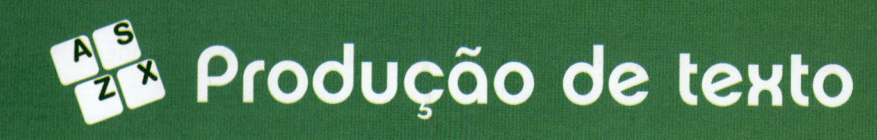

Produção de texto

Gênero: haicai bem-humorado

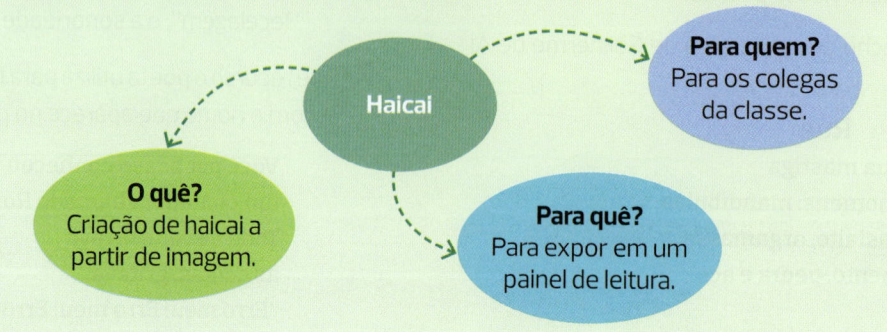

Haicai

Para quem?
Para os colegas
da classe.

O quê?
Criação de haicai a
partir de imagem.

Para quê?
Para expor em um
painel de leitura.

Leia dois haicais bem-humorados, criados por Millôr Fernandes.

A

OLHA,
ENTRE UM PINGO E OUTRO
A CHUVA NÃO MOLHA.

FERNANDES, Millôr. *Hai-kais*.
Porto Alegre: L&PM, 2001. p. 7.

B

NA POÇA DA RUA
O VIRA-LATA
LAMBE A LUA.

Millôr Fernandes/Acervo do artista

FERNANDES, op. cit., p. 26.

Millôr Fernandes nasceu no Rio de Janeiro (RJ), em 1923. Autodidata, foi escritor, jornalista, desenhista e autor de peças de teatro. Seu humor crítico e inteligente fez o sucesso de várias de suas publicações. Antes de assinar como Millôr, adotou os pseudônimos Notlim e Vão Gôgo. Faleceu em 2012.

Reprodução/Editora L&PM Pocket

Observe as imagens que acompanham os haicais.

1. O que está representado em cada uma delas?

2. Responda no caderno:
   a) Na imagem do haicai **A**, a distribuição dos pingos é uniforme, com distância equilibrada entre um e outro. Isso é comum na natureza? Explique.
   b) Na imagem do haicai **B**, o rabinho do cão está abanando. Qual pode ser a intenção de desenhá-lo assim?

3. Agora releia os haicais correspondentes às imagens. Não se esqueça de que é interessante que os poemas sejam lidos em voz alta para que se possa perceber mais facilmente sua sonoridade, sua musicalidade. Diferentemente de "Haicai", de Estela Bonini, esses haicais brincam com o leitor. Em qual verso cada um deles revela **humor**?

4. Qual a provável intenção de o poeta ter usado "Olha" no primeiro verso do haicai **A**?

5. Depois de ter lido haicais de diferentes autores, pense e responda: o que pode servir de inspiração para um haicai?

6. Você também poderá produzir haicais: para emocionar, sensibilizar ou provocar o riso.

Escolha uma das imagens a seguir:

CAULOS. In: FERNANDES, op. cit., p. 103.

Caulos/Acervo do artista

Pictor/Keystone

Esquilos

a) Relacione a imagem escolhida a uma lembrança, a algo incomum ou a um sentimento que ela tenha lhe despertado.

b) Relembre os recursos da poesia que você estudou neste capítulo: sons que provoquem efeitos diferentes, rimas, jogos de palavras, alguma metáfora, etc.

c) Arranje suas ideias em apenas três versos e escreva o seu haicai.

d) Depois de pronto, passe o seu trabalho para uma folha avulsa.

- Monte, com a classe, um painel com os trabalhos produzidos.
- Divirta-se lendo os trabalhos e observe como as mesmas imagens ganharam poemas diferentes!

●● Outro texto do mesmo gênero

Um dos mais famosos representantes da poesia de cordel do Nordeste é Patativa do Assaré. Leia e aprecie um de seus poemas.

Podemos sentir e compreender melhor os poemas lendo-os em voz alta. Além disso, a leitura em voz alta pode tornar mais claro o caráter musical dos poemas. Por isso, leia-os com expressividade, realçando com a voz os recursos sonoros.

A realidade da vida

Patativa do Assaré

Na minha infância adorada
meu avô sempre contava
muita história engraçada
e de todas eu gostava.
Mas uma delas havia
com maió filosofia
e eu como poeta sou
e só rimando converso,
vou aqui contá em verso
o que ele em prosa contou.

Rico, orgulhoso, profano,
reflita no bem comum.
Veja os direitos humano,
as razão de cada um.
Da nossa vida terrena,
dessa vida tão pequena,
a beleza não destrua.
O direito do trapeiro
que apanha oś trapos na rua.

Pra que a vaidade e orgulho?
Pra que tanta confusão,
guerra, questão e barulho
dos irmão contra os irmão?
Pra que tanto preconceito?
Vivê assim desse jeito,
esta existência é perdida.
Vou um exemplo contá
e nestes verso mostrá
a realidade da vida.

Nik Neves/Arquivo da editora

Quando Deus Nosso Sinhô
foi fazê seus animá
fez o burro e lhe falou:
— Tua sentença eu vou dá.
Tu tem que sê escravizado
levando os costá pesado
conforme o teu dono queira.
E sujeito a toda hora
aos fino dente de espora
mais a brida e a cortadeira.

Tu tem que a vida passá
com esta dura sentença.
E por isso eu vou te dá
uma pequena existência,
já que em tuas carnes tora
brida, cortadeira, espora,
e é digno de piedade
e cruel teu padecê.
Para tanto não sofrê
te dou trinta ano de idade.

O burro ergue as oreia
e ficou a lamentá:
— Meu Deus, ô sentença feia
esta que o Senhor me dá.
Levando os costá pesado,
e de espora cutucado,
trinta ano quem aguenta?
E mais outras coisa loca,
a brida na minha boca
e a cortadeira na venta?

Vivê trinta ano de idade
desse jeito é um castigo
E é grande a perversidade
que o meu dono faz comigo.
E além desse escangalho,
me bota mais um chocalho,
que é pra quando eu me sortá
de longe ele ouvi o tom?
Dez ano pra mim tá bom,
Tenha dó de meu pená!

Nik Neves/Arquivo da editora

A Divina Majestade
fez o que o burro queria,
dando os dez ano de idade
da forma que ele pedia
mode segui seu destino.
E o nosso artista divino
a quem pode se chamá
de artista, santo e perfeito,
continuou satisfeito
fazendo mais animá.

Fez o cachorro e ordenou:
— Tu vai trabaiá bastante,
do dono e superiô
será guarda vigilante.
Tem que a ele acompanhá,
fazendo o que ele mandá
nas arriscada aventura,
até fazendo caçada
dentro da mata fechada
nas treva da noite escura.

Tu tem que sê sentinela
da morada do teu dono,
para nunca ele ficá
no perigo e no abandono.
Tem que sê amigo exato,
na casa e também no mato,
mesmo com dificuldade,
subindo e descendo morro;
teu nome é sempre cachorro
e vinte ano é a tua idade.

Quando o cachorro escutou
aquela declaração,
disse bem triste: — Sinhô,
tenha de mim compaixão!
Eu desgraço meu focinho
entre pedra, toco e espinho
pelo mato a farejá,
ficando sujeito até
a presa de cascavé
e unha de tamanduá.

Vinte ano neste serviço
sei que não posso aguentá.
É grande meu sacrifício
não posso nem descansá.
Sendo da casa o vigia,
trabaiando noite e dia
neste grande labacé,
tenha de mim piedade,
dos vinte eu quero a metade
e os dez dê a quem quisé.

O cachorro se alegrou
e ficou muito feliz
porque o Sinhô concordou
da maneira que ele quis.
Ficou bastante contente
e o Deus Pai Onipotente
fez o macaco em seguida.
E depois da explicação
qual a sua obrigação,
lhe deu trinta ano de vida.

E lhe disse: — O teu trabalho
é sempre fazê careta,
pulando de galho em galho
com as maió pirueta.
Tu tem que sê buliçoso,
fazendo malicioso
careta pra todo lado,
pulando, sempre pulando
muita vez até ficando
pela cauda pendurado.

O macaco ouviu aflito
e ficou cheio de espanto.
Deu três pulo e deu três grito,
se coçou por todo canto.
E disse: — Ô que sorte preta,
pulando e a fazê careta,
trinta ano, assim eu me acabo.
Sinhô, será que eu não caio
lá da pontinha do gaio
pendurado pelo rabo?

Nik Neves/Arquivo da editora

É bem triste a minha sina,
trinta ano de cambalhota.
Com esta cintura fina,
a minha força se esgota.
Ô Divina Majestade,
me desculpe esta verdade,
mas vejo que é um capricho
a idade que Deus me deu.
Tire dez anos dos meu
pra idade doutro bicho.

Deus concordou e ele disse:
— Já saí do aperreio!
Fez diversas macaquices,
deu dez pinotes e meio,
agradecendo ao Sinhô.
E o Divino Criadô,
com o seu sabê profundo,
lhe dando o esboço e o nome,
num momento fez o home
e ao mesmo entregou o mundo.

E lhe disse: — Esta riqueza
é para tu governá,
toda essa imensa grandeza,
o espaço, a terra, o má.
Vou te dá inteligência
mode tratá de ciência,
mas com a tua noção
use do grau de iguardade,
não faça perversidade,
não persiga teu irmão.

Nunca deixe te iludi
com ouro, prata e brilhante,
o que não quiser pra ti,
não dê ao teu semelhante.
Vivendo nesta atitude
serás dono da virtude
que é um dom da providência.
Para bem feliz vivê
e tudo isso resorvê,
trinta ano é a tua existência.

O home inchou de vaidade
e com egoísmo louco
gritou logo: – Majestade,
trinta ano pra mim é pouco.
Vinte ano o burro enjeitou,
me dá pra mim, Sinhô,
mode eu pudê sê feliz.
Dez o cachorro não quis,
me dá que eu faço sessenta.
E ainda mais me destaco,
eu quero os dez do macaco
mode eu completá setenta.

O nosso Pai Soberano
atendeu o pedido seu;
vive o homem até trinta ano
a idade que Deus lhe deu.
De trinta até os cinquenta
a sua tarefa aumenta
vive cheio de canseira.
De família carregado,
levando os costá pesado,
e é burro nem que não queira.

De cinquenta até sessenta
já não pode mandá brasa,
aqui e acolá se assenta
botando sentido à casa,
porque já força não tem,
vive neste vai e vem
do cargo que ele assumiu.
Se encontra liberto e forro,
tá na vida do cachorro
que ele mesmo a Deus pediu.

De sessenta até setenta
já com a cara enrugada,
constantemente frequenta
os prédio da filharada.
Fazendo graça e carinho
para a turma de netinho,
beija neto e abraça neto
sentado mesmo no chão
e naquela arrumação
é um macaco completo.

Rico, orgulhoso, profano,
reflita no bem comum.
Veja os direitos humano,
a razão de cada um.
Em vez de fraternidade,
pra que tanta vaidade,
orgulhoso, enchendo o saco?
Este exemplo tá dizendo
que os home termina sendo
burro, cachorro e macaco.

PATATIVA DO ASSARÉ. *Ispinho e fulô*.
Fortaleza: Secretaria do Turismo e
Desporte/Imprensa Oficial do Ceará, 1988.

Nik Neves/Arquivo da editora

Jarbas Oliveira/Agência Estado

Patativa do Assaré é o nome com que ficou conhecido o poeta cearense Antônio Gonçalves da Silva. Nasceu em 1909, no município de Assaré (CE). Publicou muitos folhetos de cordel e poemas em várias revistas e jornais, além de um livro. Uma toada de sua autoria, "Triste partida", fez muito sucesso na voz do cantor Luiz Gonzaga. Patativa faleceu em 2002.

Autoavaliação

Chegou o momento de fazer um balanço de tudo o que foi estudado no Capítulo 1. Leia o quadro de conteúdos para recordar o que estudou e, no caderno, avalie seu desempenho usando os tópicos propostos a seguir como orientação. Isso o ajudará na hora de organizar seus estudos.

Meu desempenho

- **Avancei em** (registre no caderno os itens em que você melhorou)
- **Preciso rever** (registre no caderno os itens que você precisa estudar mais)
- **Outras observações e/ou outras atividades**

CONTEÚDOS	
1. Gênero	**Poema** • ''Haicai'', Estela Bonini • ''Além da Terra, além do Céu'', Carlos Drummond de Andrade
2. Leitura e interpretação de texto	Compreensão de sentidos no texto poético Linguagem e construção do texto • Recursos de linguagem e construção no poema • Gêneros literários e gêneros não literários
3. Língua: usos e reflexão	Recursos de construção e linguagem figurada • Metáfora • Personificação • Aliteração e assonância • Trocadilho
4. Produção textual	**Escrita** Criação de haicais
5. Participação	**Prática de oralidade** Sarau de poemas
6. Ampliação de leitura	Leitura de *Outras linguagens*: Poemas concretos Leitura e produção de relações entre textos da seção *Conexões* Leitura de *Outro texto do mesmo gênero*: • ''A realidade da vida'', Patativa do Assaré

Nik Neves/Arquivo da editora

2 Conto

Nik Neves/Arquivo da editora

No primeiro capítulo, você estudou escolhas de linguagem e os recursos da linguagem poética empregados em poemas: sonoridade, rimas e linguagem figurada.

Agora, você verá outro gênero literário: o **conto**, que é um gênero que também costuma empregar esses recursos. O autor de um conto pode escolher as palavras com a intenção, por exemplo, de criar uma atmosfera que vai além do real e, assim, instalar um clima de sonho, de magia, de sobrenatural.

Chamamos de **conto** toda história de ficção narrada, em prosa ou em verso, de modo breve, isto é, com enredo, tempo e espaço reduzidos e poucas personagens.

Você gosta de histórias em que acontecem fatos que vão além do real?

Conheça a história de um sábio e dos jovens que o acompanhavam. O que lhes ensinaria um sábio, um homem pleno de conhecimentos? Que lição eles aprenderiam? Leia para conhecer as personagens e os ensinamentos que aprenderam.

Como os campos

Marina Colasanti

Preparavam-se aqueles jovens estudiosos para a vida adulta, acompanhando um sábio e ouvindo seus ensinamentos. Porém, como fizesse cada dia mais frio com o adiantar-se do outono, dele se aproximaram e perguntaram:

— Senhor, como devemos vestir-nos?

— Vistam-se como os campos — respondeu o sábio.

Os jovens então subiram a uma colina e durante dias olharam para os campos. Depois dirigiram-se à cidade, onde compraram tecidos de muitas cores e fios de muitas fibras. Levando cestas carregadas, voltaram para junto do sábio.

Sob seu olhar abriram os rolos das sedas, desdobraram as peças de **damasco**, e cortaram quadrados de veludo, e os emendaram com retângulos de cetim. Aos poucos foram recriando em longas vestes os campos arados, o vivo verde dos campos em primavera, o **pintalgado** da germinação. E **entremearam** fios de ouro no amarelo dos trigais, fios de prata no alagado das chuvas, até chegarem ao branco brilhante da neve. As vestes **suntuosas** estendiam-se como mantos. O sábio nada disse.

Só um jovem pequenino não havia feito sua roupa. Esperava que o algodão estivesse em flor, para colhê-lo. E quando teve os **tufos**, os fiou. E quando teve os fios, os teceu. Depois vestiu sua roupa e foi para o campo trabalhar.

damasco: tecido de seda com desenhos.

pintalgado: salpicado de pintas ou manchas.

entremear: intercalar, colocar no meio.

suntuosa: luxuosa.

tufo: porção de pelos ou fios.

Nik Neves/Arquivo da editora

Arou e plantou. Muitas e muitas vezes sujou-se de terra. E manchou-se do sumo das frutas e da seiva das plantas. A roupa já não era branca, embora ele a lavasse no regato. Plantou e colheu. A roupa rasgou-se, o tecido **puiu-se**. O jovem pequenino emendou os rasgões com fios de lã, costurou remendos onde o pano cedia. Quando a neve veio, prendeu em sua roupa mangas mais grossas para se aquecer.

Agora a roupa do jovem era de tantos pedaços, que ninguém poderia dizer como havia começado. E estando ele lá fora uma manhã, com os pés afundados na terra para receber a primavera, um pássaro o confundiu com o campo e veio pousar em seu ombro. Ciscou de leve entre os fios, sacudiu as penas. Depois levantou a cabeça e começou a cantar.

Ao longe, o sábio que tudo olhava, sorriu.

COLASANTI, Marina. *Longe como o meu querer*. São Paulo: Ática, 2002. p. 29-30.

puir-se: desgastar-se, desfazer-se.

Fernando Pimentel/Arquivo da editora

Marina Colasanti nasceu na Eritreia, país africano que já foi colônia da Itália. Artista plástica, jornalista, poeta, mora no Brasil desde 1948. Publicou, ilustrou e traduziu muitos livros. *Longe como o meu querer* é um dos seus diversos livros de contos.

Reprodução/Editora Ática

●● Interpretação do texto

Compreensão

1. O conto lido é uma narrativa que começa indicando as personagens. Quem são elas?

2. Releia:

> — Senhor, como devemos vestir-nos?
> — Vistam-se como os campos.

a) Explique com suas palavras como quase todos os jovens interpretaram a recomendação do sábio.

b) Agora explique como um dos jovens interpretou a recomendação do sábio.

3. Transcreva no caderno uma frase do texto que aponta o fato que comprova quem realmente se vestiu como os campos.

4. Releia o trecho a seguir:

> [...] abriram os rolos das sedas, desdobraram as peças de damasco, e cortaram quadrados de veludo, e os emendaram com retângulos de cetim. [...] As vestes suntuosas estendiam-se como mantos. O sábio nada disse.

Copie no caderno as alternativas que indiquem o que se pode pensar da atitude do sábio. Ele nada disse porque:

a) ficou orgulhoso com o que fizeram os jovens.

b) preferiu aguardar.

c) não quis elogiar o perfeito trabalho.

d) não era o que ele esperava.

5. Releia o início do conto:

Preparavam-se aqueles jovens estudiosos para a vida adulta [...]

Qual foi o ensinamento que, de acordo com o conto, os jovens poderiam aprender para a vida adulta?

6. Amplie o desfecho da história dando continuidade à frase no caderno: Ao longe, o sábio que tudo olhava sorriu, porque ■.

7. O título do conto é "Como os campos". Depois de conhecer a história, você daria outro título a ela? Por quê?

 **Conversa em jogo**

O grupo sempre tem razão?

A história lida apresenta um sábio que dá uma resposta à pergunta dos jovens e não interfere mais, apenas observa as ações deles.

De acordo com o texto, a maioria tomou a mesma atitude em grupo. Apenas um deles tomou suas próprias resoluções.

◗ Conversem:

a) O que é mais fácil: fazer parte do grupo ou tomar as próprias resoluções?

b) Em sua opinião, questionar o grupo pode ser bom?

c) Em quais situações?

Linguagem do texto

O conto de Marina Colasanti apresenta uma linguagem bem cuidada. A autora faz descrições cheias de detalhes para que o leitor visualize os fatos narrados.

Escolhas e efeitos de sentido

1. Ao descrever a confecção das vestes dos jovens, a autora apresenta detalhes e comparações que tornam possível ao leitor visualizar as imagens.
Releia o parágrafo:

Sob seu olhar abriram os rolos das sedas, desdobraram as peças de damasco, e cortaram quadrados de veludo, e os emendaram com retângulos de cetim. Aos poucos foram recriando em longas vestes os campos arados, o vivo verde dos campos em primavera, o pintalgado da germinação. E entremearam fios de ouro no amarelo dos trigais, fios de prata no alagado das chuvas, até chegarem ao branco brilhante da neve. As vestes suntuosas estendiam-se como mantos.

Desenhe como você imagina essas vestes, considerando os detalhes indicados no texto. Depois, com seus colegas, organize um mural para expor os desenhos.

2. Escreva em seu caderno as palavras ou expressões do texto que caracterizam os seguintes substantivos:

a) tecidos;

b) fios.

3. Essas caracterizações poderiam ser retiradas do texto sem prejuízo para o entendimento da história?

4. Releia:

> **Aos poucos, foram recriando em longas vestes os campos arados, o vivo verde dos campos em primavera [...].**

Que palavras ou expressões foram usadas para descrever com detalhe a cor verde?

5. Por que a autora faz essa descrição detalhada da cor?

Outras escolhas

1. O conto apresenta uma série de ações para mostrar como a veste do jovem pequenino vai se transformando. Transcreva no caderno pelo menos três dessas ações.

2. Qual foi a provável razão de a autora recorrer a essas diversas ações para mostrar o que a personagem havia entendido?

3. O conto lido é organizado por relações de sentido, ligando ideias próximas. Releia:

> **E quando teve os tufos, os fiou. E quando teve os fios, os teceu.**
> **A roupa rasgou-se, o tecido puiu-se.**
> **Arou e plantou.**
> **Plantou e colheu.**
> **Muitas e muitas vezes sujou-se de terra.**

Nik Neves/Arquivo da editora

Esses trechos mostram que a escolha foi por frases curtas, independentes, com estruturas que se repetem. Qual é o efeito provocado por essas repetições? Saiba que uma das características da autora é dizer o máximo com o mínimo de palavras, escolhendo palavras significativas.

4. Releia em voz alta:

> **[...] sujou-se de terra. E manchou-se do sumo das frutas e da seiva das plantas.**

a) Que som se destaca nessas palavras?

b) Que efeito é produzido por essa repetição de sons?

5. Releia as frases a seguir e responda no caderno: a linguagem destas frases é utilizada por jovens como você? Explique.

I. "[...] com o adiantar-se do outono, dele se aproximaram e perguntaram [...]."

II. "[...] entremearam fios de ouro no amarelo dos trigais [...]."

III. "[...] foram recriando em longas vestes os campos arados [...]."

6. Copie em seu caderno a(s) alternativa(s) que corresponde(m) às características da linguagem do texto "Como os campos":

a) Linguagem mais elaborada, monitorada, diferente da forma comumente usada no dia a dia com pessoas próximas.

b) Vocabulário selecionado com termos usados no dia a dia com pessoas próximas.

c) Construções de frases que não são comuns no uso diário.

d) Linguagem menos monitorada, com presença de gírias.

Construção do texto

Veja a representação do esquema — o chamado **esqueleto** — de uma narrativa:

Elementos da narrativa

Personagens: Quem?

Espaço: Onde?

Tempo: Quando?

Enredo (ações): O que acontece? Como se desenrolam os fatos?

Narrador

Enredo ou momentos da narrativa

Situação inicial: situação de equilíbrio.

Conflito: os motivos que desencadearam a ação da história.

Clímax: momento de maior tensão na história.

Desfecho: final e resolução do conflito.

1. Copie em seu caderno o quadro a seguir e complete-o com o que é solicitado.

Elementos da narrativa	"Como os campos"
Personagens	|||||||||||||||||||||||||||||||||||||||||||||||||||
Espaço	|||||||||||||||||||||||||||||||||||||||||||||||||||
Tempo	|||||||||||||||||||||||||||||||||||||||||||||||||||
Enredo (ações)	|||||||||||||||||||||||||||||||||||||||||||||||||||
Narrador	|||||||||||||||||||||||||||||||||||||||||||||||||||

Observe como fica o quadro dos momentos da narrativa.

Enredo ou momentos da narrativa	
Situação inicial	Jovens acompanham o sábio e ouvem seus ensinamentos.
Conflito	Jovens questionam o sábio sobre como se vestir nos dias frios e saem à procura de material para suas vestes.
Clímax	Um dos jovens não faz sua roupa como os demais.
Desfecho	Um pássaro confundiu as roupas do jovem com o campo e pousou em seu ombro, deixando o sábio satisfeito com a ação do jovem.

2. Indique no caderno que parágrafos correspondem a cada um dos momentos. Veja o exemplo.

Situação inicial: 1ª frase do parágrafo 1.

- Conflito:
- Clímax:
- Desfecho:

Coesão textual na narrativa

Para organizar melhor o enredo, foram empregados alguns elementos de coesão: palavras usadas para a ligação entre **partes do texto**.

1. No 1º parágrafo, que palavra marca a passagem da situação inicial para o conflito?

2. Escreva no caderno as palavras que marcam:

a) o parágrafo do início do clímax;

b) o parágrafo do início do desfecho.

Além de ligar partes do texto, há palavras que **ligam frases**, estabelecendo relações de sentido entre essas frases.

Coesão textual: palavras que estabelecem relações de sentido entre elementos de um texto.

3. Releia:

Quando a neve veio, prendeu em sua roupa mangas mais grossas [...]

Agora a roupa do jovem era de tantos pedaços [...]

Depois levantou a cabeça e começou a cantar.

Responda no caderno:

Que alternativa indica o sentido que expressam essas **palavras de ligação**?

- espaço
- tempo
- oposição

Há palavras que também **ligam palavras**. Veja:

Arou **e** plantou. Muitas **e** muitas vezes sujou-se de terra.

Que ideia expressa a palavra destacada nessas frases?

- espaço
- sequência de ações
- tempo

Em uma narrativa, geralmente é possível identificar a época dos acontecimentos e a duração dos fatos narrados.

🟧 Observe os tempos verbais empregados no conto e responda:

a) Qual é o tempo verbal predominante, que indica quando aconteceram os fatos? Dê exemplos.

b) Como sabemos a duração dos fatos narrados?

Tipos de narrador

O autor é quem decide o tipo de narrador que seu texto vai ter. O narrador pode ser:

Narrador-personagem, ou narrador em 1ª pessoa — o narrador é uma das personagens da história. Ao mesmo tempo que conta os fatos, participa deles, mostra-se. Percebemos sua presença pelo uso da 1ª pessoa: *eu* ou *nós*.

Narrador neutro, observador, ou narrador em 3ª pessoa — ausente do texto, limita-se a contar os fatos, sem interferir ou manifestar opiniões. O leitor não percebe a presença dele no texto.

Narrador intruso — não toma parte nos acontecimentos, mas comenta os fatos, expressa sentimentos e opiniões.

---

1. Copie no caderno a alternativa que corresponde à característica do narrador no conto lido:

a) narrador-personagem — em 1ª pessoa: participa da ação da história.

b) narrador observador — em 3ª pessoa: conta os fatos a distância, sem participar.

c) narrador intruso: não toma parte, mas comenta os fatos.

2. Transcreva no caderno um trecho que comprove sua escolha sobre o tipo de narrador.

🗂 Hora de organizar o que estudamos

Conto

Narrativa de fatos imaginados

Intenção	Linguagem	Construção	Leitor
Contar fatos criados pela imaginação do autor.	• emprego de jogo de palavras; • linguagem mais elaborada; • uso de verbos no passado, destacando ações no tempo.	• **elementos da narrativa;** • **momentos da narrativa;** • narrador observador.	Aquele que gosta de leituras mais breves, de histórias curtas, imaginativas, contadas em linguagem mais elaborada.

●● **Prática de oralidade**

Fluência em leitura

Você sabe o que é **fluência em leitura**?

É a habilidade de ler um texto com expressividade, clareza, velocidade e compreendendo seu sentido.

Desenvolver essa fluência é importante, porque ela permite uma leitura clara, sem embaraço, sem tropeços.

Para isso é preciso exercitar. Vamos lá:

Preparo

1. Volte ao conto "Como os campos".

2. Releia-o algumas vezes observando, a cada releitura, em que trechos poderá ser dada ênfase.

3. Procure ler de maneira espontânea, natural, isto é, com fluência, atentando para a entonação.

Gravação

▪ Gravar a leitura que você está fazendo pode ser muito produtivo para melhorar a fluência, mas esse exercício requer paciência, pois você poderá ter de repetir várias vezes até acertar.

Ele poderá ser feito assim:

- Prepare um gravador, um computador ou mesmo o celular no modo gravação.
- Leia do modo como você ensaiou e grave sua leitura.
- Ouça a gravação atentando para o que está bom e o que pode ser melhorado. Se necessário, corrija e grave novamente.

Leitura em voz alta para os colegas

Aguarde a chamada do professor para a apresentação de uma das leituras. Se você for o escolhido, mostre a todos como sua leitura é fluente e fique atento à leitura de seus colegas.

Syda Productions/Shutterstock/Glow Images

●● Outras linguagens

Pintura

Marina Colasanti contou uma história que, em alguns momentos, parece uma pintura, repleta de detalhes sugeridos pelas palavras escolhidas:

E entremearam [...] fios de prata no alagado das chuvas [...].

Muitos pintores contaram pequenas histórias em suas pinturas, empregando, em vez de palavras, cores puras e brilhantes, texturas e elementos que pudessem transmitir emoções.

Observe as escolhas feitas pelo pintor Vincent van Gogh para representar o povoado de Auvers, na França, em um momento de chuva:

Óleo sobre tela, 50,3 cm x 100,2 cm/Museu Nacional do País de Gales, Cardiff, País de Gales

Paisagem de Auvers sob a chuva. 1890. Vincent van Gogh. Óleo sobre tela.

Observe:

- os quatro planos da pintura: plantação, a cidade, o campo mais distante e o céu;
- o emprego e a mistura de cores em cada um dos planos;
- a representação da cidade com os mesmos tons azuis do céu;
- a presença de corvos sobre a plantação;
- as linhas diagonais que riscam toda a pintura evidenciando a chuva que cai.

Sobre essa pintura, Van Gogh escreveu ao irmão Theo:

Há vastos milharais sob céus ameaçadores, e devo manter-me firme em meu caminho para expressar tristeza e extrema solidão.

🔶 Em sua opinião, ele conseguiu ou não esse efeito? Por quê?

1. Arte: pintura

Van Gogh, o mesmo pintor que você viu na seção *Outras linguagens* representando a chuva em uma paisagem, também pintou um semeador.

Essa pintura ficou famosa e teve diferentes versões. Conheça o esboço e o resultado final:

Esboço (em uma carta ao irmão).

O semeador. 1888. Vicent van Gogh.

Disponível em: <www.istoe.com.br/reportagens/13906_estudos+de+van+gogh>.
Acesso em: fev. 2015.

🔹 Releia o trecho do conto:

> **Arou e plantou. Muitas e muitas vezes sujou-se de terra. E manchou-se do sumo das frutas e da seiva das plantas. A roupa já não era branca, embora ele a lavasse no regato. Plantou e colheu.**

Compare a figura retratada na tela com a figura que você imaginou do jovem pequenino do conto lido.

2. Arte e conhecimento

Leia uma das citações mais conhecidas da Bíblia:

> **Por que vos preocupais com o vestuário? Olhai como crescem os lírios do campo! Não trabalham nem fiam. Pois Eu vos digo: Nem Salomão, em toda a sua magnificência, se vestiu como qualquer deles.**

(Mateus)

É possível relacionar a ideia do conto com a ideia dessa citação?

3. Arte musical

Leia e, se possível, ouça a letra de canção dos autores Patativa do Assaré e Gereba, cantada por Fagner, que descreve as cores e a vida de um campo depois da chuva benfazeja.

Festa da natureza

Patativa do Assaré e Gereba

Chegando o tempo do inverno
Tudo é amoroso e terno
No fundo do pai eterno
Sua bondade sem fim

Sertão amargo esturricado
Ficando transformado
No mais imenso jardim
Num lindo quadro de beleza

Do campo até na floresta
As aves lá se manifestam
Compondo a sagrada orquestra
Da natureza em festa

Tudo é paz tudo é carinho
No despertar de seus ninhos
Cantam alegres os passarinhos
O camponês vai prazenteiro

Plantar o seu feijão ligeiro
Pois é o que vinga primeiro
Nas terras do meu sertão
Depois que o poder celeste

Mandar a chuva pro Nordeste
De verde a terra se veste
E corre água em borbotão

A mata com seu verdume
E as fulô com seu perfume
Se enfeita com vaga-lumes
Nas noites de escuridão

Nesta festa alegre e boa
Canta o sapo na lagoa
O trovão no ar reboa

Com a força desta água nova
O peixe e o sapo na desova
O camaleão que se renova
No verde-cana que cor

Grande cordão de borboletas
Amarelinhas brancas e pretas
Fazendo tanta pirueta
Com medo do bem-te-vi

Entre a mata verdejante
Seu pajé extravagante
O gavião assartante
Que vai atrás da juriti

Nesta harmonia comum
Num alegre zum-zum-zum
Cantam todos os bichinhos...

ASSARÉ, Patativa do; GEREBA. Festa da natureza.
Intérprete: Fagner. In: *Me leve*.
[S.l.]: Sony Music, 2002. 1 CD. Faixa 1.

Nik Neves/Arquivo da editora

●● Língua: usos e reflexão

Determinantes do substantivo: sentidos para o texto

Releia como Marina Colasanti caracterizou a personagem no texto:

Só um jovem pequenino não havia feito sua roupa.

Observe:

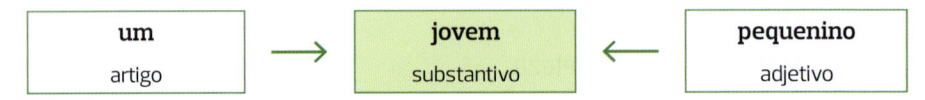

um		jovem		pequenino
artigo	→	substantivo	←	adjetivo

Relembre:

- **jovem**: nome pelo qual a narradora refere-se à personagem — é um **substantivo**.
- **um**: artigo que se refere ao substantivo *jovem* e dá ideia de indeterminação.
- **pequeno**: adjetivo que caracteriza o substantivo *jovem*.

> Essas palavras que acompanham o substantivo delimitando-o, determinando-o, são chamadas de **determinantes do substantivo**.

Adjetivo e locução adjetiva

Vamos ver como a autora empregou a linguagem para fazer caracterizações.

Para caracterizar o tom do verde empregado no tecido dos jovens, ela "cercou" a palavra de determinantes:

[...] foram recriando em longas vestes os campos arados, o vivo verde dos campos em primavera [...].

Observe o esquema a seguir:

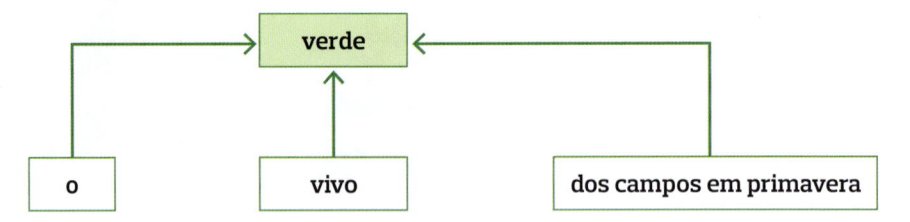

A autora enriquece a caracterização de sua narrativa com a descrição de detalhes. Observe o emprego que fez no mesmo trecho acima:

Para fazer a caracterização, foram empregados:

- **adjetivos**: longas, arados;
- **locução adjetiva**: dos campos em primavera.

Podemos concluir que:

> **Adjetivos**: são palavras que caracterizam os substantivos e podem expressar qualidade, estado, aparência, modo de ser.
> **Locução adjetiva**: expressão construída com mais de uma palavra que tem o mesmo valor do adjetivo ao caracterizar o substantivo.

Leia outros exemplos de locuções adjetivas que a autora empregou para caracterizar dando detalhes:

Veja como é formada a locução adjetiva:

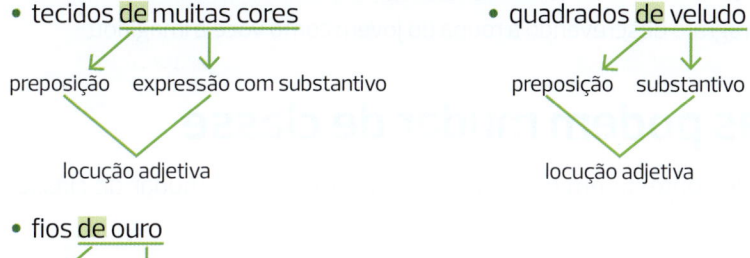

- tecidos **de** muitas cores

preposição   expressão com substantivo

locução adjetiva

- quadrados **de** veludo

preposição   substantivo

locução adjetiva

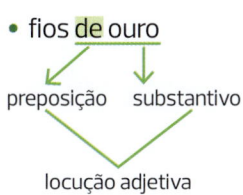

- fios **de** ouro

preposição   substantivo

locução adjetiva

A locução adjetiva é formada por uma preposição e um substantivo ou expressão com substantivo.

> **Preposição**: palavra que liga dois termos. Geralmente o segundo termo completa ou explica o sentido do primeiro.

Veja um quadro com preposições e locuções prepositivas na Unidade Suplementar (p. 314).

Veja alguns exemplos de preposições e as ideias que acrescentam:

Casa de Pedro.

estabelece uma relação de posse

Foi para casa cedo.

estabelece uma ideia de deslocamento, de direção

Saiu com um amigo.

estabelece uma relação de companhia

Vivia sem preocupações.

estabelece uma relação de modo

Dragon Images/Shutterstock/Glow Images

No quadro abaixo, veja quais são as principais preposições.

a	ante	até	após	com	contra	de	desde	em	entre
	para	perante	por	sem	sob	sobre	trás		

Algumas locuções adjetivas podem ser substituídas por adjetivos com ideias correspondentes:

- tecido **de muitas cores**: tecido **colorido**;
- fio **de ouro**: fio **áureo** ou fio **dourado**.

1. Faça um esquema em seu caderno e, com base nas ideias do texto, atribua **adjetivos** e **locuções adjetivas** à roupa do jovem pequenino para caracterizá-la:

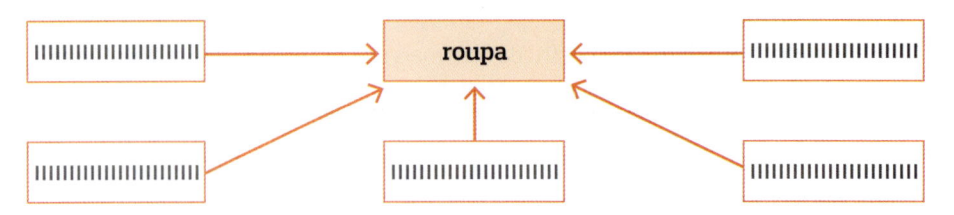

2. Utilizando os adjetivos e as locuções adjetivas que você colocou em seu esquema, produza um parágrafo descrevendo a roupa do jovem como você a imaginou.

As palavras podem mudar de classe

Dependendo do contexto em que estão, as palavras podem mudar de classe. Observe na frase:

[...] o vivo <u>verde</u> dos campos em primavera [...]

↓

substantivo

Nessa frase a palavra **verde** é um substantivo: o *verde*.

Agora, veja como fica diferente na frase:

No <u>campo</u> <u>verde</u> e florido, os pássaros voltaram a cantar [...]

↓   ↓

substantivo   adjetivo

Note que, nesta última frase, a palavra *verde* está caracterizando o substantivo *campo*. Então, nesse contexto, *verde* é um adjetivo.

O mesmo ocorre com a expressão do texto:

[...] um <u>jovem</u> <u>pequenino</u> [...]

↓   ↓

substantivo   adjetivo

Nessa frase a palavra *jovem* é um substantivo: um *jovem*.

Observe como fica na frase:

Era um <u>homem</u> muito <u>jovem</u>, mas muito triste [...]

↓   ↓

substantivo   adjetivo

Portanto, as palavras podem mudar de classe, **dependendo do contexto** em que estiverem.

◼ Indique se as palavras destacadas são substantivos ou adjetivos:

a) No mar **azul**, às vezes saltavam golfinhos brincalhões.

b) O **azul** do mar refletia os raios do sol se pondo.

c) Morava em uma casa **velhinha** no topo da colina.

d) Uma **velhinha** rápida e esperta pegou o primeiro lugar na fila.

A posição do adjetivo e os sentidos para os textos

A mudança de posição do adjetivo em relação ao substantivo pode alterar o sentido do que se quer expressar. Observe:

I. O mundo exige um **novo homem**: mais sensível, mais atento aos filhos.

II. Ao participar pela primeira vez das Olimpíadas, ele ainda era um **homem novo**.

Na frase **I**, *novo* quer dizer 'renovado', 'moderno'.

Na frase **II**, *novo* quer dizer 'jovem'.

Veja outros exemplos:

Minha avó foi uma <u>grande</u> mulher.

↓ notável, de muitas qualidades

Nik Neves/Arquivo da editora

Minha avó era uma mulher <u>grande</u>, alta e forte.

↓ tamanho, estatura

O <u>pobre</u> homem desesperou-se ao ver a água inundar sua casa.

↓ infeliz

Era um homem <u>pobre</u>, que trabalhava duramente para manter os filhos.

↓ sem recursos, sem dinheiro

O uso do adjetivo e as locuções adjetivas na descrição

🟧 Releia um trecho do texto:

Aos poucos foram recriando em longas vestes os campos arados, o vivo verde dos campos em primavera, o pintalgado da germinação. E entremearam fios de ouro no amarelo dos trigais, fios de prata no alagado das chuvas, até chegarem ao branco brilhante da neve. As vestes suntuosas estendiam-se como mantos.

a) É possível criar uma imagem do que a narradora descreveu? Conversem sobre isso.

b) **Desafio!** Em uma folha em branco, representem com cores a imagem que o trecho estimula em sua mente.

1. No decorrer do texto, a autora escolheu a expressão *um jovem pequenino* para fazer referência a uma das personagens. Veja:

Só um jovem pequenino não havia feito sua roupa.

Ao longo do texto o substantivo *jovem* vai se modificando. Observe:

jovem ⟶ um jovem ⟶ um jovem pequenino ⟶ o jovem

Qual é a provável razão de terem sido feitas essas modificações?

NOSSA RELAÇÃO
COM O CONSUMIDOR
É LIMPA,
TRANSPARENTE,
PERFUMADA,
LIVRE DE GERMES
E SEM MANCHAS.

Reckitt Benckiser. Vencedora
do Prêmio de Excelência
em Serviços ao Cliente,
categoria Higiene e Limpeza.

ATENDIMENTO AO CONSUMIDOR
0800 703 0304
CAIXA POSTAL 21281 04602-970
www.reckittbenckiser.com.br

RECKITT BENCKISER

VEJA HARPIC Woolite Lysol poliflor Nugget Vanish Rodasol BOM AR

Anúncio criado pela
J. W. Thompson.

2. Veja no anúncio publicitário abaixo um exemplo do uso de expressões para detalhar, caracterizar o substantivo e que tem a intenção de convencer o leitor.

a) Copie as palavras ou expressões que foram escolhidas para caracterizar a relação da empresa com o consumidor.

b) Qual foi a provável intenção da escolha dessas palavras?

3. Pesquise em jornais, revistas ou panfletos anúncios que utilizem adjetivos ou locuções adjetivas para exaltar o produto anunciado. Pense:

• qual é o provável motivo ou a intenção de o anunciante ter usado essa adjetivação.

• pelo texto do anúncio, você consumiria o produto anunciado?

Traga seu anúncio para a sala e, com a orientação do professor, apresente-o aos colegas com seus comentários e críticas e ouça os deles.

4. Leia o texto a seguir.

Como se pega o bicho-geográfico

Muito comum entre banhistas nesta época de praias lotadas, a contaminação pelo parasita conhecido como "bicho-geográfico" começa quando cães e gatos infectados defecam em terreno quente e úmido. Quando alguém pisa ou deita na areia contaminada, o bicho — cujo nome científico é *Ancylostomas* — penetra na pele. "Não é necessário haver ferimentos cutâneos para que o parasita entre no corpo", diz o dermatologista Vidal Haddad, da Universidade Estadual Paulista. Em contato com os pés, mãos ou costas, o parasita fixa-se sob a pele, onde traça linhas sinuosas — daí o nome popular.

Discovery Magazine, São Paulo: Synapse, n. 5, p. 76, dez. 2004.

a) De acordo com o texto, pode-se afirmar que a contaminação se dá pelo contato com as fezes de qualquer cão ou gato?

b) Que palavra do texto justifica sua resposta? Classifique-a.

c) Que características do solo favorecem a contaminação?

d) Como o texto caracteriza os nomes do parasita: *Ancylostomas* e bicho-geográfico?

e) Reescreva a frase substituindo o adjetivo destacado por uma locução adjetiva:

Não é necessário haver ferimentos *cutâneos* para que o parasita entre no corpo.

5. Leia o trecho informativo a seguir.

Mundão

NATIONAL
por GEOGRAPHIC
BRASIL

RUÍNAS SOLITÁRIAS
A remota Pirâmide do Adivinho e o imenso Palácio do Governador – nomes atribuídos em épocas recentes – dominam Uxmal, maior e mais famosa cidade maia do Puuc, a região montanhosa na península de Yucatán, no México.

Revista *Superinteressante*, n. 175, São Paulo, Abril, p. 22, abr. 2002.

Copie no caderno os substantivos listados a seguir e transcreva do texto os adjetivos que caracterizam cada um deles.

a) ruínas;

b) Pirâmide do Adivinho;

c) Palácio do Governador;

d) épocas;

e) cidade;

f) região.

6. Nesse texto, pode-se afirmar que a adjetivação foi empregada com a mesma finalidade do anúncio?

7. Outra forma de expressar a característica de alguns dos substantivos desse trecho seria substituir o adjetivo por uma **locução adjetiva**. Observe:

> **região montanhosa — região com muitas montanhas**

Agora, no caderno, substitua os adjetivos em destaque por uma locução adjetiva de sentido semelhante:

a) palácio **imenso**.

b) tarde **ensolarada**.

c) paisagem **encantadora**.

8. Escreva no caderno locuções adjetivas que possam substituir os adjetivos nas expressões seguintes:

a) lanche **matinal**;

b) roupas **citadinas**;

c) brilho **lunar**;

d) carinho **paternal**;

e) força **viril**;

f) crise **estomacal**;

g) casa **insegura**;

h) água **pluvial**;

i) corpos **celestes**.

9. Copie no caderno as preposições que você empregou nas locuções adjetivas da atividade anterior.

10. O texto a seguir foi retirado de um livro sobre a culinária brasileira. Confira como os adjetivos e as locuções adjetivas ajudam a definir o nome de uma fruta típica do Nordeste, empregada na cozinha brasileira.

Mangaba
(*Marconia speciosa muelle*)

Tipicamente brasileira, a mangaba é uma frutinha com polpa suculenta, aromática, saborosa, de suco leitoso e ácido. Há uma curiosidade a respeito de seu ponto de colheita, que é chegado só quando o fruto cai naturalmente da árvore.

Devido a esse fato, durante o período de safra as árvores são vistas com os troncos rodeados de redes ou galhos e folhas secas, a fim de impedir que as frutas se machuquem na queda. Frutifica entre outubro e dezembro e pode ser consumida por inteiro. Na Paraíba, seu suco e principalmente seu sorvete fazem as honras da casa para os turistas. É rica em vitamina C.

FISBERG, Mauro. *Um, dois, feijão com arroz*: a alimentação no Brasil de norte a sul. São Paulo: Atheneu, 2002. p. 350.

Mangaba

a) Copie o esquema em seu caderno e preencha os quadros com os adjetivos e locuções adjetivas que se referem a essa fruta. Coloque quantos quadros forem necessários:

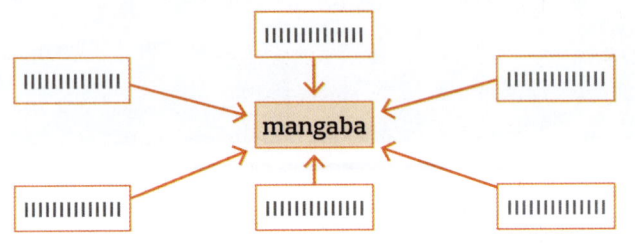

b) Qual é o fato curioso sobre a colheita dessa fruta?

11. Agora você é o autor de um livro de culinária. Pense em uma comida típica de sua região: uma fruta, um prato típico, um tempero, um doce.

a) Escreva um parágrafo descrevendo com detalhes para pessoas de outra região o item escolhido.

b) Leia seu parágrafo para os colegas e ouça o deles. Para a leitura ficar mais interessante, todos os que escolheram a mesma comida poderão ler em sequência, assim vocês podem completar com detalhes que acharem interessantes.

Outros determinantes do substantivo: artigo, numeral e pronome

Vamos relembrar?

Há outras classes de palavras que também podem atuar como determinantes do substantivo, ampliando a ideia que ele expressa.

Leia a frase:

Preparavam-se aqueles jovens estudiosos para a vida adulta.

pronome   substantivo   adjetivo

Nessa frase, o substantivo *jovens* vem determinado por um adjetivo — *estudiosos* — e por um pronome — *aqueles*. Isso quer dizer então que não se trata de quaisquer jovens, mas sim especificamente de *aqueles jovens estudiosos*.

Veja ainda:

O jovem foi receber os primeiros dias de primavera.

artigo — numeral ordinal — substantivo — locução adjetiva

Note que a palavra *primeiros* determina a ideia do substantivo *dias*, indicando uma ordem. É um tipo de numeral.

> **Artigos, numerais** e **pronomes** são classes de palavras que podem atuar como **determinantes do substantivo** quando o acompanham, tornando seu significado mais preciso ou mais delimitado.

Portanto, além dos adjetivos e das locuções adjetivas, outras classes de palavras, como artigos, numerais e pronomes, podem atuar como determinantes do substantivo.

No tópico *Ampliação de estudos gramaticais* da Unidade Suplementar (p. 313), há quadros com essas classes de palavras. Se precisar, consulte-os para fazer as atividades ou sempre que precisar relembrar.

Atividades: determinantes do substantivo

1. Copie no caderno os substantivos destacados dos trechos a seguir. Depois escreva os determinantes de cada um, classificando-os: adjetivo ou locução adjetiva, artigo, numeral, pronome.

a) Tocaram duas **músicas** muito antigas, diferentes, mas lindíssimas...

b) A **menina** tinha aquele **jeito** tranquilo, vagaroso, o mesmo **andar** seguro das pessoas que não têm **medo** da vida.

2. A página de revista reproduzida ao lado apresenta, sob o título "Úteis e fúteis", uma lista de acessórios indicados para uma viagem de aventuras.

Releia a lista dos acessórios para viagem indicados pela revista como "bagagem essencial":

> garrafa térmica
>
> canivete com múltiplas funções
>
> lanterna pequena
>
> binóculo portátil   câmera digital
>
> isqueiro com capa de couro
>
> bússola de bolso   alicate multiuso

a) Faça uma lista com os substantivos e outra com os adjetivos e as locuções adjetivas apresentados na lista.

b) Relacione, entre os objetos listados, um que você considere útil e outro que considere fútil, levando em conta as características de cada um. Justifique sua escolha.

Revista da Folha, São Paulo, ano 13, n. 625, 20 jun. 2004.

3. Imagine que você e seus amigos farão uma viagem. Você então resolveu escrever uma carta para um deles, que costuma levar roupas demais nessas situações, descrevendo parte de sua bagagem para que ele possa preparar melhor a própria bagagem. Reescreva o trecho abaixo, detalhando com adjetivos e locuções adjetivas os substantivos sublinhados, para que seu amigo (ou amiga) tenha uma ideia mais precisa do que levar.

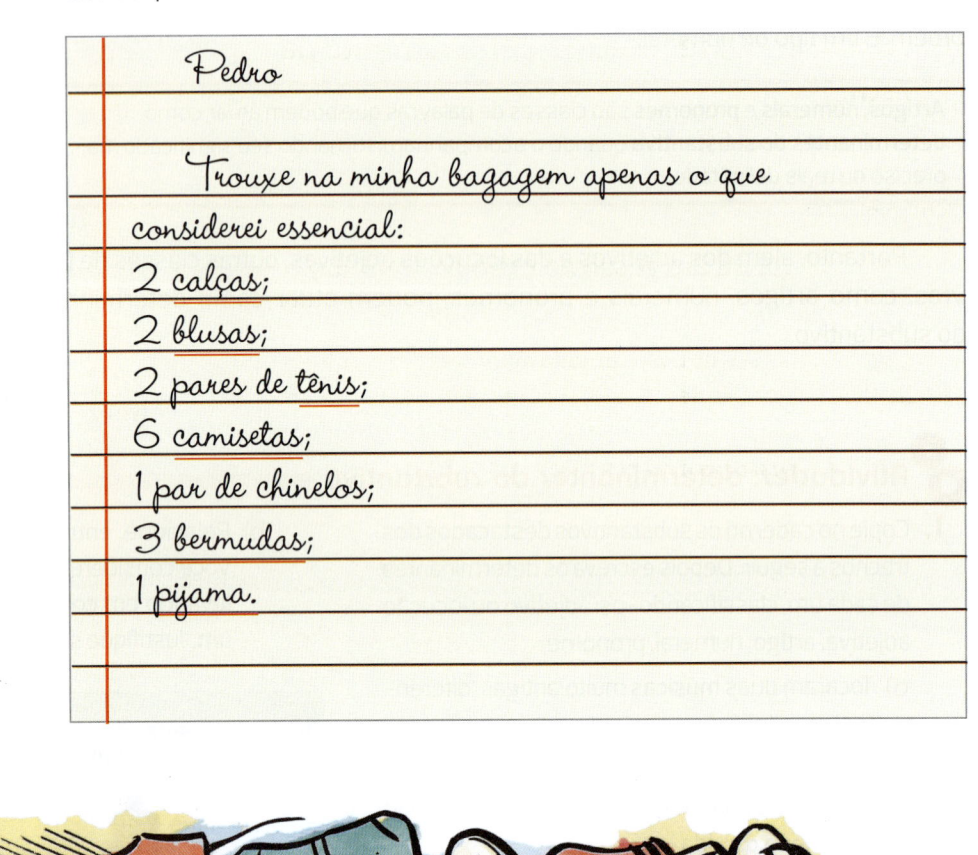

> Pedro
>
> Trouxe na minha bagagem apenas o que considerei essencial:
> 2 calças;
> 2 blusas;
> 2 pares de tênis;
> 6 camisetas;
> 1 par de chinelos;
> 3 bermudas;
> 1 pijama.

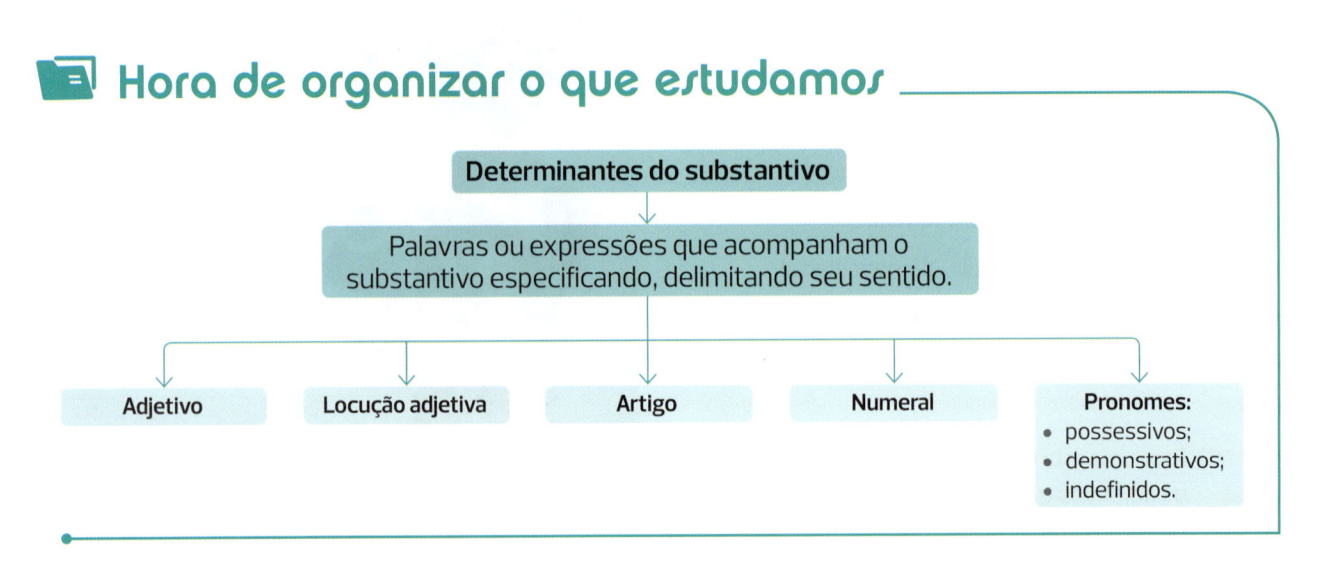

Nik Neves/
Arquivo da editora

📁 Hora de organizar o que estudamos

Determinantes do substantivo

↓

Palavras ou expressões que acompanham o substantivo especificando, delimitando seu sentido.

| Adjetivo | Locução adjetiva | Artigo | Numeral | Pronomes: • possessivos; • demonstrativos; • indefinidos. |

Produção de texto

1. Ampliação de miniconto

Descrição como recurso de detalhamento na narrativa

Você leu um conto em que a autora descreve com detalhes as vestes feitas pelas personagens. Agora é sua vez de descrever. Leia este miniconto.

Nik Neves/Arquivo da editora

Havia um gesso no meio do caminho

Leonardo Brasiliense

Enquanto estava no hospital, todo mundo escreveu no gesso. Deixaram-lhe recadinhos, desenharam caretas, assinaram com nomes e datas.

Ao tirar o gesso, os médicos deram a má notícia: o osso calcificou torto, e assim a perna ficará, para sempre, torta.

Seu consolo é que tem muitos amigos, embora eles andem todos, e sempre, uns metros adiante.

BRASILIENSE, Leonardo et al. *Adeus contos de fadas.* Rio de Janeiro: 7 Letras, 2007. p. 41.

1. Você vai reescrever esse texto. Antes, porém, considere os itens relacionados a seguir e escreva palavras e expressões que possam ser usadas como descrições para cada um deles:
   - características dos recadinhos;
   - características das caretas;
   - características do gesso;
   - características dos amigos.

2. Agora, reescreva o miniconto ampliando-o com os detalhes em que você pensou e enriquecendo-o de modo a envolver o leitor na história.

   Você fará **escolhas** quanto à **linguagem** e quanto à **forma** de construir o texto. Para que suas escolhas sejam mais adequadas, pense:
   - que tipo de leitor você imagina que lerá sua história;
   - que provável situação poderá ser contada;
   - que efeitos quer produzir com sua linguagem.

Revisão e avaliação

3. Releia seu texto e verifique se:
   - houve ampliação do miniconto com os detalhes descritivos;
   - os detalhes descritivos enriqueceram a narrativa e podem ser capazes de chamar a atenção do leitor que você imaginou.

4. Depois de terminado o seu conto, é hora de comparar e escolher os textos que melhor utilizaram a descrição como recurso de enriquecimento da narrativa. Leia seu conto e ouça o de seus colegas para fazer a escolha.

2. Gênero: conto

Com que intenção?
Divertir, emocionar.

O quê?
Dar continuidade a um conto com situação inicial proposta.

Conto

Para quem?
Para a turma da sala.

1. Agora, você será o autor de uma história. Vamos dar a **situação inicial** e você dará continuidade ao texto. Para isso:

- Leia a situação inicial.

Situação inicial
Num reino distante, vivia pacificamente um rei. Seu reino tinha harmonia, os habitantes não sentiam vontade de sair de lá. As terras produziam o necessário para o sustento de todos e dificilmente algum acontecimento ruim chegava a atrapalhar a vida.
Conflito
‖‖‖
Clímax
‖‖‖
Desfecho
‖‖‖

- Quem escreve tem sempre uma intenção. Qual é sua intenção?
- Imagine como você poderia dar continuidade a essa história de acordo com sua intenção.
- Consulte o quadro com alguns **elementos de coesão** ao lado para escolher as palavras ou expressões que deverão **marcar** as mudanças entre um e outro momento da narrativa.
- Pense nas palavras de ligação que você vai precisar empregar.
- Lembre-se de que essas palavras de ligação contribuem para dar sentido ao seu texto.
- Cada parte pode ter mais de um parágrafo.
- Procure usar as palavras sugeridas no quadro, evitando assim repetições, como *aí*, *daí*, etc.
- Faça seu rascunho dando sequência à situação inicial acima.

> **Alguns elementos de coesão**: mas, um dia, porém, de repente, até, mais tarde, quando, depois, então, por isso, assim, dessa forma.

2. Releia seu texto, revise-o e verifique se está claro e se atende à sua intenção. Faça alterações que sejam necessárias e passe-o a limpo.

3. Aguarde sua vez de ler seu conto e ouça o de seus colegas para verificar como cada um pensou sua história e deu continuidade à situação inicial.

Nik Neves/Arquivo da editora

●● Outro texto do mesmo gênero

Um tigre de papel

Marina Colasanti

Sabendo que a ele caberia determinar seus movimentos e controlar sua fome, o escritor começou lentamente a materializar o tigre. Não se preocupou com descrições de pelo ou patas. Preferiu introduzir a fera pelo cheiro. E o texto impregnou-se do bafo carnívoro, que parecia exalar por entre as linhas.

Depois, com cuidado, foi aumentando a estranheza da presença do tigre na sala rococó em que havia decidido localizá-lo. De uma palavra a outra, o felino movia-se irresistível, farejando o dourado de uma poltrona, roçando o dorso rajado contra a perna de uma papeleira.

Em vez de escrever um salto, o escritor transmitiu a sensação de movimento com uma frase curta. Em vez de imitar o terrível miado, fez tilintar os cristais acompanhando suas passadas. Assim, escolhendo o autor as palavras com o mesmo sedoso cuidado com que sua personagem pisava nos tapetes persas, criava-se a realidade antes inexistente.

O quarto parágrafo pareceu ao escritor momento ideal para ordenar ao tigre que subisse com as quatro patas sobre o tamborete de "petit-point". E já a fera aparentemente domesticada tencionava os músculos para obedecer quando, numa rápida torção do corpo, lançou-se em direção oposta. Antes que chegasse a vírgula, havia estraçalhado o sofá, derrubado a mesa com a estatueta de Sèvres, feito em tiras o tapete. Rosnados escapavam por entre letras e volutas. O tigre apossava-se da sua natureza. Já não havia controle possível. O autor só podia acompanhar-lhe a fúria, destruindo a golpes de palavras a bela decoração rococó que havia tão prazerosamente construído, enquanto sua criatura crescia, dominando o texto.

Impotente, via aos poucos espalharem-se no papel cacos de móveis e porcelanas, estilhaçar-se o grande espelho, cair por terra a moldura entalhada. Não havia mais ali um animal exótico na sala de um palácio, mas um animal feroz em seu campo de batalha.

O escritor esperava tenso que o cansaço dominasse a fera, para que ele pudesse retomar o domínio da narrativa, quando o viu virar-se na sua direção, baixar a cabeça em que os olhos amarelos o encaravam, e lentamente avançar.

Antes que pudesse fazer qualquer coisa, a enorme pata do tigre abatendo-se sobre ele obrigou o texto ao ponto-final.

COLASANTI, Marina. *Contos de amor rasgados*. Rio de Janeiro: Record, 2010.

Autoavaliação

Chegou o momento de fazer um balanço de tudo o que foi estudado no Capítulo 2. Leia o quadro de conteúdos para recordar o que estudou e, no caderno, avalie seu desempenho usando os tópicos propostos. Isso o ajudará na hora de organizar seus estudos.

Meu desempenho

- **Avancei em** (registre no caderno os itens em que você melhorou)
- **Preciso rever** (registre no caderno os itens que você precisa estudar mais)
- **Outras observações e/ou outras atividades**

CONTEÚDOS	
1. Gênero	Conto • "Como os campos", Marina Colasanti
2. Leitura e interpretação de texto	Elementos e momentos da narrativa • Tipos de narrador Caracterizações e efeitos de sentido

3. Língua: usos e reflexão	Determinantes do substantivo e efeitos no texto
	• Adjetivo e locução adjetiva
	  • As palavras podem mudar de classe
	  • A posição do adjetivo e os seus sentidos para o texto
	  • O uso do adjetivo e as locuções adjetivas na descrição
	• Outros determinantes do substantivo: artigo, numeral e pronome

4. Produção textual	**Escrita** • Ampliação de conto — Descrição como recurso de detalhamento na narrativa • Criação de conto — Narrativa com elementos de coesão
5. Participação	**Prática de oralidade** Fluência em leitura
6. Ampliação de leitura	Leitura de *Outras linguagens*: pintura Leitura e produção de relações entre textos da seção *Conexões: relações entre textos, entre conhecimentos* Leitura de *Outro texto do mesmo gênero*: • "Um tigre de papel", Marina Colasanti

Sugestões

Sugestões para você conhecer outros livros, filmes, *sites* e CDs que podem fazer você rir, se emocionar e, ao mesmo tempo, ampliar seu conhecimento do mundo, do outro e de si mesmo.

 ## Leia mais

Jardim de Haijin. Alice Ruiz S. Iluminuras.

Este é um livro de haicais escritos a partir da observação de um jardim. A autora propõe um diálogo direto com as crianças, já que vivem as experiências humanas sem a necessidade de rotular os fatos e as sensações, assim como ela pretende fazer com as palavras que emprega em seu poema. Você poderá se surpreender com a sintonia entre palavras e ilustrações. Obra selecionada para o Programa Nacional Biblioteca da Escola (PNBE).

O artesão. Walter Lara. Abacatte.

Você já imaginou a poesia sem palavras? Este é um livro só de imagens feito por um artista plástico muito premiado. Ao encontrar um tronco caído, o artesão segue para sua casa para talhar um violão. Surpreenda-se com essa trajetória lírica que é, ao mesmo tempo, silenciosa e cheia de informações. Obra selecionada para o Programa Nacional Biblioteca da Escola (PNBE).

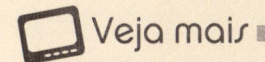 ## Veja mais

Pequenas histórias. Imagem filmes. DVD.

Você já ouviu falar no provérbio "quem conta um conto aumenta um ponto"? Neste filme, Marieta Severo é uma senhora que fica na varanda de uma fazenda contando histórias do folclore brasileiro que ouviu durante sua vida e aumentando pontos onde acha que convém. Enquanto tece uma toalha com retalhos, narra histórias cheias de humor e magia, como o caso do pescador que casou com uma sereia ou o do encontro entre um Papai Noel de loja e um menino de rua.

 ## Ouça mais

O trem que traz a noite. Flora Figueiredo. Lacerda Editores. CD.

Vários temas do cotidiano e elementos da natureza são trabalhados em músicas cheias de lirismo neste CD-livro. A autora Flora Figueiredo dá voz aos seus 47 poemas, gravados com músicas de Alexandre Guerra.

Uma ideia toda azul e outras histórias. Marina Colasanti. Luz da cidade. Audiolivro

Imagine ouvir histórias contadas pela própria Marina Colasanti! Neste audiolivro, ela conta dez histórias em que a época, os acontecimentos, os lugares, as personagens ligam o leitor a um mundo de encantamento, mas abordando assuntos sempre relevantes na vida cotidiana: medo, coragem, verdade, mentira, entre outros.

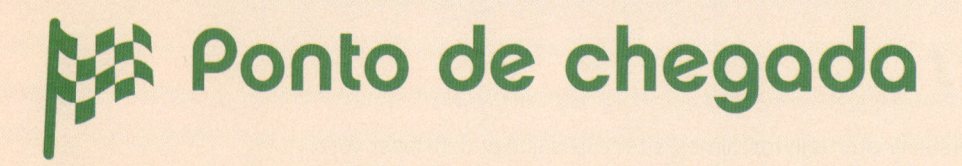

Ponto de chegada

1. O que estudamos nesta Unidade

Gêneros textuais

No quadro a seguir há termos que caracterizam os gêneros que você estudou nesta Unidade: poema e conto. E o esquema logo abaixo vai ajudá-lo a retomar essas características. Copie-o no caderno e complete-o agrupando as características de acordo com o gênero. Você vai notar que há termos que podem caracterizar ambos os gêneros estudados. Se surgirem dúvidas, consultem os capítulos estudados.

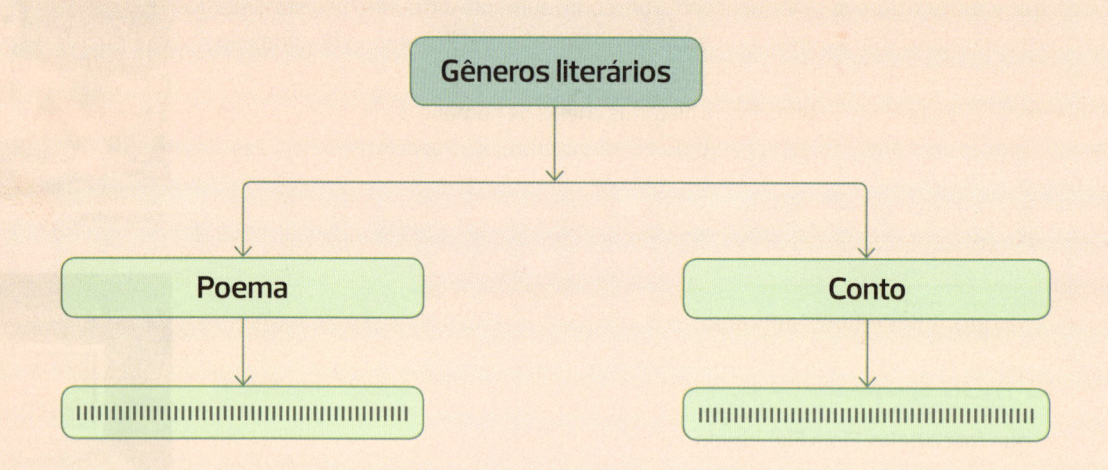

- presença de rimas
- palavras em sentido figurado
- versos e estrofes
- frases e parágrafos
- entretenimento e prazer na leitura
- estímulo à sensibilidade
- estímulo à imaginação
- predominância do enredo
- predominância de recursos sonoros

Gêneros literários

Poema | Conto

|||||||||||||||||||||||||| | ||||||||||||||||||||||||||

Língua: usos e reflexão

Determinantes do substantivo

■ Leia um trecho do conto "Um tigre de papel", de Marina Colasanti, que está na página 71.

Em vez de escrever um salto, o escritor transmitiu a **sensação** de movimento com uma frase curta. Em vez de imitar o terrível **miado**, fez tilintar os cristais acompanhando suas **passadas**. Assim, escolhendo o autor as palavras com o mesmo sedoso **cuidado** com que sua personagem pisava nos tapetes persas, criava-se a realidade antes inexistente.

O quarto parágrafo pareceu ao escritor momento ideal para ordenar ao tigre que subisse com as quatro **patas** sobre o tamborete de "petit-point".

Em seu caderno, copie os esquemas abaixo e complete-os com os determinantes dos substantivos destacados:

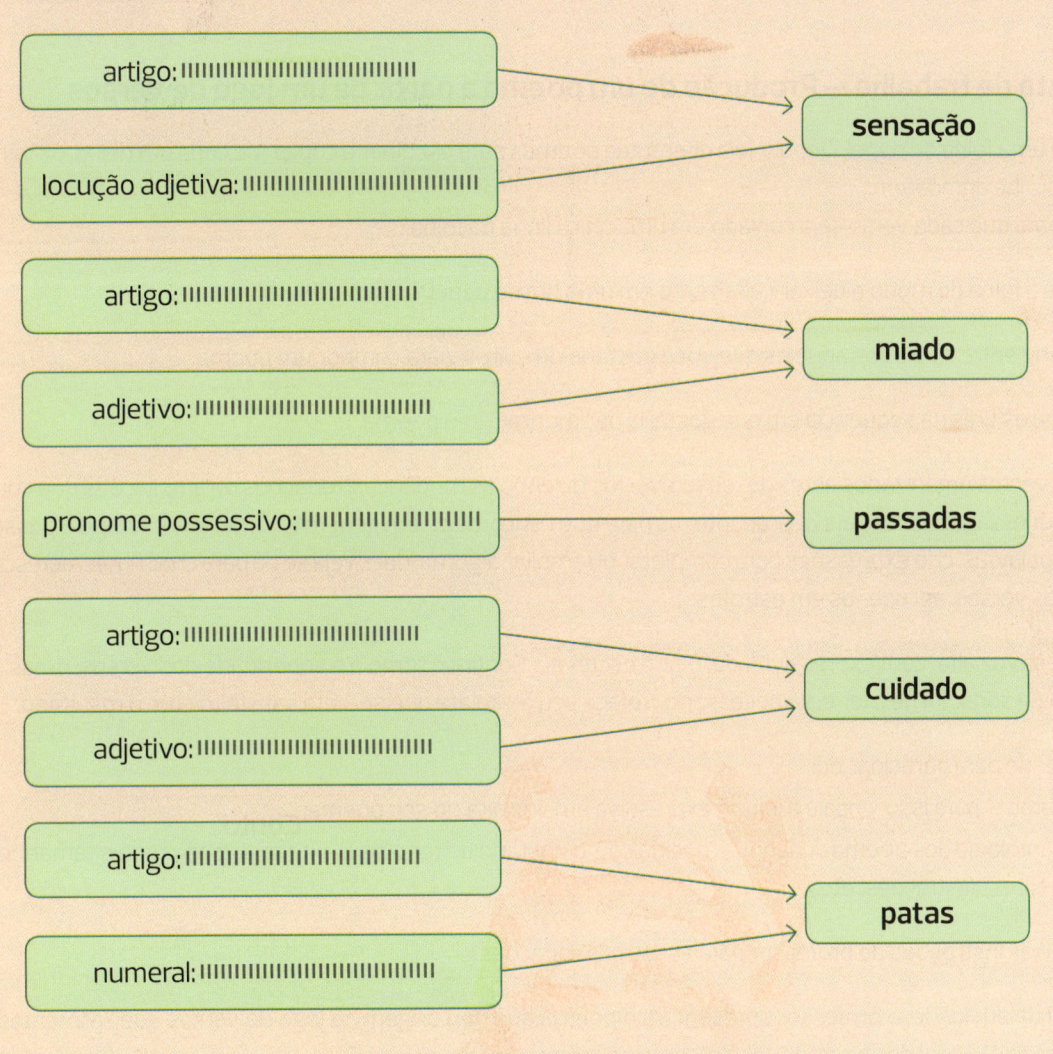

artigo: ‖‖‖‖‖‖‖‖‖‖‖‖‖‖‖	→ **sensação**
locução adjetiva: ‖‖‖‖‖‖‖‖‖‖‖‖‖‖‖‖	
artigo: ‖‖‖‖‖‖‖‖‖‖‖‖‖‖	→ **miado**
adjetivo: ‖‖‖‖‖‖‖‖‖‖‖‖‖‖	
pronome possessivo: ‖‖‖‖‖‖‖‖‖‖‖‖‖	→ **passadas**
artigo: ‖‖‖‖‖‖‖‖‖‖‖‖‖	→ **cuidado**
adjetivo: ‖‖‖‖‖‖‖‖‖‖‖‖‖	
artigo: ‖‖‖‖‖‖‖‖‖‖‖‖	→ **patas**
numeral: ‖‖‖‖‖‖‖‖‖‖‖‖‖‖	

2. Produção: poema

A. Aquecimento

🟩 **Recordando**. O poema é um gênero textual com características específicas:

- versos e estrofes;
- jogos sonoros: rima, ritmo e repetição de sons;
- jogos de significado com palavras: metáfora, personificação, aliteração, trocadilho;
- jogos visuais com palavras e versos;
- criação de palavras (neologismos) e diferentes construções;
- repetição de palavras ou frases.

Há diferentes gêneros de poemas: haicais, poemas visuais, cordéis, etc.

B. Proposta de trabalho — Produção de um poema a partir de um jogo de versos

1. Separe uma folha de papel. Depois, leia diferentes poemas para escolher e copiar, de cada um deles, os versos que mais lhe agradarem.
Cuide para que cada verso seja copiado em uma única linha da folha.

2. Recorte a folha de modo a deixar cada verso em uma tira de papel.

3. Selecione entre os versos aqueles que você gostaria de utilizar para compor um poema.

4. Organize as tiras na sequência em que gostaria de "montar" seu poema.

5. Leia os versos organizados antes de reescrevê-los fazendo as mudanças, reduções ou ampliações que considerar necessárias: corte palavras, adapte-as para que concordem (em gênero e número, em tempo e pessoa), troque palavras, crie expressões para completar ou ampliar alguma ideia, veja se dá para criar rimas, acrescente outros versos, agrupe-os em estrofes.

6. Releia em voz alta, com expressividade, o que escreveu. Confira o ritmo e a sonoridade dos versos: rimas, repetição de sons. Torne a ler e, se necessário, refaça seu texto até que se sinta satisfeito com o resultado.

7. Prepare-se para participar de:

- um sarau — para isso, ensaie a leitura expressiva em voz alta do seu poema;
- uma antologia dos poemas criados — decida como gostaria de ter o seu texto registrado (tipo e tamanho de letra, cores, ilustrações, etc.).

8. Aguarde as instruções do professor para essas participações.

9. Ao final da atividade, o professor apresentará o poema que deu origem ao jogo de versos que "alimentou" a sua criação. De qual dos poemas você gostou mais: do seu ou do original?

C. Preparo da produção escrita

Características do gênero

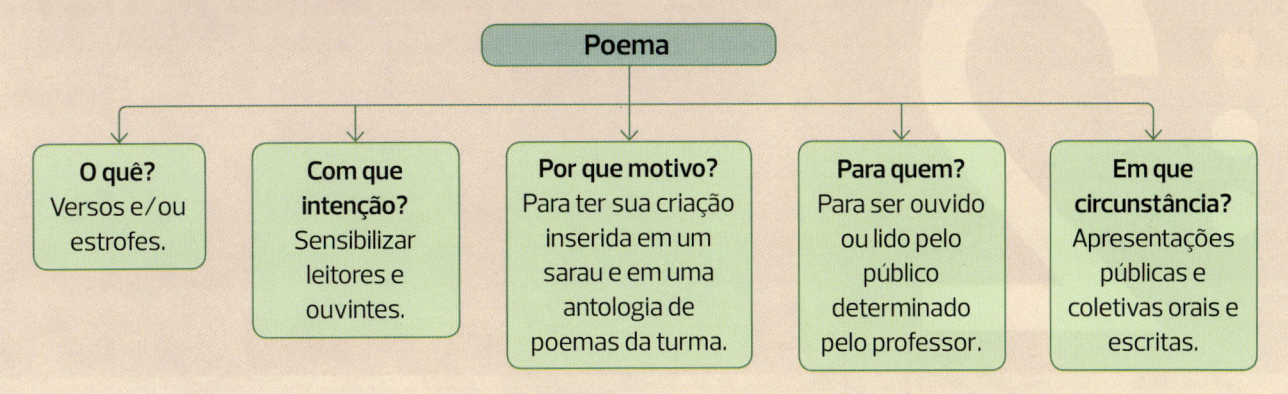

Poema

O quê?	Com que intenção?	Por que motivo?	Para quem?	Em que circunstância?
Versos e/ou estrofes.	Sensibilizar leitores e ouvintes.	Para ter sua criação inserida em um sarau e em uma antologia de poemas da turma.	Para ser ouvido ou lido pelo público determinado pelo professor.	Apresentações públicas e coletivas orais e escritas.

Como fazer?

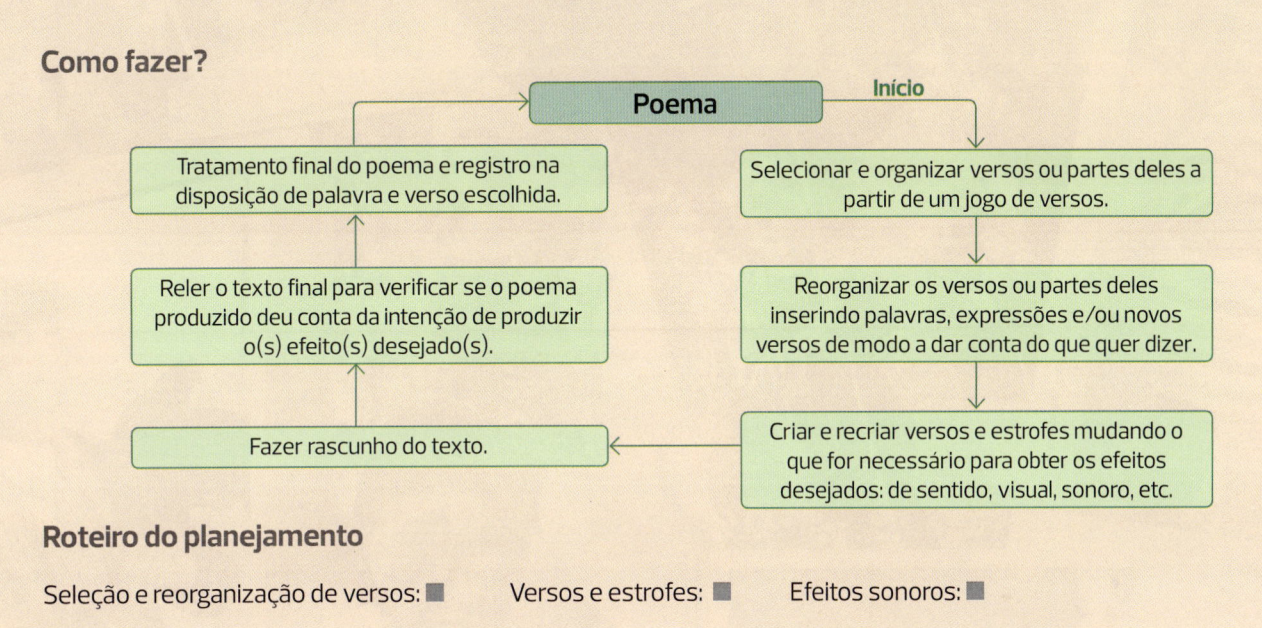

Poema — Início

Selecionar e organizar versos ou partes deles a partir de um jogo de versos.

Reorganizar os versos ou partes deles inserindo palavras, expressões e/ou novos versos de modo a dar conta do que quer dizer.

Criar e recriar versos e estrofes mudando o que for necessário para obter os efeitos desejados: de sentido, visual, sonoro, etc.

Fazer rascunho do texto.

Reler o texto final para verificar se o poema produzido deu conta da intenção de produzir o(s) efeito(s) desejado(s).

Tratamento final do poema e registro na disposição de palavra e verso escolhida.

Roteiro do planejamento

Seleção e reorganização de versos: ▣   Versos e estrofes: ▣   Efeitos sonoros: ▣

Rascunho

Elabore um rascunho em uma folha do caderno.

Reescrita definitiva

1. Releia sua produção observando se ela está adequada à proposta. Considere estes itens:
   - adequação ao gênero;
   - atendimento à intenção do texto;
   - adequação à linguagem;
   - sonoridade;
   - efeitos de sentido;
   - versos e estrofes com pontuação e espaços;
   - correção gramatical.

2. Faça as correções que julgar necessárias e então finalize sua produção.

Suryara Bernardi/Arquivo da editora

Paul Viant/The Image Bank/Getty Images

Paul Viant/The Image Bank/Getty Images

Paul Viant/The Image Bank/Getty Images

Paul Viant/The Image Bank/Getty Images

Paul Viant/The Image Bank/Getty Images

Paul Viant/The Image Bank/Getty Images

Paul Viant/The Image Bank/Getty Images

Paul Viant/The Image Bank/Getty Images

paulaphoto/Shutterstock/Glow Images

wavebreakmedia/Shutterstock/Glow Images

Composição de fotos de famílias.

Relato de memória

Os textos, além de criar imagens e de expressar percepções e sentimentos, como no conto e no poema, podem, também, registrar experiências e fatos reais, vividos pelas pessoas, como nos relatos.

Muitas vezes, o relato é escrito para resgatar uma lembrança, uma circunstância específica que ficou marcada na memória. Em outros casos, os fatos vividos são tantos e tão longos que o relato se torna um livro, como nas autobiografias e relatos de viagem.

Ponto de partida

1. Você já passou por alguma experiência que pudesse ser escrita em forma de relato? Se sim, comente como foi.
2. Você sabe o que é uma autobiografia? Conhece alguma pessoa que escreveu algum livro de memórias? Converse com os colegas sobre esse assunto.

3 Relato e biografia

Na Unidade anterior, você leu textos em verso e em prosa nos quais os autores utilizavam as palavras com bastante liberdade para registrar sensações e emoções ou para narrar uma história. A imaginação de cada autor e a criatividade na escolha de palavras nos poemas e no conto lidos foram fundamentais no processo de produção desses textos.

Há textos, porém, que são produzidos exclusivamente com base em fatos vividos: são os relatos.

O diário, a autobiografia, a notícia, a reportagem, o relato histórico, a biografia são gêneros do **relatar**.

Contar fatos vividos no passado é uma atividade que costuma agradar a todos. Quem não gosta de abrir o arquivo das lembranças para contar, às vezes com deta-lhamento minucioso, o que viveu em determinada época, junto da família ou dos ami-gos? Sempre que, por exemplo, olhamos uma foto que flagra um desses momentos vividos, podem nos vir à lembrança detalhes do acontecido: a viagem, a brincadeira, a comemoração, o encontro...

É isso o que você vai comprovar observando as fotos e lendo o divertido relato de como um importante compositor brasileiro se tornou torcedor de um time de futebol.

Como me tornei santista

Londrina, 1956–1957

Arrigo Barnabé

Eu tinha, talvez, uns 5 anos. Meu irmão mais velho, Marcos, já tinha um time: era corintiano — na **esteira** do campeonato do quarto centenário, quando o Corinthians foi campeão.

Meu pai era **Palmeiras**, mas o que ele gostava mesmo era de futebol. Havia jogado quase profissionalmente e era craque. O pobre coitado só teve filho **perna de pau**. Mas, curiosamente, incentivava a criançada a torcer por outro time. Devia ser porque, gostando tanto do esporte, queria torcer (na **carona** dos filhos) para outros clubes...

E chegou um momento em que tivemos uma conversa de homem para homem. Já estava mais do que na hora de eu escolher um time. A casa já tinha um corintiano, e eu adorava o distintivo do Corinthians, em que se destacavam a âncora, o **timão** (na verdade, uma boia) e a cor vermelha. Achava lindo!

Então meu pai me apresentou um brinquedo que consistia em um pequeno disco de plástico transparente. Havia ali dentro uma bolinha prateada solta. No disco, dois jogadores desenhados em posição de chute e, na ponta da chuteira de cada um, uma depressão para a bola se encaixar. O objetivo era encaixar a bola na chuteira.

Um dos jogadores era negro, usava um uniforme vermelho e verde. Adorei. O outro era um jogador branco, mas de uma cor branca enjoada, com uniforme todo branco, muito sem graça.

esteira: trilha, rastro, vestígio deixado por algo ou alguém.

Palmeiras: "era Palmeiras" significa 'era torcedor do Palmeiras', time de futebol da cidade de São Paulo, SP.

perna de pau: pessoa que não tem qualidade para jogar bola; pessoa desajeitada.

carona: condução gratuita; conseguir, por meio de um favor, um transporte para algum lugar; no trecho significa 'aproveitar-se da torcida dos filhos para torcer também'.

timão: roda do leme; peça que serve para dar direção a uma embarcação.

O time do Santos em 1957, com Pelé (agachado, no centro). Ao lado, fotografia de Arrigo (agachado, à direita) com a camisa do time, em 1960.

Theo/Arquivo da editora

É claro que eu ia torcer para o time do jogador negro de uniforme vermelho e verde. Mas, uma fração de segundo antes de decidir, perguntei a meu pai qual era o nome dos times.

— Este aqui é Portuguesa, e o outro, Santos.

Gostei muito do nome também, Portuguesa. Achei legal. Existem nomes que atraem a simpatia das crianças, não sei por quê.

Mas o nome Santos era poderoso. Eu já conhecia a ideia de santo. Meu pai e meu avô materno já me haviam explicado. "Um santo é uma pessoa que só faz o bem, que é tão boa que vive junto a Jesus e Deus lá no céu...". Eu havia ficado muito impressionado que houvesse pessoas assim, achava alguma coisa além do bonito, além da mera beleza: era maior, um santo, era uma coisa extra.

Daí perguntei ao meu pai:

— Mas por que o time se chama Santos? É por que tem muito santo lá?

Meu pai, achando graça, disse:

— É, sim, só tem santo no time...

Então, fiz uma renúncia, um sacrifício. Sacrifiquei meu gosto, que era a Portuguesa, para torcer por um time que eu achava sem graça, sem colorido, com um distintivo feio, mas que, no fim das contas, era um time de santos! E Deus, lá em cima, vendo meu sacrifício e desprendimento, me abençoou, fazendo com que o time que escolhi se tornasse o maior de todos os tempos.

Eu sei que foi antes de o Pelé virar o "Pelé". Lembro-me de nomes desse período, nomes, esses sim, de que eu gostava, como Urubatão e Pagão. Lembro-me de Vasconcelos, Tite, Del Vecchio, Pepe, Manga.

Algum tempo depois, ouvi pela primeira vez "Açum-preto"[1], com Luiz Gonzaga. Meu pai havia comprado o disco e o trouxe para casa, à tarde, voltando do trabalho. (Naquele dia, o Santos havia perdido para o Taubaté por 3 a 2.)

Quando colocaram o disco na **rádio–vitrola** e começou o "Açum-preto", aquela coisa de furar os olhos do pássaro, com a voz pungente do Gonzaga, comecei a chorar. Então meu pai perguntou se eu estava chorando por causa da música ou pelo fracasso do Santos diante do Taubaté.

Envergonhado pelo choro provocado por uma canção, menti. Disse que estava chorando pela derrota do Santos. E dessa mentira nunca mais me esqueci.

BARNABÉ, Arrigo. *Folha de S.Paulo*, 17 jul. 2011. Ilustríssima, p. 7.

rádio–vitrola: combinação entre um aparelho de rádio e uma vitrola.

[1] No disco e no CD de Luiz Gonzaga, o nome da música é grafado com dois esses: "Assum--preto". Entretanto, nas palavras que têm origem em línguas ágrafas, 'sem grafia própria', ou em línguas não latinas, o som /s/ deve ser grafado com **ç**.

Arrigo Barnabé: nasceu em 1951, em Londrina (PR). É compositor e músico.

Folhapress

Na *Leitura 2* deste capítulo, você encontrará mais informações sobre a biografia de Arrigo Barnabé.

●● Interpretação do texto

Compreensão

1. Em seu **relato de memória**, Arrigo Barnabé conta fatos vividos na infância. Sobre o texto "Como me tornei santista", escreva em seu caderno as referências feitas:

- ao tempo vivenciado,
- ao espaço vivenciado.

2. No relato há várias informações sobre o pai de Arrigo. Releia:

[...] o que ele gostava mesmo era de futebol.

Copie do texto, em seu caderno, uma informação que justifique a afirmação do autor.

3. Com o pai, o menino teve uma conversa "de homem para homem".
Responda:

a) Qual foi o assunto da conversa?

b) Por que, para Arrigo, aquela foi uma "conversa de homem para homem"?

4. Arrigo acabou escolhendo um time que ele "achava sem graça, sem colorido, com um distintivo feio".

a) Quais eram os outros times da preferência do menino? Por qual motivo?

b) Que atitude do pai fez com que o filho se decidisse pelo time pelo qual não tinha simpatia?

c) Na sua opinião, o pai agiu certo? Por quê?

5. Copie a alternativa que melhor explica o tema/assunto desse relato de memória de Arrigo Barnabé:

a) fatos vividos na infância;

b) motivos da escolha do time de futebol;

c) mentiras contadas pelo pai;

d) preferência da família por diferentes times.

6. No final do relato, Arrigo afirma que mentiu para o pai. Por que ele mentiu?

●● Conversa em jogo

Homem não chora

Arrigo Barnabé teve vergonha de revelar que chorava porque ficou emocionado com o que era contado na música "Açum-preto".

▪ Você já ficou emocionado assim? Acha certo qualquer um chorar? Conversem sobre o que pensam sobre a máxima, o pensamento "homem não chora".

Você leu o relato das memórias da infância de Arrigo Barnabé em um texto que ele mesmo escreveu. Leia a seguir informações sobre a vida e a obra desse compositor brasileiro em outro gênero: a biografia.

Arrigo Barnabé

Biografia

Arrigo Barnabé nasceu em Londrina, PR, em 14 de setembro de 1951. Mudou-se para São Paulo na década de 1970, para cursar Arquitetura e Urbanismo na USP. Após dois anos, abandonou o curso e passou a estudar Composição e Regência, na Escola de Comunicação e Artes, também na USP.

Em 1979, ficou em primeiro lugar no Festival Universitário da TV Cultura de São Paulo, com a música "Diversões Eletrônicas".

Ana Ottoni/Folhapress

Com o primeiro disco lançado, *Clara Crocodilo*, ganhou destaque na cena musical brasileira a partir de 1980, com a fusão entre música popular urbana e música erudita contemporânea. Em 1984, veio o segundo disco, *Tubarões Voadores*, que teve grande reconhecimento da crítica, a ponto de ser eleito um dos melhores discos do mundo pela revista francesa *Jazz Hot*. Com o disco, Arrigo começa, junto com o cartunista Luiz Gê, a unir música e história em quadrinhos. Arrigo mantém diversos projetos paralelos. Compôs para cinema e teatro, tendo sido bastante premiado. Participou como ator do filme *Cidade oculta*, cuja trilha sonora compôs.

[...]

Atualmente dedica-se a escrever versões eruditas de suas principais canções. É coordenador do CEM (Centro de Estudos Musicais) e ministra cursos de Composição.

Adaptado de: <www.lastfm.com.br/music/Arrigo+Barnab%C3%A9/+wiki>. Acesso em: fev. 2015.

●● Interpretação do texto

Compreensão

A **biografia** é o registro dos fatos vividos por alguém. Sua construção segue geralmente um padrão. Fornece ao leitor as informações consideradas essenciais sobre a vida e a obra de quem é biografado.

1. Copie do texto as informações sobre a **vida pessoal** de Arrigo Barnabé referentes a:
   a) espaço e tempo de nascimento;
   b) sua formação.

2. Encontre no texto e escreva no caderno informações sobre a **vida profissional** do compositor referentes a:
   a) principal destaque de seu trabalho;
   b) principais produções.

Construção dos textos

O **relato** diferencia-se da narrativa de ficção por narrar **fatos vividos** e não fatos inventados, criados pela imaginação do autor.

Assim, na construção dos relatos encontramos os elementos que respondem às mesmas questões da narrativa: Quem?; O quê?; Onde?; Quando?.

🟧 Releia o relato de memória e a biografia de Arrigo Barnabé para responder a essas questões. Marque:

- **A** para as respostas encontradas no relato de memória;
- **B** para as respostas encontradas na biografia;
- **C** para as respostas que não respondem à pergunta feita.

1. Quem é a pessoa sobre a qual se está falando?
(   ) Arrigo Barnabé criança.   (   ) Pelé e Luiz Gonzaga.
(   ) O pai de Arrigo Barnabé.   (   ) Arrigo Barnabé, músico e compositor brasileiro.

2. O que aconteceu? Quais as ações ou fatos relatados?
A sucessão de fatos mostra como Arrigo:
(   ) acreditou em uma mentira.
(   ) tornou-se na infância um torcedor do time do Santos.
(   ) ganhou um prêmio na França.
(   ) tornou-se um músico e compositor reconhecido.

3. Onde aconteceram as ações ou fatos relatados?
(   ) no campo de futebol do Santos.
(   ) na casa da família Barnabé.
(   ) em diferentes lugares do Brasil e do exterior.
(   ) em São Paulo e na França.

4. O que marca, com maior precisão, a passagem do tempo na biografia?

Linguagem dos textos

O narrador nos relatos

Um autor pode escrever seu texto na 1ª ou na 3ª pessoa:

- **na 1ª pessoa** – o autor do texto vivenciou os fatos relatados;

- **na 3ª pessoa** – o autor do texto, em geral, limita-se a relatar os fatos, sem ter participado deles.

1. Compare as pessoas (1ª ou 3ª) em que foram escritos os relatos lidos:

Relato de memória de Arrigo Barnabé	Biografia de Arrigo Barnabé
É claro que eu ia torcer para o time do jogador negro de uniforme vermelho e verde. [...] Eu sei que foi antes de o Pelé virar o ''Pelé''. [...] Algum tempo depois, ouvi pela primeira vez ''Açum-preto'', com Luiz Gonzaga. [...]	Arrigo Barnabé nasceu em Londrina, PR, em 14 de setembro de 1951. Mudou-se para São Paulo na década de 1970, para cursar Arquitetura e Urbanismo na USP. Após dois anos, abandonou o curso e passou a estudar Composição e Regência, na Escola de Comunicação e Artes, também na USP. [...]

Complete no caderno:
a) No relato de memória, o texto está na ▪.
b) Na biografia, o texto está na ▪.

2. Copie no caderno as palavras que indicam a pessoa:
- no relato de memória;
- na biografia.

3. Responda no caderno: em qual dos textos o narrador não participa dos fatos relatados?

4. Você já sabe que no relato há uma sequência de ações que se sucedem no tempo. Releia esses trechos, prestando atenção nas marcas de tempo:

Relato de memória de Arrigo Barnabé	Biografia de Arrigo Barnabé
Eu tinha, talvez, **uns 5 anos**. [...] E chegou um momento em que tivemos uma conversa de homem para homem. [...] Então meu pai me apresentou um brinquedo [...] Daí perguntei ao meu pai [...] Então, fiz uma renúncia, um sacrifício. [...] Eu sei que **foi antes de o Pelé virar o"Pelé"**. **Algum tempo depois**, ouvi pela primeira vez "Açum-Preto", com Luiz Gonzaga. [...] **Quando** colocaram o disco na rádio-vitrola [...] comecei a chorar. **Então** meu pai perguntou [...]	Arrigo Barnabé nasceu em Londrina, PR, **em 14 de setembro de 1951**. Mudou-se para São Paulo na **década de 1970** [...]. **Após dois anos**, abandonou o curso [...] **Em 1979**, ficou em primeiro lugar no Festival Universitário [...] Com o primeiro disco lançado, *Clara Crocodilo*, ganhou destaque na cena musical brasileira **a partir de 1980**. **Atualmente** dedica-se a escrever versões eruditas de suas principais canções.
 Theo/Arquivo da editora	 Ana Ottoni/Folhapress

Responda no caderno: em qual dos relatos a linguagem é mais precisa, mais objetiva para marcar a sucessão de fatos no tempo? Por quê?

5. Copie do relato de memória 5 palavras ou expressões que revelem que a linguagem é pessoal, isto é, subjetiva, mostrando sentimentos e emoções.

6. Releia esse trecho do relato de memória e copie no caderno as palavras e expressões que revelam o uso de uma linguagem mais espontânea, mais informal, mais próxima daquela usada no dia a dia:

> **Meu pai era Palmeiras, mas o que ele gostava mesmo era de futebol. Havia jogado quase profissionalmente e era craque. O pobre coitado só teve filho perna de pau. Mas, curiosamente, incentivava a criançada a torcer por outro time. Devia ser porque, gostando tanto do esporte, queria torcer (na carona dos filhos) para outros clubes...**

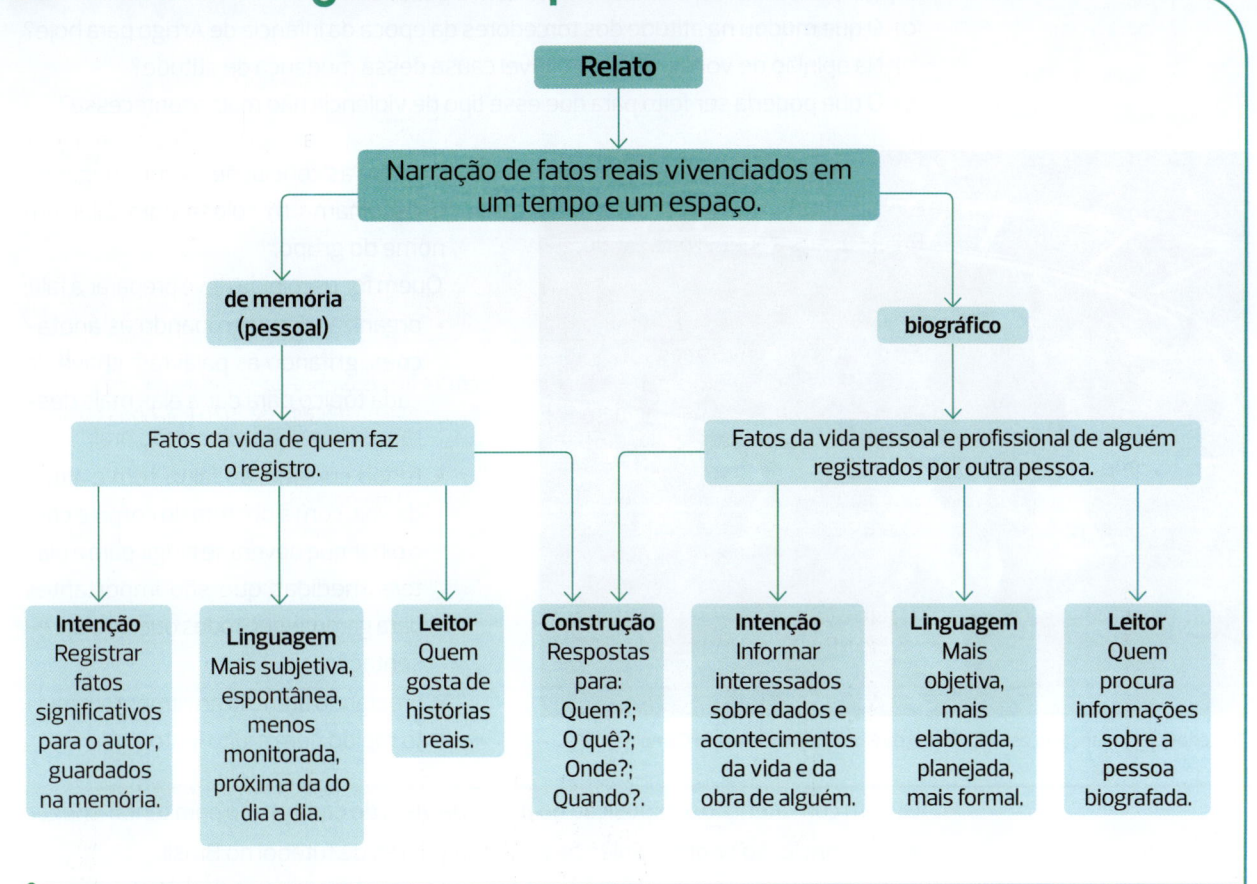

Relato

Narração de fatos reais vivenciados em um tempo e um espaço.

de memória (pessoal)

Fatos da vida de quem faz o registro.

Intenção
Registrar fatos significativos para o autor, guardados na memória.

Linguagem
Mais subjetiva, espontânea, menos monitorada, próxima da do dia a dia.

Leitor
Quem gosta de histórias reais.

biográfico

Fatos da vida pessoal e profissional de alguém registrados por outra pessoa.

Construção
Respostas para: Quem?; O quê?; Onde?; Quando?.

Intenção
Informar interessados sobre dados e acontecimentos da vida e da obra de alguém.

Linguagem
Mais objetiva, mais elaborada, planejada, mais formal.

Leitor
Quem procura informações sobre a pessoa biografada.

●● Prática de oralidade

Debate

Violência entre torcedores: que atitude é essa?

1. Observe o que Arrigo Barnabé relata sobre a atitude do pai em relação ao futebol, seu esporte preferido:

> Meu pai era Palmeiras, mas o que ele gostava mesmo era de futebol. Havia jogado quase profissionalmente e era craque. O pobre coitado só teve filho perna de pau. Mas, curiosamente, incentivava a criançada a torcer por outro time. Devia ser porque, gostando tanto do esporte, queria torcer (na carona dos filhos) para outros clubes...

Compare com a manchete e o subtítulo de uma notícia sobre as consequências das atitudes de torcedores nos dias de hoje:

Brigas de torcedores deixam 1 morto e 11 feridos em dois pontos do RJ

Segundo PM, em Niterói, Região Metropolitana, cem pessoas foram detidas
Já em Campo Grande, no Rio, briga foi marcada pela internet, diz polícia

Disponível em: <www.g1.globo.com>. Acesso em: fev. 2015.

2. **Em grupo.** Conversem sobre:

   a) O que mudou na atitude dos torcedores da época da infância de Arrigo para hoje?

   b) Na opinião de vocês, qual a provável causa dessa mudança de atitude?

   c) O que poderia ser feito para que esse tipo de violência não mais acontecesse?

Torcedor com criança no estádio Brinco de Ouro da Princesa, em Campinas, SP.

3. Anotem as conclusões a que chegaram e escolham um colega para falar em nome do grupo.

Quem for escolhido deve preparar a fala:

- organizando e agrupando as anotações, grifando as palavras-chave de cada tópico para dar a elas mais destaque durante a exposição oral;

- tendo cuidado, ao falar, com a altura da voz, com a postura do corpo e com o olhar que deverá se dirigir para a plateia, medidas que são importantes para garantir que todos ouçam a apresentação;

- prestando atenção ao ritmo: nem muito rápido nem muito lento.

4. Ouçam com atenção a exposição do ponto de vista de cada grupo para tentar chegar a uma conclusão sobre a violência entre torcedores de futebol no Brasil.

●● Outras linguagens

Foto como registro de fatos vividos

Arrigo (agachado, à direita) com a camisa do time, em 1960.

O relato de memória é uma forma de registro de fatos vividos por quem escreve. O autor do relato seleciona o quê, como e em que ordem escrever e se vai juntar foto, desenho ou outros recursos, como mapas e gráficos, ao seu relato.

Arrigo Barnabé juntou uma foto de quando era criança ao seu relato de memória.

- Observe novamente a foto de Arrigo e leia a legenda.

A legenda da foto facilita a identificação de Arrigo quando criança. Algumas informações, no entanto, podem ser deduzidas apenas pela observação da foto, já que não fazem parte da legenda. Observe a imagem e responda:

a) Quantas pessoas aparecem na foto e qual a provável idade delas?

b) Considerando que o tema do relato de Arrigo é o futebol, o que pode significar o modo como as crianças aparecem na foto?

c) Se não houvesse legenda, que detalhes da foto também permitiria dizer que a foto não é recente, isto é, não retrata algo do presente?

1. Imagens como marcas do tempo

Em seu relato de memória, Arrigo fala de camisas de futebol diferentes das que você conhece hoje e diz que ouviu a música de Luiz Gonzaga em um aparelho que você talvez nunca tenha visto. Volte no tempo por meio de imagens da época em que ele era criança e conheça a letra da música que o emocionou no episódio relatado.

I. Rádio-vitrola

Observe a foto de uma rádio-vitrola, um antigo aparelho de som composto de toca-discos (aparelho que toca discos de vinil), amplificador e alto-falante combinados em uma só unidade, comum nas décadas de 1950 e 1960 e que ficou guardado na memória do compositor Arrigo Barnabé.

Rádio-vitrola

Danilo Ascione/Shutterstock/Glow Images

II. A camisa do time de futebol

Time da Portuguesa em 1955

Da esquerda para a direita, em pé: Djalma Santos, Cabeção, Floriano, Nena, Brandãozinho e Zinho; agachados: Julinho Botelho, Airton, Ipojucan, Edmur, Ortega e Mário Américo (massagista).

Disponível em: <terceirotempo.ig.com.br/quefimlevou_especial_foto.php>. Acesso em: 18 nov. 2011.

terceirotempo.ig.com.br/Arquivo da editora

Time do Santos em 1956

Arquivo do jornal O Estado de S. Paulo/Agência Estado

Da esquerda para a direita, em pé: Hélvio Piteira, Ramiro, Urubatão, Manga, Zito e Ivan; agachados: Alfredinho, Jair Rosa Pinto, Álvaro, Vasconcelos e Tite.

2. Letra da música

Conheça a letra de música que comoveu Arrigo na infância, citada no seu relato de memória.
Observe que a escrita da letra tenta reproduzir um modo próprio de falar, uma variedade linguística regional.

Açum-preto

Luiz Gonzaga e Humberto Teixeira

Tudo em vorta é só beleza
Sol de abril e a mata em frô
Mas açum-preto, cego dos oio
Num vendo a luz, ai, canta de dor (bis)

Tarvez por ignorança
Ou mardade das pió
Furaro os oio do açum-preto
Pra ele assim, ai, cantá mió (bis)

Açum-preto veve sorto
Mas num pode avuá
Mil veiz a sina de uma gaiola
Desde que o céu, ai, pudesse oiá (bis)

Açum-preto, o meu cantar
É tão triste como o teu
Também roubaro o meu amor
Que era a luz, ai, dos oios meus (bis)

GONZAGA, Luiz; TEIXEIRA, Humberto. Intérprete: Luiz Gonzaga. *Maxximum*: Luiz Gonzaga. [s.l.]: Sony, 2005. 1 CD. Faixa 12.

Conhecendo agora a letra, você acha que também choraria ao ouvir a música?

●● Língua: usos e reflexão

Pontuação e sentidos no texto

Uso de aspas

1. Releia estes trechos do relato de memória:

   I. Mas o nome Santos era poderoso. Eu já conhecia a ideia de santo. Meu pai e meu avô materno já me haviam explicado. "Um santo é uma pessoa que só faz o bem, que é tão boa que vive junto a Jesus e Deus lá no céu..."

   II. Eu sei que foi antes de o Pelé virar o "Pelé".

   III. Algum tempo depois, ouvi pela primeira vez "Açum-preto" com Luiz Gonzaga.

Theo/Arquivo da editora

No caderno, diante de cada trecho, copie a alternativa que melhor explica o uso do sinal de aspas. O sinal de aspas pode ser usado para:

a) dar destaque a uma palavra, expressão ou frase;

b) indicar o nome próprio de uma obra;

c) marcar uma fala dentro de um texto;

d) sinalizar que a palavra ou expressão está sendo usada com sentido especial.

2. Leia em voz alta os trechos da atividade 1 e responda: na leitura expressiva do texto as aspas indicam alguma alteração na voz?

3. Observe o uso das aspas no texto 2, a biografia de Arrigo Barnabé.

Com que finalidade foi empregada na frase a seguir:

> Em 1979, ficou em primeiro lugar no Festival Universitário da TV Cultura de São Paulo, com a música "Diversões Eletrônicas".

Uso de parênteses

1. Releia estes trechos do texto:

I. Devia ser porque, gostando tanto do esporte, queria torcer (na carona dos filhos) para outros clubes...

II. A casa já tinha um corinthiano, e eu adorava o distintivo do Corinthians, em que se destacavam a âncora, o timão (na verdade, uma boia) e a cor vermelha.

III. Meu pai havia comprado o disco e o trouxe para casa, à tarde, voltando do trabalho. (Naquele dia, o Santos havia perdido para o Taubaté por 3 a 2.)

Com que finalidade os parênteses foram empregados em cada frase? Releia-as em voz alta, com expressividade, antes de copiar no caderno a alternativa mais adequada.

a) Dar uma explicação.   c) Fazer um comentário.

b) Acrescentar uma informação.

2. Releia em voz alta as frases da atividade 1. Que efeito o uso dos parênteses produz no texto?

3. Reescreva as frases da atividade 1 no caderno substituindo os parênteses por outros recursos.

Uso da vírgula

1. As frases a seguir foram retiradas do relato de memória de Arrigo Barnabé. Observe o uso da vírgula nos trechos destacados.

I. **Algum tempo depois**, ouvi pela primeira vez "Açum-preto", com Luiz Gonzaga.

II. Lembro-me de **Vasconcelos, Tite, Del Vechio, Pepe, Manga**.

III. Devia ser porque, **gostando tanto do esporte**, queria torcer (na carona dos filhos) para outros clubes...

Nessas frases a **vírgula** foi empregada com finalidades diferentes.

Copie-as no caderno e relacione-as com as alternativas correspondentes ao uso da vírgula em cada uma delas.

a) dar uma explicação, uma informação, interrompendo a continuidade da frase;

b) separar, no início das frases, expressões de tempo e de lugar;

c) separar elementos de uma enumeração.

2. De acordo com a tabela logo adiante, escreva no caderno a explicação sobre a finalidade de uso das vírgulas nos trechos do relato que estão em destaque nas frases abaixo:

I. **No disco**, **(1)** dois jogadores desenhados em posição de chute e, **na ponta da chuteira de cada um**, **(2)** uma depressão para a bola se encaixar.

II. **Então**, **(3)** fiz uma renúncia, **um sacrifício**. **(4)**

III. O pobre coitado só teve filho perna de pau. Mas, **curiosamente**, **(5)** incentivava a criançada a torcer por outro time.

IV. E Deus, **lá em cima**, **(6)** **vendo meu sacrifício e desprendimento**, **(7)** me abençoou [...].

V. Meu pai havia comprado o disco e o trouxe para casa, **à tarde**, **(8)** voltando do trabalho.

Coloque a letra correspondente ao uso da vírgula em cada uma das situações:

A	Separa uma expressão de tempo ou lugar no início da frase.
B	Interrompe a continuidade da frase com expressão de tempo, lugar, modo, etc.
C	Separa elementos de uma enumeração.
D	Interrompe a continuidade da frase com uma explicação.

3. Leia a tira a seguir:

ADOLAR. Super-Vó. *Folha de S.Paulo*, São Paulo, 9 ago. 2003. Folhinha.

Observe o uso da vírgula nesta frase do primeiro quadrinho:

Vó, tomei uma decisão fundamental para minha existência.

Nesse caso, a vírgula foi empregada para separar na frase uma palavra que indica um **chamamento**.

O termo *vó* na frase é denominado **vocativo**.

> **Vocativo** é um termo da frase utilizado para fazer um chamamento e, em geral, vem separado dos outros termos pela vírgula.

Copie, em seu caderno, as frases seguintes empregando a vírgula para isolar o vocativo:

a) Pedro espere por mim!

b) Menino ande logo!

c) Gostei de sua iniciativa meu filho.

d) Meu caro senhor devo dizer-lhe que gostei da iniciativa do meu filho.

e) Não se preocupe meu amigo logo devolverei seu material.

Veja mais sobre o uso dos sinais de pontuação na Unidade Suplementar, página 307.

Verbo (I)

O **verbo** é uma das classes de palavras mais utilizadas na formação das frases da língua portuguesa. Veja a seguir o que o verbo pode expressar.

🟧 Releia frases do texto:

Meu irmão mais velho, Marcos, já tinha um time: **era** corintiano [...] quando o Corinthians **foi campeão**.

Meu pai **era** Palmeiras, mas o que ele **gostava** mesmo era de futebol.

Havia jogado quase profissionalmente e **era** um craque.

[...] e eu **adorava** o distintivo do Corinthians [...] **Achava** lindo!

Havia ali dentro uma bolinha prateada solta.

Chovia e **ventava** muito durante o jogo.

Copie no caderno os verbos destacados nas frases relacionando-os ao tipo de ideia ou processo que expressam:

a) ação;

b) estado ou característica de algo ou alguém;

c) mudança de estado de algo ou alguém;

d) fenômeno da natureza;

e) outros processos.

Verbos expressam processos. Podem indicar ação, estado, mudança de estado de algo ou de alguém, fenômeno da natureza e outros processos, sempre situando esses processos em um tempo.

Há alguns verbos que apontam informações sobre a pessoa a que se referem e que não são ações, estados ou fenômenos da natureza. É o caso de verbos que indicam sentimentos, pensamentos, existência de algo, etc.

Esses verbos, então, indicam **outros processos**. Veja alguns exemplos: *acreditar, gostar, entristecer, parar, dormir, sentir, morrer, haver, alegrar-se, envelhecer*, etc.

Theo/Arquivo da editora

Essa classe de palavras apresenta muitas **variações**. Para compreender melhor como podem ocorrer essas variações, observe o sentido destas formas verbais:

Eu	jog**o**	com bastante garra!
Você	jog**ou**	com bastante garra!
A gente	jog**ará**	com bastante garra!
Nós	jog**amos**	com bastante garra!
Se vocês	jog**assem**	com bastante garra!
Eles	jog**aram**	com bastante garra!
—	Jog**uem**	com bastante garra!

Veja na Unidade Suplementar, página 315, quadros com algumas conjugações e observe quantas variações um mesmo verbo pode sofrer.

Que alterações você pôde observar em relação ao verbo *jogar*?

Vocês devem ter notado que as terminações do verbo *jogar* indicaram variações de **pessoa**, **número**, **tempo** e **modo**.

Veja a seguir com mais detalhes:

- **número**: singular ou plural — *jogou/jogaram;*

- **pessoa**: 1ª, 2ª ou 3ª pessoas — *jogo/jogou/jogamos;*

- **tempo**: presente, passado, futuro — *jogo/jogou/jogará;*

- **modo**: indicativo, subjuntivo, imperativo — *jogo/jogassem/joguem.*

Dizer ou escrever as diversas formas de um verbo significa **conjugar** esse verbo. Vamos ver essas variações com mais detalhes.

1. Número e pessoa

Releia este trecho do texto:

Algum tempo depois, ouvi pela primeira vez "Açum-preto" […]

Veja como ficará se alterarmos a pessoa a quem o verbo está se referindo:

Algum tempo depois, eu e meu irmão ouvimos pela primeira vez "Açum-preto".

Algum tempo depois, eles ouviram pela primeira vez "Açum-preto".

Algum tempo depois, você ouviu pela primeira vez "Açum-preto".

Observe que foram alteradas as pessoas e também o número, singular e plural do verbo *ouvir*.

Vamos recordar: a flexão de **pessoa** e de **número** tem como base as pessoas gramaticais. Leia o quadro com a conjugação do verbo *correr* no presente:

Pessoas do discurso	Número	
	Singular	Plural
1ª pessoa: a que fala	**Eu** corro	**Nós** corremos
2ª pessoa: aquela com quem se fala	**Tu** corres / **Você** corre	**Vós** correis / **Vocês** correm
3ª pessoa: aquela de quem se fala	**Ele**/**Ela** corre	**Eles**/**Elas** correm

No português brasileiro, é comum o uso de *você/vocês*, pronomes de **2ª pessoa**, isto é, pessoa com quem se fala, no lugar de **2ª pessoa**, *tu* e *vós*.

Os pronomes *você/vocês* são empregados com o verbo na 3ª pessoa. Observe esse emprego no quadro acima.

iofoto/Shutterstock/Glow Images

Meninas correndo.

2. Tempo

O verbo pode marcar o tempo em que os fatos estão acontecendo:

- **no momento** em que se **fala** ⟶ **presente**;
- **antes** do momento em que se **fala** ⟶ **passado** ou **pretérito**;
- **depois** do momento em que se **fala** ⟶ **futuro**

Releia esta frase do texto.

I. Meu pai **era** Palmeiras, mas o que ele **gostava** mesmo **era** de futebol.

Observe o tempo que indicam as formas grifadas.

Estão indicando o **tempo passado** ou **pretérito**: expressam fatos já ocorridos.

Se o narrador quisesse expressar o fato indicando que estão acontecendo no momento atual, a frase poderá ficar assim:

II. Meu pai **é** Palmeiras, mas o que ele **gosta** mesmo **é** de futebol.

Na frase **II** os verbos foram flexionados para indicar que o fato está ocorrendo no tempo presente, e não mais no passado ou pretérito. Então, nessa frase, houve flexão para o **tempo presente**.

Veja o emprego do presente na frase a seguir e converse com os colegas sobre esse uso:

Theo/Arquivo da editora

Um santo é uma pessoa que só faz o bem, que é tão boa que vive junto a Jesus e Deus lá no céu [...]

As formas verbais sublinhadas estão no **presente**. Elas indicam ações:

- que estão **ocorrendo no momento da fala**, ou
- referem-se a **fatos ou ações habituais**, que **costumam acontecer sempre**, e não apenas no momento da fala.

Leia:

> O verbo no **tempo presente** pode indicar, além de fato que ocorre no **momento da fala**, o fato habitual, aquele que **costuma acontecer sempre**.

Esta outra frase do texto está no tempo **pretérito/passado**:

E chegou um momento em que tivemos uma conversa de homem para homem.

Se a personagem estivesse preparando essa ideia para um **tempo futuro**, veja como poderia ficar:

E chegará um momento em que teremos uma conversa de homem para homem. ⟶ Ideia de um futuro mais certo

Ou:

E chegaria um momento em que teríamos uma conversa de homem para homem. ⟶ Ideia de um futuro mais incerto

Para concluir, leia como podemos definir **verbo**:

> **Verbo** é a palavra que expressa processos e pode indicar ação, estado, mudança de estado, fenômeno da natureza e outros processos, situando-os no tempo. É uma palavra que é flexionada em **pessoa**, **número**, **tempo**, **modo**.

As flexões de modo serão estudadas no próximo capítulo.

1. O verbo expressa processos que podem indicar:

a) ação

b) estado/característica

c) fenômeno da natureza

d) mudança de estado

e) outros processos

Copie as frases a seguir em seu caderno e aponte a alternativa mais adequada para indicar o que o verbo destacado nelas expressa:

I. "Um dos jogadores **era** negro, usava um uniforme vermelho e verde".

II. "Quando **colocaram** o disco na rádio-vitrola [...]"

III. "Eu **sei** que foi antes de o Pelé **virar** 'Pelé'."

IV. "Para participar, **escreva** uma 'crítica' de no máximo 250 caracteres sobre um chocolate e **poste** como comentário desta matéria." (*O Estado de S. Paulo*, 25 fev. 2015.)

V. "Darlene disse que no final da tarde de segunda-feira (29), o céu **escureceu** e **ventou** e **choveu** muito forte. A família está sem energia elétrica." (*Gazeta do Povo*, 30 out. 2012.)

2. Leia a tira reproduzida a seguir.

THAVES, Bob. Frank & Ernest. *O Estado de S. Paulo*, São Paulo, 11 nov. 2014. Caderno 2, p. C4.

a) No caderno, copie os verbos presentes na fala da personagem e indique o que expressam:

- ação;
- estado/característica;
- fenômeno da natureza;
- mudança de estado;
- outros processos.

b) A que época a personagem provavelmente se refere?

3. No trecho:

> Quando **colocaram** o disco na rádio-vitrola e **começou** o "Açum-preto" [...], **comecei** a chorar.

a) Qual é o tempo das formas verbais destacadas?

b) Reescreva o trecho no caderno, adaptando os verbos para o tempo que poderia ser usado se Arrigo Barnabé tivesse a intenção de mostrar mais emoção, contando os fatos como se estivessem ocorrendo no momento em que escreve.

4. Identifique o tempo – presente, pretérito ou futuro – em que estão os verbos destacados nas frases:

a) "– Mas por que o time se **chama** Santos? **É** por que **tem** muito santo lá?"

b) "Então meu pai me **apresentou** um brinquedo que **consistia** em um pequeno disco de plástico transparente."

c) **Existem** nomes que **atraem** a simpatia das crianças, não **sei** por quê.

d) "Nova York **terá** internet gratuita em toda a cidade a partir de 2015." (*Folha de S.Paulo*, 27 nov. 2014.)

e) "'Peixe lagarto' **foi** da terra para o mar." (*O Estado de S. Paulo*, 6 nov. 2014.)

5. Observe a forma verbal destacada na frase a seguir e veja a pessoa a que se refere.

> É claro que eu **ia torcer** para o time do jogador negro de uniforme vermelho e verde.

Reescreva estas frases no caderno fazendo alterações de concordância entre o verbo e as pessoas propostas:

a) É claro que **meu irmão e eu** ■.

b) É claro que **nós** ■.

c) É claro que **ele** ■.

d) É claro que **a gente** ■.

No dia a dia

Verbos

A língua passa por muitas transformações. Seu uso sofre influências dos falares dos diferentes grupos sociais, de modismos, do que aparece na TV, no rádio, em jornais, revistas, internet, redes sociais.

Nos últimos tempos, esses fatores têm modificado os usos da língua de um modo geral pela necessidade de que a comunicação seja cada vez mais rápida. Além disso, as variedades linguísticas estão aos poucos deixando de ser banidas, e formas que antes eram consideradas muito populares, "incorretas", convivem com formas mais tradicionais, "corretas".

1. Em dupla. Leiam um trecho do livro *O resgate das cobaias*, de Marcelo Leite, que conta a história de um grupo de jovens que salva cachorros utilizados em testes de laboratório. Durante a leitura, atentem para as formas verbais destacadas.

Tô nessa. Eu preciso estudar para o vestibular, mas... Sempre fui a favor do direito dos animais. Contem comigo! Vocês já almoçaram? – perguntou John como quem não quer nada. [...]

– Não – disse Francisco. – Enrolamos lá em casa uma conversa de ficar na escola e tomar um lanche por aqui. A gente vai comer um tipo de xis-qualquer coisa ali no boteco. **Tá** a fim?

– Ih, preciso ligar pra casa e inventar uma desculpa. **Vão indo** que eu já encontro vocês lá.

Theo/Arquivo da editora

Conversem sobre essas formas verbais destacadas.

a) Por que elas foram usadas dessa forma no livro?

b) Essas formas são bastante comuns na linguagem do dia a dia: em que situações são mais adequadas? Há alguma delas que pode ser considerada inadequada? Se sim, em que situação(ões)?

Na linguagem falada e também na escrita, as formas de futuro têm sido usadas assim:

Com corte de verbas, carnaval do Distrito Federal vai ficar sem recursos (*Correio Braziliense*, 7 jan. 2015.)

Fóssil de animal pré-histórico encontrado no Rio vai ser estudado na UFRJ (*Jornal do Brasil*, 7 set. 2014.)

Podemos observar as ocorrências mais formais (mais monitoradas) e as mais informais (menos monitoradas) em um mesmo texto. E elas se justificam de acordo com o contexto. Vamos ver melhor como é isso?

2. Leiam trechos de uma notícia que fala sobre liberdade: alemães que relembram a queda do Muro de Berlim, que separou a Alemanha em duas partes, há mais de 25 anos.

Alemães relembram noite em que o Muro caiu
*Dois milhões de pessoas são esperadas para celebrar
neste domingo em Berlim*

Pouco antes das 19h de 9 de novembro de 1989, o porta-voz do governo da Alemanha oriental, Günter Schabowski, anunciou, um tanto inseguro, que o governo comunista **permitiria** que seus cidadãos atravessassem imediatamente para o lado ocidental, capitalista.

O alemão oriental Klaus Meyer, hoje com 58 anos, assistia à entrevista pela TV. Não deu outra. Diante do anúncio, caminhou a um dos pontos do Muro de Berlim para checar se a informação era verdadeira. Confirmar se, enfim, **poderia conhecer** o outro lado da cidade.

[...]

"Acordei e vi que não tinham fechado o muro. Larguei o trabalho e disse a um amigo: vamos que isso aqui **vai ser** histórico." (disse Meyer)

Balões

Neste domingo (9), às 19h, exatamente 25 anos depois, Klaus [...] **estará** em algum ponto de Berlim celebrando o fim do muro que dividiu não só a capital de um país, mas famílias e amigos.

[...]

Adaptado de: *Folha de S.Paulo*, São Paulo, 9 nov. 2014. Mundo, p. A22.

Conversem sobre a ocorrência das formas verbais em destaque:

a) Quais dessas formas verbais podem ser consideradas mais formais e quais podem ser mais informais?

b) Por que, no mesmo texto, ora foi usada uma forma verbal ora foi usada outra forma?

Usos do pretérito

Releia o parágrafo a seguir:

Um dos jogadores era negro, **usava** um uniforme vermelho e verde. **Adorei.** O outro **era** um jogador branco, mas de uma cor branca enjoada, com uniforme todo branco, mui-to sem graça. É claro que eu **ia torcer** para o time do jogador negro de uniforme vermelho e verde. Mas, uma fração de segundo antes de decidir, **perguntei** a meu pai qual **era** o nome dos times.

Theo/Arquivo da editora

Todos os verbos destacados estão no pretérito (ou passado).
Recordando:

> O **pretérito**, ou **passado**, é o tempo verbal que indica um fato acontecido **antes do momento** em que se fala.

A língua oferece várias maneiras de expressar os acontecimentos ocorridos no passado. Veja a seguir.

A. Pretérito perfeito

Então, **fiz** uma renúncia, um sacrifício. **Sacrifiquei** meu gosto, que era a Portu-guesa [...]

Em 1979, **ficou** em primeiro lugar no Festival Universitário [...]

Nessas frases, os verbos se referem a uma ação ou fato ocorrido e concluído no passado: é um **pretérito perfeito**.

O **pretérito perfeito** indica ações ou estados **iniciados e terminados no passado**.

A palavra *perfeito* é empregada no sentido de algo pronto, acabado.

B. Pretérito imperfeito

Um dos jogadores era negro, usava um uniforme vermelho e verde.

Nessa frase os verbos *era* e *usava* não indicam fatos concluídos, mas revelam uma continuidade: *era* negro, sempre; *usava* uniforme era um fato habitual que acontecia no passado.

Essas formas verbais estão no **pretérito imperfeito**: esse tempo expressa um fato ou uma ação habitual, que costumava acontecer num tempo passado.

Dizemos que essa forma verbal indica **continuidade no passado**.

C. Pretérito mais-que-perfeito

Meu pai havia comprado o disco e o trouxe para casa [...]

Observe que a ação expressa em *havia comprado* indica um fato — no passado — que ocorreu antes de outro fato — *trouxe* — também no passado.

A forma *havia comprado* está no **pretérito mais-que-perfeito**: expressa uma ação que ocorreu antes de outra ação no passado.

O **pretérito mais-que-perfeito** pode ser expresso por uma **forma simples**:

Meu pai comprara o disco.

pretérito mais-que-perfeito simples

Leia outro trecho do livro *O resgate das cobaias*, de Marcelo Leite. Nesse livro o autor mescla usos da linguagem informal e espontânea para caracterizar a fala de jovens adolescentes com usos mais formais, mais monitorados, planejados. É o caso do uso do pretérito mais-que-perfeito simples nesta fala:

— Eu ainda não ouvi cachorro nenhum — falou John, que estava a ponto de propor uma retirada. O fato de ser a empresa do pai o deixara preocupado. Nem em Rosalinda ele estava mais pensando.

O pretérito mais-que-perfeito simples era mais usado no passado, em textos falados ou escritos. Atualmente, é muito comum a substituição da forma simples pela forma composta: *tinha deixado* em vez de *deixara*.

Theo/Arquivo da editora

Leia um soneto de Luís Vaz de Camões, poeta português do século XVI, em que o pretérito mais-que-perfeito simples foi empregado:

Sete anos de pastor Jacob servia

Sete anos de pastor Jacob servia
Labão, pai de Raquel, serrana bela;
mas não servia ao pai, servia a ela,
e a ela só por prêmio pretendia.

Os dias, na esperança de um só dia,
passava, contentando-se com vê-la;
porém o pai, usando de cautela,
em lugar de Raquel lhe dava Lia.

Vendo o triste pastor que com enganos
lhe **fora** assim negada a sua pastora,
como se a não **tivera** merecida;

começa de servir outros sete anos,
dizendo: — Mais **servira**, se não **fora**
para tão longo amor tão curta a vida.

Theo/Arquivo da editora

CAMÕES, Luís Vaz de. *Sete anos de pastor Jacob servia*.
Disponível em: <www.dominiopublico.gov.br/download/texto/bv000164.pdf>. Acesso em: fev. 2015.

 **No dia a dia**

Pretérito mais-que-perfeito simples

Como você viu e deve constatar em seu próprio dia a dia, as formas do pretérito mais-que-perfeito simples — *comprara, fizera, jogara* — são pouco comuns na linguagem mais espontânea e informal, principalmente na língua falada, e está se tornando menos comum também na linguagem mais elaborada, mais formal. Elas podem ser mais facilmente encontradas em textos literários. Há uma forte tendência de ela cair em desuso na linguagem do cotidiano.

Veja exemplos do uso de pretérito mais-que-perfeito composto, para falar de um fato que aconteceu no passado antes de outro fato ocorrido também no passado.

Não **acreditei** que <u>**tinha feito**</u> o gol, comenta Lauro.

Uol Mais. Disponível em: <mais.uol.com.br>. Acesso em: fev. 2015.

Em textos mais elaborados, mais planejados é usada também a forma *havia entrado*. Veja:

A segunda etapa começou com mais um gol do Santos. E em jogada semelhante a do segundo gol. A única diferença foi que ao invés de um escanteio, o cruzamento de Neymar saiu de uma falta lateral. Rodrigo Souto **fez** igual ao que já <u>**havia feito**</u>: meteu a cabeça na bola.

O Globo. Disponível em: <oglobo.globo.com>. Acesso em: fev. 2015.

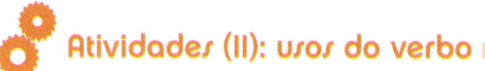

1. Nas frases seguintes, os verbos destacados estão no pretérito (passado). Identifique a forma do pretérito empregada em cada caso.

- **Pretérito perfeito**: ação iniciada e concluída no passado.
- **Pretérito imperfeito**: ação habitual no passado.
- **Pretérito mais-que-perfeito**: ação anterior a outra ação também no passado.

a) "Eu **tinha**, talvez, uns 5 anos."

b) "E **chegou** um momento em que **tivemos** uma conversa de homem para homem."

c) "Então meu pai me **apresentou** um brinquedo que **consistia** em um pequeno disco de plástico transparente."

d) "**Gostei** muito do nome também, Portuguesa. **Achei** legal."

e) Naquele dia, o Santos **perdera** para o Taubaté por 3 a 2.

f) "A casa já **tinha** um corintiano, e eu **adorava** o distintivo do Corinthians [...]."

2. O trecho que você vai ler é a fala de Robert W. Madden, autor da foto abaixo, que foi premiada. Ele flagrou o momento do impacto de um avião em uma caminhonete, porque teve de fazer um pouso de emergência perto de Sanarate, na Guatemala.

> **O avião fez um pouso de emergência e bateu na caminhonete que fora nos buscar, bem perto de nós. Instintivamente agarrei a câmera e comecei a fotografar.**

Robert W. Madden/National Geographic

50 melhores fotos e as histórias por trás das lentes. *National Geographic.* Edição especial. Ed. 176-A. São Paulo: Abril, 2014. p. 58.

a) Observe os verbos destacados. Que tempo predomina na fala do fotógrafo?

b) Parte das ações no trecho não aparece na ordem dos acontecimentos. Copie a frase em seu caderno e numere as ações seguindo a ordem em que aconteceram.

c) A ação número 1 é a forma verbal que expressa um passado que ocorre antes de outros fatos passados. Copie essa forma no caderno e escreva o tempo verbal que a ela se refere.

d) Essa frase foi escrita em uma linguagem mais formal ou mais informal? Explique.

e) Reescreva a frase dita pelo fotógrafo, mantendo a ideia de passado, mas com uma variedade mais informal.

f) Levando em conta que a revista em que o texto foi publicado divulga, entre outros artigos, reportagens de caráter científico, qual das duas formas você considera mais adequada: a mais formal ou a mais informal? Explique.

3. Leia a tira reproduzida a seguir atentando para as formas verbais:

SCHULZ, Charles M. Minduim. *O Estado de S. Paulo*, São Paulo, 12 nov. 2014. Caderno 2, p. C4.

a) Algumas formas verbais foram escritas de forma reduzida. Que formas são essas?

b) Por que essas formas verbais foram empregadas dessa maneira?

c) Observe o primeiro e o segundo quadrinhos e converse com os colegas sobre o comportamento de Snoopy neles.

4. Leia o trecho de uma notícia:

Neymar de Maresias

*Fãs lotam praia de Maresias, em São Sebastião, para ver o surfista
Gabriel Medina, 20, que se tornou o maior ídolo dos meninos da região*

Éder Fantoni

São 13h de terça (4) e a reportagem, na praia de Maresias, tira o carro de uma vaga na rua para procurar um lugar para almoçar. Um flanelinha, incrédulo, pergunta: "Já **vão** embora? Não **vão ver** o Medina surfar?" [...]

Folha de S.Paulo, São Paulo, 6 nov. 2014, p. D4.

a) No texto destacado abaixo da manchete, há o registro de dois tempos verbais. Transcreva no caderno os verbos e indique o tempo a que se referem.

b) O fato aconteceu no dia 4 e a notícia foi publicada no dia 6, portanto era um fato já acontecido, concluído. Como pode ser explicado o uso do presente na notícia?

c) Foi registrada a fala espontânea do flanelinha. Observe as formas verbais destacadas em sua fala.
Qual a ideia de tempo que essas formas expressam?

5. Leia a tira reproduzida a seguir:

WALKER, Mort. Recruta Zero. *O Estado de S. Paulo*, São Paulo, 24 nov. 2014. Caderno 2, p. C6.

a) Copie das falas as formas verbais que estão no passado.

b) As personagens referem-se a um fato que acabou de acontecer. Que tipo de pretérito foi empregado para indicar isso?

c) Qual a única forma verbal empregada no presente?

d) O que causa humor na tira, isto é, o que a torna engraçada?

6. Leia a tira de Luis Fernando Verissimo:

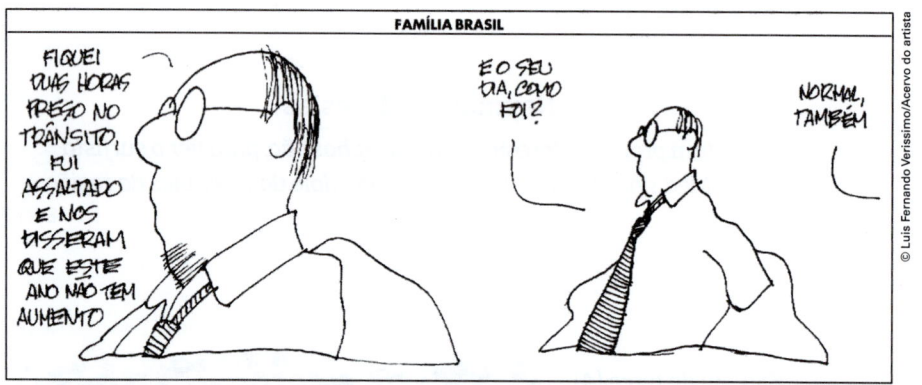

VERISSIMO, Luis Fernando. Família Brasil. *O Estado de S. Paulo*, São Paulo, 3 out. 1999. Caderno 2.

a) O que a resposta "Normal, também", da personagem que não aparece, permite supor?

b) Em sua opinião, os fatos acontecidos durante o dia abalaram a personagem que aparece na tira? Explique.

c) Que tempo verbal predomina na primeira fala? Dê exemplos e explique por quê.

📁 Hora de organizar o que estudamos

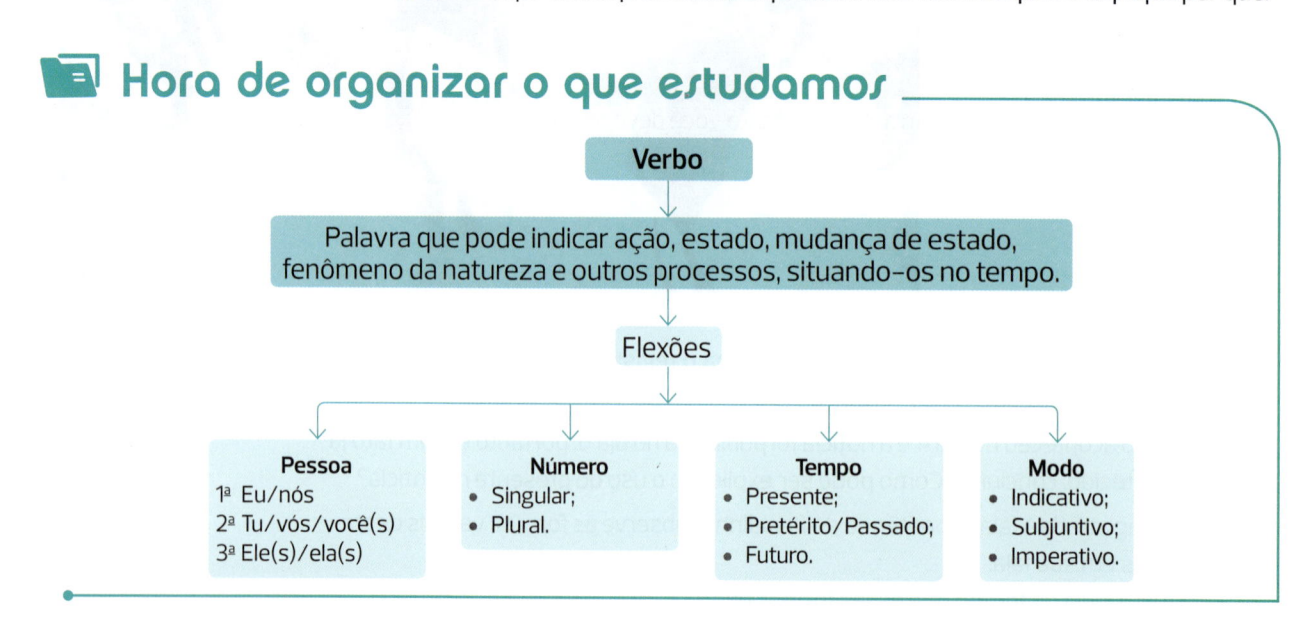

Produção de texto

Produção 1 – Biografia

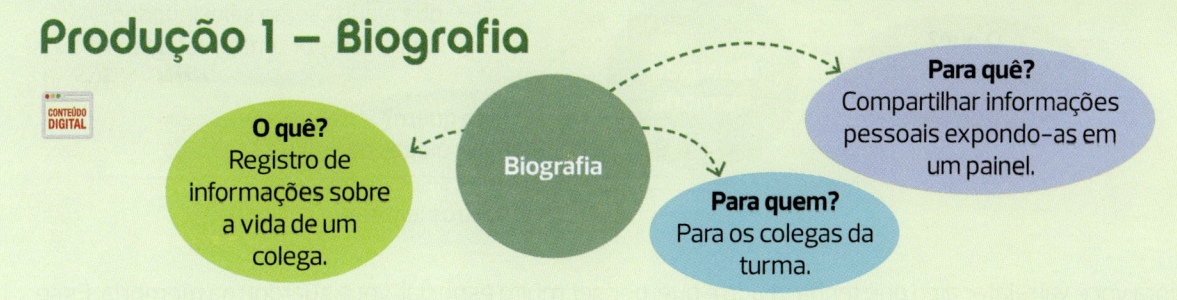

O quê?
Registro de informações sobre a vida de um colega.

Biografia

Para quem?
Para os colegas da turma.

Para quê?
Compartilhar informações pessoais expondo-as em um painel.

Você já sabe o que é uma biografia. Confira como a palavra é formada:

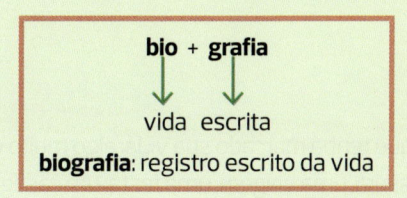

bio + grafia

vida   escrita

biografia: registro escrito da vida

Agora você vai conversar com um colega para passar a ele as principais informações sobre sua vida – do nascimento até a atualidade. Vai também ouvir as principais informações sobre a vida dele para que cada um escreva a biografia do outro. Essas biografias farão parte de um mural. Portanto as informações nela contidas serão públicas, isto é, poderão ser lidas por quem tiver interesse. Assim, você precisará selecionar as informações que vai utilizar. Siga as etapas e capriche.

Coleta de dados biográficos

1. Forneça dados da sua vida ao colega: nome completo, data e local de nascimento, nome dos pais (ou responsáveis), locais onde já morou e estudou (se for o caso) e onde mora atualmente, quais os acontecimentos marcantes da vida, o que gosta de fazer, etc. Seu colega fará o mesmo.

2. Anote os dados fornecidos por seu colega.

A escrita

1. Elabore em uma folha de caderno um texto biográfico sobre seu colega para ser colado em um mural da classe, para que todos leiam.

2. Lembre-se:
   a) a biografia é um texto informativo, portanto você deve se ater às informações recebidas e selecionadas;
   b) é importante que a linguagem seja mais precisa, mais objetiva: portanto devem ser evitadas palavras e expressões que demonstrem emoção ou parcialidade;
   c) agrupe as informações por assunto e obedeça a uma ordem cronológica dos fatos;
   d) evite frases longas, para que a ideia principal não se perca;
   e) como se trata de uma biografia, a linguagem deve ser mais cuidada, mais elaborada, mais formal;
   f) evite gírias, pois elas podem prejudicar a compreensão do texto por parte do leitor;
   g) você deve ficar atento ao uso dos tempos verbais: verbos no passado para o que já é passado, verbos no presente para o que for atual.

Revisão e finalização

1. Passe sua produção ao colega, para que ele leia o que você escreveu. Leia a produção de seu colega sobre você. Depois de tudo conferido, se necessário, passe o texto a limpo.

2. Peça uma foto de seu colega para ilustrar seu trabalho e cole-o no mural com as demais biografias.

Produção 2 – Relato de memória

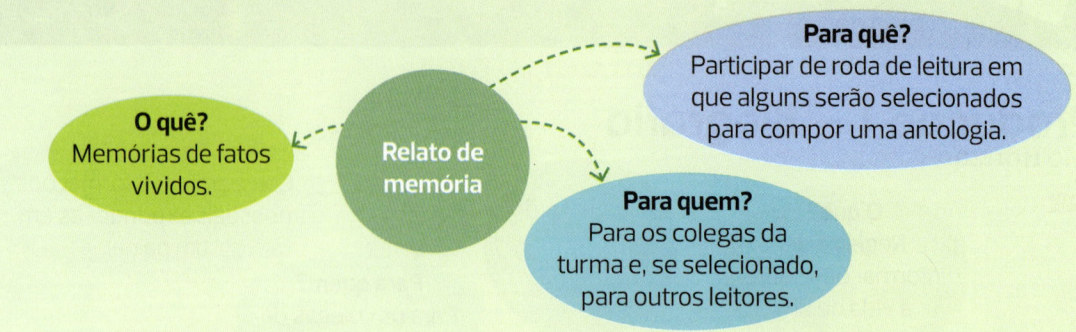

O quê?
Memórias de fatos vividos.

Relato de memória

Para quê?
Participar de roda de leitura em que alguns serão selecionados para compor uma antologia.

Para quem?
Para os colegas da turma e, se selecionado, para outros leitores.

Agora você vai relatar algo que tenha vivido e que, por ser muito especial, você guardou na memória. Esse relato de memória será lido pelos colegas para que alguns sejam selecionados para compor uma antologia.

Siga as etapas:

Antes de escrever

1. Busque em sua memória um fato que tenha marcado sua vida: algo muito engraçado, o primeiro dia de aula, um incidente, um aniversário, uma travessura, uma viagem, uma festa, um castigo recebido, uma briga, um jogo, um filme.

2. Anote os fatos principais que deseja registrar.

3. Dependendo do que pretende contar, seu relato será mais saudosista, dramático, humorístico.

4. Organize os fatos na sequência de tempo.

5. Pense em como vai introduzir o relato dos fatos.

6. Escreva o relato.

A escrita

1. Organize a escrita em parágrafos.

2. Atente para a pontuação e para o uso das maiúsculas.

Depois da escrita: revisão e avaliação

1. Releia seu relato e verifique se:
   - a sequência de tempo ficou clara e se os tempos verbais usados estão de acordo com ela: no passado, no presente, no futuro;
   - o espaço, o local onde as ações transcorreram foram definidos;
   - a linguagem utilizada está adequada à situação comunicativa: um relato de memória de um fato especial para ser lido por colegas e talvez fazer parte de uma antologia de relatos de memória: linguagem mais subjetiva, mais espontânea, menos monitorada.

2. Faça os ajustes necessários e, se forem muitos, passe a limpo seu texto.

Leitura em voz alta

1. Aguarde sua vez de fazer a leitura do seu relato para seus colegas.

2. Lembre-se de detalhes importantes para uma boa leitura em voz alta:
   - tom de voz que todos possam ouvir;
   - dicção clara: pronúncia clara das palavras e frases;
   - expressividade: modulação do ritmo e da altura da voz de acordo com o sentido do texto.

●● **Outro texto do mesmo gênero**

O mundo em um jardim

Regina Horta Duarte

Belo Horizonte, nos anos 60

Um marco decisivo da minha passagem da infância à adolescência foi a derrubada do jardim de minha casa, em 1977. Apesar de absorvida pelas inquietações da **puberdade**, assisti com tristeza às obras que papai empreendeu para construir uma garagem.

O jardim tinha sido meu lugar preferido. Menina excessivamente tímida, utilizei-o como ponto estratégico de observação da rua e do mundo exterior. Em segurança, pratiquei ali o exercício da curiosidade. Explorei o mundo subterrâneo das minhocas e formigas, colecionei joaninhas para depois libertá-las e aguardei beija-flores. Investiguei folhas e sementes, secando-as para marcar as páginas prediletas dos livros de Monteiro Lobato. Degustei hortelãs crescidas ao acaso e desenvolvi técnicas para a delicada construção de guirlandas de flores. Em cada manhã, construí meu mundo em um jardim.

A renda modesta de meus pais lhes permitiu possuir uma casa velha, mas espaçosa para os seis filhos. O jardim tinha 50 m². Havia o buquê de noiva plantado em homenagem a minha irmã Vera; o hibisco alto e rodeado de abelhas; as açucenas, cuja floração anual era sempre comemorada; a romãzeira originada de sementes acidentalmente jogadas por um menino que pedia pão. Os vizinhos levavam folhas do sabugueiro para fazer chá.

O que eu não sabia, aos 13 anos, é que a derrubada do "meu" jardim sintonizava com outros eventos em curso. No contexto do **milagre econômico**, meus pais ascenderiam de uma condição humilde à categoria de classe média.

Nosso acesso a bens de consumo cresceu significativamente. Em 1969, meu pai comprou um **Dodge** 1951 e a primeira televisão. Nos anos seguintes, comemoramos, sucessivamente, a compra da **radiola**, do toca--fitas, do telefone. Em 1973, alcançamos o privilégio das férias de verão, mineiros no Espírito Santo. Viajamos de **Aero Willys**, disputando a estrada com um enxame de automóveis de passeio, amedrontados pelas fileiras intermináveis de caminhões carregados de minérios.

Em Minas Gerais, a mineração legava cenários apocalípticos de crateras abandonadas, rios poluídos, flora e fauna dizimadas. Indústrias siderúrgicas seguiam a pleno vapor, convertendo matas tropicais e cerrado em carvão vegetal. O reflorestamento subsidiado gerou vastas plantações de eucalipto, erguidas por trabalhadores em condições degradantes. Essa árvore consolidou-se como solução mágica para o problema da devastação das matas nativas: de crescimento rápido, representava um investimento financeiro de retorno garantido e assegurava suprimento energético para as indústrias. Tal furor convivia com apelos **ufanistas** de uma natureza brasileira infinda.

A Z

puberdade: transformações do corpo ligadas à passagem da infância à adolescência.

milagre econômico: crescimento econômico que ocorreu no Brasil entre 1969 e 1973, durante o regime militar.

Dodge: automóvel antigo encontrado no Brasil na década de 1950.

radiola: rádio-vitrola.

Aero Willys: automóvel antigo encontrado no Brasil a partir da década de 1960.

ufanista: aquele que se orgulha, que se vangloria de algo, arrogante; no contexto, ostentoso ou vaidoso em relação ao Brasil.

Coleção particular/Arquivo da editora

A mãe e os cinco irmãos mais velhos da autora no jardim de casa, em 1962.

cidade jardim: apelido pelo qual era conhecida a cidade de Belo Horizonte, MG, entre 1920 e 1930.

arborização: conjunto de árvores plantadas em um local.

Simca Chambord: automóvel antigo encontrado no Brasil na década de 1960.

"Triste horizonte": poema de Carlos Drummond de Andrade sobre a cidade de Belo Horizonte, publicado em 1976. Leia um trecho: "São José, no centro mesmo da cidade, explora estacionamento de automóveis./ [...] São José vai entrar feio no comércio de imóveis,/ vendendo seus jardins reservados a Deus".

O movimento "Olhe bem as montanhas..." clamava contra o fim do belo horizonte da capital, consequência da destruição da serra do Curral pela mineração. Moradores da região centro-sul ouviam, apreensivos, os estrondos das explosões de dinamite realizadas na serra. Constatavam, dia após dia, a espantosa alteração de seu traçado.

De cidade jardim, restou apenas o título. Desde 1962, o sucessivo sacrifício de árvores para alargamento das ruas apoiou-se na euforia desenvolvimentista, mas gerou o lamento de muitos. Entre 1967 e 1971, a prefeitura ganhou fama pela avidez da derrubada da arborização urbana. O aumento impressionante da frota de veículos demandava passagem.

O mesmo aconteceu em minha casa. Uma vez construída, a garagem abrigou vários carros, todos acessíveis ao bolso de meu pai, a exemplo do Simca Chambord 1960 orgulhosamente dirigido por meu irmão Pedro. Na época, não contei a ninguém sobre o que senti. Sem saber, tinha companheiros ilustres em minha dor: um ano antes, Carlos Drummond de Andrade decidira não mais voltar ao "Triste horizonte". Entre os motivos poeticamente enumerados, lamentava a transformação dos jardins da histórica igreja São José.

DUARTE, Regina Horta. *Folha de S.Paulo*, São Paulo, 20 mar. 2011. Ilustríssima, p. 9.

Praça Rui Barbosa, Belo Horizonte, MG. Ao fundo, o Museu de Artes e Ofícios.

Autoavaliação

Chegou o momento de fazer um balanço de tudo o que foi estudado no Capítulo 3. Leia o quadro de conteúdos para recordar o que estudou e, no caderno, avalie seu desempenho usando os tópicos propostos. Isso o ajudará na hora de organizar seus estudos.

Meu desempenho

- **Avancei em** (registre no caderno os itens em que você melhorou)
- **Preciso rever** (registre no caderno os itens que você precisa estudar mais)
- **Outras observações e/ou outras atividades**

CONTEÚDOS	
1. Gênero	Relato de memória e biografia • "Como me tornei santista", Arrigo Barnabé • "Arrigo Barnabé", *site*.
2. Leitura e interpretação de texto	Relato: tempo e espaço vivenciados Biografia: principais fatos O narrador nos relatos • Narrador em 1ª pessoa e narrador em 3ª pessoa
3. Língua: usos e reflexão	Pontuação e sentidos no texto • Uso de aspas • Uso de parênteses • Uso da vírgula Verbo (I) • Número e pessoa • Tempo Usos do pretérito • Pretérito perfeito • Pretérito imperfeito • Pretérito mais que perfeito
4. Produção textual	**Escrita** 1. Biografia 2. Relato de memória
5. Participação	**Prática de oralidade** Debate: "Violência entre torcedores: que atitude é essa?"
6. Ampliação de leitura	Leitura de *Outras linguagens*: Foto como registro de fatos vividos Leitura e produção de relações entre textos da seção *Conexões* Leitura de *Outro texto do mesmo gênero*: • "O mundo em um jardim", Regina Horta Duarte

Theo/Arquivo da editora

4 Relato de viagem

Theo/Arquivo da editora

No capítulo anterior, você leu um relato de memória e uma biografia. Ambos relatavam fatos vividos pelo compositor brasileiro Arrigo Barnabé.

Há também relatos que, além de registrar fatos protagonizados por quem escreve, têm a finalidade de documentar uma experiência significativa.

Às vezes, o processo vivido é tão longo que o relato se torna um livro. Assim acontece com os relatos de viagem, o registro de dias, meses, anos, passados no deserto, na floresta, no mar...

Imagine-se navegando em um veleiro no meio de um imenso oceano...

Aliás, você sabe o que é um veleiro?

Para quem ainda é marinheiro de primeira viagem, a foto, o esquema e o vocabulário na página a seguir poderão ser muito úteis para uma aventura como essa. Confira!

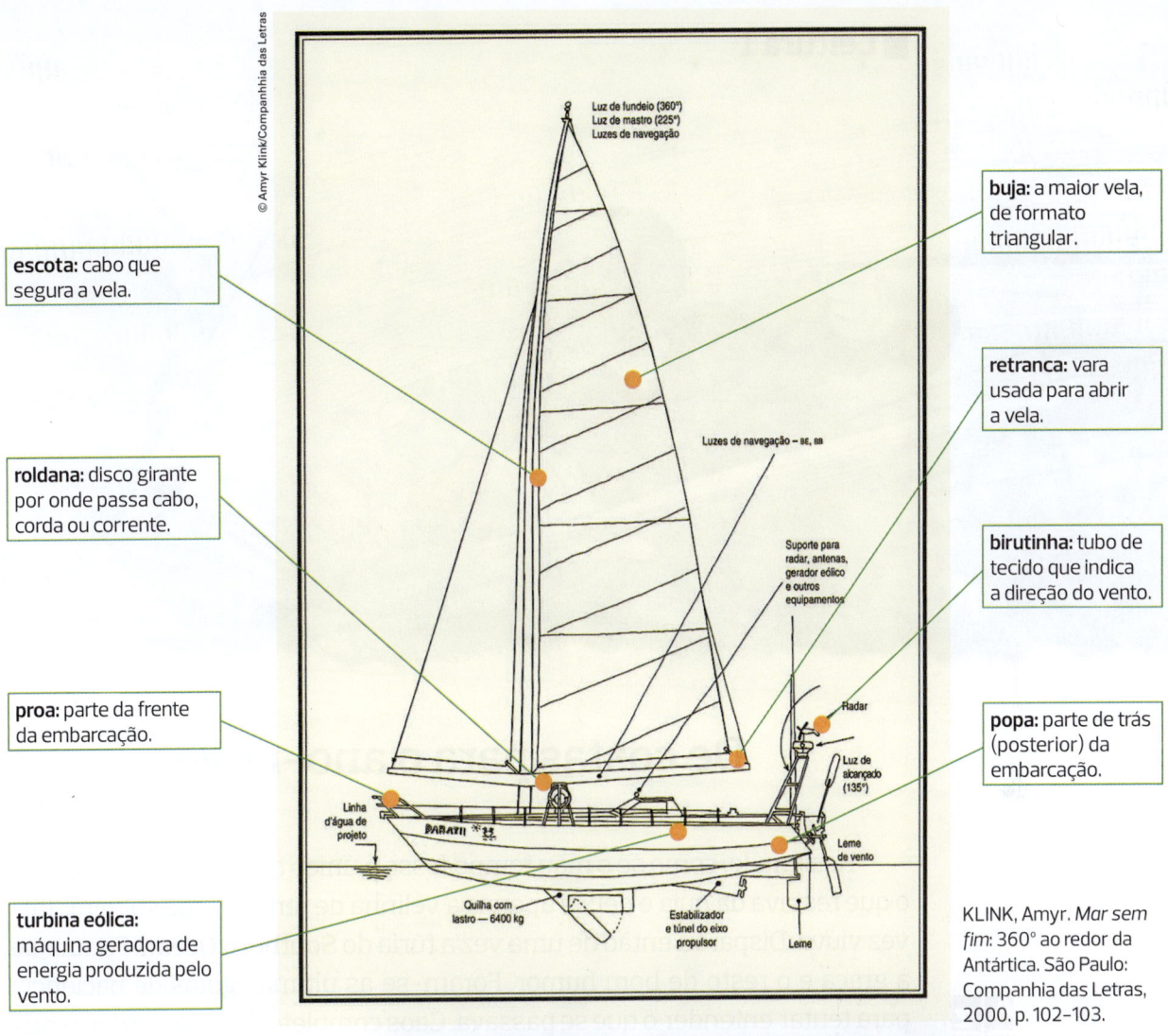

escota: cabo que segura a vela.

roldana: disco girante por onde passa cabo, corda ou corrente.

proa: parte da frente da embarcação.

turbina eólica: máquina geradora de energia produzida pelo vento.

Luz de fundeio (360°)
Luz de mastro (225°)
Luzes de navegação

Luzes de navegação – BE, BB

Suporte para radar, antenas, gerador eólico e outros equipamentos

Radar

Luz de alcançado (135°)

Leme de vento

Linha d'água de projeto

Quilha com lastro — 6400 kg

Estabilizador e túnel do eixo propulsor

Leme

buja: a maior vela, de formato triangular.

retranca: vara usada para abrir a vela.

birutinha: tubo de tecido que indica a direção do vento.

popa: parte de trás (posterior) da embarcação.

KLINK, Amyr. *Mar sem fim*: 360° ao redor da Antártica. São Paulo: Companhia das Letras, 2000. p. 102-103.

Agora que você já conhece um veleiro, imagine-se sozinho nele. De repente, uma forte tempestade se aproxima...

E agora? O que você vai fazer?

Essas emoções você vi–verá na leitura do **relato** a seguir.

Theo/Arquivo da editora

De costas para o ano-novo

Amyr Klink

Resignado, como se o mau tempo fosse o único tempo possível, recolhi o que restava da buja e deixei apenas a velinha de tempestade solteira. Talvez viúva. Disparou então de uma vez a fúria do **Southern Ocean**. Foram-se a graça e o resto de bom humor. Foram-se as últimas gotas de paciência para tentar entender o que se passava. Caos completo. Uma desordem contínua de água e espuma. O mar estava desmoronando ao redor. A escota da velinha, único motor puxando o Paratii a uma velocidade completamente ilegal, encostou, sem que notasse, numa roldana da vela grande, **puiu** e ameaçava estourar. Se um pedaço de pano se soltasse ou se o cabo se partisse, decolaríamos para um desastre espetacular.

Criei coragem, cortei um pedaço de cabo, saí e, arrastando-me como um polvo até a ponta da retranca, fiz uma escota de reserva rezando para não ser arrancado dali por uma onda. Que falta faziam os outros quatro membros... O cabo de dezesseis milímetros voava no vento como um fiozinho de lã. Fazer as voltas e os nós pendurado sobre a espuma não foi nem um pouco divertido. Em vez de falar em voz alta, eu gritava. Gritava para mim mesmo o que deveria fazer, que o nó não estava firme. Gritava para ouvir minha própria voz no meio daquela turbina eólica infernal, que não parava. Gritava para não parar de fazer força, para não desistir dos nós que era preciso dar.

Voltei para dentro, **miraculosamente** pouco ensopado. Com uma toalha preta e felpuda me enxuguei de roupa e tudo: casaco, macacão, botas. Minutos depois, uma cachoeira lateral vinda do norte bateu na popa, no meio de uma descida de onda de oeste. O Paratii atravessou. A cozinha subia e a mesa de navegação foi para baixo. De toalha em punho, escorreguei até bater na parede oposta. Do lado de fora, a retranca, onde eu me encontrava minutos antes, mergulhou inteira na onda, com a vela **panejando** desesperadamente, até que o piloto retomasse o rumo. "Muito tempo, muito tempo", gritei. Desliguei o piloto e assumi o leme interno. Meu Deus, pior ainda, o barco endireitou, mas eu não conseguia manter o rumo certo por falta de referência. Olhando para a frente, não havia meio de saber por quais ondas estava descendo, as de norte ou as de oeste. Comandar pela bússola também não resolvia o problema. Virei de costas para a proa e, olhando para as ondas, segurando o leme por trás, descobri um jeito de pilotar ao contrário, apenas controlando as paredes de água e a birutinha de vento da **targa** traseira. Surfando de costas! Quem diria! Não era exatamente o modo como planejei virar o ano e começar vida nova. As deliberações de ano-novo se resumiram a uma só: escapar vivo.

KLINK, Amyr. *Mar sem fim*: 360° ao redor da Antártica. São Paulo: Companhia das Letras, 2000. p. 102-103.

Amyr Klink nasceu em São Paulo, SP, em 1955. Formado em Economia e com pós-graduação em Administração de Empresas, o navegador Amyr Klink escreveu vários livros relatando suas viagens, cheias de desafios, mas sempre projetadas com a tecnologia mais avançada.

Amyr Klink é casado. Como estaria a esposa dele em terra?

No mesmo livro do navegador, encontra-se o relato de sua esposa, Marina, que acompanha atentamente suas viagens a distância, em terra firme.

Leia o relato de Marina dois dias depois da tempestade.

Textos da viagem

Marina Bandeira Klink

03/01

Eu estava apreensiva, sem notícias do Amyr desde o dia 27. Não ter ouvido sua voz na virada de ano foi motivo de muita preocupação. Procurava um quase impossível acesso à internet em Paraty quando, depois de uma semana de silêncio, o telefone tocou. Era o Amyr (UFA!). Fui ficando cada vez mais impressionada conforme ele ia descrevendo a situação que enfrentou no mar na passagem de ano:

"Foi impressionante. Os ventos chegavam a 120 quilômetros horários e as ondas de vinte metros vinham de todos os lados, me obrigando a ficar de plantão no convés por cinquenta horas. Ventava tanto que o mar estava branco [...]."

Theo/Arquivo da editora

"[...] Estou exausto, com dores por todo o corpo. Mal consigo me mexer. O vento estava forte demais e as ondas deram muito trabalho. O leme de vento segura o barco quase em qualquer situação, mas dessa vez ficou de folga. Não deu para usar nem o leme de vento nem o piloto automático. Foi impressionante [...]."

[...]

No momento, o Amyr acaba de reparar os danos decorrentes da tempestade que o "abraçou" no sul da Austrália. Aproveita a calmaria e o tempo bom para amarrar as velas e para "secar suas meias".

KLINK, Marina B. Textos da viagem. In: KLINK, op. cit. p. 234–235.

●● Interpretação do texto

Compreensão

1. Logo no início de seu relato, Amyr Klink afirma que estava "Resignado, como se o mau tempo fosse o único tempo possível [...]". O que ele quis dizer com essa afirmação?

2. Escreva duas das ações realizadas para vencer a tempestade.

3. No segundo parágrafo do relato, Amyr escreve: "Que falta faziam os outros quatro membros...". O que ele quis dizer com isso?

4. Depois de ter conseguido vencer o desafio de dar os nós e segurar a vela do barco em meio a uma tempestade, o navegador teve de enfrentar problemas que aconteciam **dentro do barco**. Escreva com suas palavras o que estava acontecendo.

5. Amyr relata assim um problema depois de ter conseguido assumir o controle do leme interno do barco:

    [...] o barco endireitou, mas eu não conseguia manter o rumo certo por falta de referência.

    Responda:
    • O que ele quis dizer com "falta de referência"?

6. O que Amyr quis dizer com a exclamação "Surfando de costas! Quem diria!"?

7. Depois de falar com o marido pelo telefone, a esposa de Amyr relata:

    No momento, o Amyr acaba de reparar os danos decorrentes da tempestade que o "abraçou" no sul da Austrália. Aproveita a calmaria e o tempo bom para amarrar as velas e para "secar suas meias".

    Responda:
    a) No texto, qual é o sentido de *abraçou*?
    b) Qual foi a intenção de Marina ao empregar aspas nas expressões *abraçou* e *secar suas meias*?

8. Conhecendo melhor o relato agora, que sentido o título "De costas para o ano-novo" assume?

Como reagir diante do perigo?

1. Releia:

> Em vez de falar em voz alta, eu gritava. Gritava para mim mesmo o que deveria fazer, que o nó não estava firme. Gritava para ouvir minha própria voz no meio daquela turbina eólica infernal, que não parava. Gritava para não parar de fazer força, para não desistir dos nós que era preciso dar.

Você já teve uma reação parecida com a de Amyr: fazer o que aparentemente não tem sentido, em uma situação de perigo? Em caso afirmativo, conte à classe qual foi a situação e como você analisou sua atitude depois de passado o perigo.

2. Discutam no grupo:
a) Gritar pode ajudar aquele que está passando por uma situação de grande perigo?
b) Que outras reações as pessoas costumam ter em situações graves e que aparentemente não fazem sentido naquele determinado momento?
c) Por que essas reações ocorrem?
d) Que tipos de reação podem ser prejudiciais em situações de perigo?

Diferentemente do relato do navegador Amyr Klink, em que os fatos são reais, o texto que você vai ler a seguir é de **ficção**, isto é, os fatos foram criados pela imaginação do escritor. É um texto literário. Trata-se do trecho de um conto do escritor Edgar Allan Poe.

Leitura 2

Manuscrito encontrado numa garrafa

Edgar Allan Poe

[...] Tudo em volta do navio é negro como as trevas da noite eterna, em meio a um caos de águas sem espuma. Mas, a cerca de uma **légua**, em cada lado do navio podem-se ver indistintamente, a intervalos, estupendas montanhas de gelo que se erguem qual torres para o céu desolado, como se fossem as muralhas do Universo.

Como eu tinha imaginado, uma corrente marítima impele o navio, se é que assim se pode designar adequadamente uma onda que, rugindo e uivando pelo alvo gelo, **reboa** em direção ao sul com velocidade igual à da queda vertiginosa de uma catarata.

[...]

A tripulação anda pelo convés com passos inquietos e trêmulos; mas em seu semblante há alguma coisa mais próxima da ansiedade da esperança do que da apatia do desespero.

Enquanto isso, o vento sopra ainda pela popa e, como navegamos com todas as velas **enfunadas**, o navio por vezes é fisicamente suspenso acima

ficção: construção da imaginação; criação fantasiosa.

légua: medida cujo valor diferia bastante de acordo com a época e o país. No Brasil, uma légua marítima corresponde a cerca de 5,5 km.

reboar: ecoar; fazer estrondo; repercutir sons com força.

enfunar: encher, inflar; tornar amplo.

anfiteatro: edifício oval, circular ou semicircular, rodeado por arquibancadas e com o palco no centro, usado para espetáculos públicos na Roma antiga.

das águas! Oh, horror dos horrores! O gelo se abre de repente à direita e à esquerda e rodopiamos vertiginosamente em imensos círculos concêntricos, em torno das bordas de um gigantesco **anfiteatro**, cujos muros se perdem no alto da escuridão e da distância. Mas pouco tempo me resta para pensar em meu destino! Os círculos cada vez se estreitam mais... estamos mergulhando loucamente nas garras de um redemoinho... em meio ao rugido, bramido e trovejar do oceano e da tempestade, o navio estremece... oh, meu Deus!... e começa a afundar!

POE, Edgar Allan. Manuscrito encontrado numa garrafa. In: BARRETO, Lima et al. *Histórias fantásticas*. Tradução de José Rubens Siqueira. São Paulo: Ática, 2003. p. 29-30. (Para gostar de ler, 21).

Edgar Allan Poe nasceu na cidade de Boston, nos Estados Unidos, em 1809. Contista, romancista, poeta e crítico literário, é considerado uma das grandes figuras da literatura de seu país. Produziu contos clássicos de terror e contos de mistério, entre outras obras. Faleceu em 1849.

●● Interpretação do texto

Compreensão

O texto de Edgar Allan Poe foi escrito no século XIX. O uso de comparações era uma característica muito comum dos textos de ficção dessa época. Por meio delas, buscava-se provocar mais emoção no leitor.

1. Releia o trecho a seguir, observando principalmente as comparações destacadas:

> [...] Tudo em volta do navio é negro **como as trevas da noite eterna**, em meio a um caos de águas sem espuma. Mas, a cerca de uma légua, em cada lado do navio podem-se ver indistintamente, a intervalos, estupendas montanhas de gelo que se erguem **qual torres para o céu desolado, como se fossem as muralhas do Universo**.

Responda:
a) Que tipo de sensação essas expressões causam ao leitor?
b) Se você tivesse que "traduzir" para leitores de sua idade esse trecho, como faria isso? Reescreva o trecho adaptando-o para uma linguagem mais jovem e atual.

2. Releia outro trecho:

> Como eu tinha imaginado, uma corrente marítima impele o navio, se é que assim se pode designar adequadamente uma onda que, rugindo e uivando pelo alvo gelo, reboa em direção ao sul [...]

a) O que pode significar o termo *impele*? Procure deduzir pelo contexto. Se não conseguir, recorra ao dicionário.
b) Nesse trecho o narrador caracteriza a onda como um ser vivo. Transcreva as palavras ou expressões que causam essa impressão.

3. Releia:

> Os círculos cada vez se estreitam mais... estamos mergulhando loucamente nas garras de um redemoinho... em meio ao rugido, bramido e trovejar do oceano e da tempestade, o navio estremece... oh, meu Deus!...

Nesse trecho, as reticências foram empregadas várias vezes. Que tipo de efeito elas podem causar no leitor?

Linguagem dos textos

Objetividade e subjetividade

1. Releia os trechos a seguir:

I.

> Voltei para dentro, miraculosamente pouco ensopado. Com uma toalha preta e felpuda me enxuguei de roupa e tudo: casaco, macacão, botas. Minutos depois, uma cachoeira lateral vinda do norte bateu na popa, no meio de uma descida de onda de oeste. O Paratii atravessou. A cozinha subia e a mesa de navegação foi para baixo. De toalha em punho, escorreguei até bater na parede oposta.

(Amyr Klink)

II.

> Tudo em volta do navio é negro como as trevas da noite eterna, em meio a um caos de águas sem espuma. Mas, a cerca de uma légua, em cada lado do navio podem-se ver indistintamente, a intervalos, estupendas montanhas de gelo que se erguem qual torres para o céu desolado, como se fossem as muralhas do Universo.

(Edgar Allan Poe)

a) Copie no caderno o quadro a seguir e transcreva nas colunas os adjetivos e as locuções adjetivas empregados nos trechos de Amyr Klink e de Edgar Allan Poe.

Texto de Amyr Klink	Texto de Edgar Allan Poe

b) Adjetivos e locuções adjetivas, ao serem utilizados em um texto, podem causar os seguintes efeitos de sentido:
- caracterização que não é essencial ao texto;
- caracterização de elementos que torna mais precisa a ideia expressa por eles;
- caracterização que imprime mais emoção ao que o texto está expressando.

Analisando o quadro que você construiu, responda: com qual das finalidades relacionadas foram empregados os adjetivos e as locuções adjetivas no texto de Amyr Klink? E no de Edgar Allan Poe?

Theo/Arquivo da editora

2. Releia os textos a seguir.

I. Relato de Amyr descrevendo o que aconteceu durante a tempestade

O cabo de dezesseis milímetros voava no vento como um fiozinho de lã. Fazer as voltas e os nós pendurado sobre a espuma não foi nem um pouco divertido. Em vez de falar em voz alta, eu gritava. Gritava para mim mesmo o que deveria fazer, que o nó não estava firme. Gritava para ouvir minha própria voz no meio daquela turbina eólica infernal, que não parava. Gritava para não parar de fazer força, para não desistir dos nós que era preciso dar.

II. Relato de Amyr, para a esposa, depois da tempestade

Estou exausto, com dores por todo o corpo. Mal consigo me mexer. O vento estava forte demais e as ondas deram muito trabalho. O leme de vento segura o barco quase em qualquer situação, mas dessa vez ficou de folga. Não deu para usar nem o leme de vento nem o piloto automático. Foi impressionante [...].

III. Fala do narrador-personagem no texto "Manuscrito encontrado numa garrafa"

Oh, horror dos horrores! O gelo se abre de repente à direita e à esquerda e rodopiamos vertiginosamente em imensos círculos concêntricos, em torno das bordas de um gigantesco anfiteatro, cujos muros se perdem no alto da escuridão e da distância. Mas pouco tempo me resta para pensar em meu destino! Os círculos cada vez se estreitam mais... estamos mergulhando loucamente nas garras de um redemoinho... em meio ao rugido, bramido e trovejar do oceano e da tempestade, o navio estremece... oh, meu Deus!... e começa a afundar!

Responda: em sua opinião, em que trecho a linguagem revela a intenção de provocar mais emoção no leitor?

> - Um texto pode ser considerado **mais objetivo** quando revelar menos emoção e a linguagem for mais precisa.
> - Um texto pode ser considerado **mais subjetivo** quando revelar mais a emoção de quem fala e sua linguagem deixar espaço para que a imaginação do leitor atue.

3. Considerando as conclusões resultantes das comparações, qual dos dois textos — o de Amyr Klink ou o de Edgar Allan Poe — pode ser considerado **mais objetivo** e qual pode ser considerado **mais subjetivo**? Explique.

4. O trecho seguinte, em que a esposa de Amyr Klink transcreve o relato do marido, foi escrito com **mais objetividade**: há pouca adjetivação.

[...] Estou exausto, com dores por todo o corpo. Mal consigo me mexer. O vento estava forte demais e as ondas deram muito trabalho. [...]

Reescreva-o como se você fosse o narrador do "Manuscrito encontrado numa garrafa", adjetivando-o ou fazendo comparações, para que a emoção seja transmitida com muita intensidade. Faça as adequações necessárias.

Depois disso, a classe e o professor vão avaliar quais foram os trechos mais emocionantes.

Relato de fatos reais e narrativas de ficção

Ao comparar os textos de Amyr Klink e de Edgar Allan Poe, a primeira grande diferença que se observa é que o primeiro relata fatos reais, vivenciados pelo próprio autor, enquanto o segundo, "Manuscrito encontrado numa garrafa", narra fatos imaginados, fictícios, contados por uma personagem criada pelo autor.

Chama-se **relato** a narrativa de fatos reais.

Quando os fatos são imaginados, trata-se de **narrativa de ficção**.

Seja uma narrativa de ficção, seja um relato de fatos reais, as duas modalidades de texto têm em comum o fato de serem **narrativas**; portanto, em ambas há a intenção de contar situações.

As diferenças entre o **relato de fatos reais** e a **narrativa de ficção** serão determinadas:

- pela **intenção** de quem escreve (se vai relatar fatos reais ou imaginados);
- pelas **escolhas de linguagem** feitas para atender às suas intenções;
- pelo **tipo de portador** do texto: jornal, televisão, livro, revista, internet, etc.;
- pelo **tipo de leitor** a que se destina o texto.

Esses aspectos do texto vão determinar se se trata de um **texto literário** (a narrativa de ficção) ou de um texto **não literário** (o relato).

1. Copie o quadro abaixo em seu caderno. Complete-o, distribuindo adequadamente nas colunas os seguintes itens:

- criar uma história que envolva o leitor em um clima de suspense e emoção;
- fazer o registro de experiências realmente vividas pelo autor;
- livro;
- leitor interessado em textos de fantasia;
- leitor interessado em conhecer experiências reais;
- texto literário;
- texto não literário;
- linguagem mais objetiva;
- linguagem mais marcada por efeitos que produzem emoção.

	"De costas para o ano-novo"	"Manuscrito encontrado numa garrafa"
Intenção de quem escreve	||||||||||||||||||||||	||||||||||||||||||||||
Escolhas de linguagem	||||||||||||||||||||||	||||||||||||||||||||||
Portador do texto	||||||||||||||||||||||	||||||||||||||||||||||
Tipo de leitor	||||||||||||||||||||||	||||||||||||||||||||||
Texto literário ou não literário?	||||||||||||||||||||||	||||||||||||||||||||||

2. Qual dos itens da questão anterior é comum aos dois textos?

Construção dos textos

■ Identifique os elementos que compõem cada um dos textos. Para isso, copie no caderno o quadro a seguir, preenchendo as colunas de acordo com o que se pede.

	Tempo (Quando ocorre o fato)	Espaço (Onde ocorre)	Personagem/pessoa (Quem participa)	Enredo/ação (O que acontece)
"De costas para o ano-novo"	||||||||||||||||||||	||||||||||||||||||	||||||||||||||||||||	||||||||||||||||||
"Manuscrito encontrado numa garrafa"	||||||||||||||||||||	||||||||||||||||||	||||||||||||||||||||	||||||||||||||||||

a) Compare, no quadro que você construiu, os elementos dos dois textos. Pode-se afirmar que os textos têm elementos equivalentes (tempo, espaço, personagem ou pessoa, enredo ou ação)?

b) Qual dos dois textos pode ser considerado um relato? Os elementos que o compõem podem ser comprovados?

O parágrafo: forma de organizar o texto escrito

Voltando ao primeiro texto desta Unidade, "De costas para o ano-novo", constatamos que o autor dividiu-o em **três** parágrafos. Esses parágrafos podem ser assim constituídos:

1º parágrafo — ideias principais: início da tempestade e primeira **avaria** no barco;

2º parágrafo — ideia principal: luta contra a tempestade no convés;

3º parágrafo — ideias principais: luta contra a tempestade dentro do barco e desfecho.

Em seu relato, o autor utilizou os parágrafos para separar e organizar as frases do texto em torno de unidades de sentido, de **ideias centrais**. Observe que cada um dos parágrafos se desenvolve em torno de uma ou mais ideias centrais.

avaria: dano; estrago; deterioração causada em algo.

- Na organização do texto, o **parágrafo** é uma unidade que se desenvolve em torno de uma **ideia central** ou ideia principal.
- Um mesmo parágrafo pode conter mais de uma ideia central.
- Evitar parágrafos muito longos ajuda na clareza e na compreensão do texto.

---

1. Você leu quatro parágrafos do relato de Marina. Identifique em cada um deles a seguinte **unidade de sentido**, ou **ideia-núcleo**:

a) atividades de Amyr depois da tempestade;

b) fala de Amyr descrevendo seu estado;

c) fala de Amyr descrevendo a tempestade;

d) preocupação de Marina.

2. O texto "Manuscrito encontrado numa garrafa" também está dividido em quatro parágrafos. Identifique em cada um deles as seguintes **unidades de sentido**, ou **ideias-núcleo**:

a) inquietação e expectativa;

b) uma onda monstruosa;

c) gelo e escuridão;

d) desespero em meio ao turbilhão.

🗂 Hora de organizar o que estudamos

Relato de viagem

Narração de fatos vivenciados em um tempo e em um espaço.

Intenção	Linguagem	Construção	Leitores
Registrar para documentar e não ser esquecido.	• Tende a ser mais objetiva; • Narrador em 1ª pessoa; • Predominância do tempo passado; • Uso de adjetivos para caracterizar acontecimentos e situações.	Elementos que respondem às perguntas: Quem?, O quê?, Onde?, Quando?.	Aqueles que gostam de relatos de viagem, de aventuras, de conhecer novos lugares.

●● Prática de oralidade [CONTEÚDO DIGITAL]

Relato oral

Roda de relatos

A. Preparação

1. Lembre-se de um fato bizarro, isto é, fora do comum, que tenha vivido: um susto, um medo, uma surpresa, uma descoberta.

2. Planeje sua fala: o quê?, Onde?, Quando?, Com quem?.
Anote os detalhes principais do que quer relatar para ter mais segurança sobre a sequência de sua fala.

3. Aguarde a vez de apresentar seu relato.

B. O relato oral

▪ Lembre-se de que você falará para todos de sua turma ouvirem:
- fique de frente para o público, dirigindo o olhar a todos os ouvintes, assegurando-se de que eles estão acompanhando a apresentação.
- fale pausadamente, mas com expressividade, modulando o tom de voz, gesticulando se for o caso, pois gestos costumam ajudar na expressão oral.

C. Ouvindo o relato dos colegas

▪ Dê atenção aos relatos de seus colegas, mantendo-se em silêncio, sem perder nenhuma parte. É importante assegurar-lhes que você está acompanhando atentamente a fala deles, afinal, se você já tiver apresentado seu relato antes do colega, vai saber quanto é motivante falar para uma plateia atenta, não é mesmo? Se ainda não tiver apresentado, quando for a sua vez, você vai poder perceber isso.

●● Outras linguagens

Pintura e memória

Desde épocas remotas o ser humano procura registrar fatos que ocorreram em sua vida. É uma maneira de preservar na memória acontecimentos marcantes.

Entre as linguagens mais utilizadas para o registro, seja de fatos cotidianos, seja de grandes acontecimentos, estão o desenho e a pintura.

Veja, na foto ao lado e na da página seguinte, como, desde a Pré-História, e, mais tarde, na antiga civilização egípcia, foram registrados fatos e imagens. Esses registros são testemunhos do que havia em cada época e podem revelar hábitos culturais.

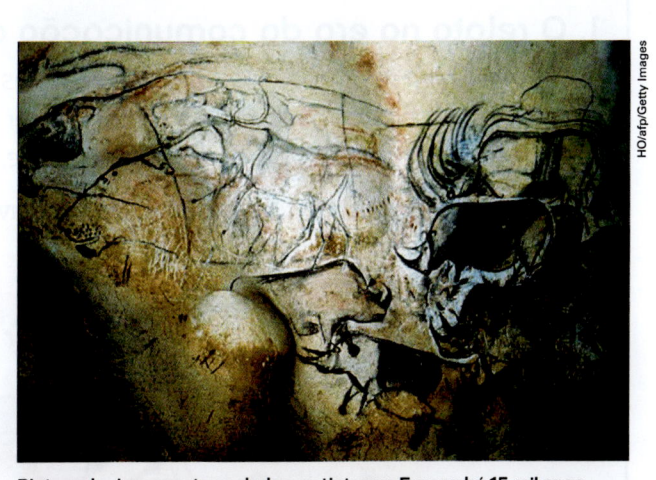

HO/afp/Getty Images

Pintura de rinocerontes peludos, extintos na Europa há 15 mil anos. Foi feita nas paredes da caverna de Chauvet, no sul da França. Segundo pesquisadores, os homens que pintaram essa caverna habitaram a França e a Espanha entre 18 mil e 25 mil anos atrás.

Pintura em parede, disposta em faixa, mostra cena do cotidiano no antigo Egito: três escribas fazem registros por escrito. Encontra-se na necrópole onde foram enterrados os faraós de Sacara da V dinastia (por volta de 2465 a.C.–2323 a.C.).

Revista *Superinteressante*. São Paulo: Abril, ano 9, n. 4, 1995, p. 51.

🟧 Observe os detalhes de cada uma dessas imagens. Leia as informações sobre as pinturas e responda: se **relato** é uma forma de contar, narrar fatos vivenciados, experiências reais, em sua opinião essas pinturas poderiam ser consideradas relatos visuais? Troque com os colegas suas opiniões/impressões e justifique sua resposta.

Conexões — RELAÇÕES ENTRE TEXTOS, ENTRE CONHECIMENTOS

Será que os intertextos a seguir despertam as mesmas sensações que o relato de viagem de Amyr Klink ou o conto de Edgar Allan Poe? Leia cada um:

1. O relato na era da comunicação digital

Em seu *blog*, os publicitários Faby e Léo dão dicas para os leitores sobre as diferentes "tendências" que podem ser encontradas na internet. Você vai conferir alguns desenhos de viajantes de todo o mundo que foram indicados no *blog* a partir de um projeto *on-line*. Confira:

Os lindos mapas do projeto "They Draw & Travel" (Eles desenham e viajam)

O projeto *They Draw & Travel* reúne ilustrações sobre as cidades que as pessoas já visitaram ao longo dos anos, além de ressaltar, nos próprios desenhos, as principais atrações do lugar: é uma forma de relato pessoal de viagem por meio das imagens que traduzem um modo particular de ver e de sentir os locais visitados.

O *site*, que oferece ótimas informações sobre várias cidades do mundo, é um excelente veículo para os artistas divulgarem os seus trabalhos.

Adaptado de: <acheitendencia.com/2011/09/os-lindos-mapas-do-projeto-they-draw-travel/>. Acesso em: fev. 2015.

Fotos: Reprodução/<acheitendencia.com>

2. A arte da palavra e as viagens

Poema

Depois de saber que relatar fatos vividos é uma atividade humana muito antiga e de ler os trechos de relatos de viagem — real e imaginado —, leia um poema em que o assunto *viagem* é tratado de forma expressiva, com múltiplos significados.

V, de viagem

Paulo Leminski

Viajar me deixa
a alma rasa,
perto de tudo,
longe de casa.

Em casa, estava a vida,
aquela que na viagem,
viajava, bela
e adormecida.

A vida viajava
mas não viajava eu,
que toda viagem
é feita só de partida.

Theo/Arquivo da editora

LEMINSKI, Paulo. *Distraídos venceremos*. São Paulo: Brasiliense, 1987. p. 86.

Letra de música

Que tal embarcar em uma viagem seguindo a leveza do vento, da estrela, do luar? Leia e, se possível, ouça e cante a letra da canção a seguir.

Viagem

João de Aquino
Paulo César Pinheiro

Oh, tristeza me desculpe
Estou de malas prontas
Hoje a poesia
Veio ao meu encontro
Já raiou o dia
Vamos viajar
Vamos indo de carona
Na garupa leve
Do vento macio
Que vem caminhando
Desde muito longe
Lá do fim do mar

[...]

Olha quantas aves brancas, minha poesia
Dançam nossa valsa
Pelo céu que o dia
Faz todo bordado
De raio de sol
Oh! Poesia me ajude
Vou colher avencas
Lírios, rosas, dálias
Pelos campos verdes
Que você batiza
De jardins do céu

Mas pode ficar tranquila, minha poesia
Pois nós voltaremos
Numa estrela guia
Num clarão de lua
Quando serenar
Ou talvez até quem sabe
Nós só voltaremos
No cavalo baio
No alazão da noite
Cujo o nome é raio
Raio de luar

AQUINO, João de; PINHEIRO, Paulo César. *Viagem*. Intérprete: Joanna. [s.l.]: Sony & BMG, 2003. 1 CD.

Theo/Arquivo da editora

●● Língua: usos e reflexão

Verbo (II): tempos e modos verbais

Flexão de modo

O verbo é uma das classes de palavras mais empregadas na língua portuguesa; é em torno dele que se forma a maioria das frases em nossa língua.

É também a classe de palavra que sofre maior número de flexões: **pessoa**, **número**, **tempo** e **modo**.

Neste capítulo vamos estudar as **flexões de modo**.

🔶 Releia e compare os trechos, observando o que está em destaque:

Trecho A	Trecho B	Trecho C
Criei coragem, **cortei** um pedaço de cabo, **saí** e, **arrastando-me** como um polvo até a ponta da retranca, **fiz** uma escota de reserva...	**Se** um pedaço de pano **se soltasse** ou **se** o cabo **se partisse**, decolaríamos para um desastre espetacular.	Gritava para mim mesmo: — **Não pare** de fazer força! **Não desista** dos nós!

Observe as formas verbais destacadas nos trechos acima.

Copie em seu caderno as alternativas a seguir e, de acordo com os verbos empregados, indique a que trecho cada uma delas está se referindo:

a) Ordem, um pedido.

b) Ações realmente realizadas no passado.

c) Ideia de possibilidade, de algo que pode ou não acontecer.

Além de indicar o tempo e a pessoa a que se refere, o verbo indica o **modo** como um fato é expresso:

- algo real, certo — **modo indicativo**;
- possibilidade, hipótese — **modo subjuntivo**;
- ordem, pedido, conselho, súplica — **modo imperativo**.

Veja com mais detalhes como o verbo pode indicar ideias de diferentes modos.

Leia frases a seguir e observe as locuções verbais e os verbos destacados.

A. Modo indicativo

I. "O mar **estava desmoronando** ao redor."

II. **Vamos mergulhar** no redemoinho e o navio **afundará** em pouco tempo...

III. "**Desliguei** o piloto e **assumi** o leme interno."

IV. "**Estou** exausto, com dores por todo o corpo."

V. "Tudo em volta do navio **é** negro como as trevas da noite eterna [...]"

Tanto as **locuções verbais** das frases I e II quanto os verbos das frases II, III, IV e V **expressam certeza sobre os fatos que apresentam**, portanto estão no **modo indicativo**.

> **Indicativo** é o modo da **certeza**; é utilizado para expressar algo que acontece, aconteceu ou acontecerá seguramente.

Locução verbal é a expressão formada por dois ou mais verbos com valor de um, pois expressam uma só ideia.

B. Modo imperativo

Observe as formas verbais no exemplo seguinte:

Recolha o leme! **Baixe** as velas! Não **deixe** o piloto automático sozinho!

Essas formas verbais expressam ordem, pedido ou recomendação. Estão no modo **imperativo**.

Veja mais alguns exemplos:

Vá buscar seu agasalho porque esfriou muito.

Venham viajar conosco.

Nunca **deixe** as portas destrancadas.

Não **chegue** muito tarde!

Observe que há formas do imperativo acompanhadas de palavras negativas: **não**, **nunca**. É o **imperativo negativo**.

> **Imperativo** é o modo que expressa **ordem**, **pedido**, **súplica**, **recomendação**, **conselho**, **convite**. O imperativo pode ser **afirmativo** ou **negativo**.

C. Modo subjuntivo

Leia:

Se ele conseguisse manter o barco no rumo poderia se salvar.

Quando cessar a tempestade, Amyr poderá descansar um pouco.

Já imaginou se Amyr não **controlasse** o barco?!

O professor pediu que todos **trouxessem** prendas para a festa.

Desejo que vocês **sejam** felizes!

Os verbos grifados expressam dúvida sobre um fato que poderia ou poderá ou não acontecer, incerteza, possibilidade, hipótese, desejo. Estão no **modo subjuntivo**.

> **Subjuntivo** é o modo que pode expressar **dúvida**, **hipótese**, **desejo** de que algo aconteça, **possibilidade**.

 **No dia a dia**

Coerência no uso dos tempos e modos verbais

Em um texto, os tempos e modos dos verbos costumam se relacionar entre si. Vamos ver como isso acontece?

Futuro do presente e futuro do pretérito

Alguns tempos verbais são empregados com mais frequência no dia a dia do que outros.

■ Leia o quadrinho reproduzido a seguir:

SCHULZ, Charles M. Minduim. *O Estado de S. Paulo*, São Paulo, 11 nov. 2014. Caderno 2, p. C4.

a) Qual é a preocupação do menino? E a de Snoopy?

b) Releia a frase do quadrinho 1 observando as formas verbais empregadas:

Eu <u>queria</u> que você <u>pudesse</u> falar, Snoopy.

pretérito imperfeito do indicativo

pretérito imperfeito do subjuntivo

A personagem emprega os verbos:

- **queria**: algo já acontecido;
- **pudesse**: algo possível.

Pense um pouco no sentido dessas formas verbais, discuta com os colegas e tente responder: pode-se afirmar que há alguma incoerência nesse uso?

No exemplo acima, a forma verbal deveria ser *quereria* (Eu **quereria** que você pudesse falar, Snoopy.), no **futuro do pretérito**, para indicar algo incerto, hipotético. Entretanto, no dia a dia, essa é uma forma pouco utilizada, daí a possível estranheza que de início pode causar.

c) Releia a fala do quadrinho 3:

Eu realmente <u>gostaria</u> de saber o que está se passando na sua cabeça.

Futuro do pretérito

Na mesma tira temos outro uso: o **futuro do pretérito** empregado como de costume, isto é, referindo-se a uma possibilidade, a algo incerto, que causa dúvida.

Esses usos ocorrem no dia a dia.

Em uma situação em que a linguagem mais formal, mais elaborada seja necessária, é importante observar **a relação entre os tempos e os modos empregados para garantir a clareza** do que se quer dizer.

d) Releia a fala do quadrinho 2:

[...] de repente vai ver o "Grande Abóbora"...

Essa frase poderia também ser dita assim:

De repente verá o "Grande Abóbora".

Em ambos os casos os verbos estão no **futuro do presente**, que expressa mais certeza sobre um fato que ainda não ocorreu. A diferença entre essas formas é que *vai ver* é mais empregada no dia a dia, tanto na escrita quanto na fala, e *verá* é mais empregada em situações mais formais, mais monitoradas.

Assim temos dois tipos de futuro:

1. Futuro do presente do indicativo: dá maior grau de certeza sobre algo que ainda vai se realizar:

Faltará água neste verão.
Os jogadores **receberão** os prêmios hoje à noite.

2. Futuro do pretérito do indicativo: um fato incerto ou um fato que acontecerá dependendo de certa condição:

Deveria haver umas dez mil pessoas na passeata.
Se chegássemos cedo **pegaríamos** um bom lugar na plateia.

Modo subjuntivo

Releia as frases:

Se ele conseguisse manter o barco no rumo, poderia se salvar.
Quando cessar a tempestade, Amyr poderá descansar um pouco.
Se as pessoas se respeitassem, seríamos mais felizes.

O modo subjuntivo geralmente aparece relacionado a outras formas verbais. Observe como isso ocorreu nas frases acima:

Se ele **conseguisse manter** ⟶ **poderia** [...]
Quando **cessar** ⟶ **poderá descansar** [...]
Se as pessoas se **respeitassem** ⟶ **seríamos** [...]

Note que os verbos que se relacionam com o subjuntivo têm a ideia de futuro para concordar com a ideia de possibilidade do modo subjuntivo.

Veja outros exemplos:

Quando **houver** mais tolerância entre as pessoas, **viveremos** em paz.
Se você **soubesse** a verdade, talvez não **estivesse** mais aqui!

O mais adequado é que haja **coerência**, ou seja, uma **relação lógica entre os tempos e as formas verbais**.

No dia a dia, ao falar espontaneamente, de forma menos planejada, nem sempre prestamos muita atenção nessa relação entre os tempos verbais.

🟩 Leia a conversa entre as personagens nos quadrinhos reproduzidos a seguir:

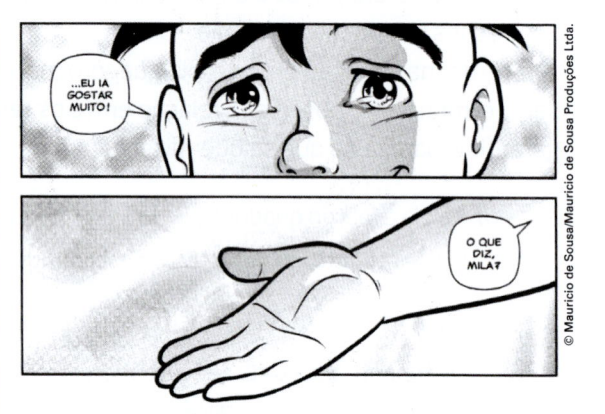

SOUSA, Mauricio de. Garoto solteiro procura. *Turma da Mônica Jovem*. n. 71. Barueri: Panini Comics, jun. 2014. p. 97.

1. Como Cebola está se sentindo ao fazer o pedido a Mila?

2. Observe como Cebola usa o subjuntivo na fala do segundo quadrinho, indicando possibilidade, dúvida, incerteza:

   Se você **pudesse**... **quisesse**... me fazer companhia...

   Releia a fala do terceiro quadrinho:

   ...eu **ia** gostar muito!

   Responda: se esse texto estivesse inserido em uma situação comunicativa formal, segundo a gramática normativa, poderíamos afirmar que houve incoerência. Se sim, qual?

   Na fala mais espontânea do cotidiano, é muito comum esta construção: empregar formas do pretérito, que indicam fato já acontecido (como *ia gostar*), em vez de formas do futuro (como *iria gostar*), mais adequadas ao subjuntivo, que indica possibilidade.

Veja outro exemplo:

Se eu ganhasse na loteria, parava de trabalhar na mesma hora.

Pretérito imperfeito do indicativo

em vez de empregar:

Se eu ganhasse na loteria, pararia de trabalhar na mesma hora.

Futuro do pretérito do indicativo

E outro:

Você ia se machucar muito se não estivesse com o cinto de segurança.

Pretérito imperfeito do indicativo

em vez de:

Você iria se machucar muito se não estivesse com o cinto de segurança.

Futuro do pretérito do indicativo

Embora esses usos sejam comuns, é importante conhecer o emprego mais formal, mais monitorado dessas formas verbais para as ocasiões em que você precisar produzir um texto mais elaborado.

Atividade oral

■ Faça oralmente a relação entre as formas do subjuntivo e os verbos indicados nos parênteses, procurando manter a coerência entre os tempos. Para isso você deverá empregar um tempo futuro.

a) Eu (gostar) de fazer a tarefa só quando o jogo **acabasse**.

b) Se nós **estudássemos** um pouco mais não (ficar) em recuperação.

c) Se nós **estudarmos** um pouco mais não (ficar) em recuperação.

d) Quando você **voltar** da viagem, eu (devolver) seus livros.

Hora de organizar o que estudamos

Você poderá completar o esquema com dados que já conhece. Se for necessário, consulte o que você estudou no Capítulo 3.

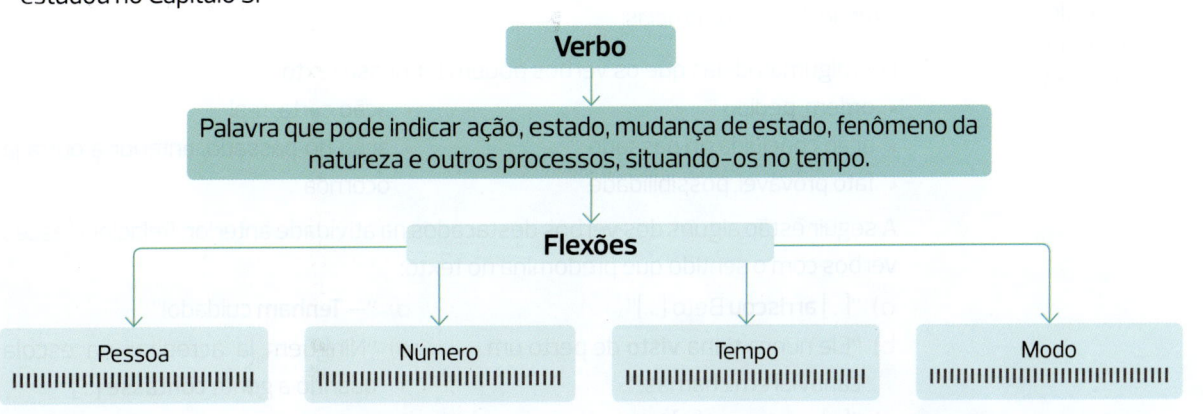

Verbo
↓
Palavra que pode indicar ação, estado, mudança de estado, fenômeno da natureza e outros processos, situando-os no tempo.
↓
Flexões
↓
| Pessoa | Número | Tempo | Modo |

Atividades: usos de tempos e modos verbais

1. Vamos recordar os **modos** do verbo:

> • **Indicativo** é o modo da **certeza**. É utilizado para expressar algo que acontece, aconteceu ou acontecerá seguramente.
> Exemplo: Os governantes **fecharam** um acordo para diminuir a poluição.
>
> • **Subjuntivo** é o modo da **dúvida**; indica a possibilidade de algo ter acontecido ou vir a acontecer.
> Exemplo: Se os governantes **fechassem** um acordo para diminuir a poluição, a atmosfera melhoraria.
>
> • **Imperativo** é o modo que expressa **ordem**, **pedido**, **súplica**, **recomendação**, **convite**.
> O **imperativo** pode ser **afirmativo** ou **negativo**.
> Exemplo: Pelo bem do planeta, **fechem** um acordo para diminuir a poluição. **Não desperdicem** água.

Identifique o modo dos verbos destacados nas frases:

a) "Cientistas **comemoraram** o resultado: nenhum dos voluntários **desistiu** [...]." (*O Estado de S. Paulo*, 5 nov. 2011.)

b) "Ciclistas **participam** de desafio em montanha" (*Jornal da Manhã*, 7 mar. 2015.)

c) "Av. Santos Dumont **terá** canalização subterrânea" (*Diário do Nordeste*, 9 mar. 2015.)

d) "Se não **houver** redução, haverá rodízio e racionamento em MG, diz Pimentel" (*Folha de S.Paulo*, 28 jan. 2015.)

e) "**Pense** globalmente e **aja** localmente." (Um dos principais conceitos do mundo sustentável.)

f) "Manifestantes que **fizerem** interdições sem autorização da PRF estarão sujeitos a multa de R$ 100 mil por hora." (*O Globo*, 12 fev. 2015.)

2. Leia um trecho do livro *Fogo verde*, de Marcelo Leite, que conta as aventuras dos gêmeos Tiago e Francisco. Neste trecho eles estão em uma fazenda quando inicia um incêndio:

> — A gente pode ir também, pai? — **arriscou (1)** Beto, mas imaginando que não **ia rolar (2)**. Ele nunca **tinha visto (3)** de perto um canavial em chamas.
>
> — De jeito nenhum. Incêndio não é lugar para menino — cortou o general. — Onde já se viu?!
>
> — Claro que não, Beto. É muito perigoso — completou o pai, pegando a chave do jipe na mão. — Vamos, pai. Dáblio, você **pega (4)** o trator e vem atrás, pro caso de a gente precisar abrir um aceiro.
>
> — **Tenham (5)** cuidado! — gritou Cláudia, da varanda.
>
> — Voltaram para a mesa, mas já sem muito apetite. Tiago falou:
>
> — Puxa, bem que eles podiam ter levado a gente. Já pensou? Ninguém ia acreditar na escola quando a gente **contasse (6)** que ajudou a combater um incêndio.

LEITE, op. cit., p. 36.

aceiro: faixa de terra mantida limpa e sem vegetação para evitar que o fogo de queimadas ou incêndios se alastre.

Se precisar, consulte o quadro de conjugação dos verbos na Unidade Suplementar, página 315.

Nesse trecho foram destacadas algumas formas verbais. Indique no caderno o tempo e o modo de cada uma delas.

3. Leia algumas ideias que os verbos podem ter nesse texto:

- ordem, pedido
- ação concluída no passado
- fato provável, possibilidade
- ação certa, real
- ação no passado, anterior a outra já ocorrida

A seguir estão alguns dos verbos destacados na atividade anterior. Relacione esses verbos com o sentido que predomina no texto:

a) "[...] **arriscou** Beto [...]"

b) "Ele nunca **tinha visto** de perto um canavial em chamas."

c) "[...] você **pega** [...]"

d) "— **Tenham** cuidado!"

e) "Ninguém ia acreditar na escola quando a gente **contasse** [...]"

4. Leia a tira reproduzida a seguir e responda às questões no caderno.

WALKER. Mort. *Recruta Zero*. *O Estado de S. Paulo*, São Paulo, 21 dez. 2013.

a) Releia a primeira fala:

> **Espero** que este suco não **esteja** muito ácido.

Que verbo dessa fala expressa incerteza?

b) Copie o verbo do segundo quadrinho que indica pedido.

c) O que torna a tirinha engraçada?

d) Pelo contexto, em que sentido está sendo usada a palavra *recobrar* na última fala?

5. Leia a tira reproduzida a seguir.

SCHULZ, Charles M. *Minduim*. *O Estado de S. Paulo*, São Paulo, 10 jun. 2014. Caderno 2, p. C4.

a) Releia a fala do primeiro quadrinho:

> Lá **está** aquela ruivinha linda...

Copie no caderno o item que indica o que o verbo empregado pela personagem expressa:

- incerteza, dúvida
- certeza, constatação
- possibilidade, imaginação
- ordem ou pedido

b) No segundo quadrinho a personagem fala:

> Que será que aconteceria se eu **fosse** até a mesa dela, **envolvesse** ela em meus braços e **desse** um beijão nela?

Copie no caderno o que os verbos empregados expressam:

- incerteza, dúvida
- certeza, constatação
- possibilidade, imaginação
- ordem ou pedido

📑 Hora de organizar o que estudamos

Neste capítulo estudamos principalmente os modos do verbo.

Leia o esquema e escreva no caderno uma frase para exemplificar cada um dos modos.

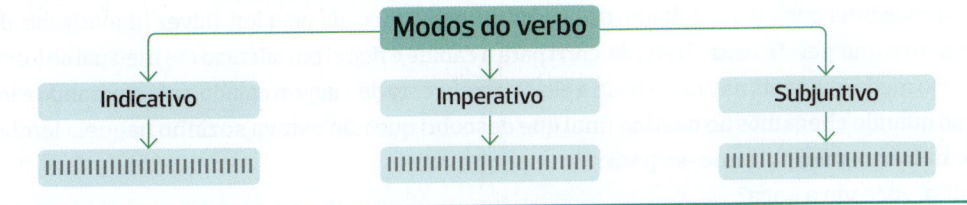

Modos do verbo

Indicativo	Imperativo	Subjuntivo
‖‖‖‖‖‖‖‖‖‖‖	‖‖‖‖‖‖‖‖‖‖‖	‖‖‖‖‖‖‖‖‖‖‖

Gênero: Relato pessoal

Relato pessoal

O quê?
Produzir um relato pessoal sobre um fato que tenha marcado sua vida.

Para quê?
Poderá compor a antologia que resultará do Projeto de Leitura.

Para quem?
Para a comunidade escolar.

Nesta Unidade você leu relatos de Amyr Klink, de sua esposa, Marina, e um trecho de um conto de mistério de Edgar Allan Poe.

Todos esses textos relatam fatos que apresentaram momentos de tensão, de comoção na vida das pessoas ou das personagens. Neles prevaleceu o uso da primeira pessoa (*eu/nós*).

Leia, agora, um relato de Elifas Andreato sobre a primeira viagem de caminhão que ele fez com seu pai. Confira o motivo pelo qual essa viagem ficou marcada em sua memória.

Theo/Arquivo da editora

O abraço do meu pai

Elifas Andreato

Eu tinha 10 anos quando fiz minha primeira viagem no caminhão de meu pai, um GMC de 1950. [...]

Para mim, garoto que raramente desfrutava da companhia do pai, aquela viagem foi uma aventura. A floresta densa assustava e encantava. De vez em quando viam-se enormes clareiras negras de árvores outrora verdes e frondosas, agora derrubadas e queimadas para facilitar a remoção das raízes. Diante de algumas delas, meu pai desligava o caminhão, olhava com tristeza a queimada, se debruçava alguns minutos sobre o volante; depois respirava fundo e seguia viagem.

Os sucessivos encalhamentos do GMC nos areiões atrasaram a viagem, e a noite chegou com seus sons de assustar crianças. Meu pai, homem franzino, porém muito corajoso, recolhia no mato galhos e pedras para tentar arrancar o caminhão da areia. Eu ajudava como podia, atolado de medo. Até que, de repente, meu maior temor se cristalizou na minha frente: uma onça, parada diante dos faróis acesos. Ofuscada pela luz, talvez hipnotizada, demorou alguns segundos para sumir pela floresta. Trêmulo, corri para a cabine e fiquei em silêncio até meu pai se juntar a mim. Avergonhado pelo medo que senti, não disse nada a ele. Passei o resto da viagem calado, rememorando a imagem da onça.

Foi só quando chegamos ao destino final que descobri que não estava sozinho naquela lembrança. Ao estacionar o caminhão, meu pai virou-se para mim e perguntou:

— Filho, você viu a onça?

Respondi que sim. Ele sorriu, me abraçou, com a cumplicidade de quem compartilha um temor. É a única lembrança que tenho de meu pai me abraçando. E acho que nunca mais me senti tão protegido assim.

ANDREATO, Elifas. O abraço do meu pai. *Almanaque da Cultura Popular*, n. 109. São Paulo: Andreato Comunicação e Cultura, p. 4.

Theo/Arquivo da editora

Agora é sua vez de produzir um **relato pessoal sobre um fato que tenha marcado sua vida** e que tenha ficado gravado em sua lembrança. Algo que tenha deixado você muito feliz, muito triste, muito emocionado, muito aterrorizado ou com muita adrenalina.

Mãos à obra!

Antes de começar a escrever

🍃 Veja alguns passos para produzir seu relato.

1. Lembre-se de um fato marcante.

2. Faça um breve planejamento:
   - **o início**: o que você registrará para situar o leitor em relação a quando aconteceu, onde, quem estava presente;
   - **o desenvolvimento**: o fato propriamente dito. Subdivida-o em parágrafos não muito longos, para que a ideia central não se perca;
   - **o desfecho**: como o fato relatado se finaliza.

A escrita

1. Faça um rascunho.

2. Não se esqueça de que:
   - seu relato é pessoal, portanto você tem mais liberdade para usar uma linguagem mais subjetiva;
   - em seu relato deve prevalecer o uso da 1ª pessoa;
   - os tempos verbais que você escolher (presente ou pretérito) podem aproximar ou afastar os fatos relatados do leitor.

3. Certamente seus colegas e seu professor serão os primeiros leitores de seu texto. Pense nesse público ao fazer as escolhas de linguagem. Mas você pode também destinar seu texto a outros leitores: familiares, amigos, jornal da escola. É importante considerar todos esses leitores ao produzir seu relato.

Depois da escrita

Revisão e avaliação

🍃 Releia seu texto e:
   - analise se há nele as respostas às questões quem?, o quê?, onde?, quando?;
   - verifique se a linguagem escolhida para o relato pessoal está adequada ao público destinado.

Como você estudou neste capítulo, a escolha dos tempos verbais é um fator fundamental na estruturação de um relato: eles são responsáveis pela indicação de **quando** os fatos ocorrem. Dê, portanto, atenção especial ao emprego que você fez dos tempos verbais!
   - Faça as correções (cortes/acréscimos, substituições/ajustes) que julgar necessários.
   - Passe seu texto a limpo.
   - Aguarde as orientações do professor sobre quando e como sua produção e a de seus colegas serão apresentadas.

●● Outro texto do mesmo gênero

Duas viagens ao Brasil

Hans Staden

Capítulo 1
De que serve na cidade o guarda
E à poderosa nau sua viagem
Se Deus a ambos não resguarda?

Eu, Hans Staden de Homberg, em Hessen, me impus como tarefa, se a Deus agradar, conhecer a Índia e com essa finalidade viajei de Bremen para a Holanda. Em Kampen encontrei navios que pretendiam carregar sal em Portugal. Viajei com eles e cheguei à cidade de Setúbal, depois de navegar durante quatro semanas, em 29 de abril de 1548. De lá me dirigi à cidade de Lisboa, a cinco milhas de distância. Em Lisboa encontrei uma pousada cujo proprietário se chamava Leuhr e era alemão. Fiquei algum tempo com ele, e quando lhe contei que tinha deixado minha terra para navegar para a Índia, ele me disse que eu tinha chegado tarde demais, pois os navios do Rei que viajavam para a Índia já tinham zarpado. No que lhe pedi que me ajudasse a encontrar uma outra oportunidade para a viagem, visto que ele conhecia a língua do país. Comprometi- -me a retribuir-lhe de alguma forma.

Ele me engajou num navio como artilheiro. O capitão desse navio, de nome Penteado, tinha a intenção de navegar até o Brasil como comerciante, mas detinha licença para capturar navios que negociassem com os piratas. Também lhe era permitido pilhar navios franceses que negociassem com os selvagens no Brasil. E, por fim, ele deveria levar para o Brasil alguns prisioneiros, que mereceram punição, mas que foram poupados, pois desejava-se estabelecê-los no novo país.

Nosso navio estava equipado com todo o armamento necessário para a guerra no mar. Éramos três alemães a bordo, Hans, de Bruchhausen, Heinrich Brant, de Bremen, e eu.

[...]

Do livro *Duas Viagens ao Brasil: primeiros registros sobre o Brasil*, de Hans Staden, 1556.

Ilustração original do livro *Duas viagens ao Brasil: primeiros registros sobre o Brasil*. Na imagem, o navio em que viajou Hans Staden. Na parte de cima da figura aparecem as iniciais DH, que pertenciam ao desenhista da obra.

Capítulo 8

Como deixamos o porto para procurarmos a ilha de Santa Catarina

Quando o vento leste-sudeste baixou, o tempo ficou bom, e quando levantou-se um vento nordeste, içamos as velas e retornamos para procurar a ilha de Santa Catarina. Não pudemos encontrá-la depois de dois dias de navegação, mas percebemos pelas formas da costa que devíamos ter passado por ela. Por estar o céu coberto, não podíamos medir a distância ao polo. Deveríamos ter feito meia-volta, mas isso era impossível, o vento impedia-nos.

Mas Deus sempre ajuda no infortúnio. Ao rezarmos no final da tarde rogando por sua misericórdia, formaram-se ao sul, ainda antes que terminássemos nossas preces, nuvens escuras, para onde nos empurrou o vento. O nordeste deixara de soprar, durante algum tempo a calmaria foi tamanha que não se ouvia nem um sopro, e depois o vento sul, que raramente aparece nessa estação, começou a soprar. Havia tantos trovões e raios que o medo tomou conta de nós.

O mar ficou muito agitado, pois o vento sul chocava-se contra as ondas do norte. Ficou também tão escuro que não se podia ver nada. O pessoal temia os enormes raios e as fortes trovoadas. Ninguém sabia onde se segurar para enrolar as velas. Todos pensávamos que nos afogaríamos naquela noite. Mas Deus quis que o tempo mudasse e melhorasse. Então navegamos de volta o mesmo trecho que percorremos na véspera e ficamos atentos para o porto. Mas continuamos sem poder encontrá-lo, pois havia inúmeras ilhas frente à terra firme.

Quando chegamos outra vez a 28 graus, o capitão ordenou ao timoneiro que contornasse uma das ilhas, baixasse âncora e verificasse de que terra se tratava. Entramos também num estreito e encontramos um bom porto. Ao ancorarmos, foi decidido que um barco sairia para explorar mais detalhadamente o porto.

STADEN, Hans. *Duas viagens ao Brasil*: primeiros registros sobre o Brasil. Tradução de Angel Bojadsen. Porto Alegre: L&PM Pocket, 2008. p. 31-32 e 46-47.

Capa do livro de Hans Staden, *Duas viagens ao Brasil*: primeiros *registros sobre o Brasil*, em publicação de 2008.

Reprodução/ Ed. L&PM Pocket

Album/AKG-Images/Latinstock

Retrato de Hans Staden, gravura de H. J. Winkelmann, 1664.

Autoavaliação

Chegou o momento de fazer um balanço de tudo o que foi estudado no Capítulo 4. Leia o quadro de conteúdos para recordar o que estudou e, no caderno, avalie seu desempenho usando os tópicos propostos a seguir como orientação. Isso o ajudará na hora de organizar seus estudos.

Meu desempenho

- **Avancei em** (registre no caderno os itens em que você melhorou)
- **Preciso rever** (registre no caderno os itens que você precisa estudar mais)
- **Outras observações e/ou outras atividades**

CONTEÚDOS	
1. Gênero	Relato de viagem • "De costas para o ano-novo", Amyr Klink • "Textos de viagem", Marina Bandeira Klink • "Manuscrito encontrado numa garrafa", Edgar Allan Poe (trecho do conto)
2. Leitura e interpretação de texto	Objetividade e subjetividade na linguagem Construção do relato: pessoa, enredo (ação), tempo e espaço O parágrafo: forma de organizar o texto
3. Língua: usos e reflexão	Verbo (II) — Tempos e modos verbais Flexões de modo
4. Produção textual	**Escrita** Biografia Relato pessoal
5. Participação	**Prática de oralidade** Relato: roda de relatos
6. Ampliação de leitura	Leitura de *Outras linguagens*: Pintura e memória Leitura e produção de relações entre textos da seção *Conexões* Leitura de *Outros textos do mesmo gênero*: • "Duas viagens ao Brasil", Hans Staden

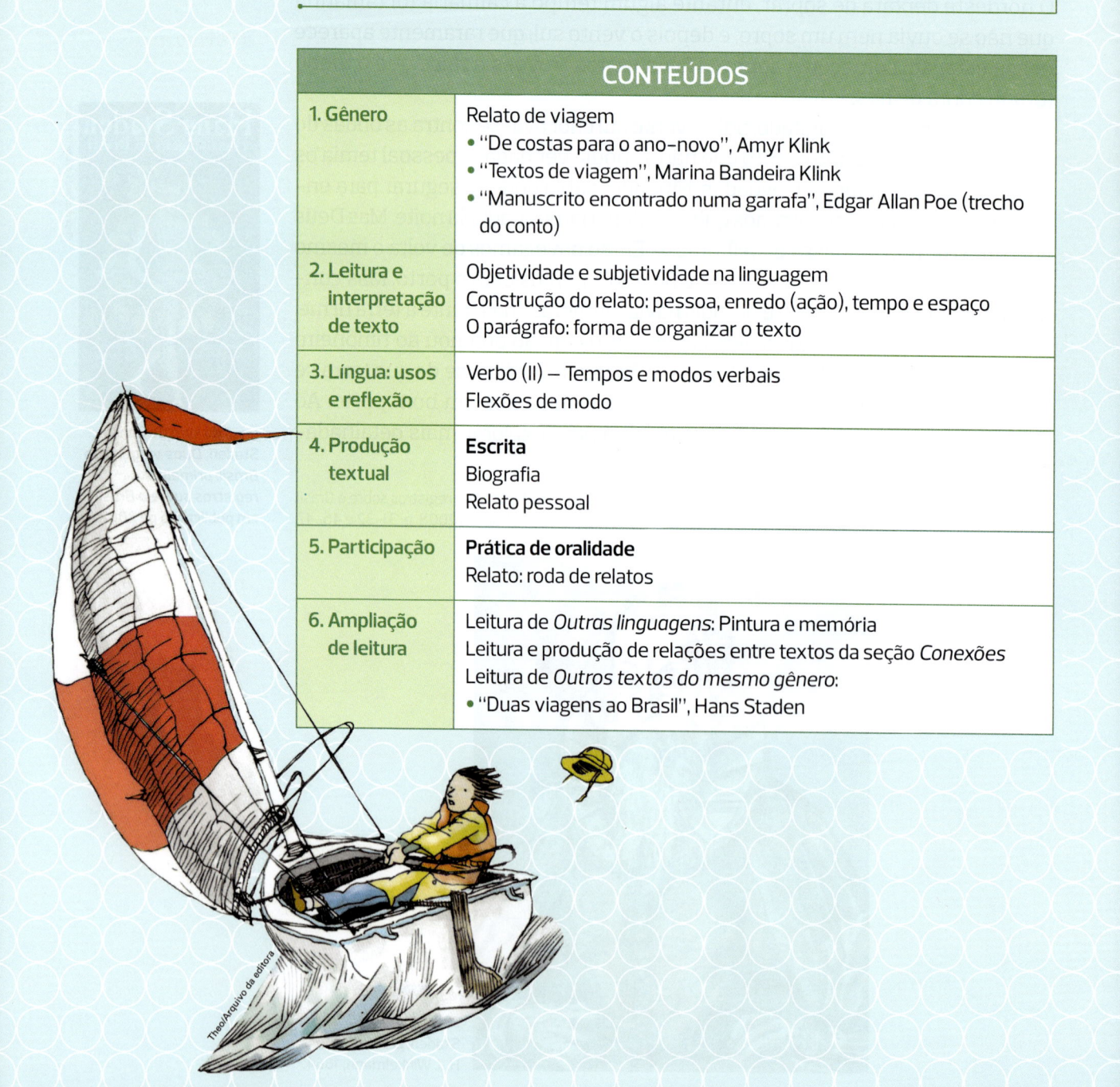

Theo/Arquivo da editora

Sugestões

Sugestões para você conhecer outros livros, filmes, *sites* e CDs que podem fazer você rir, se emocionar e, ao mesmo tempo, ampliar seu conhecimento do mundo, do outro e de si mesmo.

Leia mais

As cocadas. Cora Coralina. Global Editora.

Este livro retrata uma experiência da infância da menina Aninha. Ela narra em primeira pessoa seu grande desejo por uma cocada que havia ajudado a fazer. "De noite, sonhava com as cocadas. De dia as cocadas dançavam piruetas na minha frente", ela diz. Com uma narrativa detalhista e direta, cheia de desejos e sensações, este livro é um convite ao resgate de recordações e emoções da nossa infância.

Memórias de um aprendiz de escritor. Moacyr Scliar. Companhia Editora Nacional.

O médico e escritor Moacyr Scliar relatou nesse livro como foi sua infância em meio a livros e autores. Seu relato nos mostra que o primeiro passo para se tornar um bom autor é ser um bom leitor. Estas são as memórias de um menino apaixonado por leitura que não escondeu seu deslumbramento pelos livros, e elas podem despertar em você uma grande vontade de ler.

Veja mais

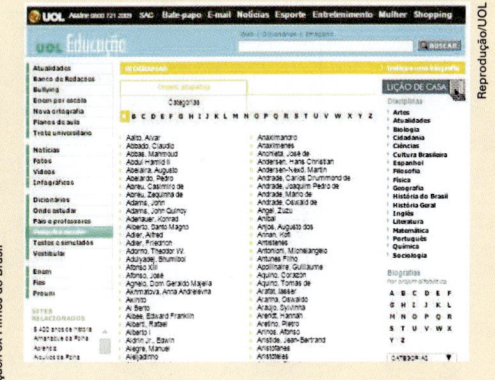

<educacao.uol.com.br/biografias/>

Na seção de *Lição de Casa* deste portal, é possível encontrar conteúdos de todas as disciplinas, vídeos educativos, notícias de educação e muito mais. Nesta página, você vai conhecer a biografia de personalidades como Tarsila do Amaral, Monteiro Lobato, Cecília Meireles e várias outras! Lembre-se de se guiar pelos sobrenomes para encontrar a biografia que deseja. (Acesso em: mar. 2015.)

Marley e eu. Fox Filmes do Brasil. DVD.

John Grogan é um jornalista que narra, em primeira pessoa, um pouco de sua vida. Recém-casado, ele levava uma vida tranquila e feliz com sua esposa. Sem filhos, o casal resolve adotar um cachorro, que passa 13 anos com eles e muda completamente sua vida.

Ouça mais

Pequeno cidadão. Arnaldo Antunes, Edgar Scandurra, Antonio Pinto, Taciana Barros. Microservice. CD.

Alguns talentos da música brasileira se reuniram para gravar um CD de composições que fizeram para os próprios filhos. Eles produziram catorze canções que vão do *pop* ao forró e falam sobre tudo o que crianças e adolescentes precisam saber para serem realmente "pequenos cidadãos". Você vai ouvir e cantar músicas que falam sobre amor, futebol, animais, diversões e emoções.

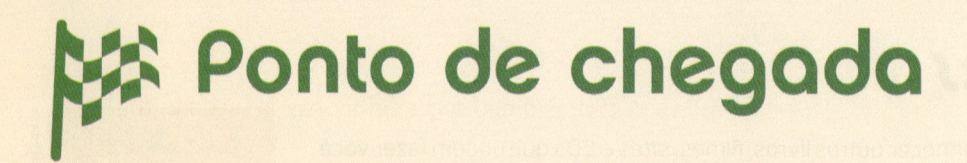

Ponto de chegada

1. O que estudamos nesta Unidade

Gêneros textuais

■ O que você aprendeu sobre relato de memória, biografia e relato de viagem nesta Unidade? Vamos verificar? Copie o esquema abaixo no caderno e complete-o. Ele retoma as características principais desses gêneros textuais que você estudou.

Use os termos do banco de palavras. Se achar necessário, acrescente outras características.

Se surgirem dúvidas, consultem os capítulos estudados.

- registro de informações significativas sobre a vida de uma pessoa
- linguagem mais subjetiva
- linguagem mais objetiva
- registro de fatos vivenciados em um período para documentar
- registro de fatos significativos guardados na memória de quem escreve

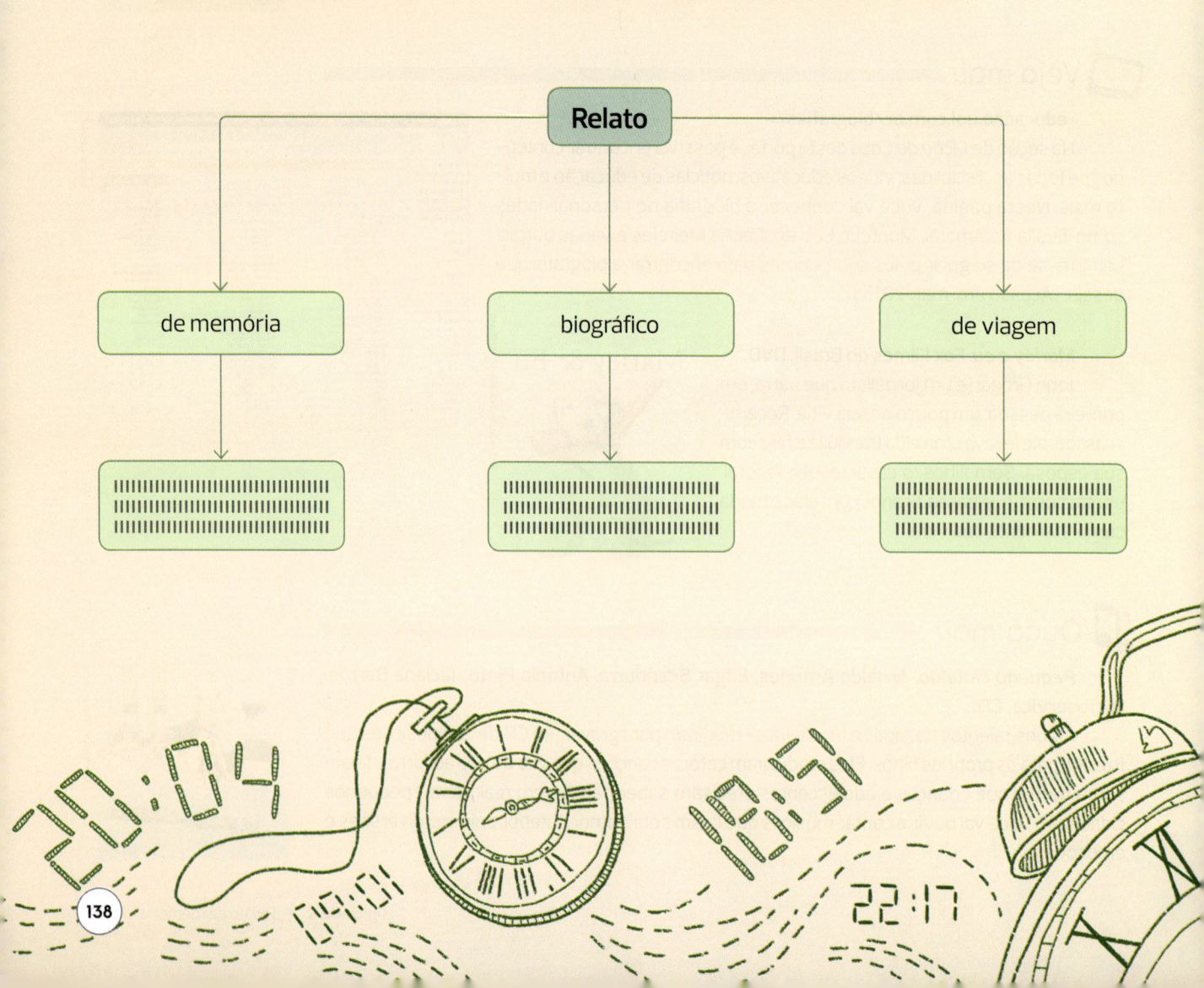

```
                          Relato


   de memória           biográfico            de viagem


||||||||||||||||   ||||||||||||||||   ||||||||||||||||
||||||||||||||||   ||||||||||||||||   ||||||||||||||||
||||||||||||||||   ||||||||||||||||   ||||||||||||||||
```

Língua: usos e reflexão

🟩 O esquema abaixo traz informações a respeito do que você estudou sobre verbos nesta Unidade, mas está incompleto. Copie-o no caderno incluindo as informações que faltam.

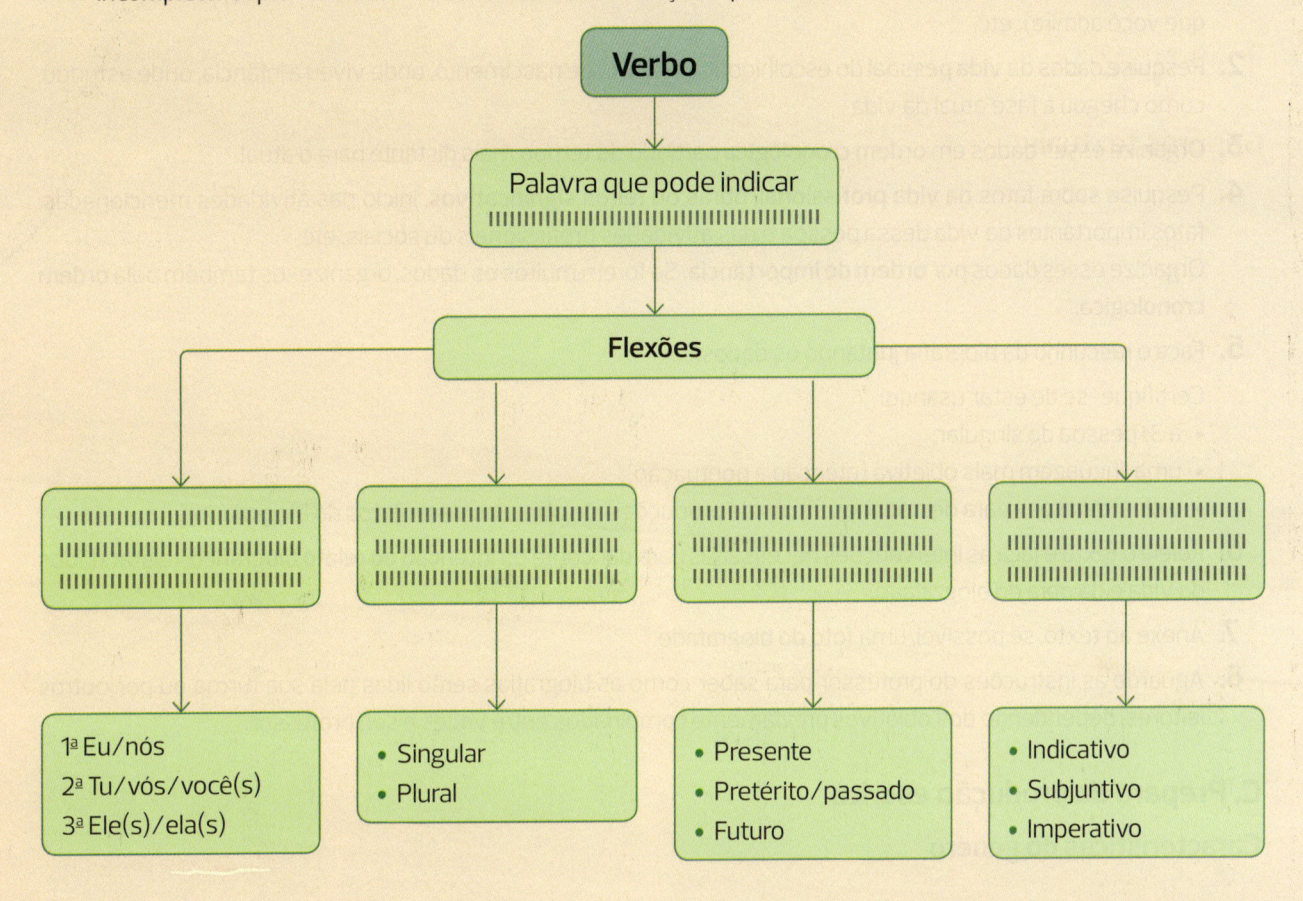

Verbo

Palavra que pode indicar ▓▓▓▓▓▓▓▓▓▓▓▓▓▓▓▓▓▓▓▓▓

Flexões

▓▓▓▓▓▓▓▓▓▓▓▓▓▓▓▓
▓▓▓▓▓▓▓▓▓▓▓▓▓▓▓▓
▓▓▓▓▓▓▓▓▓▓▓▓▓▓▓▓

▓▓▓▓▓▓▓▓▓▓▓▓▓▓▓▓
▓▓▓▓▓▓▓▓▓▓▓▓▓▓▓▓
▓▓▓▓▓▓▓▓▓▓▓▓▓▓▓▓

▓▓▓▓▓▓▓▓▓▓▓▓▓▓▓▓
▓▓▓▓▓▓▓▓▓▓▓▓▓▓▓▓
▓▓▓▓▓▓▓▓▓▓▓▓▓▓▓▓

▓▓▓▓▓▓▓▓▓▓▓▓▓▓▓▓
▓▓▓▓▓▓▓▓▓▓▓▓▓▓▓▓
▓▓▓▓▓▓▓▓▓▓▓▓▓▓▓▓

1ª Eu/nós
2ª Tu/vós/você(s)
3ª Ele(s)/ela(s)

- Singular
- Plural

- Presente
- Pretérito/passado
- Futuro

- Indicativo
- Subjuntivo
- Imperativo

2. Produção: biografia

A. Aquecimento

🟩 **Recordando**. A **biografia** é um **relato** que tem a intenção de informar fatos reais, situados no tempo e no espaço, da vida pessoal e profissional da pessoa biografada. Caracteriza-se por:
- uma estrutura mais padronizada: dados pessoais e dados profissionais (dados das obras ou de feitos significativos para a sociedade);
- elementos do relato: Quem?, Onde?, Quando?, O quê?;
- linguagem mais objetiva e pelo narrador em 3ª pessoa.

B. Proposta de trabalho: produção de biografia

1. Escolha uma pessoa de quem gostaria de fazer uma biografia: uma personalidade da mídia (artista, repórter, músico, cantor); ou uma personalidade representativa da sua comunidade (líder comunitário, professor, pessoa que você admira); etc.

2. Pesquise dados da **vida pessoal** do escolhido: local e data de nascimento, onde viveu a infância, onde estudou, como chegou à fase atual da vida.

3. Organize esses dados em **ordem cronológica** partindo do tempo mais distante para o atual.

4. Pesquise sobre fatos da **vida profissional**, **obras ou feitos significativos**, início das atividades mencionadas, fatos importantes da vida dessa pessoa e das atividades profissionais ou sociais, etc.
   Organize esses dados por **ordem de importância**. Se forem muitos os dados, organize-os também pela **ordem cronológica**.

5. Faça o rascunho da biografia juntando os dados.

   Certifique-se de estar usando:
   - a 3ª pessoa do singular;
   - uma linguagem mais objetiva (atenção à pontuação);
   - o sinal de aspas para destacar os títulos de produções, de obras ou de projetos do biografado.

6. Releia o texto e faça as intervenções necessárias para dar conta da **intenção do relato biográfico**: relatar dados da vida e da obra do biografado.

7. Anexe ao texto, se possível, uma foto do biografado.

8. Aguarde as instruções do professor para saber como as biografias serão lidas pela sua turma ou por outros leitores, dependendo dos objetivos previamente combinados entre vocês e seu professor.

C. Preparo da produção escrita

Características do gênero

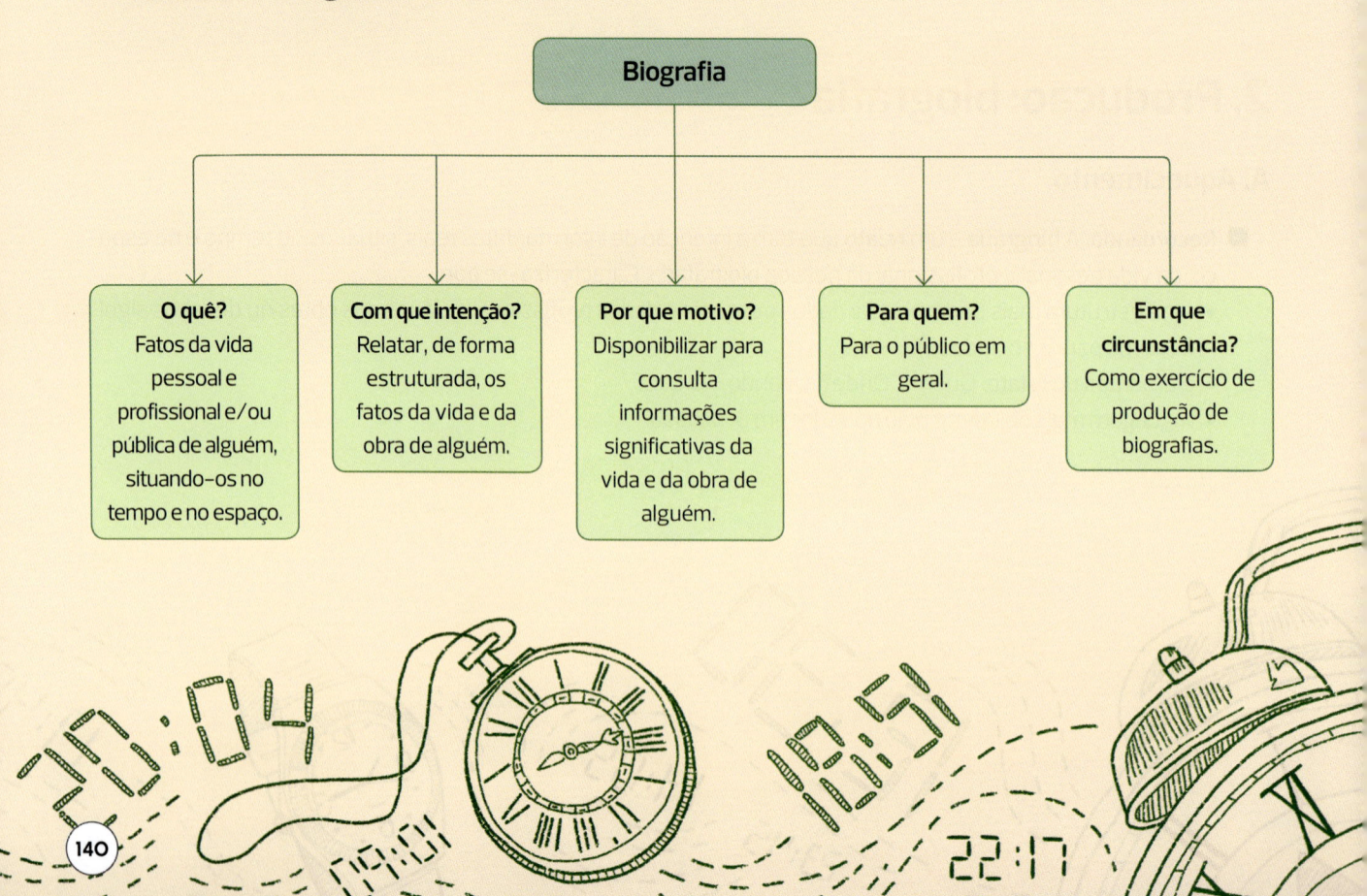

Biografia

O quê?
Fatos da vida pessoal e profissional e/ou pública de alguém, situando-os no tempo e no espaço.

Com que intenção?
Relatar, de forma estruturada, os fatos da vida e da obra de alguém.

Por que motivo?
Disponibilizar para consulta informações significativas da vida e da obra de alguém.

Para quem?
Para o público em geral.

Em que circunstância?
Como exercício de produção de biografias.

Como fazer

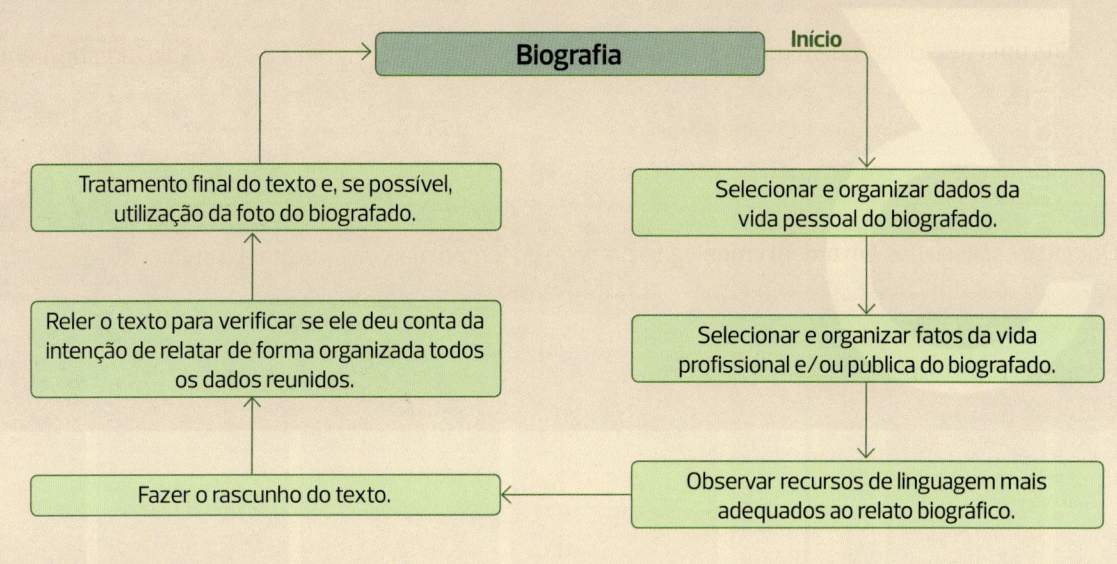

Roteiro do planejamento

Elementos:

Quem? ▣   O quê? ▣   Quando? ▣   Onde? ▣   Por quê? ▣

Estrutura:

Foto do biografado	Dados da vida pessoal	Fatos da vida profissional ou fatos/acontecimentos importantes
	‖‖‖‖‖‖‖‖‖‖‖‖‖‖‖‖‖‖‖‖‖‖‖‖‖	‖‖‖‖‖‖‖‖‖‖‖‖‖‖‖‖‖‖‖‖‖‖‖‖‖

Rascunho

1. Elabore um rascunho em uma folha do caderno para que você leia e anote mudanças e correções.

2. Finalizado o rascunho, verifique se seu texto está adequado:
   - ao gênero;
   - à intenção;
   - à linguagem;
   - à correção das palavras: ortografia;
   - à pontuação e paragrafação.

Reescrita definitiva

▣ Reescreva seu texto, fazendo as mudanças e correções necessárias.
Capriche para que todos possam ler e entender com facilidade as informações sobre a pessoa biografada por você.
Siga as instruções do professor sobre quando, onde e como expor o seu trabalho para leitura de todos.

Unidade 3

Sala de apartamento com luzes acesas (detalhe de prédio residencial).

Relato jornalístico

Na Unidade anterior você leu relatos de memória e de experiência, ambos vividos por quem os relatou. Agora você vai conhecer relatos que foram feitos por profissionais da informação — repórteres, jornalistas, redatores — que, em geral, não vivenciam as experiências contadas, mas se encarregam de informar com clareza e maior grau de objetividade os fatos importantes que nos rodeiam.

Ponto de partida

1. O que chama mais sua atenção em um jornal?
2. Você se interessa mais em ler, ouvir notícias e reportagens ou assistir a elas? Que assuntos mais chamam sua atenção?

5 Notícia

Nos capítulos anteriores você leu um relato de memória de Arrigo Barnabé e um relato de viagem de Amyr Klink, os quais viveram as situações que relataram.

Neste capítulo você vai ler e conhecer notícias, relatos produzidos por repórteres e jornalistas que buscam divulgar fatos e informações com a maior clareza e rapidez possível. Para fazer chegar ao público os fatos relatados, esses profissionais utilizam diferentes veículos de informação: rádio, tevê, jornal, revista, internet.

A notícia, portanto, é um gênero em que se relata um fato atual, que realmente aconteceu e que costuma ser veiculado por algum meio de comunicação.

Se as notícias são as novidades do momento, faz mais sentido ler o jornal no dia de sua publicação. Leia um trecho da letra de canção de Zeca Baleiro e pense sobre isso.

Ê vida vã
Ê vida
Ê vida vã
O jornal de hoje
É o papel de embrulho de amanhã...
[...]

vã: vazia, inútil, sem valor.

Maurício Pierro/Arquivo da editora

BALEIRO, Zeca. Ê vida vã (vinheta)/Coco do trava-língua. Intérprete: Zeca Baleiro; Cachimbinho e Geraldo Mousinho. *In*: *O coração do homem-bomba* – Ao vivo. [s.l.]: MZA Music, 2009. 1 CD. Faixa 6.

Por que o compositor diz que o jornal de hoje é o papel de embrulho de amanhã?

Observe esta **primeira página** de jornal:

Jornal *Folha de S.Paulo*/Folhapress

FOLHA DE S.PAULO

Desde 1921 ★ ★ ★ UM JORNAL A SERVIÇO DO BRASIL folha.com.br

DIRETOR DE REDAÇÃO: OTAVIO FRIAS FILHO — ANO 94 ★ QUINTA-FEIRA, 13 DE NOVEMBRO DE 2014 ★ Nº 31.270 — EDIÇÃO NACIONAL ★ CONCLUÍDA ÀS 21H13 ★ R$ 3,00

(Anotações à direita:)
- Nome do diretor de redação: Otavio Frias Filho
- Data da publicação: Quinta-feira, 13 de novembro de 2014
- Hora da edição: 21h13
- Manchete
- Títulos ou chamadas
- Foto
- Indicação de páginas internas em que se encontram as notícias.
- Legenda da foto

Espaçonave pousa em cometa pela 1ª vez na história

Num momento histórico, o módulo Philae, da sonda europeia Rosetta, tornou-se nesta quarta (12) a primeira espaçonave a pousar num cometa. O fato se deu às 13h35, sete horas depois que o veículo se desprendeu de sua nave-mãe e cerca de dez anos após a decolagem da Terra, realizada em 2004.

A confirmação veio 28 minutos depois, tempo da mensagem se propagar até a Terra. "É um grande passo para a civilização humana", disse o diretor-geral da Agência Espacial Europeia.

A missão ajudará a compreender a formação do Sistema Solar e a origem da vida. Não há prazo definido para os resultados. **Ciência C7**

(Infografia:) Cometa Churyumov-Gerasimenko Diâmetro: 4 km · Parte do Philae · O POUSO DO PHILAE · Sonda Rosetta Comprimento: 30 m · 6h35 SEPARAÇÃO · Philae e Rosetta se separam e tiram fotos um do outro · Módulo de pouso Philae Dimensões: 1 × 1 × 0,8 m (tamanho aprox. de uma máquina de lavar roupa) · 13h35 POUSO · O Philae toca suavemente a superfície do cometa, viajando a cerca de 1 m/s · Imagem feita pelo Philae na sua aproximação do cometa · *Horário de Brasília

Controladoria vê 'forte indício' de propina paga na Petrobras

A Controladoria-Geral da União abriu processo para investigar seis funcionários e ex-empregados da Petrobras e a SBM, fornecedora de plataformas móveis, pelos "fortes indícios" de pagamento de propina para obter contratos com a estatal. Na Holanda, o Ministério Público do país anunciou que a empresa aceitou acordo para pagar US$ 240 milhões por suborno em três países, incluindo o Brasil. **Poder A4**

Dilma poupa Marta após mal-estar em carta de demissão
Poder A8

Russos retomam patrulha da época da Guerra Fria

A Rússia anunciou a retomada de prática da época da Guerra Fria. Como afirmação de força em relação às tensões causadas pelas disputas com a Ucrânia, aviões bombardeiros de longo alcance do país vão patrulhar do Ártico até o Caribe e o golfo do México. **Mundo A12**

DEVOLVAM MEU FILHO

Milton Ortega, 43, relata ao enviado **Raul Juste Lores** que a sua vida mudou ao receber a notícia, em setembro, de que o filho Maurício estava no ônibus com 43 jovens sequestrados por traficantes no México. Para ele, todos estão vivos. "O governo que se mexa." **Mundo A13**

TURISMO
Confira pacotes ainda disponíveis para as festas de fim de ano **F3**

ILUSTRADA
Festival atesta bom momento da produção gay no cinema nacional **E1**

JOSÉ SIMÃO
Paul McCartney de novo? Roberto Carlos já está com ciúmes **Ilustrada E9**

Pacto China-EUA destrava negociações sobre o clima

Maiores emissores de CO$_2$ se comprometem a cumprir metas de redução

China e EUA, após meses de negociações, chegaram a um acordo para reduzir a emissão de gases poluentes. Divulgado durante a visita do presidente Barack Obama ao país asiático, o anúncio deve dar vigor ao esforço para concluir pacto global sobre mudança climática.

Ao lado do líder chinês, Xi Jinping, Obama classificou o acordo como "histórico". A China se compromete a atingir o ápice das emissões de CO$_2$ até 2030, quando elas deverão começar a cair. Chineses e americanos respondem juntos por mais de 40% do dióxido de carbono emitido em escala global.

Os EUA assumem o dever de, em 2025, reduzir as emissões de 26% a 28% em relação a 2005. A nova meta é mais ambiciosa que a anterior — corte de 17% até 2020. É a primeira vez que o país mais polui no mundo estabelece data para isso.

No mês passado, a União Europeia comprometeu-se a reduzir em 40% as emissões até 2030, em relação a 1990. O bloco é responsável por 11% das emissões mundiais de gás carbônico. **Ciência C6**

ANÁLISE Pacto reduz a chance de o Brasil se manter como protagonista no tema, escreve Rafael Garcia. **C6**

» **TURMA DA COPA** Neymar celebra gol com Fernandinho, David Luiz e Oscar, colegas na seleção de Felipão que fracassou no Mundial deste ano; nenhum novato brilhou na vitória por 4 a 0 do time de Dunga em amistoso contra a Turquia **Esporte D1**

SP culpa falta de caixa-d'água por problemas de abastecimento

O secretário de Recursos Hídricos de SP, Mauro Arce, culpou quem não tem uma caixa-d'água adequada pelo desabastecimento em casa de madrugada, período de redução da pressão na rede de distribuição. A gestão Geraldo Alckmin (PSDB) diz que regulamentação obriga as pessoas a possuir um reservatório que forneça água por 24 horas. **Cotidiano C1**

30% das indústrias farão empréstimo para pagar o 13º

A indústria paulista terá dificuldades para pagar o 13º salário neste ano. Das 578 empresas consultadas pela Fiesp, 29,2% pretendem usar financiamento de bancos, o maior índice desde 2009. Em 2013, eram 27,5%. Seis em cada dez indústrias esperam vender menos no último trimestre. **Mercado B1**

CIRCULAÇÃO 359.950/dia (impresso + digital) · AUDIÊNCIA 13.526.058 visitantes únicos/mês

ATMOSFERA Cotidiano C2
Previsão de temporais em MS e MT · Lua cheia

FALE COM A FOLHA
Veja como entrar em contato com o serviço ao assinante, as editorias e a ombudsman fale.folha.com.br

EDITORIAIS Opinião A2
Leia "Reforma sem controle", sobre saída de ministros, e "Educação como prêmio", a respeito de pagamento de bônus a professores de São Paulo.

cotidiano C3
Após estupros, Medicina da USP regulamentará bebidas em festa

poder A10
Morre aos 78 no Rio o filósofo marxista Leandro Konder

Folha de S.Paulo, São Paulo, 13 nov. 2014. Primeira página.

●● Interpretação do texto

Linguagem e construção do texto

Títulos das notícias e reportagens

A **primeira página** de um jornal (ou **página de rosto**) traz os principais assuntos da edição e os destaques dos fatos que são notícia. Os **títulos** são elaborados de forma a despertar a atenção do leitor.

Leia a seguir os títulos de algumas das notícias dessa primeira página de jornal.

Pacto China–EUA **destrava** negociações sobre o clima

Espaçonave **pousa** em cometa pela 1ª vez na história

SP **culpa** falta de caixa–d'água por problemas de abastecimento

Russos **retomam** patrulha da época da Guerra Fria

Note que as formas verbais estão no **presente do indicativo**.

A intenção do uso do presente do indicativo é dar ao leitor a impressão de **proximidade** entre o momento em que os fatos ocorreram e o momento da leitura.

Data e horário

A **data** da publicação do jornal é um elemento importante para a localização dos fatos no tempo. Veja:

Na primeira página, algumas vezes, também se informa o **horário** da conclusão da edição para que o leitor saiba até que momento as informações puderam ser atualizadas. Os jornais com mais de uma edição em um mesmo dia podem trazer dados e manchetes diferentes de uma edição para outra, dependendo dos acontecimentos em curso (por exemplo, resultado de eleições, número de vítimas de uma catástrofe, etc.).

Diretor de redação

Uma característica fundamental da notícia é a veracidade. Os fatos relatados são fatos realmente acontecidos. Mas, para que eles cheguem ao leitor da forma mais objetiva possível, é necessário que o autor do texto da notícia tenha compromisso com a verdade.

Os jornais, assim como outros veículos de informação, têm uma pessoa responsável pelo que é divulgado: é o **diretor de redação**, cujo nome aparece, geralmente, na primeira página, junto do nome do jornal. Essa responsabilidade é dividida com os autores que assinam os textos ou as imagens publicadas.

Organização gráfica

Há uma distribuição de textos ao longo da primeira página, variando no tipo e no tamanho — maiores, menores, apenas chamadas —, além de fotos e propagandas. Essa distribuição é feita para produzir um efeito de variedade de informações como um convite para o leitor folhear o jornal e ler as notícias nas páginas internas. Para isso são dadas as indicações dessas páginas.

1. Você viu que a primeira página de um jornal deve atrair a atenção do leitor. Junte-se a um colega e observem a **primeira página do jornal**. Leiam também os títulos das notícias que estão na página 145. Localizem a notícia que, provavelmente, chamaria mais a atenção do leitor que estivesse interessado em:

   a) fatos da cidade onde o jornal é impresso.

   b) fatos do mundo.

2. Nesse jornal, que tipo de notícia interessaria a você? Por quê?

3. Para atrair a atenção do leitor, a equipe que trabalha em um jornal usa diferentes recursos visuais: letras em tamanhos diversos, fotos, cores, símbolos, etc. Qual dos recursos usados chamou mais sua atenção? Por quê?

4. A primeira página do jornal costuma trazer um grande destaque. Observe este:

Jornal *Folha de S.Paulo*/Folhapress

a) O que chama sua atenção nesse destaque? Por quê?

b) Qual é o assunto desse destaque dado na primeira página?

c) Apenas observando o destaque, por que foi incluído o infográfico?

Notícia no jornal impresso

Veja a seguir como a notícia referente à foto da primeira página foi registrada na página C11.

data

recursos visuais

legenda da foto

manchete

olho

olho

assinatura/autor

lide

recursos visuais

Jornal Folha de S.Paulo/Folhapress

FOLHA DE S.PAULO — QUINTA-FEIRA, 13 DE NOVEMBRO DE 2014 — ciê

Cientistas se abraçam após confirmação do pouso bem-sucedido

Após viagem de dez anos, nave faz aterrissagem inédita em cometa

Módulo de pouso da sonda europeia Rosetta tem o tamanho de uma máquina de lavar roupa

Ainda não se sabe com certeza, porém, se o módulo se fixou direito no solo do cometa, em função de duas falhas

SALVADOR NOGUEIRA
COLABORAÇÃO PARA A FOLHA

O módulo Philae, da sonda Rosetta, tornou-se nesta quarta-feira (12) a primeira espaçonave a fazer um pouso suave num cometa.

O sucesso inédito reforça o poderio tecnológico europeu no desenvolvimento de veículos para missões espaciais.

Em 2005, a ESA (Agência Espacial Europeia) já havia feito história ao pousar com sucesso a sonda Huygens, que desceu em Titã, satélite de Saturno —primeira manobra do tipo em uma lua que não fosse a da Terra.

Agora, o coelho que saiu da cartola foi ainda maior, diante das complexidades adicionais que envolvem a descida num cometa —objeto ativo, que emite grandes quantidades de gás e poeira conforme interage com a luz solar.

DEZ ANOS E SETE HORAS

O pouso se deu às 13h35, sete horas depois que o veículo se desprendeu de sua nave-mãe, a Rosetta, e cerca de dez anos após o decolagem da Terra, realizada em 2004.

A confirmação do toque no solo do cometa Churyumov-Gerasimenko veio 28 minutos depois, tempo necessário para a mensagem se propagar no espaço até a Terra, para o alívio dos angustiados engenheiros e cientistas.

"É um grande passo para a civilização humana", disse Jean-Jacques Dordain, diretor-geral da ESA (Agência Espacial Europeia), enfatizando o pioneirismo da iniciativa.

Horas depois, contudo, a telemetria revelou uma história mais complexa. Até o fim do dia não havia ainda a certeza de que o Philae estava bem preso ao chão do cometa.

Dos três sistemas projetados para facilitar o pouso, dois falharam: um consistia num jato de gás frio que empurraria a sonda na direção do cometa. O outro era composto por dois arpões que deveriam ancorar o veículo.

O único que funcionou foi o conjunto de parafusos nos pés do trem de pouso, destinados a fixar a sonda no chão. Mas foram suficientes?

Flutuações nas comunicações sugerem que talvez o Philae tenha tocado o chão, voltado a flutuar e descido novamente, duas horas depois.

"Talvez hoje não tenhamos apenas pousado uma vez, mas duas vezes", brincou Stephan Ulamec, gerente do projeto na DLR (agência espacial alemã).

Na semana passada, a ESA destacava que as chances de pouso bem-sucedido eram de 50%. Alguns dos envolvidos eram ainda menos otimistas.

"Eu e meus colegas achamos 50% muito. O valor real devia ser bem mais baixo", diz o engenheiro Lucas de Mendonça Fonseca, brasileiro que trabalhou por três anos na DLR no desenvolvimento dos sistemas de pouso.

Para ele, o módulo de pouso era uma cereja no bolo da missão, que teve como grande destaque os resultados obtidos com sonda orbitadora Rosetta, que viajava pelo espaço desde 2004. O custo total do projeto foi de € 1,2 bilhão (cerca de R$ 3,8 bilhões).

"Você vê um trabalho de três anos resumido em sete horas. Vem forte a sensação de que participei de algo grande."

O nome Philae tem inspiração em um obelisco homônimo, descoberto em 1815 no Egito, que, assim como a pedra de Rosetta, ajudou a decifrar os hieróglifos.

Ainda que o Philae não realize tudo que propunha, os resultados até aqui já justificam o entusiasmo. Nesses anos, muitos dados úteis, ainda por ser analisados, foram colhidos. Agora, a missão tenta colocar o módulo em condições de trabalhar.

O POUSO HISTÓRICO DO PHILAE
Confira o passo a passo da missão europeia

Sonda Rosetta

Módulo de pouso Philae

6h35 SEPARAÇÃO
> Philae e Rosetta se separam e tiram fotos um do outro

7h03 CONFIRMAÇÃO
> O sinal viaja os 511 milhões de km que separam o cometa da Terra e confirma a manobra

13h35 POUSO
> O Philae toca suavemente a superfície do cometa, viajando a cerca de 1 m/s
> A confirmação chega 28 minutos depois

SONDA ROSETTA
30 M
> Peso total: 3.000 kg
> Carga útil: 165 kg

MÓDULO DE POUSO PHILAE
1 X 1 X 0,8 M
> Peso: 100 kg
> Carga útil: 21 kg

O ALVO
4 KM
> Cometa Churyumov-Gerasimenko
> Formato: Irregular

Cometa Churyumov-Gerasimenko

ANATOMIA DO PHILAE
Módulo usará diversos instrumentos para estudar o cometa

COSAC
Buscará identificar moléculas orgânicas complexas

PTOLEMY
Medirá a composição isotópica de elementos leves como hidrogênio, carbono, nitrogênio e oxigênio

SD2
Escavará a até 23 cm de profundidade e levará a amostra para um laboratório interno

ROMAP
Estudará o campo magnético e o ambiente de plasma do cometa

MUPUS
Investigará as propriedades da superfície e dos primeiros centímetros do solo do cometa

APXS
Espectrômetro capaz de analisar a composição química do solo e suas alterações conforme o cometa se aproxima do Sol

Primeiros frutos científicos ainda devem demorar

COLABORAÇÃO PARA A FOLHA

A sonda Rosetta e o módulo Philae prometem uma revolução na compreensão dos cometas, objetos ligados à formação do Sistema Solar e talvez até à origem da vida — cometas são ricos em compostos orgânicos, e é bem possível que eles tenham trazido essas moléculas para cá, viabilizando a vida na Terra.

Não prenda a respiração, porém. Vai demorar.

Aliás, a ESA já tem sido criticada pela morosidade com que divulga resultados científicos da missão.

A agência europeia adota um modelo para seus satélites científicos diferente do usado por sua contraparte americana, a Nasa.

Enquanto nos Estados Unidos os instrumentos embarcados nas espaçonaves ficam sob controle da agência, que pode dispor de seus produtos como bem entender, na Europa eles são propriedade dos diversos cientistas responsáveis e das instituições que os desenvolveram.

Sob controle dos pesquisadores, o fluxo de divulgação é naturalmente menor —eles tendem a conservar o material para ter prioridade em sua análise. E têm por regra o direito de manter acesso exclusivo aos dados por seis meses.

Não é injusto, uma vez que faz sentido proteger os cientistas que se esforçaram por anos a fio para colher os resultados.

Contudo, do ponto de vista da divulgação ao público, tudo fica lento ante o imediatismo da internet. A ESA acaba sem controle de quando e como apresentar as novas descobertas feitas por suas missões.

Provavelmente prevendo uma nova saraivada de críticas após o pouso, o diretor-geral da ESA, Jean-Jacques Dordain, apresentou os resultados de ontem com uma ressalva.

"O que posso dizer? Nós pousamos. Pousamos no lugar certo. É o cometa certo, não se preocupem. Temos conexão por rádio e temos energia a bordo. Quando você tem rádio e energia, você coleta dados, e é isso que meus colegas estão fazendo agora."

Foi um jeito de dizer que ainda não é hora de cobrar resultados. (SN)

NOGUEIRA, Salvador. Após viagem de dez anos, nave faz aterrissagem inédita em cometa. *Folha de S.Paulo*, São Paulo, 13 nov. 2014. Ciência, p. C11.

■ Observe as partes da notícia e responda às questões no caderno.

> **Manchete** é o título dado à notícia para dar destaque ao fato. Ela deve ser chamativa para atrair a atenção do leitor.

a) Releia a manchete do jornal:

Após viagem de dez anos, nave faz aterrissagem inédita em cometa

Ela é chamativa, isto é, atrai o leitor para a leitura da notícia? Por quê?

> **Olho da notícia** é um trecho escrito em destaque logo após a manchete, complementando-a com algumas informações.

b) Releia o olho da notícia:

Módulo de pouso da sonda europeia Rosetta tem o tamanho de uma máquina de lavar roupa

Ainda não se sabe com certeza, porém, se o módulo se fixou direito no solo do cometa, em função de duas falhas

O que mais chamou a sua atenção nas informações do olho?

> **Lide** é o primeiro parágrafo da notícia, com o resumo dos fatos relatados. Tem a intenção de atrair o leitor conduzindo-o à leitura completa. Por isso fornece as informações básicas antes mesmo que se leia o restante da notícia.

c) Releia o lide da notícia:

O módulo Philae, da sonda Rosetta, tornou-se nesta quarta-feira (12) a primeira espaçonave a fazer um pouso suave num cometa.

Responda com as informações do lide:
- A que se refere?
- Quando?
- Onde?
- O quê?

d) De que forma os recursos visuais podem contribuir para a compreensão da notícia?

Leia a parte inicial do texto da notícia publicada em **jornal**.

Após viagem de dez anos, nave faz aterrissagem inédita em cometa

Módulo de pouso da sonda europeia Rosetta tem o tamanho de uma máquina de lavar roupa

Ainda não se sabe com certeza, porém, se o módulo se fixou direito no solo do cometa, em função de duas falhas

Salvador Nogueira
Colaboração para a *Folha*

poderio: grande poder.
complexidade: complicação.
adicional: que se soma, se junta.
telemetria: transmissão de dados a distância.

O módulo Philae, da sonda Rosetta, tornou-se nesta quarta-feira (12) a primeira espaçonave a fazer um pouso suave num cometa.

O sucesso inédito reforça o **poderio** tecnológico europeu no desenvolvimento de veículos para missões espaciais.

Em 2005, a ESA (Agência Espacial Europeia) já havia feito história ao pousar com sucesso a sonda Huygens, que desceu em Titã, satélite de Saturno – primeira manobra do tipo em uma lua que não fosse a da Terra.

Agora, o coelho que saiu da cartola foi ainda maior, diante das **complexidades adicionais** que envolvem a descida num cometa – objeto ativo, que emite grandes quantidades de gás e poeira conforme interage com a luz solar.

DEZ ANOS E SETE HORAS

O pouso se deu às 13h35, sete horas depois que o veículo se desprendeu de sua nave-mãe, a Rosetta, e cerca de dez anos após a decolagem da Terra, realizada em 2004.

A confirmação do toque no solo do cometa Churyumov-Gerasimenko veio 28 minutos depois, tempo necessário para a mensagem se propagar no espaço até a Terra, para o alívio dos angustiados engenheiros e cientistas.

"É um grande passo para a civilização humana", disse Jean-Jacques Dordain, diretor-geral da ESA (Agência Espacial Europeia), enfatizando o pioneirismo da iniciativa.

Horas depois, contudo, a **telemetria** revelou uma história mais complexa. Até o fim do dia não havia ainda a certeza de que o Philae estava bem preso ao chão do cometa.

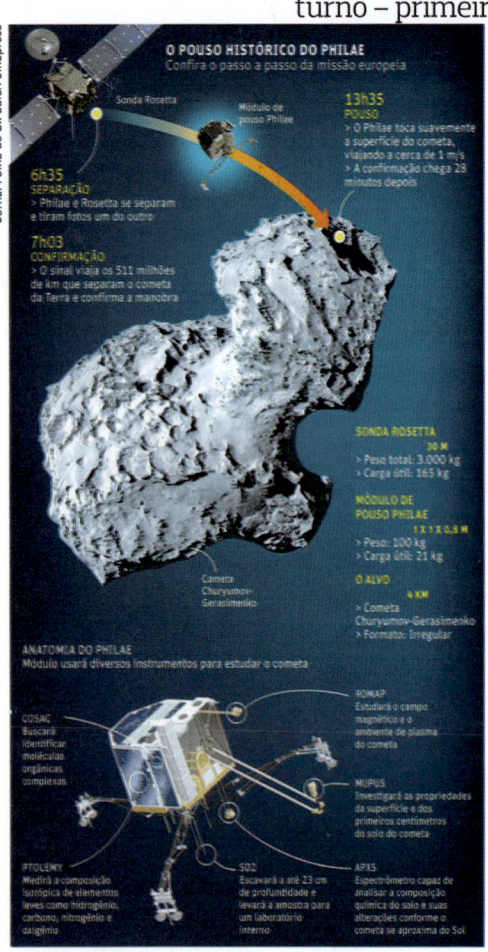

Jornal Folha de S.Paulo/Folhapress

O POUSO HISTÓRICO DO PHILAE
Confira o passo a passo da missão europeia

Sonda Rosetta

Módulo de pouso Philae

6h35 SEPARAÇÃO
> Philae e Rosetta se separam e tiram fotos um do outro

7h03 CONFIRMAÇÃO
> O sinal viaja os 511 milhões de km que separam o cometa da Terra e confirma a manobra

13h35 POUSO
> O Philae toca suavemente a superfície do cometa, viajando a cerca de 1 m/s
> A confirmação chega 28 minutos depois

SONDA ROSETTA 30 M
> Peso total: 3.000 kg
> Carga útil: 165 kg

MÓDULO DE POUSO PHILAE 1 X 1 X 0,8 M
> Peso: 100 kg
> Carga útil: 21 kg

O ALVO 4 KM
> Cometa Churyumov-Gerasimenko
> Formato: Irregular

Cometa Churyumov-Gerasimenko

ANATOMIA DO PHILAE
Módulo usará diversos instrumentos para estudar o cometa

COSAC
Buscará identificar moléculas orgânicas complexas

PTOLEMY
Medirá a composição isotópica de elementos leves como hidrogênio, carbono, nitrogênio e oxigênio

SD2
Escavará a até 23 cm de profundidade e levará a amostra para um laboratório interno

ROMAP
Estudará o campo magnético e o ambiente de plasma do cometa

MUPUS
Investigará as propriedades da superfície e dos primeiros centímetros do solo do cometa

APXS
Espectrômetro capaz de analisar a composição química do solo e suas alterações conforme o cometa se aproxima do Sol

Infográfico que ilustra a notíca. cometa.

Dos três sistemas projetados para facilitar o pouso, dois falharam: um consistia num jato de gás frio que empurraria a sonda na direção do cometa. O outro era composto por dois **arpões** que deveriam ancorar o veículo.

O único que funcionou foi o conjunto de parafusos nos pés do trem de pouso, destinados a fixar a sonda no chão. Mas foram suficientes?

Flutuações nas comunicações sugerem que talvez o Philae tenha tocado o chão, voltado a flutuar e descido novamente, duas horas depois.

"Talvez hoje não tenhamos apenas pousado uma vez, mas duas vezes", brincou Stephan Ulamec, gerente do projeto na DLR (agência espacial alemã).

Na semana passada, a ESA destacava que as chances de pouso bem-sucedido eram de 50%. Alguns dos envolvidos eram ainda menos otimistas.

"Eu e meus colegas achamos 50% muito. O valor real devia ser bem mais baixo", diz o engenheiro Lucas de Mendonça Fonseca, brasileiro que trabalhou por três anos na DLR no desenvolvimento dos sistemas de pouso.

Para ele, o módulo de pouso era uma cereja no bolo da missão, que teve como grande destaque os resultados obtidos com sonda orbitadora Rosetta, que viajava pelo espaço desde 2004. O custo total do projeto foi de €1,2 bilhão (cerca de R$ 3,8 bilhões).

"Você vê um trabalho de três anos resumido em sete horas. Vem forte a sensação de que participei de algo grande."

O nome Philae tem inspiração em um **obelisco homônimo**, descoberto em 1815 no Egito, que, assim como a pedra de Rosetta, ajudou a decifrar os **hieróglifos**.

Ainda que o Philae não realize tudo que propunha, os resultados até aqui já justificam o entusiasmo. Nesses anos, muitos dados úteis, ainda por ser analisados, foram colhidos. Agora, a missão tenta colocar o módulo em condições de trabalhar.

[...]

NOGUEIRA, Salvador. Após viagem de dez anos, nave faz aterrissagem inédita em cometa. *Folha de S.Paulo*, São Paulo, 13 nov. 2014. Ciência, p. C11.

arpão: instrumento de ferro em forma de seta que se fixa a um cabo.

obelisco: monumento pontiagudo alongado.

homônimo: que tem o mesmo nome.

hieróglifo: cada elemento do sistema de escrita do Egito antigo que usava figuras e símbolos em vez de letras e de palavras.

●● Interpretação do texto

Compreensão

Uma notícia deve responder a seis perguntas: **O quê?**, **Quem?**, **Onde?**, **Quando?**, **Como?**, **Por quê?**.

Responda às questões a seguir no caderno.

1. Com base na notícia lida, responda:
   a) O que aconteceu?
   b) Onde?
   c) Quando?
   d) Por quê?
   e) Quem?
   f) Como?

2. Reveja o infográfico "O pouso histórico do Philae", que aparece na notícia referente ao pouso.

Com base na imagem e na notícia lida, responda no caderno:

- O que é um módulo de pouso?

3. O texto informa que já havia ocorrido um pouso histórico de uma sonda em um satélite. Por que então o texto afirma que "Agora, o coelho que saiu da cartola foi ainda maior"?

4. Por que foi dado a uma das partes do texto o título: **DEZ ANOS E SETE HORAS**?

5. Releia:

> Ainda não se sabe com certeza, porém, se o módulo se fixou direito no solo do cometa, em função de duas falhas

Escolha e copie no caderno as alternativas que indicam as duas falhas, isto é, o que não funcionou como se esperava:

a) Sistema de arpões para facilitar o pouso.
b) Conjunto de parafusos para fixar a sonda no chão.
c) Jato de gás para empurrar a sonda.
d) Todos os sistemas para facilitar o pouso.

6. Todos confiavam no êxito do pouso?

7. Quem é Lucas de Mendonça Fonseca, que dá seu depoimento na notícia?

8. O que indica que esse pouso se trata de uma operação muito difícil?

Quanto vale?

O objetivo dos cientistas dessa missão é conseguir entender a formação e a evolução do Sistema Solar com base no estudo do cometa. Para isso, gastaram 10 anos e cerca de R$ 3,8 bilhões.

▪ Qual é a sua opinião sobre esse gasto em uma missão espacial? Compare-a com a de seus colegas.

Construção e linguagem do texto

A notícia percorre um caminho antes de chegar ao leitor.

Começa com o repórter que busca o fato e o relata, depois, em linhas gerais, o relato do repórter costuma ser ajustado aos padrões do jornal. Depois, decidem o lugar que a notícia vai ocupar no jornal e, por fim, publicam a versão final, isto é, da forma como o leitor a encontra no jornal.

1 A notícia e a ordem de importância dos fatos

Os fatos da notícia são organizados por ordem de importância. O texto da notícia lida é apresentado em duas partes:

• **Parte 1 — A aterrissagem**
• **Parte 2 — Dez anos e sete horas**

▪ Copie no caderno as alternativas que apresentam os fatos que correspondem a cada uma das partes:
   a) Descrição detalhada do pouso.
   b) Elogio ao desenvolvimento de veículos espaciais.
   c) Depoimentos de diretores e gerentes.
   d) Comparação entre duas missões espaciais.
   e) Depoimento de engenheiro brasileiro.
   f) Entusiasmo dos participantes do projeto.

2 A notícia e a confiabilidade dos fatos

Além de o texto da notícia seguir uma ordem de importância, ele precisa apresentar fatos comprováveis para ser confiável.

Para comprovar sua veracidade, isto é, que é verdadeira, a notícia deve apresentar dados e declarações dos envolvidos:

A — Dados

1. Complete os dados no caderno com informações fornecidas pela notícia.
   a) Custo do projeto ▪
   b) Agências envolvidas ▪
   c) Profissionais envolvidos ▪
   d) País que esteve à frente do projeto ▪

B — Declarações de pessoas envolvidas

2. Transcreva no caderno as declarações:
   a) do diretor-geral da Agência Espacial Europeia.
   b) do engenheiro brasileiro.

❸ A linguagem na notícia

A notícia precisa ter uma **linguagem clara** que possa ser compreendida por diferentes leitores.

Por ter um caráter informativo, o texto precisa apresentar os fatos do modo mais **objetivo** e **fiel** possível, sem rodeios. O jornalista não deve se envolver com o que diz a notícia nem manifestar sua opinião. Portanto, o texto deve ser o mais **impessoal** possível. Observe:

O pouso se deu às 13h35, sete horas depois que o veículo se desprendeu de sua nave-mãe [...]

1. Transcreva no caderno outro trecho que você considere mais objetivo.

2. Um dos recursos usados na linguagem da notícia é o emprego de **aspas**. Esse recurso foi usado diversas vezes na notícia lida.

   a) Transcreva no caderno uma frase do texto em que foram usadas aspas.

   b) Copie a frase a seguir no caderno e complete-a com um dos trechos logo adiante.
   A frase que você escolheu mostra que as aspas foram usadas para indicar ■.
   - um assunto de muita importância.
   - o depoimento ou a declaração de alguém.
   - o posicionamento do jornalista.
   - o fato que não foi presenciado.

A notícia em revistas

O jornal é um dos mais importantes portadores ou veículos de comunicação escrita, pois atinge muitas pessoas ao mesmo tempo. Como a notícia traz novidades do dia ou do momento, ela é veiculada principalmente em jornais de circulação diária.

> **Portador** ou **suporte** é o nome dado ao veículo de comunicação em que o texto aparece. São portadores ou suportes: jornais; revistas; livros; cartazes; panfletos; camisetas; telas do computador, do celular, do *tablet*; etc.

Quando a notícia é veiculada por meio de outros portadores, como a **revista**, a relação com o público leitor muda. Há diferenças na:

- **recepção** – a notícia será lida por um leitor interessado em reportagens, que geralmente são o foco das revistas;

- **circulação** – como as revistas não são diárias, mas semanais, quinzenais ou mensais, uma notícia publicada em uma revista costuma não ter maior impacto porque normalmente já é conhecida;

- **apresentação** – são colocadas, em geral, várias notícias em um painel, como *A semana*, *Notícias da semana*, etc.

Veja um exemplo de notícias em uma revista:

• a partir do índice de assuntos:

74

ECONOMIA
Brasileiro sente a inflação no transporte e na alimentação – e os preços devem aumentar ainda mais em 2015

ISTOÉ
26 de novembro 2014
nº 2348

Índice

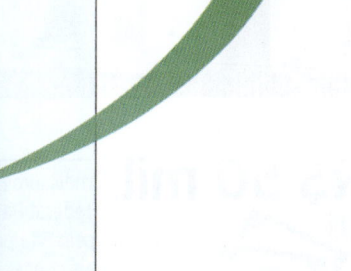

CAPA: RICA RAMOS
FOTO EDITORIAL: EVARISTO SÁ/AFP

21

IstoÉ. São Paulo: Três, 26 nov. 2014. p. 21.

- em um painel de notícias:

Semana /

por **Antonio Carlos Prado, Elaine Ortiz e Luisa Purchio**

O Brasil volta a ter taxas alarmantes de poluição – e alimenta o aquecimento global

Já se olha com incredulidade para a promessa feita pelo governo brasileiro de reduzir em 38,9% a emissão de gases geradores do efeito estufa até o final desta década. O motivo da descrença, aqui e no mundo, veio na quinta-feira 20 com informações do Observatório do Clima (reúne instituições civis que cuidam do meio ambiente): após oito anos apresentando queda, as emissões do Brasil de gases poluentes novamente cresceram no ano passado ao patamar de 1,57 bilhão de toneladas de CO_2. Isso significa uma subida de 7,8% em relação a 2012. Um dos maiores responsáveis por essa situação é o desmatamento, embora o governo federal negue esse fato ou tente esconder os índices verdadeiros como ocorreu recentemente. O Inpe desmente o governo ao demonstrar que o desmatamento no País nos meses de agosto e setembro bateu na casa dos 122%.

A divisão da poluição

35% têm como causa o desmatamento
30% devem-se aos transportes
27% correspondem à agropecuária
6% são causados pela indústria
2% provocados por resíduos diversos

A culpa é geral

Cada habitante do Brasil é responsável pela emissão anual de 7,8 toneladas de gás carbônico. A média global de emissão per capita é de 7,2 toneladas.

MEDICINA

Soro contra o ebola pode ser brasileiro

O Instituto Butantan de São Paulo dá os últimos retoques na parceria inédita que fará com o Instituto Nacional da Saúde dos EUA. O objetivo é a produção de um soro contra o ebola – vírus que já matou mais

de cinco mil pessoas e contaminou 14 mil. Diferentemente do que ocorre com as vacinas que estimulam o organismo a produzir anticorpos, o soro é feito com esses próprios antígenos – mesmo processo da solução contra a raiva, da qual o Butantan é referência mundial.

TECNOLOGIA

Google Play Música é lançado no País

Após firmar contratos com gravadoras e selos independentes do Brasil, reunindo 30 milhões de músicas, o Google lançou no País, na semana passada, o serviço Google Play Música (concorre diretamente com o Spotify). **Com esse recurso o usuário poderá armazenar na nuvem até 20 mil composições.**

R$ 50 mil,

mais juros e correção monetária a contar de 2002, é o valor da indenização que o deputado federal Paulo Maluf terá de pagar ao governador de São Paulo, Geraldo Alckmin. Maluf foi condenado pelo STJ por danos morais: ele declarou na época que promotores de Justiça que investigavam eventuais contas em seu nome no exterior teriam viajado com dinheiro público, fato que envolveria o governador. O valor total da indenização pode chegar a cerca de **R$ 100 mil**. Maluf recorrerá ao STF.

24

IstoÉ. São Paulo: Três, 26 nov. 2014, p. 24.

Leia o texto de uma das notícias que faz parte do painel de uma revista, que se vê na página ao lado.

MEDICINA

Soro contra o ebola pode ser brasileiro

O Instituto Butantan de São Paulo dá os últimos retoques na parceria inédita que fará com o Instituto Nacional da Saúde dos EUA. O objetivo é a produção de um soro contra o ebola – vírus que já matou mais de cinco mil pessoas e contaminou 14 mil. Diferentemente do que ocorre com as vacinas que estimulam o organismo a produzir anticorpos, o soro é feito com esses próprios antígenos – mesmo processo da solução contra a raiva, da qual o Butantan é referência mundial.

A notícia em revista geralmente é mais curta e dispensa muitos recursos.

Essa notícia tem **manchete** (ou título) e está acompanhada de uma **foto**, além da indicação do assunto "Medicina".

●● Interpretação do texto

Compreensão

🟧 Responda no caderno.

Releia a manchete:

Soro contra o ebola pode ser brasileiro

a) De acordo com o texto, o que é o ebola?

b) Por que a manchete da notícia diz "pode ser" brasileiro?

Linguagem e construção do texto

1. A manchete pode ser considerada atrativa para o leitor? Por quê?

2. A foto utilizada chama a atenção? Por quê?

3. O que o termo MEDICINA logo acima da manchete indica?

4. A notícia publicada em revista também precisa conter todos os elementos. Responda:

a) O quê?

b) Quem?

c) Onde?

d) Quando?

e) Por quê?

Veja como costuma ser apresentada uma notícia em um jornal eletrônico, isto é, veiculado por meio da **internet**.

data: 21/06/2014

manchete

olho

lide

foto

Agora, leia a matéria publicada.

hit: sucesso.

internet: rede de computadores interligados em todo o planeta por satélite ou cabo telefônico, que trocam dados e mensagens.

bordão: expressão repetida por alguém em uma determinada situação.

viralizar: espalhar rapidamente conteúdos entre muitas pessoas de redes sociais, ganhando assim repercussão (muitas vezes inesperada) na internet.

postar: publicar ou enviar para ser publicado numa página da internet.

meme: fenômeno em que uma pessoa, um vídeo, uma imagem, um bordão, uma frase, uma ideia, uma música torna-se sucesso nas redes sociais.

21/06/2014 12h58 – Atualizado em 21/06/2014 13h09

Crianças do Vale do Itajaí viram *hit* na internet com bordão 'taca-le pau'

Narração de brincadeira de carrinho de rolimã em ladeira ficou famosa. Vídeo de 25 segundos que viralizou pela internet foi filmado em Taió.

Do G1SC

Os primos Marcos e Leandro, de Taió, no Vale do Itajaí, viraram *hit* na internet após postarem um vídeo de uma brincadeira na fazenda da avó. O bordão "taca-le pau, Marcos" já virou meme nas redes sociais.

Leandro, de 9 anos, narrou a descida de carrinho de rolimã de Marcos, 12, em uma ladeira na casa da avó Salvelina, uma rua de chão de terra. Empolgado, o mais novo clama com sotaque característico da região: "taca-le pau, Marcos", para que o mais velho desça com mais velocidade. Após uma curva bem feita pelo carrinho, Leandro afirma empolgado: "Mazá, Marcos véio".

A narração da brincadeira foi feita durante as férias das crianças, em dezembro de 2013. No mesmo mês, eles publicaram o vídeo na internet e **compartilharam** em um **aplicativo** de *smartphone*. Entretanto, foi em 2014 que o vídeo começou a **bombar** e viralizar. Paródias foram feitas e a cidade de Taió, para o mundo virtual, ficou conhecida pelo vídeo.

A família aprova e se diverte com a fama instantânea. "Já tem gente do Mato Grosso, de São Bento, de Floripa que me **adicionaram** na internet", diz a avó Salvelina Lorenzetti Lenzi, dona do sítio. Brincadeira a parte, os pais afirmam que o importante é os meninos irem bem na escola.

O carrinho do vídeo foi feito com sobras de marcenaria e rodas de máquina de **aviário**. A brincadeira ao ar livre divide a atenção das crianças com os jogos virtuais. "O carrinho é novidade [fabricado há pouco tempo], o joguinho virtual já brinquei um monte", diz Marcos.

Disponível em: <g1.globo.com/sc/santa-catarina/noticia/2014/06/criancas-do-vale-do-itajai-viram-hit-na-internet-com-bordao-taca-le-pau.html>. Acesso em: mar. 2015.

●● Interpretação do texto

Construção e linguagem do texto

1. Como você já sabe, há elementos que não podem faltar numa notícia. Localize-os na notícia que você acabou de ler e copie-os no caderno.
a) O quê?
b) Quem?
c) Quando?
d) Onde?
e) Por quê?

2. Releia:

> Empolgado, o mais novo clama com sotaque característico da região: "taca-le pau, Marcos", para que o mais velho desça com mais velocidade.

Quais das expressões a seguir poderiam ser usadas com o mesmo sentido de "taca-le pau"? Copie-as no caderno.
a) acelera
b) vai fundo
c) manda bala
d) atira um pau

3. Sobre a brincadeira, ficamos sabendo que o carrinho foi feito com "sobras de marcenaria e rodas de máquina de aviário" e que eles brincavam em "rua de chão de terra". Qual a justificativa dada por Marcos por preferir o carrinho tão simples aos jogos virtuais?

4. Sobre a narração, o primo diz:

> "**Mazá**, Marcos **véio**".

a) Que expressão é usada na região em que você mora para indicar o mesmo sentido de *Mazá*?
b) Que expressões você conhece que costumam ser usadas com o mesmo sentido de *véio*?

compartilhar: a atividade de tornar arquivos disponíveis para outros usuários.

aplicativo: programa de computador com a finalidade de ajudar o usuário em uma tarefa específica.

smartphone: significa 'telefone inteligente', porque tem funções mais avançadas do que o celular comum.

bombar: fazer sucesso.

adicionar: adicionar alguém nas redes sociais significa permitir que esse alguém se torne seu amigo; para ele serão mostradas suas publicações, assim como será possível ver as publicações dele.

aviário: viveiro de aves.

mazá: é uma expressão própria da região Sul. É uma junção de "mas, ah!" e indica alegria, satisfação referente a um acontecimento, a uma pessoa ou a uma situação.

véio: forma popular de dizer *velho* com o sentido de "velho amigo", "velho companheiro".

Comparando as linguagens

■ Depois de estudar as três notícias, escolha e copie no caderno as características mais apropriadas para cada uma, levando em conta o suporte em que são divulgadas.

> linguagem mais objetiva   linguagem mais espontânea
> uso de termos científicos   uso de palavras ou expressões do dia a dia
> clareza   precisão   mais curta

a) No jornal

Jornal *Folha de S.Paulo*/Folhapress

b) Na revista

Reprodução/*Revista IstoÉ*/Editora Três

c) Na internet

Reprodução/G1

📰 Hora de organizar o que estudamos

Notícia

Relato de fatos reais veiculado em jornais impressos, rádio, tevê, revista, internet, etc.

Intenção
Informar o leitor sobre acontecimentos significativos e de interesse.

Construção
- manchete: título;
- olho: trecho em destaque logo abaixo da manchete;
- lide: resumo das informações;
- elementos de confiabilidade: apresentação de dados — lugar, tempo, hora —, declarações de autoridade;
- recursos visuais: fotos, ilustrações, gráficos, tabelas;
- apresentação dos fatos por ordem de importância.

Linguagem
- precisa, mais impessoal;
- o mais objetiva possível e clara;
- emprego de linguagem não verbal: fotos, desenhos, etc.

Leitor
Pessoa interessada em se manter informada.

⬤⬤ Outras linguagens

Pintura

Observe a pintura de **Edgar Degas** reproduzida a seguir.

Degas pintava temas da vida cotidiana de seu tempo. Suas composições foram muito influenciadas pela fotografia. Note como essa influência fica clara no quadro *Bureau* de algodão em Nova Orleans.

Bureau (birô) de algodão era o lugar onde se negociava esse produto.

Edgar Degas/Museu de Belas-Artes, Pau, França

Bureau de algodão em Nova Orleans, Edgard Degas, 1873.
Foto publicada em: CHARTIER, Roger. *A aventura do livro*: do leitor ao navegador. São Paulo: Unesp/Imprensa Oficial do Estado, 1999. p. 62-63.

Observe na pintura:
- **cortes**: algumas imagens são cortadas pelo limite da tela, como se colocadas sob o foco de uma máquina fotográfica: não se veem as mãos do homem à direita nem as pernas do que aparece em primeiro plano, na parte inferior da tela;
- **posições**: a cena pintada revela homens em posições casuais, como em uma foto tirada sem que os fotografados saibam;
- **vestimentas**: os homens estão vestidos com roupas sóbrias, ternos escuros;
- **ambiente**: grandes janelas, balcões, mesas e prateleiras, sem enfeites.
- **atividades**: leitura de jornal, manuseio de algodão, observação, registros.

🔸 Converse com seus colegas sobre a seguinte questão: qual pode ser a importância da leitura do jornal para o mundo dos negócios atualmente?

A Z

Edgar Degas: pintor francês, nasceu em 1834, em Paris. Foi o melhor desenhista de sua geração. Diferentemente dos pintores de sua época, que pintavam ao ar livre, Degas preferia trabalhar em estúdio. Faleceu em 1917.

Bureau (em francês; lê-se "birô"): escritório de representação comercial.

●● Prática de oralidade

O jornal falado

Hoje em dia, além da internet, os veículos mais utilizados para a divulgação de notícias são o rádio e a tevê.

Nesses meios de comunicação, o **tempo** é um fator muito importante: as notícias precisam ser claras e objetivas, conter as informações principais e ser faladas em curto espaço de tempo. Por essa razão elas são preparadas por escrito antes de sua apresentação.

Maurício Pierro/Arquivo da editora

Preparando a notícia para um jornal falado: o resumo

🟠 **Em dupla.** Escolham uma notícia que seja de interesse dos colegas, isto é, que trate de algum assunto que possa atrair a atenção deles e preparem um resumo.
Para fazer esse resumo, sigam os seguintes passos:

1. Leiam o lide da notícia e anotem as respostas às perguntas: o quê?, Quem?, Quando?, Onde?, Por quê?.

2. Selecionem e anotem as ideias principais de cada um dos parágrafos da notícia. Lembrem-se de que, geralmente, cada parágrafo traz uma ideia-chave, ou uma ideia principal.

3. Juntem as informações e redijam um texto que resuma a notícia.

4. Troquem entre vocês os resumos e observem como uma mesma notícia pode ser expressa de diferentes maneiras.

Se o colega deixou de responder a alguma pergunta do item 1 (por exemplo: onde?), você certamente perceberá, pois vai sentir falta desse dado para compreender direito a notícia.

Caso isso ocorra, indique o que pode ter faltado no texto da notícia.

5. Leiam o resumo em voz alta para que os colegas ouçam e verifiquem se os dados principais ficaram claros.

Preparando um jornal falado

1. Vejam ou ouçam alguns jornais veiculados pela televisão ou pelo rádio.
Observem:
- a entonação da voz e, no caso da tevê, a postura dos apresentadores desses jornais;
- a forma como anunciam as manchetes (as chamadas das notícias na abertura dos jornais).

2. Planejem como será a apresentação de vocês: postura, entonação de voz, ritmo da leitura (marcado pelo texto que cada um deve falar), tempo de fala, etc.

3. Pensem em qual será o tipo de público que assistirá ao jornal.

4. Ensaiem a leitura do texto em voz alta.

Apresentação do jornal falado

1. Combinem com o professor o dia para a apresentação do jornal falado.

2. Organizem a ordem de apresentação das notícias trazidas pelas duplas: elas serão apresentadas por assunto (política, esporte, economia, cidade, etc.), como em um jornal escrito? Ou seguirão outra ordem?
A notícia mais impactante de todas será lida primeiro, para prender a atenção de um espectador que estaria "escolhendo o que assistir"? As mais interessantes ficarão para o final ou serão alternadas com outras de menor interesse?

3. Marquem o tempo que cada dupla leva para apresentar, tentando assim equilibrar a duração de cada apresentação.

4. Para iniciar a apresentação, as manchetes de todas as notícias poderiam ser anunciadas, como costuma acontecer no jornal falado. Decidam quem poderia ler as manchetes do dia.

5. Não se esqueçam de que:
- a leitura deve ser clara, fluente, o mais natural possível;
- a expressividade deve ser adequada ao texto falado: a apresentação deve produzir no espectador o efeito de realidade, característico dos jornais ao vivo;
- a postura precisa estar adequada para a leitura da notícia: tronco ereto, mas natural, a cabeça voltada para a frente, como se olhasse para uma câmera; assim os espectadores podem ver bem a expressão facial geral do apresentador e sentir mais firmeza e segurança no que ele diz.

6. Ensaiem a apresentação para, no dia marcado, poder apresentar com segurança e espontaneidade.

1. História: de onde vêm os nomes Philae (do módulo) e Rosetta (da sonda)

Vamos conhecer melhor a origem desses nomes usados na missão científica?

Philae

Philae é o nome de um obelisco, monumento alto, alongado, em forma de agulha, construído na ilha Philae, no Egito, no tempo do faraó Ptolomeu IX, que governou esse país cerca de 100 a.C. Ele tem 6,7 m de altura e pesa cerca de seis toneladas. Nele há as inscrições do nome do próprio faraó, de sua esposa e de uma irmã, que possibilitaram a transcrição de hieróglifos.

Adaptado de: <www.portaldoastronomo. org/missao.php?missao=3&id=28>. Acesso em: mar. 2015.

Obelisco Philae. Foto de 2014.

Inscrições em hieróglifos no Templo de Ísis, na Ilha Philae, Egito. Foto de 2012.

Pedra de Roseta

Os hieróglifos surgiram há milhares de anos. Gradualmente, as pessoas deixaram de usá-los, até que ninguém mais compreendesse essa escrita.

Somente em 1822, um especialista francês chamado Jean-François Champollion redescobriu o significado dos hieróglifos. Ele conseguiu chegar a isso estudando a Pedra de Roseta, um pedaço de coluna de pedra de cerca de 750 kg, descoberta por soldados do exército de Napoleão. O texto que havia na pedra estava escrito em egípcio e grego, e em três tipos de escrita: hieróglifo, demótico (uma forma cursiva dos hieróglifos egípcios) e no alfabeto grego. Champollion sabia grego e, assim, conseguiu decifrar o que significavam os hieróglifos escritos ali.

Adaptado de: Britannica Escola Online. Enciclopédia Escolar Britannica, 2015. Disponível em: <escola.britannica.com.br/ article/481495/hieroglifo>. Acesso em: mar. 2015.

Pedra de Roseta

Hieróglifos da pedra de Roseta (detalhe).

2. O jornal e a imprensa: uma história

Tudo começou quando o alemão Gutenberg criou, em 1438, tipos móveis de chumbo para formar textos e imprimi-los com uma prensa. Gutenberg criava assim a imprensa.

Antes dele, os chineses já usavam, havia séculos, tipos móveis de madeira e de cerâmica para impressão. Muito tempo depois, no século XVIII, o progresso da imprensa estimulou o aparecimento do jornal.

A origem do nome *jornal* é muito discutida. Alguns atribuem o nome ao termo italiano *giornale* (de *giorno*: dia); outros defendem que a palavra veio do latim *diurnale* (relativo a dia, diário).

A princípio a palavra *jornal* designava a remuneração salarial feita por dia de trabalho, e jornaleiro era um trabalhador que recebia por dia, que era pago com o "jornal".

Poema

Em um poema que tem como tema o jornal, o poeta Carlos Drummond de Andrade destaca uma das principais características da notícia: o **imediatismo**.

Poema do jornal

Carlos Drummond de Andrade

O fato ainda não acabou de acontecer
e já a mão nervosa do repórter
o transforma em notícia.
O marido está matando a mulher.

A mulher ensanguentada grita.
Ladrões arrombam o cofre.
A polícia dissolve o *meeting*.
A **pena** escreve.
Vem da sala de **linotipos** a doce música mecânica.

ANDRADE, Carlos Drummond de. *Reunião*. Rio de Janeiro: José Olympio,1974. p. 14. Graña Drummond <www.carlosdrummond.com.br>.

meeting (em inglês): reunião.

pena: instrumento para a escrita manual; caneta.

linotipo: antiga máquina para compor textos para impressão.

●● Língua: usos e reflexão

Verbo (III)

❶ Usos do tempo presente

Você estudou que o tempo presente é usado para indicar, além do fato que ocorre no **momento da fala**, o fato habitual, aquele que **costuma acontecer sempre**.

Releia esta frase da notícia, publicada na primeira página do jornal:

Espaçonave pousa em cometa pela 1ª vez na história

Agora, releia esta frase, que é a manchete da notícia lida:

Após viagem de dez anos, nave faz aterrissagem inédita em cometa

As notícias geralmente se referem a fatos já acontecidos. Entretanto, os verbos destacados estão no **presente do indicativo**.

Usar o presente do indicativo nesse gênero possibilita dar a ideia de que a ação, o fato relatado acontece próximo do momento da fala, trazendo, assim, o momento do acontecimento relatado para perto do momento da leitura e envolvendo o leitor.

Neste capítulo você verá que o tempo presente pode ser empregado também para expressar outros momentos específicos. Observe alguns usos do tempo presente expressando fatos ou estados que não ocorrem no momento próximo da fala.

Tempo presente no lugar do pretérito

Em 1808, a corte portuguesa **transfere**-se para o Brasil e **traz** com ela o acervo da Biblioteca Real portuguesa.

Nesta frase o **tempo presente foi empregado no lugar do pretérito** para indicar um fato passado. É chamado de **presente histórico** e é usado para dar mais realce a um fato já acontecido, como se estivesse ocorrendo próximo do momento em que se fala.

Tempo presente para fato ou estado habitual, contínuo ou frequente

O Instituto Butantã **é** uma referência mundial na pesquisa de vacinas.

O verbo em destaque indica algo que não se refere apenas ao momento da fala. É algo habitual, contínuo.

Ocorrem muitos acidentes com motos nas grandes cidades.

O verbo *ocorrem* expressa algo frequente, habitual.

Tempo presente para indicar ação próxima, posterior à situação de fala

Bancos **fecham** amanhã e **reabrem** na segunda-feira.

🟧 Leia as frases a seguir e observe o uso do tempo presente. No caderno, indique para cada frase a letra que corresponde ao que o tempo presente expressa:
a) ação próxima, posterior à situação de fala.
b) presente histórico.
c) fato ou estado habitual, frequente.
d) fato que ocorre no momento ou próximo da situação da fala.

• **Multiplicam-se** na internet trocas de ideias ligadas a ações sociais

Correio Braziliense, Brasília, 17 mar. 2015.

• Rio de Janeiro **vence** Pinheiros por 3 a 0 na Superliga Feminina de Vôlei

O Globo, Rio de Janeiro, 2 mar. 2015.

• Campanha de vacinação contra a gripe **começa** em 22 de abril

Folha de S.Paulo, São Paulo, 2 abr. 2014.

• Em 1500, ao aportar no Brasil, os portugueses **surpreendem-se** com a natureza exuberante.

O uso do presente como recurso expressivo no gênero *notícia* dá um caráter de maior imediatismo, aproxima o leitor do fato relatado.

Partida de vôlei entre Rio de Janeiro e Pinheiros, em março de 2015.

Ricardo Bufolin/Acervo do fotógrafo

📓 Hora de organizar o que estudamos

Emprego do tempo presente			
Para indicar fato ou estado **habitual**, contínuo, **frequente**.	Para indicar fato que ocorre no **momento** da situação de fala.	No lugar do pretérito sugerindo a **atualidade** dos fatos narrados para causar mais impacto, em especial quando usado como **presente histórico**.	Para indicar ação próxima, **posterior** à situação de fala ou de registro.

❷ Formas nominais

1. Copie a frase a seguir no caderno:

> [...] talvez o Philae tenha tocado o chão, voltado a flutuar e descido novamente [...]

a) Sublinhe as formas verbais que há nela.

b) Imagine que são duas naves a pousar no cometa. Reescreva a frase indicando isso:

> Talvez o Philae I e o Philae II ▓

c) Transcreva apenas a(s) forma(s) verbal(ais) alterada(s).

2. Reescreva no caderno os trechos a seguir, fazendo adequações que forem necessárias nas formas verbais destacadas.

a) O diretor-geral **disse** que é um grande passo para a civilização humana, **enfatizando** o pioneirismo da iniciativa.
- O diretor geral e os engenheiros ▓.

b) Esse obelisco **ajudou** a **decifrar** os hieróglifos.
- O obelisco e a pedra de Roseta ▓.

Essas formas que não sofreram flexão de tempo, número ou pessoa são chamadas de **formas nominais**.

São formas verbais nominais:

Gerúndio: estud**ando**, sab**endo**, part**indo**

Particípio: estud**ado**, sab**ido**, part**ido**

Infinitivo: estud**ar**, sab**er**, part**ir**

As **formas nominais** são assim chamadas porque, além de seu valor verbal, podem desempenhar a função de nomes. Consideram-se nomes na gramática os substantivos, os adjetivos e os advérbios. Observe:

Recordar é **viver**. ⟶ Recordação é vida.

infinitivos com valor de **substantivo**

Ele é um homem **sabido**.

particípio com valor de **adjetivo**

Adicione água **fervendo**.

gerúndio com valor de **adjetivo**

Hora de organizar o que estudamos

Verbo (III)

Tempos
- presente;
- pretérito;
- futuro.

Formas nominais
Geralmente não sofrem flexão de tempo, número ou pessoa.

Infinitivo
estud**ar**

Gerúndio
estud**ando**

Particípio
estud**ado**

Modos
- indicativo: modo da certeza;
- subjuntivo: modo da possibilidade;
- imperativo: modo que expressa ordem, pedido, aconselhamento.

Atividades: formas nominais

1. Leia o quadrinho reproduzido a seguir:

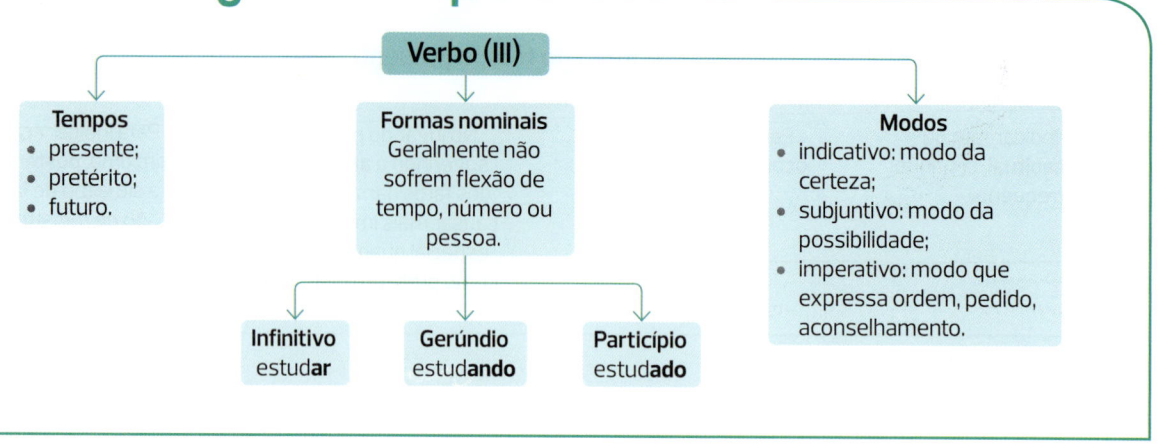

WATTERSON, Bill. *Felino selvagem psicopata homicida*.
São Paulo: Best News, 1966. p. 43. v. 1.

Responda no caderno:

a) Como Calvin encara a tevê ao dizer que está "matando o tempo" à espera de significado e felicidade?

b) Que efeito provoca nas falas o uso do gerúndio *fazendo* e *matando*?

2. Leia a tirinha reproduzida a seguir:

WALKER, Mort. Recruta Zero. *O Estado de S. Paulo*, São Paulo, 12 nov. 2014. Caderno 2, p. C4.

Responda no caderno: na fala "Só espero que ele não **tenha <u>colocado</u>** demais", a forma verbal sublinhada está no particípio. Ela contribui para determinar:

- ação em andamento
- ação concluída
- ação frequente

3. Leia a tirinha reproduzida a seguir:

WATTERSON, Bill. *Felino selvagem psicopata homicida*. São Paulo: Best News, 1966. p. 25. v. 1.

a) É possível saber pelo último quadrinho por que o dia de Calvin vai melhorar?

b) Transcreva no caderno todos os verbos empregados por Calvin.

c) Os verbos empregados por Calvin estão no infinitivo. Dê uma razão provável para que essas formas nominais sejam assim denominadas.

No dia a dia

"Gerundismo"

1. Atividade oral. Leia os trechos a seguir e, com o auxílio do professor, reflita sobre os usos das formas verbais destacadas, levando em conta os seguintes pontos:

a) Qual a possível intenção do usuário da língua ao empregar as locuções verbais destacadas?

b) Você considera o emprego dessas locuções adequado à situação?

Texto 1

Com livros de pano, professoras ajudam mulheres a deixar o alcoolismo

[...]

Na quarta-feira (7), a ONG completará 29 anos, mas Mirtes terá de deixar a festa para depois porque "neste dia **vou estar trabalhando**". Olhando para trás, ela diz que continua "acreditando muito na solidariedade do povo". "Há centenas de pessoas fazendo trabalhos como o meu, e é isso que vai mudar o Brasil."

[...]

PÉCORA, Luísa. *Último Segundo*, 3 maio 2014. Disponível em: <ultimosegundo.ig.com.br/cultura/livros/2014-05-03/com-livros-de-pano-professoras-ajudam-mulheres-a-deixar-o-alcoolismo.html>. Acesso em: mar. 2015.

A entrevista

Num programa de rádio, a entrevista deve soar como um bate-papo, o mais natural possível. Então, fique ligado nas dicas a seguir:

[...]

Peça ao entrevistado que não comece as respostas com expressões como "repetindo o que eu já disse" ou "como falei antes..." O ouvinte **pode estar ligando** o rádio naquela hora e não vai saber do que vocês estão falando.

[...]

CHAGAS, Catarina; FIGUEIRA, Ana C.; MAZZONETTO, Marzia. *Ciência em sintonia*: guia para montar um programa de rádio sobre ciências. 1. ed. Rio de Janeiro: Fiocruz, 2010. p. 28.

Texto 3

Óleo de cozinha usado é revertido em renda em cooperativa de Itapetininga

[...]

O óleo usado não pode ser jogado em pias e ralos porque prejudica a oxigenação da água, provocando a morte de peixes e outros danos ao meio ambiente. Em 2013, foram recolhidas em todo o município quase 2,5 toneladas do produto. De acordo com a presidente da cooperativa, Edinilda Aparecida Cruz, esse material poderia contaminar mais de 2 milhões de litros de água, se descartado de forma incorreta. "Pedimos para a população para que o resto que sobrar nas vasilhas seja depositado em garrafas. E quando tiver o óleo **pode estar ligando** para a cooperativa que iremos buscar", afirma.

[...]

Globo.com, 13 abr. 2014. Disponível em: <g1.globo.com/sao-paulo/itapetininga-regiao/noticia/2014/04/oleo-de-cozinha-usado-e-revertido-em-renda-em-cooperativa-de-itapetininga.html>. Acesso em: mar. 2015.

Nos últimos tempos, tornou-se bastante comum o uso de expressões como *vou estar fazendo*, *vamos estar analisando*, *você pode estar enviando*, etc., por variados grupos de pessoas e em diversas situações.

A esse uso foi dado o nome de "gerundismo", que consiste no emprego excessivo, vicioso e desnecessário de locuções verbais compostas de verbos auxiliares e verbo principal no gerúndio em determinados contextos.

Esse uso causou muita polêmica: seria "adequado" ou "inadequado" usar essas expressões?

Vamos refletir um pouco sobre isso.

Mauricio Pierro/Arquivo da editora

2. Leia e compare a forma como a pessoa empregou a forma verbal na notícia e outras possibilidades de construção:

a) "E quando tiver o óleo **pode estar ligando** para a cooperativa que iremos buscar [...]"

b) E quando tiver o óleo **poderá ligar** para a cooperativa que iremos buscar.

c) E quando tiver o óleo **ligue** para a cooperativa que iremos buscar.

Que forma(s) pode(m) ser mais concisa(s) e objetiva(s) para expressar essa ideia?

3. Leia a seguir três construções:

a) Amanhã **vou estar enviando** as fotos para você.

b) Amanhã **vou enviar** as fotos para você.

c) Amanhã **enviarei** as fotos para você.

Que diferenças ou semelhanças podem ser apontadas nessas três frases? O que lhe parece mais apropriado usar?

É muito comum usos da língua se disseminarem pela TV, pela internet, pelas conversas do grupo social de que o usuário da língua faz parte.

O uso excessivo do gerúndio — mais frequente na oralidade — é um desses usos que se difundiu e acabou sendo aceito e usado por muitos, mas também reprovado por outros.

De qualquer modo, é importante conhecer o uso dessa locução verbal, pois, dependendo do verbo — com ideia de ação breve ou durativa — e do contexto, não se trata de "gerundismo", de modismo, mas de uma expressão que sempre fez parte da língua.

4. Responda oralmente:

a) Você já observou o uso excessivo do gerúndio em seu dia a dia ou em sua própria fala? Dê alguns exemplos.

b) O que você acha desses novos usos que acabam sendo feitos da língua?

❸ Conjugações verbais

Releia uma das manchetes da primeira página de jornal que está no início deste capítulo:

Pacto China-EUA destrava negociações sobre o clima.

Suponha que você não conheça o significado de *destrava* e vá precisar recorrer ao dicionário.

Como deverá ser procurado esse vocábulo?

Por ser uma forma verbal, em primeiro lugar é necessário passá-la para a forma do infinitivo.

Observe:

Destrava ⟶ infinitivo: **destravar**

No dicionário deve ser procurado o verbete no infinitivo *destravar*, pois a forma *destrava* está flexionada, conjugada na 3ª pessoa do singular do pretérito imperfeito.

Assim, saber o infinitivo do verbo é essencial para procurar sua significação no dicionário. Além disso, conhecer a conjunção a que o verbo pertence ajuda a empregar melhor as formas verbais.

Vamos tratar das **conjugações verbais**.

> As formas verbais terminadas em **–ar**, **–er** e **–ir** são formas do **infinitivo**.

É por meio das formas do infinitivo que se classificam as conjugações. Os verbos na língua portuguesa estão distribuídos em **três conjugações**, isto é, em três grupos, de acordo com sua terminação:

- **1ª conjugação**: verbos terminados em **–ar**
  cantar, amar, desaguar, arrumar, cavar, assentar, etc.
- **2ª conjugação**: verbos terminados em **–er**
  correr, vender, escolher, rever, desfazer, etc.
- **3ª conjugação**: verbos terminados em **–ir**
  partir, sorrir, sair, explodir, conseguir, etc.

O verbo *pôr* e seus derivados — *repor, compor, dispor, depor, recompor,* etc. — seguem os verbos da **2ª conjugação**. Isso acontece porque, antigamente, o verbo *pôr* era empregado com a forma *poer*. O uso do **–e** caiu, mas ele continuou seguindo os verbos da 2ª conjugação.

> **Conjugar** um verbo é dizê-lo ou escrevê-lo em todas as pessoas, tempos e modos.

Essa divisão em conjugações serve para que seja possível saber o modelo que um verbo segue ao ser utilizado em todas as pessoas, tempos e modos.

Um verbo que, ao ser conjugado, não sofre alteração em seu **radical** e segue as terminações do modelo de sua conjugação é chamado de **regular**. Exemplo: **am**ar: **am**o, **am**ava, **am**aria... (**am–** ⟶ **radical**: não varia ⟶ verbo regular).

Se, ao ser conjugado, um verbo sofre alteração em seu radical, ou se não segue as terminações do modelo de sua conjugação em todas as formas, ou, ainda, se não é conjugado em alguma delas, dizemos que é um verbo **irregular**. Observe o verbo *fazer*: **faço**, **fez**, **fiz**... (radical e terminações se alteram ⟶ verbo irregular).

São apresentados, no final do livro, modelos de conjugação de verbos regulares e irregulares.

Para conjugar o verbo em qualquer tempo ou modo, estes são alguns passos:
Precisamos saber:
- a conjugação (1ª **–ar**; 2ª **–er**; 3ª **–ir**); • se é um verbo regular ou irregular.

Se for um verbo regular, basta seguir o modelo, pois todos os verbos regulares apresentam as mesmas terminações. Exemplos de verbos regulares:

de 1ª conjugação	
Eu am**o**	Nós am**amos**
Eu fal**o**	Nós fal**amos**
Eu estud**o**	Nós estud**amos**

de 2ª conjugação	
Eu com**o**	Nós com**emos**
Eu corr**o**	Nós corr**emos**
Eu vend**o**	Nós vend**emos**

de 3ª conjugação	
Eu sai**o**	Nós sa**ímos**
Eu part**o**	Nós part**imos**
Eu sorr**io**	Nós sorr**imos**

🟧 Responda no caderno: como ficaria a frase a seguir se o verbo precisasse ser modificado? Vamos ver:

Meninos viram *hit* **na internet.**

a) Qual é a forma do infinitivo do verbo?

b) Qual é o radical?

c) Pela terminação, a que conjugação pertence?

d) Como ficaria o verbo se mudássemos as pessoas?

Eu ■   Ele ■   Nós ■

e) Por essa mudança de pessoa, trata-se de um verbo regular ou irregular?

f) Com essas informações, você já sabe a **conjugação** (1ª; 2ª; 3ª) e se é verbo **regular** ou **irregular**.

Suponha que você queira escrever a frase no **pretérito perfeito do indicativo**.

Com todas essas informações, consulte o quadro de verbos da página 315 e reescreva a frase com o que foi indicado.

❹ Locuções verbais

As formas nominais são empregadas também nas **locuções verbais**. Observe:

locução verbal

Os voluntários eram monitorados pelos pesquisadores.

verbo auxiliar   verbo principal no particípio

(expressa a ação)

A locução verbal é formada geralmente assim:

verbo auxiliar   +   **verbo principal**

(indica a pessoa, o número,   no infinitivo, gerúndio ou particípio
o tempo e o modo)   (indica a ideia principal)

> **Locução verbal** é a combinação de **verbo(s) auxiliar(es)** com o infinitivo, ou o gerúndio ou o particípio de outro verbo, chamado de **verbo principal**. Exemplos: **estou estudando**; **tenho estudado**; **vou estar estudando**. Veja a conjugação dos verbos auxiliares na Unidade Suplementar (p. 318).

🛠 Atividades

1. Leia a tirinha reproduzida a seguir, atentando para as formas verbais e a situação em que elas são empregadas.

SCHULZ, Charles M. *Peanuts completo*. 1. ed. Porto Alegre: L&PM, 2013. p. 57.

a) Identifique e escreva no caderno as formas nominais que você encontrar na tirinha.

b) Sobre as formas verbais empregadas na tirinha, faz sentido afirmar que:

   I. No segundo quadrinho, em "ela *vive perguntando*" e "ele *fica tocando*", as formas destacadas indicam ações contínuas, que estão em andamento, ou seja, processos verbais que ainda não se finalizaram.

   II. No primeiro quadrinho, a forma *trata* indica que Lucy habitualmente trata mal Schroeder.

   III. No primeiro quadrinho, *acho* está no presente, mas indica algo que ela sente no passado.

   IV. No último quadrinho, "Por *falar* nisso", com verbo no infinitivo, tem o mesmo sentido de "*Falando* nisso", com a forma verbal no gerúndio.

c) No terceiro quadrinho, não há balão de fala. Pela cena, o que se pode concluir?

d) Observe o último quadrinho. Em sua opinião, porque ela teve essa reação?

2. Leia:

> A partir do próximo dia 25, a Nasa vai enviar para Marte o robô Curiosity — um equipamento, com o tamanho aproximado de um jipe, dotado de um gerador nuclear, que dará autonomia de energia à missão por um ano marciano completo (cerca de 687 dias na Terra).
>
> *O Estado de S. Paulo*, São Paulo, 5 nov. 2011.

Transcreva desse trecho uma locução verbal e um verbo que confirmem que o fato ainda estava para acontecer no momento em que foi publicada a notícia.

3. Leia a propaganda reproduzida a seguir.

Pra ser bonita, **descabele**
Pra emagrecer, **coma**
Pra ensinar, **brinque**
Pra ser você, **mude**
Pra relaxar, **grite**

gnt todos os dias **com você.**

gnt
com você

gnt.com.br   @canalgnt   facebook.com/canalgnt

Revista *O Globo*, 6 nov. 2011, p. 109.

a) Copie no caderno o quadro com os verbos empregados na propaganda e preencha-o com as formas nominais correspondentes:

Verbo	Infinitivo	Gerúndio	Particípio
ser	|||||||||||||	|||||||||||||	|||||||||||||
emagrecer	|||||||||||||	|||||||||||||	|||||||||||||
ensinar	|||||||||||||	|||||||||||||	|||||||||||||
relaxar	|||||||||||||	|||||||||||||	|||||||||||||
descabele	|||||||||||||	|||||||||||||	|||||||||||||
coma	|||||||||||||	|||||||||||||	|||||||||||||
brinque	|||||||||||||	|||||||||||||	|||||||||||||
mude	|||||||||||||	|||||||||||||	|||||||||||||
grite	|||||||||||||	|||||||||||||	|||||||||||||

b) As formas do infinitivo indicam a conjugação a que o verbo pertence. Observando no quadro a terminação dos verbos no modo infinitivo, agrupe-os em conjugações.

1ª conjugação – verbos terminados em **–ar**	||||||||||||||||||||||||||||||||||||||||
2ª conjugação – verbos terminados em **–er**	||||||||||||||||||||||||||||||||||||||||
3ª conjugação – verbos terminados em **–ir**	||||||||||||||||||||||||||||||||||||||||

c) Note que, além do emprego de verbos no infinitivo, há o emprego de formas verbais no modo imperativo. Que função os verbos no imperativo têm nesse texto?

d) O texto da propaganda parece fornecer uma "receita" **às avessas**. O que o faz parecer assim?

e) Amplie o texto da propaganda com duas frases com verbos da 3ª conjugação:
Pra ■, ■
Pra ■, ■

Advérbio e locução adverbial

Nas notícias reproduzidas nesta Unidade, um dos aspectos que observamos foram os elementos que ajudam a dar credibilidade ao fato. Vimos também que o primeiro parágrafo da notícia informa, além do fato ocorrido, as **circunstâncias** em que ele ocorreu. São as circunstâncias de **tempo** (quando), de **lugar** (onde) e de **modo** (como).

Releia:

O módulo Philae tornou-se nesta quarta-feira (12) a primeira espaçonave a fazer um pouso num cometa.

A forma verbal dessa frase (*tornou-se*) nos informa que o fato noticiado já aconteceu.

A expressão que informa **quando** o fato aconteceu é *quarta-feira (12)*.

quarta-feira ⟶ indica a circunstância de **tempo**

A frase também nos informa **onde** ocorreu o fato: *num cometa*.

Num cometa ⟶ indica a circunstância de **lugar**

Observe que as duas expressões indicam as circunstâncias em que a ação se deu, portanto estão relacionadas ao verbo:

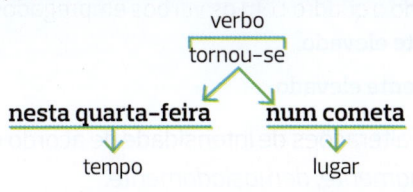

verbo
tornou-se

nesta quarta-feira → tempo   **num cometa** → lugar

Veja agora:

Após viagem de dez anos, nave faz aterrissagem inédita **em cometa**

As expressões em destaque, que indicam, respectivamente, circunstância de **tempo** (após viagem de dez anos) e circunstância de **lugar** (em cometa), estão alterando o sentido do **verbo**:

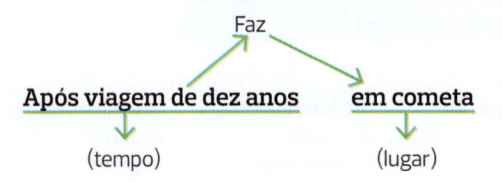

Faz

Após viagem de dez anos → (tempo)   **em cometa** → (lugar)

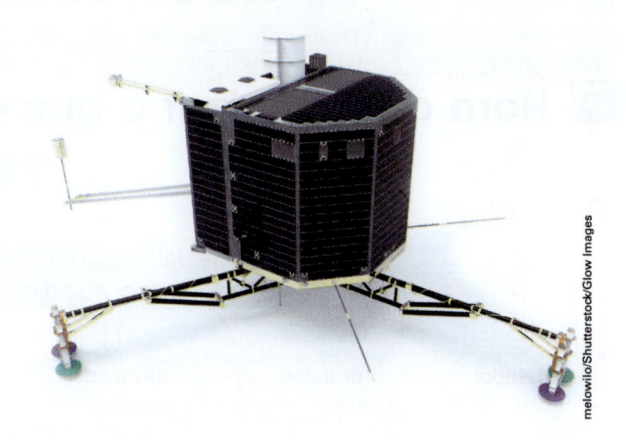

melowilo/Shutterstock/Glow Images

As palavras ou expressões que modificam os verbos indicando circunstâncias de tempo e de lugar são chamadas de:

- **advérbios** ——→ se a circunstância está expressa por uma só palavra.
Exemplo: *ontem*.
- **locuções adverbiais** ——→ se a circunstância está expressa por mais de uma palavra.
Exemplo: *em uma nave espacial*.

Releia o trecho:

[...] talvez o Philae tenha tocado o chão, voltado a flutuar e descido **novamente**, duas horas depois.

A palavra *novamente* está ligada à circunstância de **tempo** em que a ação (*tenha descido*) foi realizada.

A palavra que indica circunstância de tempo também é um **advérbio**.
Observe:

[...] os pais afirmam que o importante é os meninos irem **bem** na escola.

Nessa frase, o advérbio *bem* acrescentado ao verbo *ir* indica o **modo** como a ação é realizada.

Suponha que o jornalista quisesse dar um pouco mais de ênfase ou de intensidade à ideia expressa pelo advérbio *bem*. Ele poderia ter escrito:

O importante é os meninos irem **muito bem** na escola.

Nesse contexto, a palavra *muito* está indicando a **intensidade** da ideia expressa pelo advérbio *bem*. Trata-se de um **advérbio de intensidade**, que está modificando outro advérbio.

Os advérbios de intensidade também são empregados para modificar adjetivos.
Leia:

O custo total do projeto foi elevado.

Se fosse o caso de dar mais ênfase à ideia expressa pelo adjetivo *elevado*, poderia ser:

O custo total do projeto foi muito elevado.

O custo total do projeto foi extremamente elevado.

O custo total do projeto foi demasiadamente elevado.

Observe como o adjetivo *elevado* sofre alterações de intensidade de acordo com o advérbio que o acompanha: *muito*, *extremamente*, *demasiadamente*.

Consulte, no final do livro, o quadro de advérbios.

Hora de organizar o que estudamos

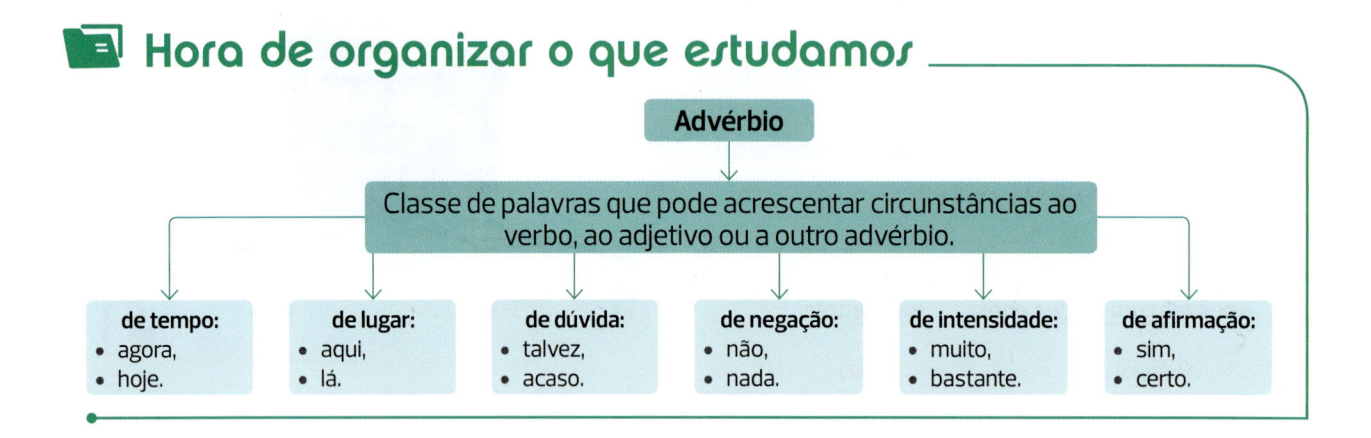

Advérbio

Classe de palavras que pode acrescentar circunstâncias ao verbo, ao adjetivo ou a outro advérbio.

de tempo:
- agora,
- hoje.

de lugar:
- aqui,
- lá.

de dúvida:
- talvez,
- acaso.

de negação:
- não,
- nada.

de intensidade:
- muito,
- bastante.

de afirmação:
- sim,
- certo.

Atividades: advérbios

1. Copie no caderno os advérbios e as locuções adverbiais e identifique as circunstâncias indicadas por eles.

   a) O estrago causado pelas chuvas foi bem grande.

   b) Provavelmente sua encomenda não chegará cedo aqui.

   c) Se não andar mais devagar, certamente você vai cair.

   d) O paciente foi operado às pressas.

   e) O acampamento será desmontado antes do amanhecer.

2. Numa redação de jornal, o chefe do setor pediu uma revisão de frases do texto das notícias para que ele fosse ampliado com detalhes das circunstâncias em que os fatos ocorreram e o leitor pudesse ter uma ideia mais exata dos acontecimentos. Por exemplo:

   O atacante pode ser cortado da seleção.

   O atacante pode ser cortado definitivamente da seleção na próxima eliminatória, em Roma.

   Reescreva no caderno as frases a seguir, ampliando-as com advérbios ou locuções adverbiais para conseguir atender ao pedido do chefe da redação.

   a) Soldados rebeldes enfrentaram as tropas do governo.

   b) Houve tumulto na entrega dos alimentos para as pessoas desabrigadas pelo furacão.

   c) Forças de paz da ONU desembarcaram no Iraque.

   d) As eleições transcorreram calmamente.

   e) O ladrão foi preso.

3. Copie os advérbios ou expressões adverbiais (expressões que equivalem a advérbios) dos textos a seguir e indique as circunstâncias que expressam.

a)

BROWNE, Chris. Hagar. *Folha de S.Paulo*, São Paulo, 1º set. 2004.

b)

GONSALES, Fernando. Níquel Náusea. *Folha de S.Paulo*, São Paulo, 11 fev. 2004.

c)

Anúncio publicado na revista *Céu Azul*. São Paulo: Spagat, n. 12A, p. 13. Reprodução parcial.

d)

SCHULZ, Charles M. *Ser cachorro é um trabalho de tempo integral*. São Paulo: Conrad, 2004.

Produção de texto

Gênero: notícia

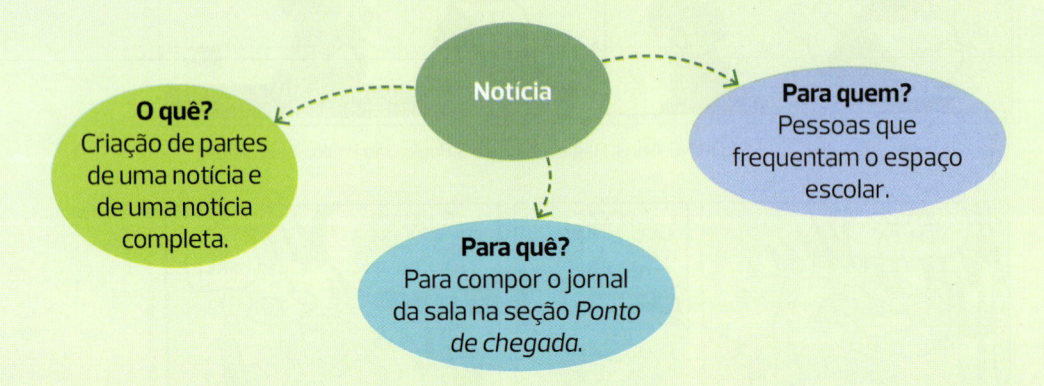

Notícia

O quê? Criação de partes de uma notícia e de uma notícia completa.

Para quê? Para compor o jornal da sala na seção *Ponto de chegada*.

Para quem? Pessoas que frequentam o espaço escolar.

Ensaios para a produção

Agora que você já conheceu diferentes notícias, estudou sua linguagem e construção, chegou sua vez de produzir. Faça as atividades desse ensaio no caderno.

1. Olho da notícia

▪ Crie um **olho** para este trecho de notícia:

A fábrica de mosquito

O Brasil será o primeiro país a usar mosquitos geneticamente modificados para o controle da transmissão da dengue. Depois de realizar testes desde 2011 e obter a aprovação da Comissão Técnica Nacional de Biossegurança (CTNBio), a britânica Oxitec inaugurou uma fábrica em Campinas, interior de São Paulo, em 29 de julho, com a presença do cônsul-geral britânico em São Paulo, John Doddrel.

A unidade foi autorizada a realizar projetos de pesquisa e produzirá 8 milhões de mosquitos modificados por mês, suficientes para a cobertura de uma população de 10 mil indivíduos. [...]

MAIA, Samantha. A fábrica de mosquito. Revista *Carta Capital*, 31 jul. 2014. Disponível em: <www.cartacapital.com.br/revista/809/a-fabrica-de-mosquito-6548.html>. Acesso em: mar. 2015.

2. Título ou manchete

▪ Crie um **título** para este trecho de notícia:

O estudante de engenharia elétrica Pedro Nehme, da UnB (Universidade de Brasília), está prestes a viajar para o espaço. Lá, ele vai conduzir um experimento criado por estudantes de escolas públicas, que será selecionado pela AEB (Agência Espacial Brasileira) por meio de uma chamada pública.

Ex-bolsista do CsF (Ciência sem Fronteiras) e ex-estagiário da agência espacial norte-americana Nasa, o brasiliense de 23 anos ganhou uma promoção mundial assim que voltou do intercâmbio. O prêmio é um voo suborbital, que está previsto para ocorrer no final do ano. [...]

Notícias R7. Disponível em: <noticias.r7.com/educacao/universitario-vencedor-de-concurso-internacional-sera-2-brasileiro-a-ir-para-o-espaco-25032015>. Acesso em: mar. 2015.

3. Lide

■ A seguir, há quatro manchetes de notícias e respectivos olhos.

Escolha uma delas, crie e escreva no caderno o **lide** para a manchete selecionada.

Não se esqueça de que o lide deve responder às perguntas: O quê?, Quem?, Quando?, Como?, Onde?, Por quê?.

a)

Campanha chama a atenção para atropelamento de animais no Parque da Tijuca

Mais de 400 milhões de animais silvestres morrem atropelados, por ano, nas rodovias do País

Último Segundo, 22 mar. 2015. Disponível em: <ultimosegundo.ig.com.br/ciencia/meioambiente/2015-03-22/campanha-chama-a-atencao-para-atropelamento-de-animais-no-parque-da-tijuca.html>. Acesso em: mar. 2015.

b)

Equipe de programa de TV captura arraia grávida com 360 kg

A arraia pescada é maior que um carro Mini Cooper

Notícias Terra, 17 mar. 2015. Disponível em: <noticias.terra.com.br/ciencia/animais/equipe-de-programa-de-tv-captura-arraia-gravida-com-360-kg,eb01d0835182c410VgnVCM20000099cceb0aRCRD.html>. Acesso em: mar. 2015.

c)

Nasce filhote de gato-palheiro do Zoo de BH

O felino nasceu há um mês e é filho de Sofia e Guilherme

Band Minas, 23 mar. 2015. Disponível em: <noticias.band.uol.com.br/cidades/minasgerais/noticia/100000742572/Nasce-1%C2%BA-filhote-de-gato-palheiro-do-Zoo-.html>. Acesso em: mar. 2015.

d)

Nove estudantes britânicos tentam ficar uma semana sem acessar redes sociais

Experimento tinha a intenção de demonstrar efeitos do medo de ficar 'por fora', que induz jovens ao vício em smartphones

O Globo, 20 mar. 2015. Disponível em: <oglobo.globo.com/sociedade/tecnologia/nove-estudantes-britanicos-tentam-ficar-uma-semana-sem-acessar-redes-sociais-15651798>. Acesso em: mar. 2015.

4. Legenda

■ Crie uma **legenda** para a foto a seguir, relacionando o relato abaixo com o que foi flagrado. Estas dicas poderão ajudá-lo:

- Tal como nas manchetes, é muito comum usar o verbo no tempo presente.
- A legenda não deve apenas conter a descrição do que é retratado, mas deve atrair o leitor, por isso merece tanto cuidado quanto merecem os títulos.
- É importante esclarecer no texto da legenda qualquer dúvida que a foto possa despertar em quem vê a imagem. Deve também realçar aspectos relevantes e informar o leitor sobre o contexto em que ela foi registrada.
- As informações devem atender à curiosidade do leitor, que quer saber quem ou o que está na foto, o que está fazendo, onde está, quando, enfim o que for essencial para compreendê-la. Mas atenção: ela precisa ser breve.

Cientistas se inspiram em lagartixa e criam luvas de "Homem-Aranha"

Em testes, homem de 70 kg conseguiu escalar parede de vidro usando invento que reproduz as mesmas forças físicas que interagem no caso animal

Cientistas americanos desenvolveram luvas que possibilitam que uma pessoa escale uma parede como se fosse o Homem-Aranha, inspirada na física que permite às lagartixas subir pelas paredes.

Os pesquisadores da Universidade de Stanford, nos Estados Unidos, desenvolveram almofadas de silicone do tamanho da mão, com as quais um homem de 70 kg escalou diversas vezes uma parede de vidro de 3,6 metros de altura.

[...]

wenn.com/Glow Images

BBC Brasil, 26 nov. 2014.
Disponível em: <ultimosegundo.ig.com.br/mundo/mundo-insolito/2014-11-26/cientistas-se-inspiram-em-lagartixa-e-criam-luvas-de-homem-aranha.html>.
Acesso em: mar. 2015.

Para finalizar os ensaios para a produção, leia e compare seus trabalhos como "jornalista" com os de seus colegas.

A produção da notícia

1. Assista a um telejornal e escolha um fato para ser noticiado. Se possível, grave-o para poder ouvi-lo ou vê-lo quantas vezes for necessário.

2. Anote os principais **elementos da notícia** respondendo a cada um dos itens: "O quê?", "Quem?","Quando?", "Onde?", "Por quê?", "Como?".

   I. Prepare uma notícia com todas as partes que você estudou:
   - manchete, olho, lide, corpo do texto com as informações referentes ao fato noticiado e o fechamento.

   II. Escreva o relato a partir dos dados anotados, observando:
   - a intenção ao produzir uma notícia por escrito: informar os leitores;
   - a estrutura do texto jornalístico: relato de um fato realmente ocorrido.

   III. Planeje:
   - como a sequência dos fatos será apresentada;
   - que marcas de tempo e de espaço os fatos apresentam;
   - a escolha da linguagem: mais objetiva, mais elaborada, com relatos feitos em 3ª pessoa.

3. Se achar necessário, acrescente uma foto para ilustrar o acontecimento e favorecer a compreensão dele ou para enriquecer a apresentação de sua notícia.
   Se incluir imagens, elabore uma legenda para ela.

4. Lembre-se de que:
   - em um texto de notícia, costuma predominar a linguagem mais objetiva;
   - devem ser evitadas frases longas, pois isso dificulta a agilidade da leitura;
   - o leitor deve ser atraído para a leitura por uma manchete que desperte seu interesse.

Revisão e avaliação da notícia

1. Releia sua notícia.

2. Verifique se ela contém todas as partes:
   - manchete;
   - olho;
   - lide;
   - corpo do texto.

3. No lide e no corpo do texto, verifique se as respostas às seguintes questões podem ser encontradas:
   - Do que trata a notícia?
   - Quando aconteceu o fato?
   - Onde aconteceu?
   - Quem ou o que foi envolvido no fato?
   - Como aconteceu?
   - Por que aconteceu?

4. Troque sua notícia com um colega para avaliar se:
   - a linguagem empregada está clara e adequada ao gênero;
   - há frases longas, que dificultam a compreensão e prejudicam o ritmo da leitura do texto.

> **Atenção!**
> Sua notícia será utilizada no *Ponto de chegada* desta Unidade.

●● Outro texto do mesmo gênero

Notícias bizarras

Muitas vezes as notícias são tão bizarras, isto é, tão extravagantes, que chamam a atenção do leitor porque os fatos narrados parecem irreais!

Leia a seguir estas notícias incomuns.

11/11/2014 13h09 – Atualizado em 11/11/2014 13h09

Crocodilo enorme é filmado roubando refeição de cães selvagens

Cena foi filmada no Parque Nacional Kurger, na África do Sul. Com medo, cães apenas observam réptil levar embora o almoço.

Do G1, em São Paulo

Crocodilo enorme foi filmado roubando a refeição de cães selvagens.

Na cena filmada em agosto, o réptil sai do rio Olifants e caminha até o local onde os cães devoravam uma carcaça de impala, um tipo de antílope. Em seguida, o crocodilo crava suas poderosas mandíbulas na carcaça e a leva para o rio.

G1, São Paulo, 11 nov. 2014. Disponível em: <g1.globo.com/planeta-bizarro/noticia/2014/11/crocodilo-enorme-e-filmado-roubando-refeicao-de-caes-selvagens.html>. Acesso em: mar. 2015.

11/11/2014 11h10 – Atualizado em 11/11/2014 11h10

Chinês compra 99 iPhones para pedir mão de namorada, mas leva não

Homem gastou mais de 500 mil iuanes (R$ 208,5 mil). Ele usou iPhones para criar coração e fazer o pedido de casamento.

Do G1, em São Paulo

Chinês comprou 99 iPhones para pedir mão de namorada, mas levou não.

Um chinês comprou 99 iPhones 6 para criar um coração e pedir sua namorada em casamento em Guangzhou, na China. O homem gastou mais de 500 mil iuanes (R$ 208,5 mil) para realizar o pedido, que se tornou viral no país asiático.

Apesar do pedido "grandioso", segundo o *site* "Kokatu", a mulher disse "não". Fotos que mostram o casal no meio do coração formado por iPhones fizeram sucesso ao serem publicadas na rede social chinesa.

O jovem tinha escolhido 11 de novembro para fazer o pedido, pois a data é conhecida como "Dia dos Solteiros" na China.

G1, São Paulo, 11 nov. 2014. Disponível em: <g1.globo.com/planeta-bizarro/noticia/2014/11/chines-compra-99-iphones-para-pedir-mao-de-namorada-mas-leva-nao.html>. Acesso em: mar. 2015.

Autoavaliação

Chegou o momento de fazer um balanço de tudo o que foi estudado no Capítulo 5. Leia o quadro de conteúdos para recordar o que estudou e, no caderno, avalie seu desempenho usando os tópicos propostos a seguir como orientação. Isso o ajudará na hora de organizar seus estudos.

Meu desempenho

- **Avancei em** (registre no caderno os itens em que você melhorou)
- **Preciso rever** (registre no caderno os itens que você precisa estudar mais)
- **Outras observações e/ou outras atividades**

CONTEÚDOS	
Gênero	Notícia Primeira página de jornal • "Espaçonave pousa em cometa pela 1ª vez na história", Salvador Nogueira • "Soro contra ebola pode ser brasileiro", revista • "Crianças do Vale do Itajaí viram *hit* na internet com bordão 'taca-le pau'", *site*
Leitura e interpretação de texto	Elementos e estrutura da notícia Partes da notícia impressa: autoria, título ou machete, foto, legenda, olho e lide Notícia impressa: no jornal, na revista, na internet
Língua: usos e reflexão	Verbo (III) • Usos do tempo presente • Formas nominais • "Gerundismo" • Conjugações verbais • Locuções verbais • Advérbio e locução adverbial
Produção textual	**Escrita** A notícia
Participação	**Prática de oralidade** Jornal falado
Ampliação de leitura	Leitura de *Outras linguagens*: Pintura Leitura e produção de relações entre textos da seção *Conexões* Leitura de *Outro texto do mesmo gênero*: Notícias bizarras "Crocodilo enorme é filmado roubando refeição de cães selvagens", *site* "Chinês compra 99 iPhones para pedir mão **de** namorada, mas leva não", *site*

Maurício Pierro/Arquivo da editora

A **reportagem** pode ser considerada a própria essência de um veículo de comunicação de massa e difere da notícia pelo conteúdo, extensão e profundidade.

Na notícia, já estudada no capítulo anterior, de modo geral tem-se a intenção de relatar o fato e, no máximo, seus efeitos e consequências mais imediatos. Já na **reportagem**, o propósito não é só noticiar, mas também ampliar e aprofundar um fato recentemente noticiado ou revelar um fato inédito sobre determinado assunto, apurando suas razões e efeitos por meio de: entrevistas com especialistas, apresentação de pesquisas e de documentos, estudos científicos, dados estatísticos, gráficos, etc.

Maurício Pierro/Arquivo da editora

Você já leu uma reportagem? Já acompanhou alguma pelo rádio ou pela televisão? Se pudesse escolher, que assunto gostaria de ler numa reportagem? Converse com os colegas e o professor sobre os assuntos que mais prenderiam a sua atenção.

Você vai ler agora uma reportagem publicada em um jornal, em um caderno especialmente destinado a leitores jovens como você. Veja, na página ao lado, como a reportagem foi apresentada no jornal.

TÔRRES, Iuri de Castro (texto); GIOLITO, Paula (fotografia); DAMATI, Rodrigo (ilustrações). "Zumbis" na escola. *Folha de S.Paulo*, São Paulo, 14 fev. 2011. Folhateen, p. 1, 6 e 7.

●● Interpretação do texto

Compreensão

🟧 **Em dupla.** Observem as três páginas do caderno Folhateen, reproduzidas na página anterior. Depois respondam às perguntas no caderno.

manchete: título principal de notícia em letras grandes na primeira página de um jornal ou revista.

1. Em relação à reportagem, num primeiro olhar:
- a) Qual é a **manchete**?
- b) Qual é o nome do jornalista que relata o fato?
- c) Que fotos foram usadas?
- d) Qual é o nome dos autores das fotos e das ilustrações que fazem parte da reportagem?
- e) Que recursos da linguagem visual foram usados, além da fotografia e da ilustração?
- f) Com que intenção esses recursos foram utilizados?

2. Releiam os títulos que foram usados para chamar a atenção do leitor para o tema:

> **"Zumbis" na escola**
> **À meia-noite levarei seu sono**
> **"Internet não é inimiga, mas precisa de controle", diz médico**

Em sua opinião, qual desperta mais a curiosidade do leitor? Por quê?

3. Quem seria o leitor destinatário dessa reportagem? Justifiquem a resposta.

4. Na primeira página do caderno, logo depois da manchete '"Zumbis' na escola", vem o **olho da manchete**, trecho escrito em destaque, que complementa as informações dadas no título da matéria:

> **Eles não são mortos-vivos, mas ficam com cara de sono o tempo todo depois de varar a noite *on-line***

A manchete acompanhada do olho da matéria motiva o leitor a ler a reportagem? Por quê?

5. Como o leitor que se sente motivado a ler a reportagem se orienta para localizá-la rapidamente no suplemento?

Vamos ler agora os textos da reportagem principal desse suplemento para entender o que é relatado pelo jornalista.

Fotos: *Folha de S.Paulo/Folhapress*

À meia-noite levarei seu sono

Na volta às aulas, teens relutam em largar a internet e ir para a cama

Iuri de Castro Tôrres

Com poucas variações, a história é a mesma. "Pareço um zumbi", "É difícil voltar à rotina", "Dormia às 5h e acordava às 13h", etc.

É, voltar ao ritmo escolar, com intermináveis aulas que começam antes das 8h, enquanto o dia brilha lá fora e sua cama chama, não é mole.

Mas quem são os inimigos da rotina saudável de sono dos *teens*? A resposta é fácil: a internet, o celular e, é claro, a internet no celular.

"Essa geração está cada vez mais conectada", diz Silvana Leporace, coordenadora de orientação educacional do colégio Dante Alighieri. "Dormem com o celular ao lado e ficam trocando mensagens com os amigos."

Para Cristiano Nabuco, coordenador do programa de dependentes de internet do Instituto de Psiquiatria da USP, "os adolescentes espirram do controle dos pais". "Eles não dormem, a internet é um apelo muito forte."

Segundo Silvana, isso atrapalha o aprendizado, pois a fixação do conteúdo ocorre durante o sono.

Matheus, 17, de Santos (SP), por exemplo, é um madrugador confesso. "Nas férias, ia até as 6h fácil, fácil", conta. Como é professor de informática, o garoto passa horas fuçando novas ferramentas *on-line*.

Como agora tem de pular da cama às 6h30 da madrugada, demora a acordar "de verdade". É a mesma situação de Guilherme, 16, de São Paulo, que "zumbiza" durante as primeiras aulas do dia. "Tenho que jogar água gelada na cara."

A técnica para disfarçar as olheiras é a maquiagem, e a estratégia para espantar os bocejos é música alta no caminho para a escola. Ainda assim, eles dificilmente escapam de um cochilo em aula.

Também é comum tentar compensar, aos sábados e domingos, as horas de sono perdidas. É quando os *teens* "hibernam". Stefanie, 15, dorme até depois do almoço. "Vale a pena", atesta.

"Sento em frente ao computador e esqueço da vida, nem vejo o tempo passar", diz Brenda, 16.

A impressão do tempo "voar" faz sentido do ponto de vista científico. Segundo Nabuco, o córtex pré-frontal, parte do cérebro que controla os impulsos e é sede da razão e do conhecimento, ainda não é totalmente desenvolvido nos adolescentes.

Por isso, de acordo com o médico, é mais difícil saber a hora de desconectar e ir contar carneirinhos para dormir no mundo real.

"Internet não é inimiga, mas precisa de controle", diz médico

De São Paulo

Para Cristiano Nabuco, coordenador do programa de dependentes de internet do Instituto de Psiquiatria da USP, a internet não é uma inimiga, mas é necessário controlar seu uso.

Três sinais de que a rede está atrapalhando a sua vida são: você esconde o número de horas que fica conectado, fica apreensivo de ir a lugares sem internet e deixa de fazer atividades cotidianas, como esportes ou sair com os amigos, para ficar *on-line*.

"Não dá para ficar acordado a noite toda e não conseguir levantar de manhã", diz.

Segundo Gustavo Moreira, pediatra e pesquisador do Instituto do Sono, o ser humano foi feito para dormir no escuro, e a luz do computador e da TV confundem tudo.

"A luminosidade age no centro de sono do cérebro, responsável por organizar o ciclo de descanso. Ele passa a entender que não escureceu e fica desperto", diz.

O resultado é mau humor, irritação e pouca concentração nos estudos. (ICT)

TÔRRES, op. cit., p. 7.

●● Interpretação do texto

Compreensão

1. O texto da reportagem traz informações sobre *teens*.

Responda no caderno:

a) Quem são esses *teens*?

b) Onde vivem os *teens* da reportagem?

c) Quando acontecem os fatos relatados?

d) Por que para esses *teens* é muito difícil voltar para o ritmo escolar?

2. Como o repórter caracteriza o uso da internet, do celular e da internet no celular por esses *teens*?

3. Por que, segundo Silvana Leporace, o uso excessivo da internet atrapalha o aprendizado dos alunos?

4. Segundo os depoimentos dos jovens, quais são as estratégias utilizadas para:

- acordar mais rápido pela manhã?

- disfarçar as olheiras?

- espantar os bocejos?

- compensar as horas de sono perdidas durante a semana?

5. Releia a fala de Brenda:

Sento em frente ao computador e esqueço da vida, nem vejo o tempo passar [...].

Responda no caderno:

a) Que palavra é utilizada na reportagem para traduzir como Brenda sente o tempo quando está diante do computador?

b) Como a ciência explica esse fato?

c) Qual é sua opinião sobre o fato de o adolescente esquecer-se da vida diante da tela do computador? Com você isso também acontece?

6. A reportagem relata o que dizem Cristiano Nabuco e Gustavo Moreira, especialistas que estudam essa dependência da internet.

a) Em que local essa dependência é estudada por eles?

b) Por que essa dependência interessa a quem estuda distúrbios do sono?

7. Os especialistas citam três sinais como indicadores de que a internet está causando dependência no usuário. Segundo eles, a pessoa:

- esconde o número de horas que fica conectada;
- tem medo de ir a algum lugar onde não seja possível acessar a internet;
- deixa de fazer atividades do dia a dia, como praticar esportes e sair com os amigos, para ficar na internet.

Depois de conhecer os critérios dos especialistas, como você se avalia? Poderia ser considerado um dependente da internet? Explique.

8. A reportagem também traz um quadro (veja ao lado) com os efeitos da falta de sono e alguns conselhos para quem não costuma dormir no horário certo. Leia-o.

Com base nas informações do quadro, responda:

a) Em sua opinião, qual dos efeitos da falta de sono é o mais indesejado? Por quê?

b) Dos conselhos sobre formas de conseguir acertar o ritmo do sono, qual deles, em sua opinião, é o mais fácil de seguir?

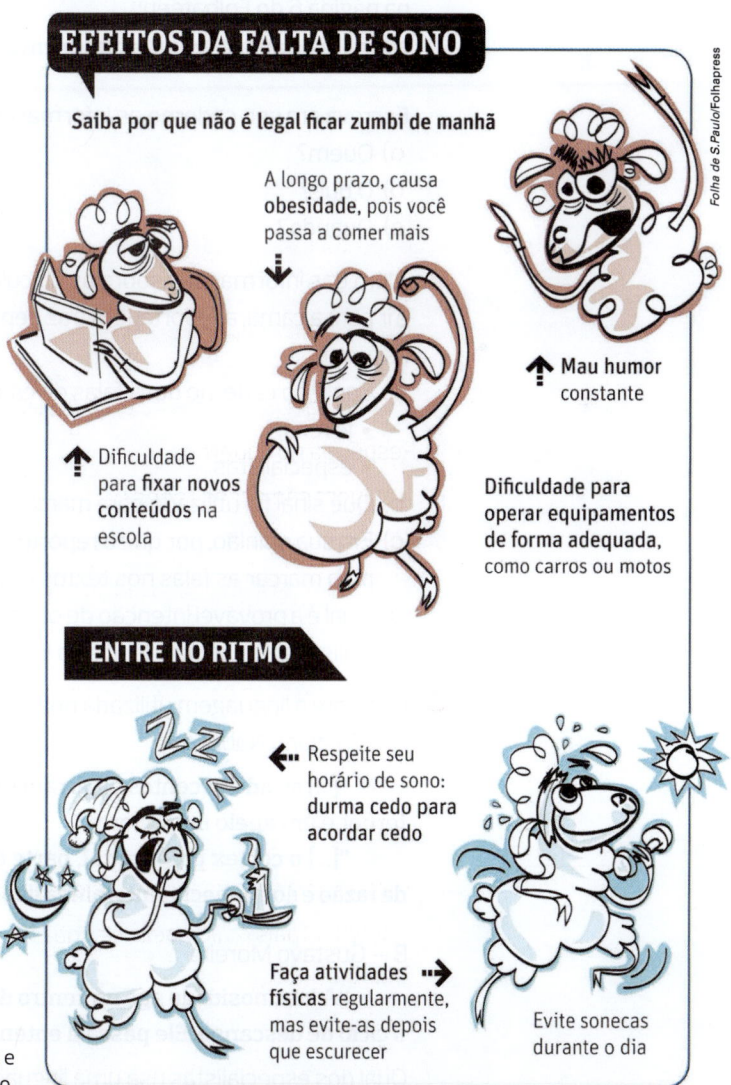

Fonte: Gustavo Moreira, pediatra e pesquisador do Instituto do Sono.

Conversa em jogo

A dependência da internet pode ser uma doença?

■ Converse com os colegas sobre as questões propostas a seguir.

1. Vocês conhecem alguém para quem o uso da internet já extrapolou os limites de uma vida saudável? Se sim, responda:

a) Por que essa dependência não é normal?

b) O que essa pessoa faz ou deixa de fazer por causa da internet?

2. Agora, identifique a opinião da maioria dos colegas da sala: a dependência da internet pode ser uma doença?

Fale o que você pensa a respeito e ouça a opinião dos colegas com atenção.

Construção e linguagem dos textos

1. Releia o olho da notícia, parágrafo que vem logo após a manchete, que foi publicada na página 6 do Folhateen:

Na volta às aulas, *teens* relutam em largar a internet e ir para a cama

Escreva em seu caderno as informações de acordo com as questões propostas:

a) Quem?

b) O quê?

c) Quando?

2. Além das informações sobre as dificuldades que os jovens têm em largar a internet e ir para a cama, a reportagem traz depoimentos de jovens e de especialistas sobre o assunto.

a) Copie no caderno duas falas de cada um dos grupos a seguir:

- jovens;
- especialistas.

b) Que sinal foi utilizado para marcar todas as falas?

c) Em sua opinião, por que o repórter não utilizou o travessão, um sinal mais comum para marcar as falas nos textos em prosa?

d) Qual é a provável intenção de o repórter ter utilizado os comentários de um especialista sobre dependência da internet e de outro sobre distúrbios do sono?

3. Compare a linguagem utilizada nos depoimentos dos especialistas da área médica:

A – Cristiano Nabuco:

"[...] os adolescentes espirram do controle dos pais". "Eles não dormem, a internet é um apelo muito forte."

"[...] o córtex pré-frontal, parte do cérebro que controla os impulsos e é sede da razão e do conhecimento, ainda não é totalmente desenvolvido nos adolescentes."

B – Gustavo Moreira:

"A luminosidade age no centro de sono do cérebro, responsável por organizar o ciclo de descanso. Ele passa a entender que não escureceu e fica desperto."

Qual dos especialistas usa uma linguagem mais objetiva, mais técnica?

4. Releia algumas das falas dos jovens:

"**Pareço um zumbi.**"

"**É difícil voltar à rotina.**"

"**Nas férias, ia até as 6h fácil, fácil.**"

Escreva no caderno a(s) alternativa(s) que melhor caracteriza(m) a linguagem utilizada pelos jovens:

a) Mais natural, espontânea.

b) Mais informal, menos monitorada.

c) Mais elaborada, técnica.

d) Mais formal, mais monitorada.

5. Observe as palavras e expressões destacadas que foram utilizadas pelo repórter:

> É, voltar ao ritmo escolar [...], **não é mole**. [...] É a mesma situação de Guilherme, 16, de São Paulo, que "**zumbiza**" durante as primeiras aulas do dia. [...] É quando os *teens* "**hibernam**".

Assinale a(s) alternativa(s) que melhor caracteriza(m) a linguagem utilizada pelo repórter:

a) Mais natural, espontânea.

b) Mais informal, menos monitorada.

c) Mais elaborada, técnica.

d) Mais objetiva, formal, mais monitorada.

6. Sabendo que a reportagem tem a intenção de informar o leitor dando detalhes sobre o assunto abordado e que a linguagem de uma reportagem deve ser clara e objetiva, responda: qual é a provável razão de o repórter ter utilizado esse tipo de linguagem na reportagem?

7. Releia os títulos dados à reportagem, tanto na capa quanto na página interna do suplemento. Qual foi a provável intenção do repórter ao intitular a reportagem com palavras que fazem referência a histórias de terror?

📋 Hora de organizar o que estudamos

Copie e complete o esquema no caderno inserindo no local adequado as seguintes palavras: *presente, mapas, fotos, informar, dados, quem, onde, quando*.

Reportagem

Relato de fatos reais, resultado de uma atividade jornalística de pesquisa, de seleção de dados, de interpretação, veiculado em órgãos da imprensa.

Intenção
Informar fornecendo: ■ pesquisados, depoimentos, fotos, mapas, etc.

Linguagem
Predominância de:
- linguagem mais objetiva e mais monitorada;
- uso do tempo ■.

Construção
- elementos da reportagem: o que, ■, ■ e ■;
- partes: manchete, olho, lide, boxes, etc.;
- depoimentos e relatos.

Recursos em outras linguagens
- ■;
- ilustrações;
- cores;
- ■;
- boxes informativos.

Leitor
Pessoa interessada em se ■ mais profundamente sobre determinado assunto.

●● Prática de oralidade

Apresentação oral de reportagem

🟧 **Em trio.** Agora vocês vão apresentar uma reportagem. Primeiro vocês devem preparar a matéria a ser apresentada. Vamos lá?

Preparo

🟧 Para dar início à preparação da apresentação, procedam conforme os seguintes passos:

a) Pesquisem em diversas fontes reportagens em que o assunto seja o uso excessivo de computadores ou outros aparelhos que mantêm as pessoas em conexões virtuais.

b) Selecionem a reportagem que mais possa interessar aos colegas e anotem as ideias principais dela.

c) Façam uma divisão da reportagem em partes para que cada aluno possa participar da apresentação e estabeleçam a ordem em que ela ocorrerá.

d) Planejem um pequeno roteiro para servir de apoio para cada um dos apresentadores.

e) Seria interessante pensar em recursos que pudessem ilustrar e despertar o interesse dos colegas.

f) Cada um deverá treinar a apresentação de sua parte apoiado no roteiro, mas sem lê-lo. Para isso, treinem bastante a sequência da fala, a entonação, etc.

Apresentação

🟧 Posicionem-se já na ordem em que cada um fará sua apresentação. Sigam os passos:

a) Um dos elementos do grupo apresenta o assunto da reportagem aos colegas e o motivo de ele ter sido escolhido, procurando despertar o interesse dos ouvintes.

b) Iniciem a apresentação da reportagem, com cada um do grupo falando sua parte.

c) Apresentação da reportagem. Não se esqueçam de (que):

- falar mais pausadamente, com linguagem mais monitorada e clara; além disso, atentar para a pronúncia das palavras;

- é importante evitar ficar de costas quando apresentar recursos como imagens, cartazes, *slides*, fotos; etc.;

- cada componente do grupo deve, ao terminar de apresentar sua parte da reportagem, passar a palavra ao colega que dará continuidade à apresentação.

d) Encerramento: despedir-se, agradecendo a atenção de todos e colocando o material à disposição.

●● Outras linguagens

Gráficos

Os gráficos são usados para representar de forma visual um conjunto de dados. Eles ajudam o leitor a compreender melhor e mais rapidamente as informações.

Notícias, reportagens, livros didáticos, relatórios, pesquisas (científicas, eleitorais, de comportamento, de satisfação), entre outros gêneros, costumam apresentar informações usando gráficos.

Por exemplo: para saber o comportamento de jovens quanto ao uso da internet, o Unicef — Fundo das Nações Unidas para a Infância — realizou uma pesquisa nacional em 2013 com adolescentes entre 12 e 17 anos, das cinco regiões brasileiras, chamada "O uso da internet por adolescentes".

Os dados coletados nessa pesquisa são apresentados, em geral, por meio de gráficos.

Veja quantos jovens acessam a internet — **Incluídos** — e quantos não têm acesso ao mundo virtual — **Excluídos**:

Acesso à internet em números

Incluídos: 70%	Excluídos: 30%
Aproximadamente 15 milhões de adolescentes	**Aproximadamente 6 milhões de adolescentes**

Adaptado de: Unicef — Fundo das Nações Unidas para a Infância. O uso da internet por adolescentes. Disponível em: <www.unicef.org/brazil/pt/br_uso_internet_adolescentes.pdf>. Acesso em: abr. 2015.

O que você observou nos resultados desse gráfico?

Cada tipo de gráfico ou de tabela tem um modo de ser lido. Vamos saber mais sobre isso?

1. Gráfico de relações

1. Observe o gráfico abaixo.

Atividades *on-line*

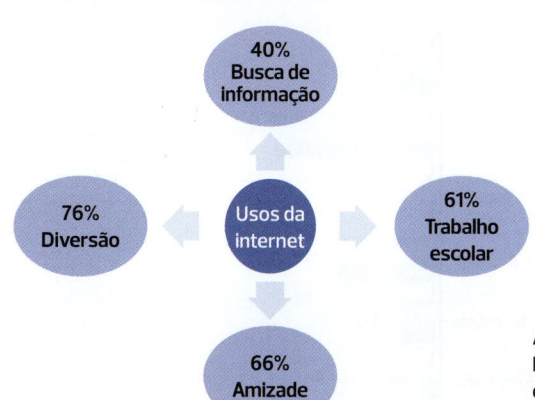

Adaptado de: Unicef — Fundo das Nações Unidas para a Infância. O uso da internet por adolescentes. Disponível em: <www.unicef.org/brazil/pt/br_uso_internet_adolescentes.pdf>. Acesso em: abr. 2015.

a) O que você observou na leitura desse gráfico?

b) Pela aparência do gráfico e pelo tipo de informação que ele apresenta, responda: por que ele recebe o nome de **gráfico de relações**?

2. Comparando os dados mostrados no gráfico, responda:

a) Em que uso se concentra a maior parte dos adolescentes?

b) Que uso da internet os adolescentes fazem menos?

c) Em qual dos círculos de uso você se encaixa?

2. Gráfico de barras

1. Observe este gráfico. Ele é usado para comparar dados.

Faça a leitura horizontal e depois observe os números da coluna vertical.

Uso das redes sociais por região

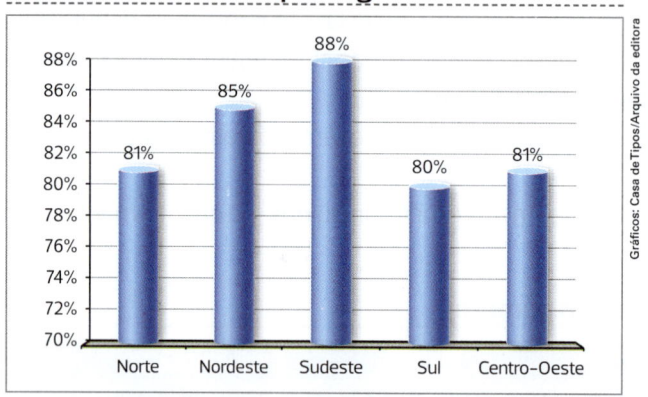

Adaptado de: Unicef – Fundo das Nações Unidas para a Infância. O uso da internet por adolescentes. Disponível em: <www.unicef.org/brazil/pt/br_uso_internet_adolescentes.pdf>. Acesso em: abr. 2015.

Gráficos: Casa de Tipos/Arquivo da editora

a) O que esse gráfico compara?

b) O que indica a linha horizontal do gráfico?

c) O gráfico apresenta também uma linha vertical com números. O que esses números mostram?

d) Por fim, observe e compare as cinco barras com diferentes comprimentos e responda:

- Que região concentra o maior número de adolescentes usando a internet?
- Qual é a 2ª região em que há maior uso da internet por adolescentes?

e) Em que posição se encontra a região onde você mora?

2. Agora, observe este outro gráfico.

De onde acessa com mais frequência

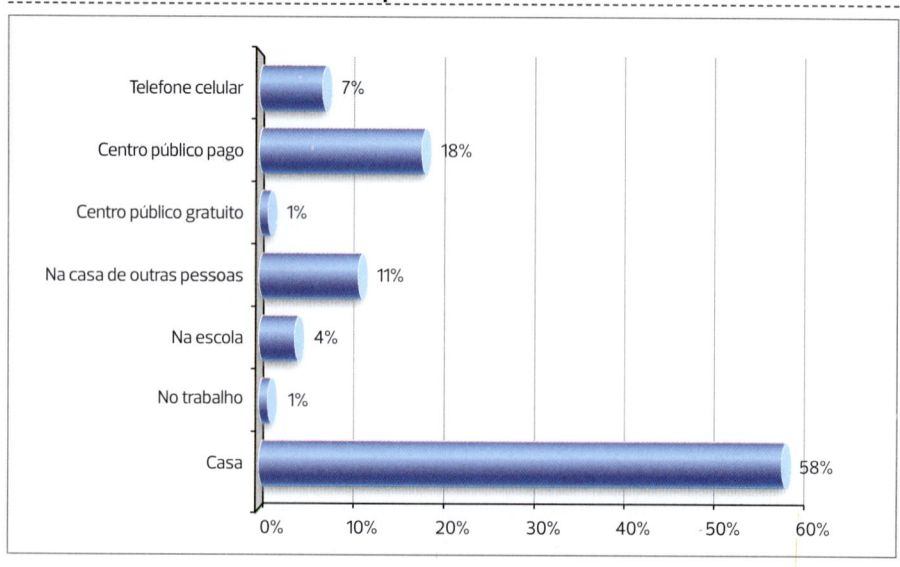

Adaptado de: Unicef – Fundo das Nações Unidas para a Infância. O uso da internet por adolescentes. Disponível em: <www.unicef.org/brazil/pt/br_uso_internet_adolescentes.pdf>. Acesso em: abr. 2015.

Responda:

a) Que informação ele fornece?

b) Observando a aparência do gráfico, como ele apresenta os dados coletados?

c) Em relação ao primeiro gráfico, a leitura deste gráfico pode ser feita de que modo?

d) Compare o comprimento das barras e responda:
- De que local se acessa a internet com mais frequência?
- Qual é o 2º local de onde mais se acessa a internet?

e) Você acessa a internet? Se sim, de onde costuma acessar com mais frequência?

3. Gráfico de setor

O gráfico de setor também é conhecido como gráfico de "pizza". Ele é usado para agrupar dados a partir de um total.

1. Observe o gráfico abaixo.

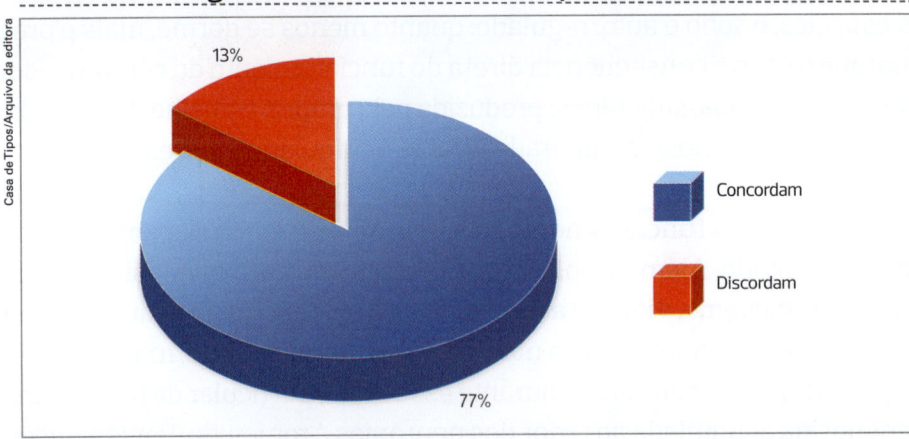

Adolescentes que concordam que o uso da internet deve ser mais controlado e algumas coisas deveriam ser proibidas

Casa de Tipos/Arquivo da editora

13%

77%

Concordam

Discordam

Adaptado de: Unicef – Fundo das Nações Unidas para a Infância. O uso da internet por adolescentes. Disponível em: <www.unicef.org/brazil/pt/br_uso_internet_adolescentes.pdf>. Acesso em: abr. 2015.

a) Ao observar o desenho desse gráfico, em que ele difere dos anteriores?

b) Que informação é apresentada neste gráfico?

2. Observe as cores da legenda e responda:

a) Qual é a posição da maioria dos jovens?

b) E você? Como se posiciona em relação a esse assunto?

c) Ler esses resultados por meio de gráficos é melhor do que por meio de parágrafos? Por quê?

Conexões RELAÇÕES ENTRE TEXTOS, ENTRE CONHECIMENTOS

Em sua rotina diária, o jornalista precisa estar sempre bem preparado: estudar o assunto que vai tratar, entrevistar pessoas envolvidas ou especialistas, estar atento aos acontecimentos no país e no mundo, etc.

Leitura constante e habilidade para escrever são essenciais para o trabalho do jornalista. Isso o ajuda, por exemplo, a procurar relações entre os assuntos, conexões entre informações, dados, pessoas e acontecimentos.

1. Saúde em questão: o sono

Leia a seguir um artigo, escrito por uma especialista, que trata da importância de uma noite de sono.

Dormir muito não é desperdício!

Suzana Herculano-Houzel [1]

Alguns se sentem bem dormindo menos, outros precisam de quase duas horas a mais. Em média, são umas oito horas diárias de sono – e todo mundo sabe, por experiência própria, que elas são imprescindíveis.

Dá para não dormir uma noite ou outra, ou dormir menos a cada noite, mas as consequências são imediatas: os olhos doem, junto vem o cansaço, fica difícil encontrar as palavras e fazer contas de cabeça e ainda é preciso lidar com a sonolência, o jeito que o cérebro tem de não deixar ninguém ficar sem dormir tempo demais.

Afinal, se a insônia for total e permanente, ela leva à morte em algumas semanas (não, perder uma ou duas noites de sono aqui e ali não mata ninguém).

Dormir é muito mais do que repousar. Uma vez por dia, os vertebrados e até as moscas passam por um período de várias horas com o cérebro funcionando diferente, e não apenas em "repouso": é sono mesmo.

Em todas essas espécies, o sono é autorregulado: quanto menos se dorme, mais é preciso dormir. Isso ocorre porque o sono é consequência direta do funcionamento do cérebro: a sonolência vem do acúmulo de adenosina, substância produzida pelo próprio trabalho dos neurônios. Quanto mais trabalham, mais a adenosina é liberada e vai se acumulando no cérebro até... chegar o sono.

A adenosina impõe limites ao funcionamento dos neurônios e está relacionada à fadiga após o esforço mental sustentado. Além disso, a partir de certo ponto, a adenosina começa a desligar os sistemas que promovem a vigília e a motivação e a acionar aqueles que promovem o adormecimento. É inevitável, portanto: quanto mais a pessoa fica acordada, mais sono sente.

E aqui entra o papel do reparador do sono: é durante esse modo particular de funcionamento do cérebro que a adenosina acumulada ao redor dos neurônios é removida. Por isso, acordamos fresquinhos, com os neurônios prontos para mais um dia. É também durante o sono que as sinapses, as conexões entre os neurônios, são recalibradas, o que é fundamental para o aprendizado. Aprender, e lembrar do que se aprendeu, é um processo que não termina ao fim da aula, mas continua até enquanto dormimos.

Além disso, também é durante o sono que se recupera a habilidade de lidar com o estresse. Sem dormir o suficiente, o cérebro sucumbe rapidamente ao estresse, com ansiedade, agressividade e doenças. Sem falar que a própria falta de sono já é um estresse. Mas dessa parte você já sabia...

HERCULANO-HOUZEL, Suzana. *Folha de S.Paulo*, São Paulo, 21 jan. 2010. Equilíbrio, p. 5.

2. Tecnologia: cuidados na internet

Quando saímos de casa, tomamos cuidado com nossa segurança no trânsito, procuramos nos proteger da violência e de outros perigos.

Em casa nos sentimos protegidos, livres dos perigos da rua. Usando a internet, conversamos com amigos; postamos imagens, vídeos, músicas, notícias; damos opiniões. Mas será que estamos protegidos mesmo?

---

1 Suzana Herculano-Houzel, neurocientista, é professora da UFRJ – Universidade Federal do Rio de Janeiro, escreveu vários livros e mantém o *blog* <www.suzanaherculanohouzel.com>. Acesso em: abr. 2015.

Leia algumas orientações sobre comportamento virtual que podem ajudar você a não usar a internet de forma prejudicial.

Ilustrações: Cláudio Chiyo/Arquivo da editora

Não é só uma foto

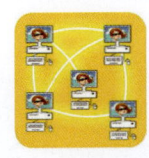

Evite publicar ou compartilhar fotos que possam cair nas mãos de pessoas mal-intencionadas.

A disseminação é muito rápida e sem controle.

Lembre-se:

- Uma vez postado o conteúdo, não é possível impedir sua circulação.
- Nunca envie fotos para amigos que você conheça apenas pela internet.

Perigo!

Na internet há perfis falsos, *e-mails* falsos e muitos *sites* livres para acesso, que podem trazer consequências desastrosas: espionagem, roubo de arquivo, roubo de senha, vírus.

Lembre-se:

- Para evitar situações embaraçosas, todo cuidado é pouco.

Minhas informações são pessoais

Não informe número de telefone, de documentos nem endereço de sua casa ou da escola em que você estuda, pois esse tipo de informação pode cair nas mãos de pessoas mal-intencionadas.

Lembre-se:

- Assim como seus documentos, sua senha é pessoal.

Ninguém sabe quem eu sou

Algumas pessoas acham que podem postar anonimamente o que quiserem, pois não serão identificadas. Isso não é verdade, pois usuários podem ser identificados. Se alguém comete um crime ou viola o direito do outro, pode pagar pelo que fez.

Lembre-se:

- A responsabilidade da postagem que você fez é sua. Registros na internet são difíceis de apagar.

Não é só uma brincadeira

Caso, mesmo se protegendo, você seja alvo de algum problema na internet, como incômodos ou ameaças, procure ajuda de seus pais, de responsáveis por você ou de adultos de sua escola.

Lembre-se:

- Além de se proteger, pense sempre se sua ação pode estar prejudicando ou humilhando alguém de alguma forma.

Sabendo usar

A internet pode ser um lugar para explorar, aprender, conversar com os amigos da escola, com amigos e familiares distantes ou simplesmente relaxar. Mas, da mesma forma que ela pode ser útil, pode representar um perigo para o usuário.

Lembre-se:

- Cuide de sua própria segurança usando a internet de forma positiva e acessando somente o que é útil e confiável.

Adaptado de: *Cartilha de segurança para internet*, do Cert.br — Centro de Estudos, Resposta e Tratamento de Incidentes de Segurança no Brasil. Disponível em: <cartilha.cert.br/segurança> e <internetsegura.br/dicas-jovens-criancas/>. Acesso em: abr. 2015.

●● Língua: usos e reflexão

Frase e oração

■ Releia as manchetes da reportagem:

"Zumbis" na escola

À meia-noite levarei seu sono

Converse com os colegas sobre essas manchetes:

- são longas ou curtas?
- detalham o assunto ou dão apenas uma ideia geral?
- é possível saber de que a reportagem trata apenas pelas manchetes?

Para construir essas manchetes, o repórter fez algumas escolhas de linguagem: palavras que causam algum estranhamento, como "zumbis" ou com referência a histórias de terror.

E se uma das manchetes viesse escrita assim:

Sono à seu meia-noite levarei

Seria mais estranho ainda, não é mesmo?

Para criar a manchete, foi necessário organizar as escolhas de tal forma que o leitor tivesse uma compreensão mínima do seu sentido.

A organização dessas escolhas foi feita sob a forma de frases.

O que é uma frase?

> **Frase** é uma unidade de sentido, escrita ou falada, que tem o objetivo de comunicar algo.

Veremos a seguir algumas formas de organizar as frases.

Releia mais uma vez as manchetes:

"Zumbis" na escola
↓
Frase organizada **sem verbo**.
↓
frase nominal

À meia-noite levarei seu sono
↓
Frase organizada **com verbo**: *levarei*.
↓
oração

Esse é um primeiro modo de organizar uma frase: com verbo ou sem verbo:

- com verbo: também chamada de **oração**.
- sem verbo: chamada de **frase nominal**.

Observe esta fala do primeiro parágrafo da reportagem:

Dormia às 5h e **acordava** às 13h.

Nessa frase há *dois verbos*. Cada verbo corresponde a uma oração. Portanto, há *duas orações* na frase.

 Atenção

As **locuções verbais** devem ser consideradas como um **único verbo**. Assim, se no exemplo acima, em vez de formas verbais simples, fossem usadas locuções verbais com o verbo *ter*, por exemplo, teríamos:

Tinha dormido às 5h e **tinha acordado** às 13h.

Como a locução verbal corresponde a um verbo, a frase acima continuaria com duas orações.

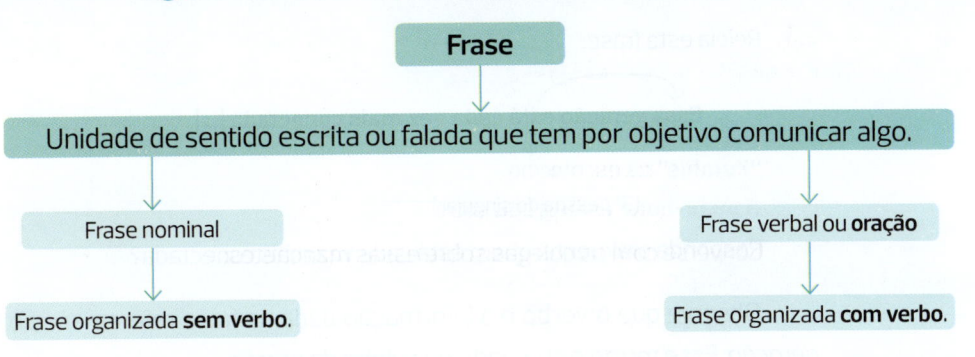

> **Frase**
>
> Unidade de sentido escrita ou falada que tem por objetivo comunicar algo.
>
> - **Frase nominal**
>   - Frase organizada **sem verbo**.
> - **Frase verbal ou oração**
>   - Frase organizada **com verbo**.

Atividades: frases

1. Leia a tira reproduzida a seguir:

SCHULZ, Charles M. Minduim. *O Estado de S. Paulo*, São Paulo, 9 jan. 2011. Caderno 2, p. D6.

Observe como as personagens se comunicaram, isto é, como foram organizadas as frases. Elas empregaram frases de dois modos: sem verbo e em torno do verbo.

Transcreva no caderno:

a) uma frase ou oração organizada apenas com verbo.

b) uma frase/oração organizada com um único verbo e outros elementos.

c) uma frase nominal.

d) Uma frase organizada com mais de um verbo.

2. Transforme as manchetes que estão sob a forma de frases verbais em manchetes com frases nominais:

a) "Veleiro canadense naufraga na costa brasileira" (*Jornal Hoje*, edição *on-line*, 19 fev. 2010.)

b) "Governo abrirá 30 postos de hidratação no Rio" (*O Globo*, 6 nov. 2011.)

c) "Salários começam a ser pagos amanhã" (*Diário de Natal*, 27 out. 2011.)

d) "Casos de dengue caem 24%" (*Tribuna do Norte*, edição *on-line*, 11 out. 2011.)

e) "De virada, Avaí vence clássico com o Figueirense" (*Folha de S.Paulo*, edição *on-line*, 28 ago. 2011.)

> É muito comum o emprego de frases nominais em manchetes de notícias. Observe os exemplos:
> - Pernilongos **infestam** praias do sul. → frase verbal
> - Infestação de pernilongos em praias do sul. → frase nominal

Termos da oração: sujeito e predicado

1. Releia esta frase:

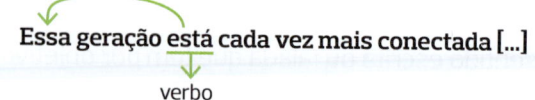

Essa geração **está** cada vez mais conectada [...]

verbo

(3ª pessoa do singular)

Responda oralmente: quem está cada vez mais conectada?

Observe que o verbo e a informação dada na frase referem-se ao termo *essa geração*. Esse termo é chamado de **sujeito** da oração.

Note que esse sujeito refere-se à 3ª pessoa do singular (*essa geração* → *ela*) e o verbo está concordando com a 3ª pessoa do singular.

2. Leia outra frase do texto:

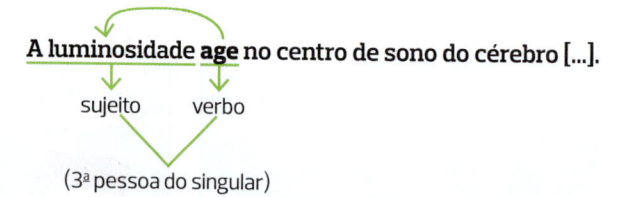

A luminosidade **age** no centro de sono do cérebro [...].

sujeito   verbo

(3ª pessoa do singular)

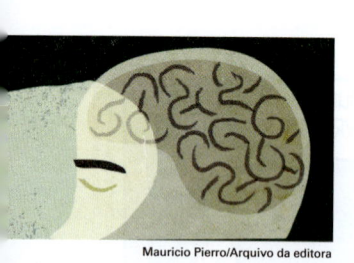

Maurício Pierro/Arquivo da editora

Responda oralmente: que informação é dada sobre esse sujeito?

Essa informação dada sobre o sujeito, incluindo o verbo, chama-se **predicado**.

Note que na frase anterior o verbo *age* — na 3ª pessoa do singular — está se referindo ao termo *a luminosidade*, que é o sujeito dessa frase.

O verbo deve se flexionar para concordar em número (singular e plural) e pessoa (1ª, 2ª ou 3ª pessoa do discurso) com o sujeito a que se refere.

> **Sujeito** é o termo da oração sobre o qual se dá uma informação e também a que o verbo se refere.
> **Predicado** é o termo da oração que traz toda informação sobre o sujeito na oração.
> **Sujeito e predicado** são termos essenciais para a formação da oração.

O sujeito na oração

Vimos que o **verbo** tem de ser flexionado para **concordar** com o **sujeito**. Assim, para localizar o **sujeito de uma oração**, é necessário achar antes o verbo para descobrir **a que** ou **a quem ele está se referindo**:

[...] os adolescentes **espirram** do controle dos pais [...].

- O verbo *espirram* refere-se ao termo *os adolescentes*; portanto *os adolescentes* é o **sujeito** dessa oração.

- Leia a frase a seguir:

É um apelo muito forte a internet.

Responda oralmente: qual é o sujeito sobre o qual é dada a informação?

Para responder a essa pergunta, primeiro localize o verbo: *é*. A que termo esse verbo está se referindo? O verbo (*é*) se refere ao termo *a internet*; assim *a internet* é o **sujeito** dessa oração.

- Veja que nem sempre o sujeito é o primeiro termo da oração. Observe outra frase:

Na sala de aula, dificilmente um adolescente escapa de um cochilo.

- O verbo (*escapar*) se refere a *um adolescente*; assim, *um adolescente* é o **sujeito** dessa oração.

Releia o trecho da fala da coordenadora Silvana Leporace:

Essa geração está cada vez mais conectada [...].

3ª pessoa do singular

Se a expressão *essa geração* for substituída por outra correspondente — *esses jovens*, por exemplo —, o verbo também deverá ser alterado para haver concordância. Veja:

Esses jovens estão cada vez mais conectados.

3ª pessoa do plural

Maurício Pierro/Arquivo da editora

Observe o que ocorre com o verbo nas frases seguintes:

Essa **geração**	está	cada vez mais conectada.
Nós	estamos	cada vez mais conectados.
Jovens e **adultos**	estão	cada vez mais conectados.
Eu	estou	cada vez mais conectado.

Nessas frases, a expressão *essa geração* foi substituída por: *nós, jovens e adultos* e *eu*. Para cada uma dessas substituições, foi necessário **flexionar o verbo**.

Observe as palavras destacadas nos sujeitos acima: são as palavras mais importantes, mais significativas desses sujeitos. São os núcleos do sujeito.

> **Núcleo do sujeito** é o nome que se dá ao termo que representa a ideia central do sujeito.

Teremos tipos diferentes de sujeito, dependendo da forma como os sujeitos e seus núcleos vierem expressos.

- No caderno, destaque o verbo e em seguida localize o sujeito das seguintes orações. Em sua resposta, grife o núcleo do sujeito.
  - a) "[...] a internet não é uma inimiga [...]."
  - b) "O ser humano foi feito para dormir no escuro."
  - c) "O resultado é mau humor, irritação e pouca concentração nos estudos."
  - d) "Stefanie, 15, dorme até depois do almoço."
  - e) "Matheus, 17, [...] é um madrugador confesso."
  - f) "Os adolescentes espirram do controle dos pais."

Tipos de sujeito

O sujeito pode ser expresso e organizado de diferentes maneiras, dependendo do tipo de informação, das intenções e do contexto. Veja a seguir os tipos de sujeito que a gramática apresenta:

1. Sujeito simples

Observe:

sujeito

O **adolescente** tem poucas horas de sono.

↓ núcleo do sujeito

sujeito

Os **adolescentes** têm poucas horas de sono.

↓ núcleo do sujeito

sujeito

Muitos **adolescentes** têm poucas horas de sono.

↓ núcleo do sujeito

sujeito

Quase todos os **adolescentes** têm poucas horas de sono.

↓ núcleo do sujeito

Em todas essas orações há **um só núcleo**: o **sujeito é simples**.

No sujeito, os elementos que cercam o núcleo ajudam a determiná-lo, a especificá-lo. Observe:

sujeito

Os sonolentos **adolescentes** das grandes cidades usam muito a internet.

↓ núcleo do sujeito

Leia e observe:

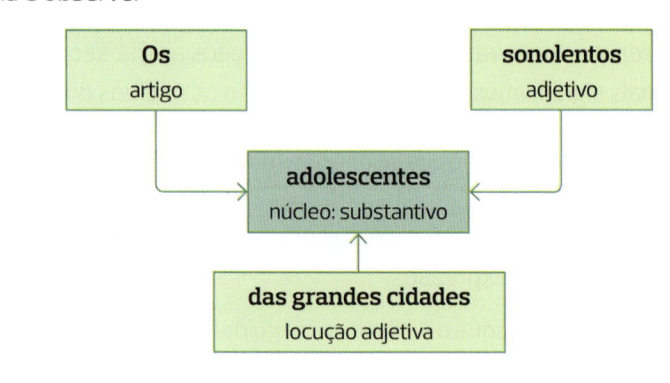

Mauricio Pierro/Arquivo da editora

Os — artigo

sonolentos — adjetivo

adolescentes — núcleo: substantivo

das grandes cidades — locução adjetiva

> O **sujeito com um só núcleo** é classificado como **sujeito simples**.

2. Sujeito composto

Observe:

sujeito

Esse **menino** e os **internautas** não têm muito tempo para dormir.

↓ núcleo do sujeito   ↓ núcleo do sujeito   ↓ verbo no plural

> O **sujeito com dois ou mais núcleos** é classificado como **sujeito composto**.

Vamos analisar passo a passo esta frase:

A internet e o celular são inimigos da rotina de sono.

1º) localizar o **verbo**: ⟶ *são*

2º) localizar o **sujeito** a que o verbo se refere: ⟶ *a internet e o celular*;

3º) localizar o **núcleo do sujeito**, parte mais importante do sujeito, com a qual o verbo faz a concordância: ⟶ *internet* e *celular*;

4º) localizar toda a declaração sobre o sujeito, incluindo o verbo: ⟶ *são inimigos da rotina de sono.*

🟧 Leia a tirinha reproduzida a seguir.

PAIVA, Miguel. *Chiquinha*: namoro ou amizade?. Rio de Janeiro: Rovelle, 2014. p. 10.

Responda no caderno:

a) Por que Caio diz "Grafiteiro sofre!" na segunda tirinha?

b) Transcreva a oração da tirinha que apresenta:
- um sujeito composto.
- um sujeito simples.

Agora, vamos ver formas de organizar a frase sem a presença do sujeito.

3. Sujeito subentendido (ou desinencial)

Leia a frase:

Dormem com o celular e **trocam** mensagens com os amigos.

verbos

Quem **dorme com o celular e troca mensagens com os amigos**?

Ao ler o texto, logo identificamos a quem essa oração está se referindo: aos **adolescentes** (*teens*). O sujeito **não** está presente nessa frase, embora possamos determiná-lo, localizá-lo com base no texto e a partir da terminação da forma verbal.

Essa oração **não** foi construída com o sujeito explícito. O sujeito está **subentendido**, isto é, lemos o texto do capítulo e sabemos a quem se refere o verbo *dormem* nessa frase, e, além disso, a terminação verbal *–em* indica, no caso, *eles*.

A oração **inteira** é um **predicado se referindo a um sujeito subentendido**, isto é, o sujeito não está presente na oração.

1. Veja agora este trecho da reportagem e compare-o com o trecho adaptado logo a seguir:

Trecho original:

"**Sento** em frente ao computador e **esqueço** da vida, nem **vejo** o tempo passar", diz Brenda.

Trecho adaptado:

Eu sento em frente ao computador e **eu** esqueço da vida e **eu** nem vejo o tempo passar, diz Brenda.

a) O que há de diferente no trecho original em relação ao trecho adaptado?

b) Por que a redação do texto original é mais adequada neste caso do que a do trecho adaptado?

Para evitar a repetição, o autor empregou o recurso de deixar o **sujeito subentendido**. Sabemos a quem os verbos se referem pela terminação do verbo e pelo contexto, que nos mostra que a expressão já foi empregada anteriormente.

Veja outro trecho da reportagem em que a terminação do verbo identifica o sujeito.

Tenho que jogar água gelada na cara.

A forma verbal *tenho que jogar*, pela terminação, indica que o **sujeito subentendido** dessa oração é *eu*.

Assim, não é necessário explicitar o sujeito, pois a forma verbal o revela.

2. Leia a tira humorística a seguir:

VERISSIMO, Luís Fernando. Família Brasil. *O Estado de S.Paulo*, São Paulo, 5 set. 2010. Caderno 2, p. D14.

a) Quais foram os recursos que o autor da tira empregou para não repetir o nome *Boca*?

b) O que torna a tirinha engraçada?

3. Leia a anedota a seguir:

Dois loucos conversando:

— Corno é o seu nome?

— Sei lá, <u>não lembro</u>. (1) E o seu?

— Nossa, <u>também não lembro</u>. (2)

— <u>Então somos xarás</u>! (3)

Domínio público.

Nas frases sublinhadas, os sujeitos estão subentendidos. De cada uma das frases, indique:

a) o sujeito que está subentendido;

b) a palavra que o ajudou a identificar o sujeito.

O sujeito subentendido é um recurso que podemos utilizar para a coesão textual. Veja a seguir.

Coesão textual: o uso do sujeito subentendido

Releia um trecho do texto:

Matheus, 17, de Santos (SP), por exemplo, é um madrugador confesso [...] Como é professor de informática, o garoto passa horas fuçando novas ferramentas *on-line*.

Como agora tem de pular da cama às 6h30 da madrugada, demora a acordar "de verdade".

Ao escrever, um dos cuidados que o autor deve ter é a organização das frases para que seu texto seja facilmente compreendido. Vamos ver um recurso empregado no trecho.

Observe todos os verbos destacados nesse trecho acima.

🔶 Copie o quadro a seguir no caderno e escreva o sujeito a que se referem as formas verbais indicadas em cada linha.

Formas verbais	Sujeito a que se referem
é	IIIIIIIIIIIIIIIIIIIIIIIIIIIIIIIIIIIIIIIIIIIIIIIIIIIIIIIIIII
passa, fuçando	IIIIIIIIIIIIIIIIIIIIIIIIIIIIIIIIIIIIIIIIIIIIIIIIIIIIIIIIIII
tem de pular, demora a acordar	IIIIIIIIIIIIIIIIIIIIIIIIIIIIIIIIIIIIIIIIIIIIIIIIIIIIIIIII

Note que mais de um verbo se refere ao mesmo sujeito e, para evitar a repetição, o sujeito ficou subentendido, mas pôde ser localizado pela terminação verbal e pelo contexto.

Se o leitor não identificar os sujeitos a que os verbos se referem, e com os quais concordam em número e pessoa, o texto não será bem compreendido.

Na construção de um texto é importante empregar alguns recursos linguísticos para torná-lo mais claro e coerente. Entre esses recursos destacam-se os que fazem a ligação entre as partes do texto. São chamados de mecanismos de coesão textual.

> A **coesão textual** é a ligação, a relação lógica entre as partes ou frases de um texto.

O sujeito subentendido é um desses mecanismos: ajuda a evitar repetições desnecessárias e, ao mesmo tempo, não deixa a frase perder de vista o tema a que está se referindo.

4. Sujeito indeterminado

Você estudou que o **sujeito subentendido** não está presente na oração, mas pode ser identificado, determinado pelo texto ou por meio da forma verbal, da terminação do verbo.

Mas há casos em que a intenção é não deixar claro para o leitor quem é precisamente o sujeito da oração.

Leia o quadrinho a seguir:

LINIERS. Macanudo. *Folha de S.Paulo*, São Paulo, 6 set. 2011. Ilustrada, p. E9.

Observe a frase:

E se colocam algo depois dos créditos?

↓

verbo
3ª pessoa do plural

É possível, observando toda a tirinha, indicar a quem a personagem se refere quando constrói essa frase? É possível indicar com certeza se o verbo faz referência a uma ou mais pessoas?

Como não é possível determinar o sujeito a que esse verbo se refere, dizemos que essa oração foi organizada com um **sujeito indeterminado**.

Transcreva as outras orações da tira que também têm o sujeito indeterminado.

> O **sujeito indeterminado** é aquele que não está presente na oração e não pode ser identificado ou determinado pelo contexto ou pela desinência verbal.

A frase terá sujeito indeterminado com o verbo na 3ª pessoa do plural quando não houver nenhuma outra indicação que permita identificar a quem o verbo se refere.

Agora leia a seguinte manchete de jornal:

Tiveram de retirar 10 famílias de áreas alagadas

Zero Hora, 21 jul. 2011.

Lendo apenas a manchete, sabemos que alguém retirou as famílias de locais que estavam alagados. Entretanto, não sabemos quem, nem quantos praticaram essa ação.

Ao ler a notícia completa, ficaremos sabendo que quem retirou as famílias foram pessoas da defesa civil. O texto, apenas em um momento posterior, vai permitir a identificação do sujeito.

📁 Hora de organizar o que estudamos

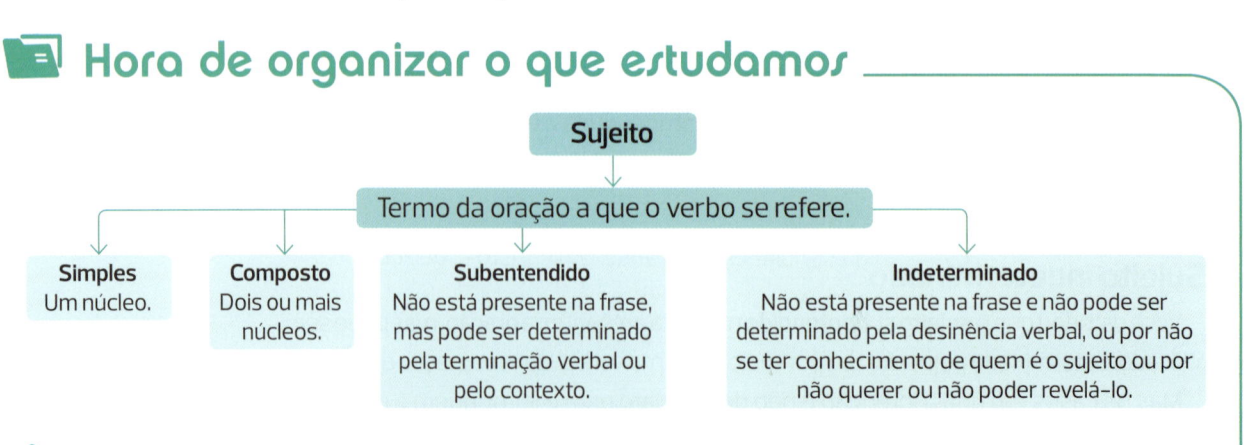

Sujeito

Termo da oração a que o verbo se refere.

Simples	Composto	Subentendido	Indeterminado
Um núcleo.	Dois ou mais núcleos.	Não está presente na frase, mas pode ser determinado pela terminação verbal ou pelo contexto.	Não está presente na frase e não pode ser determinado pela desinência verbal, ou por não se ter conhecimento de quem é o sujeito ou por não querer ou não poder revelá-lo.

Atividades: tipos de sujeito e concordância verbal

1. Reescreva as frases seguintes no caderno substituindo o sujeito pelo que está indicado entre parênteses e faça a **concordância** adequada do verbo:

   a) A geração mais antiga não entende o gosto do jovem pela internet.
   (Eles); (Nós); (Os mais velhos); (Você).

   b) Vocês têm de dormir mais horas por noite.
   (Nós); (Todos nós); (Ele); (Você).

2. Copie no caderno o parágrafo seguinte, que aparece na reportagem. Encontre os **verbos**, identifique o **sujeito** de cada verbo e o **núcleo** de cada sujeito:

   > Segundo Nabuco, o córtex pré-frontal, parte do cérebro que controla os impulsos e é sede da razão e do conhecimento, ainda não é totalmente desenvolvido nos adolescentes.

3. Transcreva no caderno o **sujeito** do parágrafo a seguir e identifique o(s) núcleo(s).

   > Cristiano Nabuco e os outros especialistas do programa de dependentes da internet não consideram a internet uma inimiga dos jovens.

4. Leia o anúncio produzido para divulgar uma campanha em favor de pessoas com deficiência:

"A pessoa com deficiência quebra a cultura da **indiferença**. Tenha coragem de ser **diferente**."

APAE: Associação dos Pais e Amigos dos Excepcionais.

Releia a frase principal do cartaz, que está em destaque:

   a) Qual é o efeito de sentido do jogo de palavras que há em **indiferança** e **diferente**?

   b) O que pode significar "cultura da indiferença"?

   c) Nessa frase, o verbo *quebra* está se referindo ao sujeito (a pessoa com deficiência). Qual é o **núcleo** desse sujeito?

   d) Na frase "Tenha coragem de ser diferente", o autor omitiu, isto é, deixou subentendido o sujeito. A que pessoa o verbo se refere?

   e) Identifique na frase "A data mais vibrante para as APAES do Brasil está chegando.":

   - o verbo da oração: ■
   - localize e transcreva o sujeito a que ele se refere: ■
   - determine o núcleo desse sujeito: ■

5. Leia o quadrinho reproduzido a seguir.

LAERTE. Lola, a Andorinha. *Folha de S.Paulo*, São Paulo, 15 jan. 2011. Folhinha, p. 8.

a) Transcreva no caderno as frases organizadas sem verbo.
b) Responda: a ausência do verbo nessas frases faz falta ao sentido?
c) Transcreva no caderno duas frases do quadrinho organizadas com verbo e sublinhe a forma verbal.
d) Com base nas formas verbais, indique no caderno o sujeito que está subentendido nas frases a seguir:
  - "Nunca fui sorteada!"
  - "Não vai levar o prêmio?"
  - "Estou tão feliz!"
e) Por que Lola não levou o prêmio?

6. Leia a tirinha a seguir e responda às questões no caderno.

SCHULZ, Charles M. Minduim. *O Estado de S.Paulo*, São Paulo, 26 set. 2011. Caderno 2.

a) A menina pergunta se Spike está dormindo. O que revela que ele está acordado?
b) No balão do último quadrinho, a frase foi escrita de modo diferente. O que isso revela?
c) Como a menina organiza a fala para não identificar quem encontrou a causa da doença de Spike?

7. Leia as manchetes jornalísticas mais abaixo e observe como foi organizada a linguagem. Copie-as no caderno e classifique-as de acordo com o que segue:

a) frase nominal;

b) oração com sujeito composto;

c) oração com sujeito simples;

d) oração com sujeito indeterminado;

e) oração com sujeito subentendido.

- "Contratos entre universidades públicas e fundações são investigados em cinco estados" (*Zero Hora*, 11 abr. 2015.)
- "Finalmente: inventaram o gelo eterno!" (Portal *R7 Notícias*, 7 out. 2011.)
- "Após 21 dias, fim da greve dos bancários" (*O Estado de S. Paulo*, 18 out. 2011.)
- "Vem chuva por aí" (*Diário Catarinense*, versão *on-line*, 28 fev. 2012.)
- "Baladas, celulares e fones de ouvido no volume máximo ameaçam a audição" (*Correio Braziliense*, abr. 2015.)

8. Observe as formas verbais destacadas e identifique no caderno os tipos de sujeitos nas frases a seguir:

a) Se você não entregar a tarefa vão dizer que você é irresponsável.

b) Acabada a tempestade, o sol nascerá.

c) Você e eu somos iguais.

d) Explodiram os caixas eletrônicos de dois bancos nesta madrugada.

e) Fico triste quando ouço o noticiário sobre tantas guerras.

No dia a dia

Concordância verbal

É muito comum as pessoas deixarem de fazer a concordância de sujeito e verbo quando o sujeito vem depois do verbo.

▪ A seguir, reproduzimos parte do anúncio de ofertas de uma loja.

Leia-o atentando para a concordância entre sujeito e verbo.

Anúncio publicado no jornal *Folha de S.Paulo*, São Paulo, 11 set. 2004. p. C6.

Para melhor analisar o que aconteceu, siga os passos:

a) Transcreva a locução verbal que foi utilizada na chamada do anúncio.

b) Qual é o sujeito a que essa locução verbal se refere?

c) Essa locução é típica da linguagem mais formal ou mais informal?

d) De acordo com a gramática normativa da língua, o verbo deve concordar em número e pessoa com o sujeito a que se refere. Para seguir essa regra, como deveria ficar a frase?

e) Qual é a provável razão de o anunciante ter feito a concordância dessa maneira?

Produção de texto

Gênero: reportagem escrita

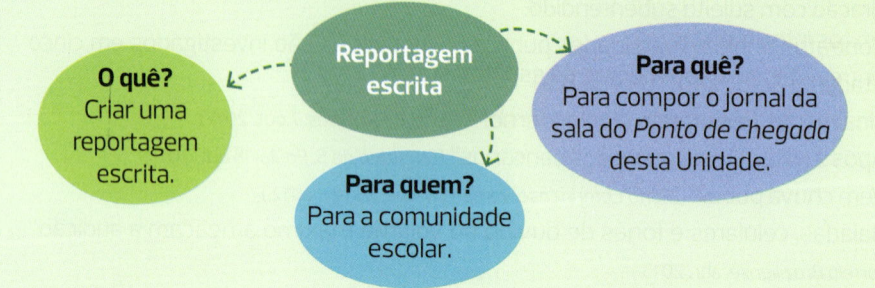

O quê?
Criar uma reportagem escrita.

Reportagem escrita

Para quê?
Para compor o jornal da sala do *Ponto de chegada* desta Unidade.

Para quem?
Para a comunidade escolar.

Vocês são os repórteres!

1. Formem equipes de dez alunos para pesquisar e trazer para a sala de aula notícias, fatos, informações que possam servir de base para uma reportagem cujo foco seja o seguinte:

A influência da internet no modo de vida das pessoas.

2. Montem um painel com as informações coletadas, para que todos possam lê-las.

3. Organizem as informações pelo que elas tiverem em comum.

Maurício Pierro/Arquivo da editora

Produção final

- Vocês estão preparados para fazer uma **reportagem**.

Sugestão de roteiro para a equipe de reportagem:

1. Com base nas notícias, fatos e dados selecionados, escolham o foco a ser ampliado na reportagem.

2. Elaborem um plano do que constará de sua reportagem:
   - textos informativos;
   - entrevistas ou depoimentos de especialistas;
   - quadros explicativos ou de resumo para o leitor entender melhor as informações;
   - outras notícias ou fatos sobre o assunto;
   - fotos e legendas, mapas, gráficos, etc.

3. Produzam seus textos levando em conta **como** as pessoas de sua cidade ou região se relacionam com essa ferramenta de comunicação e de informação.

4. Escolham os leitores a que se destinará sua reportagem: adultos, jovens, público que frequenta a escola, especialistas, autoridades, leitores de jornal em geral.

5. Dividam as tarefas entre os participantes do grupo. (O professor marcará uma data para que cada um traga sua parte.)

6. Releiam o que foi produzido e façam os ajustes necessários.

7. Elaborem um projeto gráfico para apresentar a reportagem. Considerem os recursos visuais que vocês poderão empregar:
   - nos títulos;
   - na distribuição dos textos nas páginas;
   - na distribuição das fotos;
   - nas legendas para complementar as informações;
   - em gráficos ou esquemas para ilustrar e facilitar a compreensão do que foi relatado.

8. Combinem com o professor o dia da apresentação das reportagens produzidas.

9. Ouçam os comentários e as sugestões dos colegas sobre a reportagem produzida por seu grupo e, se necessário, façam ajustes.

10. Atenção: é necessário guardar as reportagens, pois elas serão empregadas na seção *Ponto de chegada*.

Maurício Pierro/Arquivo da editora

⬤⬤ Outro texto do mesmo gênero

24 horas conectados

Para os jovens, o celular é percebido como uma extensão do corpo

Maíra Lie Chao e Emi Sasagawa

Para os adolescentes, ficar sem celular ou computador é o maior castigo. Muitos já preferem a internet aos automóveis.

Os jovens que participam do curso de verão da Putney Summer School, nos Estados Unidos, têm de deixar celular, laptop, tablet e qualquer outro aparelho de comunicação na entrada. Durante os 30 dias de estadia, o acesso à internet é limitado – dez horas semanais – e os fones de ouvido são banidos. Se quiserem ouvir música, devem conectar o MP3 a uma caixa de som, para que todos compartilhem. O intuito da política é induzir os alunos a interagir uns com os outros em vez de ficar isolados e imersos em uma tela eletrônica brilhante. Afinal, trata-se de um curso de verão. Os jovens vão lá para se divertir, conhecer culturas, gente diferente e fazer amigos.

Nos Estados Unidos é cada vez maior a preocupação com a intensidade da relação dos adolescentes com a internet e o celular, principalmente quanto aos limites de utilização desses meios de comunicação. Poder conversar com outras pessoas sem que a fronteira física atrapalhe é ótimo – uma conquista da modernidade. Mas para manter relações saudáveis, é preciso fazer um uso inteligente dos recursos tecnológicos e evitar os excessos da "dependência da conectividade". Nesse ponto, a escola e, principalmente, os pais são responsáveis pela educação dos jovens.

O celular se tornou um item de consumo favorito da população. O Brasil é o campeão em vendas da América Latina. Desde 2005, o número de telefones móveis ultrapassou o de fixos nas residências brasileiras. Além do mais, o aparelho é o principal representante da convergência tecnológica, permitindo ligações, envio de mensagens SMS e acesso à internet.

[...]

Pais e filhos

Quem convive com adolescentes sabe que um dos piores castigos para eles é ficar sem celular e sem computador. Os jovens permanecem conectados aos amigos e à família 24 horas por dia, ligando, trocando torpedos e atualizando status nas redes sociais. De acordo com o sociólogo polonês Zygmunt Bauman, na era da informação, a invisibilidade equivale à morte. Nessa fase marcada pela busca da identidade e da autonomia, é muito comum ver adolescentes imersos nesses meios de comunicação.

Mas para que os jovens usam tanto o celular? A pesquisa "Uso de Celular na Adolescência e sua Relação com a Família", envolvendo 534 jovens entre 12 e 17 anos de escolas públicas e particulares de Porto Alegre (RS), revelou que o uso mais frequente do aparelho é para se comunicar com os pais (90%) e com os amigos (79%). "É possível perceber que as relações virtuais estabelecidas pelo telefone celular acompanham as relações reais estabelecidas com família e grupo de amigos", diz a psicóloga Fabiana Verza, especialista em terapia fa-

miliar e autora do estudo. As outras utilizações mais populares são vinculadas à coordenação do dia a dia, com funções de despertador e de agenda.

[...]

O aparelho também proporciona mais tranquilidade aos pais e aos jovens sempre que saem de casa. "Existe uma necessidade de monitoramento dos filhos pelos pais, principalmente em função da violência e da insegurança associada a 'sair de casa' na atualidade, e, nesse ponto, o celular pode ser um grande elo de ligação" [...].

Segundo Fabiana, o fácil acesso a outros recursos midiáticos via celular, como internet e messenger, também exerce um papel relevante na socialização do jovem. Para os mais tímidos, o celular é um facilitador social. Eles se sentem mais à vontade em ligar diretamente para os amigos, sem ter de falar com os pais deles e de trocar mensagens de texto, recurso que não exige olhar nos olhos. Desse modo, os mais tímidos conseguem se socializar melhor. Em outros tempos, isso não seria possível. Vale lembrar, obviamente, que esse meio de comunicação não deve substituir uma conversa presencial.

É importante ter em mente que a juventude de hoje, assim como a das gerações passadas, tem essencialmente as mesmas necessidades: vincular-se a um grupo, ter mais autonomia e consolidar uma identidade. O que muda é atender a essas necessidades na era da informação.

Atritos sociais

O celular pode ser um aliado da educação ou um problema da família. "Alguns pais se sentem desautorizados a interferir na relação entre seus filhos e a tecnologia, pois não têm certeza se isso é positivo ou negativo para o crescimento deles", analisa Fabiana.

Mesmo não entendendo a tecnologia tão bem quanto os jovens, os pais não devem abrir mão de sua autoridade. "A tecnologia deve ser tratada apenas como um complemento nas relações familiares e um estímulo a mais para o desenvolvimento do filho", diz a especialista. No contexto moderno, cabe aos pais criar novos meios para controlar o uso de celular e internet. Fabiana recomenda que se estabeleçam regras de uso, para que os jovens tenham noção de tempo e de prioridade na utilização.

[...]

Na Coreia do Sul, um dos países mais conectados do mundo, a dependência de internet e, sobretudo, de jogos de computador é um problema que já virou questão de saúde pública. O Brasil ainda não se aproximou desse nível, mas os especialistas andam atentos. Estima-se que por volta de 10% dos usuários de internet sejam "dependentes". No Hospital das Clínicas de São Paulo já existe um grupo de apoio para quem tem dificuldade de se desconectar.

[...]

Para ter um relacionamento saudável com os aparelhos eletrônicos, é preciso manter satisfações fora da internet, como praticar um esporte, cultivar amigos e conviver com a família. O propósito das tecnologias de comunicação deve ser facilitar o contato com outras pessoas, complementando as relações já existentes.

[...]

CHAO, Maíra Lie; SASAGAWA, Emi. 24 horas conectados. Revista *Planeta*, ed. 473, São Paulo: Três, fev. 2012. Disponível em: <revistaplaneta.terra.com.br/secao/reportagens/24-horas-conectados>. Acesso em: abr. 2015.

Autoavaliação

Chegou o momento de fazer um balanço de tudo o que foi estudado no Capítulo 6. Leia o quadro de conteúdos para recordar o que estudou e, no caderno, avalie o seu desempenho conforme os tópicos propostos. Isso o ajudará na hora de organizar seus estudos.

Meu desempenho

- **Avancei em** (registre no caderno os itens em que você melhorou)
- **Preciso rever** (registre no caderno os itens que você precisa estudar mais)
- **Outras observações e/ou outras atividades**

CONTEÚDOS	
1. Gênero	Reportagem • "Zumbis" na escola, Iuri de Castro Tôrres
2. Leitura e interpretação de texto	A reportagem Recursos e linguagens Partes da reportagem impressa: autoria, título, imagens, manchete, olho e lide

3. Língua: usos e reflexão	Frase e oração
	Termos da oração: sujeito e predicado
	• O sujeito na oração
	• Tipos de sujeito
	  • Simples e composto
	  • Subentendido (ou desinencial)
	  • Indeterminado

4. Produção textual	**Escrita** Reportagem escrita • Montagem de painel com as notícias ou fatos coletados • Produção final
5. Participação	**Prática de oralidade** Apresentação oral de reportagem
6. Ampliação de leitura	Leitura de *Outras linguagens*: Gráficos Leitura e produção de relações entre textos da seção *Conexões* Leitura de *Outro texto do mesmo gênero*: • "24 horas conectados", Maíra Lie Chao e Emi Sasagawa

Maurício Pierro/Arquivo da editora

Sugestões

Sugestões para você conhecer outros livros, filmes, *sites* e CDs que podem fazer você rir, se emocionar e, ao mesmo tempo, ampliar seu conhecimento do mundo, do outro e de si mesmo.

Leia mais

As reportagens da Penélope. Anna Muylaert e Girotto Fernandes. Companhia das Letrinhas.

Você sabia que termos como *foca*, *furo* e *barriga* têm significados totalmente diferentes no mundo do jornalismo? Ao ler as páginas editadas pela repórter Penélope, personagem do programa televisivo *Castelo Rá-Tim-Bum*, você vai aprender a fazer um bom jornal caseiro e vai ler reportagens importantes, como aquela sobre a venda do famoso castelo, que custou apenas dois quilos de chocolate.

O outro jornal do menininho. Nani. Record.

Após o sucesso do livro *O jornal do menininho*, o autor Nani resolveu mostrar às crianças tudo o que é possível encontrar em um jornal e reuniu suas dicas neste novo livro. Observando a casa e a rua onde mora, a cidade e as coisas que acontecem no mundo dos outros e no seu mundo, ele pôde acumular conhecimentos e informações para compor seu jornal. Já pensou em fazer o mesmo? Conheça a trajetória desse menino e inspire-se.

Veja mais

A corrente do bem. Warner Home Video. DVD.

Todos os anos, um professor de Estudos Sociais propõe um desafio a seus alunos: que observem o mundo à sua volta e tentem mudar algo que os desagrada. Um dos alunos, Trevor, cria a "Corrente do bem" e tenta convencer os colegas a colocá-la em prática: a cada favor recebido, deve-se retribuir ajudando três pessoas. Será que o menino conseguirá levar sua ideia adiante?

portaldoprofessor.mec.gov.br/link.html?categoria=20

Consultando esta página do portal do professor, você poderá acessar os principais jornais do Brasil e do mundo. Uma dica interessante é utilizar o mapa para encontrar os jornais que circulam na região onde você mora. (Acesso em: abr. 2015.)

Ouça mais

Caçador de mim. Milton Nascimento. Universal Music. CD.

Conhecido como um dos mais talentosos cantores e compositores do Brasil, Milton Nascimento é um dos nomes mais importantes da MPB. O álbum *Caçador de mim* é considerado um dos melhores de sua carreira. Neste CD, você vai ouvir canções sobre notícias do Brasil que não saíram no rádio, no jornal ou na televisão. Confira!

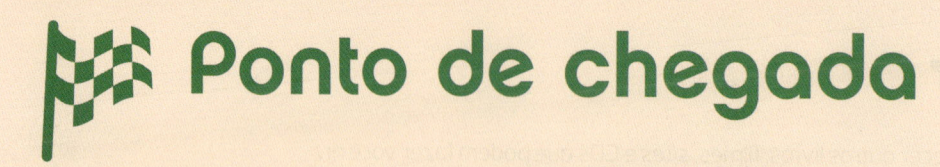

Ponto de chegada

1. O que estudamos nesta Unidade

Gêneros textuais: notícia e reportagem

🟢 Ao estudar os gêneros textuais notícia e reportagem nesta Unidade, você certamente notou que há características em comum a esses gêneros, assim como há pontos que os diferenciam.
Leia, no quadro abaixo, algumas dessas características. Depois copie no caderno o esquema proposto e complete-o com os termos que caracterizam melhor cada um desses gêneros.

> precisão   informação sobre acontecimentos de interesse da sociedade   confiabilidade
> objetividade   manchete, olho, lide   clareza   uso de recursos visuais
> apresentação de dados   relato de fato recente, com consequências imediatas
> veiculação em jornais, revistas, internet
> relato de fatos reais   relato de fato com ampliação e aprofundamento   pesquisa

Notícia		Reportagem
‖‖‖‖‖‖‖‖‖‖‖‖‖‖‖	‖‖‖‖‖‖‖‖‖‖‖‖‖‖‖	‖‖‖‖‖‖‖‖‖‖‖‖‖‖‖

Língua: usos e reflexão

1. Você vai rever agora alguns conteúdos estudados nesta Unidade. Um de nossos focos de estudo foi o verbo. Para retomar e fixar esse conteúdo, copie o esquema a seguir no caderno e, primeiro, complete-o com o conceito de verbo. A seguir distribua as palavras do quadro no esquema.

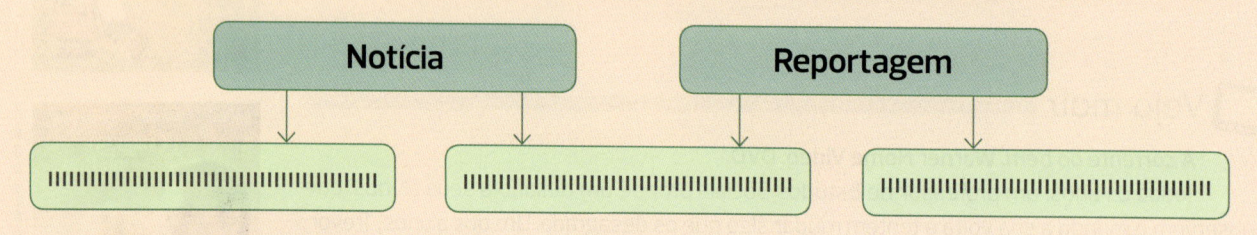

> presente   gerúndio   indicativo   particípio infinitivo   futuro
> imperativo   pretérito   subjuntivo

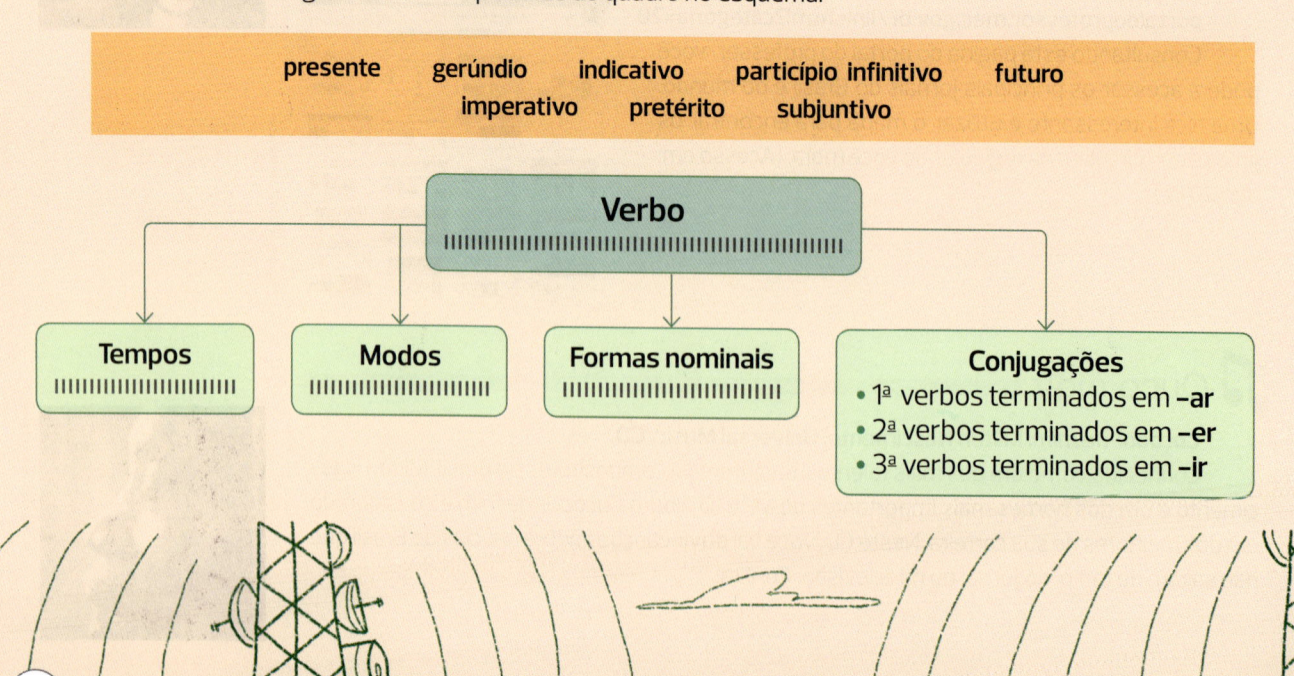

Verbo
‖‖‖‖‖‖‖‖‖‖‖‖‖‖‖‖‖‖‖‖‖‖‖‖‖‖‖‖‖‖‖‖‖

Tempos
‖‖‖‖‖‖‖‖‖‖‖‖‖

Modos
‖‖‖‖‖‖‖‖‖‖‖‖‖

Formas nominais
‖‖‖‖‖‖‖‖‖‖‖‖‖‖‖

Conjugações
- 1ª verbos terminados em **–ar**
- 2ª verbos terminados em **–er**
- 3ª verbos terminados em **–ir**

2. Copie o esquema a seguir no caderno e distribua nele os advérbios e locuções adverbiais do quadro a seguir, de acordo com a circunstância que geralmente indicam.

amanhã	talvez	não	perto	ontem	sim	pouco
muito	embaixo	longe	certamente			

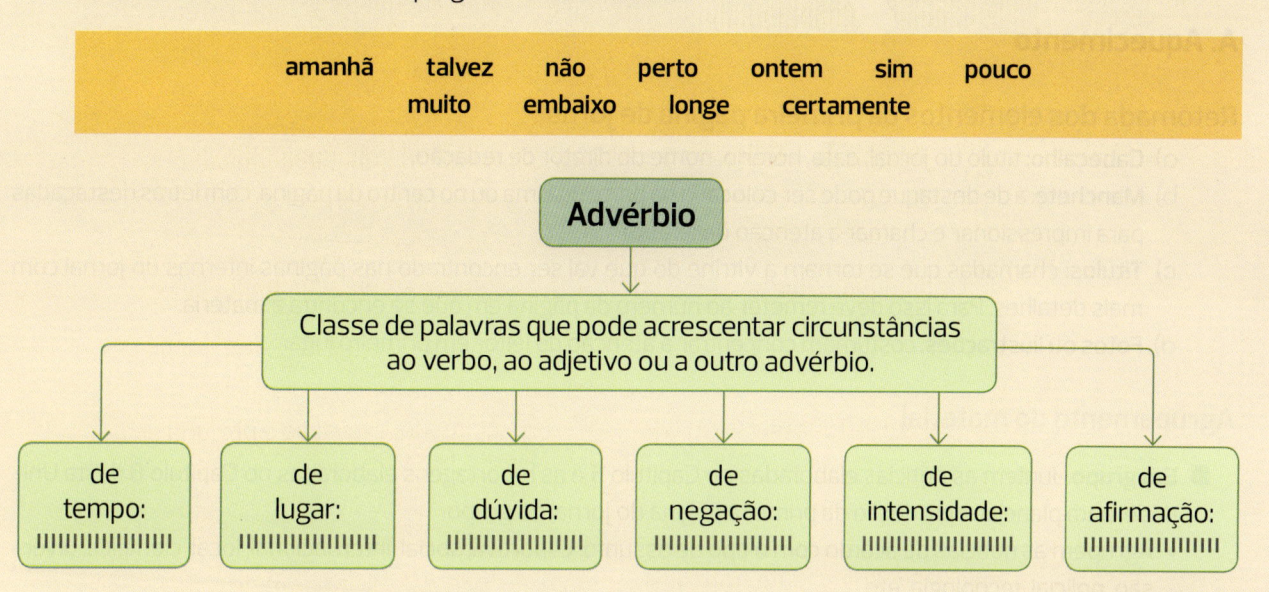

Advérbio

Classe de palavras que pode acrescentar circunstâncias ao verbo, ao adjetivo ou a outro advérbio.

| de tempo: ||||||||||||| | de lugar: ||||||||||||| | de dúvida: ||||||||||||| | de negação: ||||||||||||| | de intensidade: ||||||||||||| | de afirmação: ||||||||||||| |

3. Nesta Unidade estudamos também tipos de sujeito. No quadro a seguir há exemplos de orações que os caracterizam. Copie o esquema no caderno e coloque nos quadros o exemplo que se refere a cada um deles.

> Estão viajando somente o pai e a mãe.
> Ligaram para você hoje cedo.
> Vão ser sorteadas duas pessoas.
> Encantado com a paisagem, fotografou tudo o que pôde.

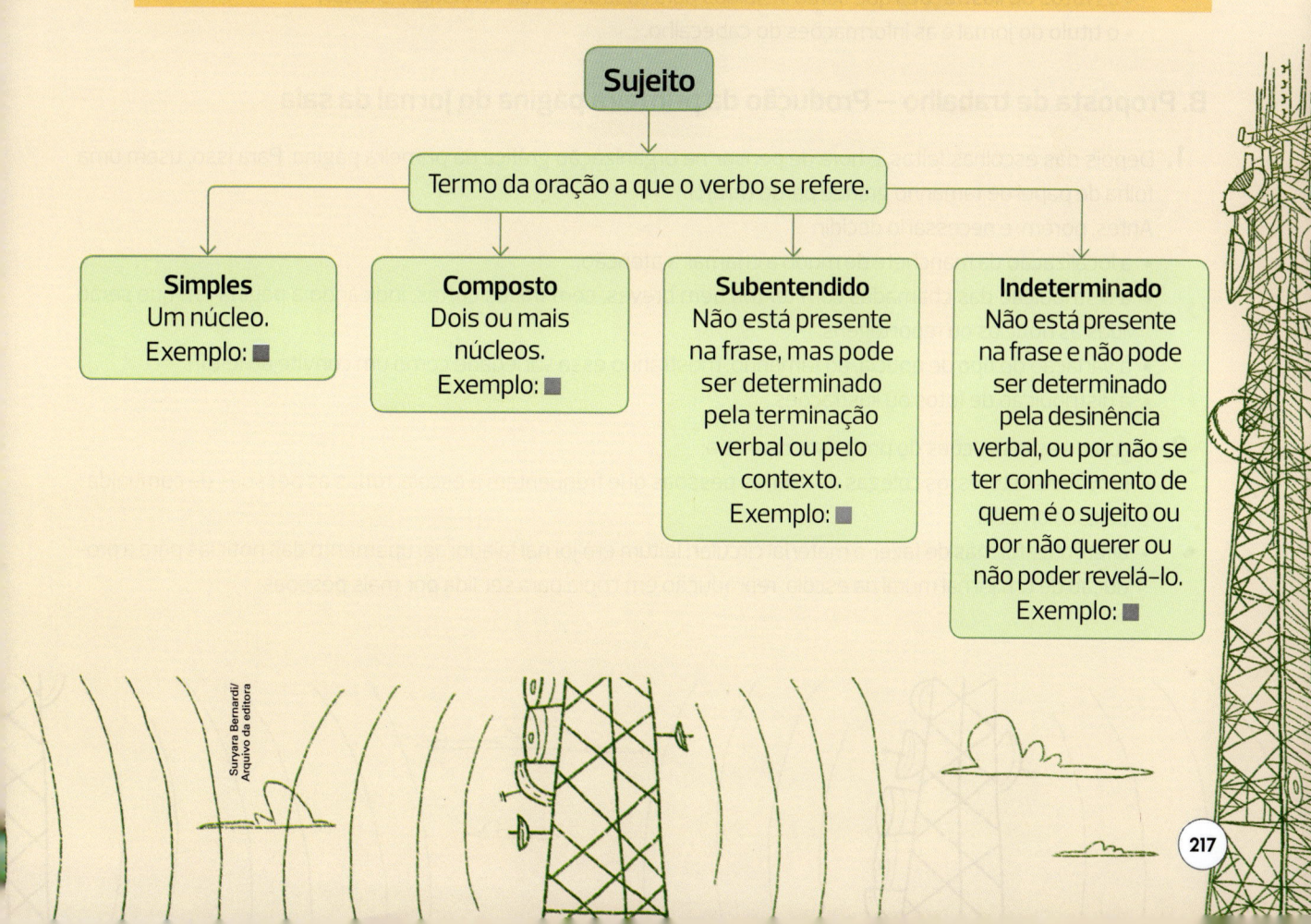

Sujeito

Termo da oração a que o verbo se refere.

Simples
Um núcleo.
Exemplo: ■

Composto
Dois ou mais núcleos.
Exemplo: ■

Subentendido
Não está presente na frase, mas pode ser determinado pela terminação verbal ou pelo contexto.
Exemplo: ■

Indeterminado
Não está presente na frase e não pode ser determinado pela desinência verbal, ou por não se ter conhecimento de quem é o sujeito ou por não querer ou não poder revelá-lo.
Exemplo: ■

Suryara Bernardi/ Arquivo da editora

2. Produção: primeira página de jornal

A. Aquecimento

Retomada dos elementos da primeira página de jornal:

a) **Cabeçalho**: título do jornal, data, horário, nome do diretor de redação.

b) **Manchete**: a de destaque pode ser colocada na parte de cima ou no centro da página, com letras destacadas para impressionar e chamar a atenção do leitor.

c) **Títulos**: chamadas que se tornam a vitrine do que vai ser encontrado nas páginas internas do jornal com mais detalhes. Para isso deve remeter ao número da página em que se encontra a matéria.

d) **Fotos ou ilustrações**: costumam concentrar a atenção do leitor em primeiro lugar.

Agrupamento **do material**

- **Em grupo.** Juntem as notícias elaboradas no Capítulo 5 e as reportagens elaboradas no Capítulo 6 desta Unidade, para planejar a produção da primeira página do jornal do grupo.
  - Agrupem as notícias de acordo com o tipo de assunto: esportiva, social, internacional, local, científica, diversão, policial, tecnologia, etc.
  - Tragam folhas de papel pardo para a sala de aula.
  - Planejem a distribuição das notícias no espaço das folhas de papel pardo, de acordo com os agrupamentos feitos.
  - Escolham:
    - a notícia que poderá servir de **manchete** por ser a mais interessante ou a que tem mais chance de atrair a atenção do leitor;
    - as demais notícias e reportagens que terão **chamada** na primeira página pela importância;
    - as **fotos ou ilustrações** que serão incluídas para ilustrar e atrair ou instigar o leitor;
    - o **título** do jornal e as informações do cabeçalho.

B. Proposta de trabalho — Produção da primeira página do jornal da sala

1. Depois das escolhas feitas, é hora de pensar na organização gráfica da primeira página. Para isso, usem uma folha de papel de tamanho grande pardo (*kraft*).

   Antes, porém, é necessário decidir:
   - a localização da manchete de modo a chamar a atenção;
   - a distribuição das chamadas com textos bem breves, com frases curtas, indicando a página em que serão lidas as notícias ou reportagens;
   - a variação do tipo de notícia, do tamanho, mostrando essa variedade como um convite ao leitor;
   - a distribuição de fotos ou ilustrações.

2. Aguarde as instruções do professor quanto a:
   - prováveis leitores: os colegas de sala, as pessoas que frequentam a escola, todas as pessoas da comunidade escolar, etc.;
   - diferentes formas de fazer o material circular: leitura em jornal falado; agrupamento das notícias para a produção de um jornal mural na escola; reprodução em cópia para ser lida por mais pessoas.

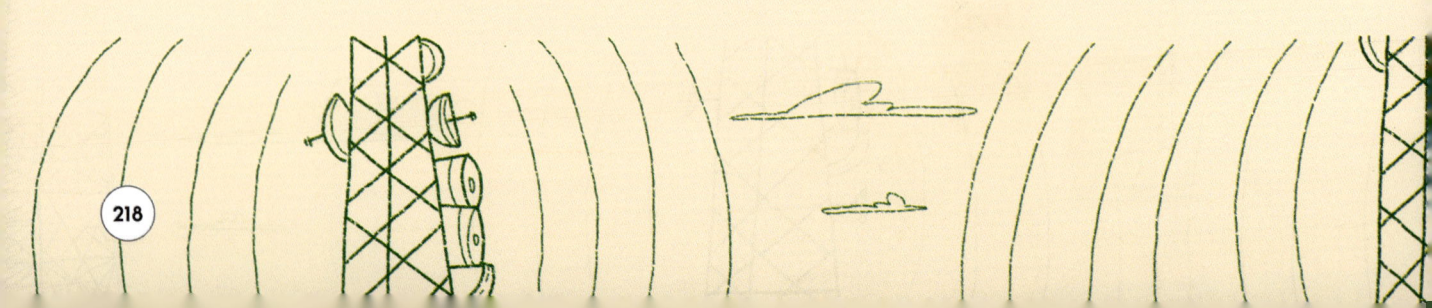

C. Preparo da produção da primeira página

Gênero textual

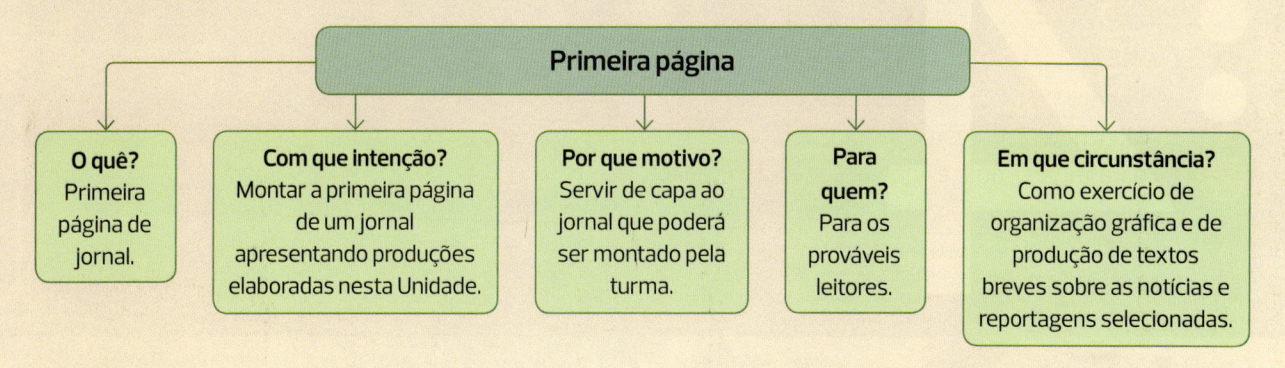

Primeira página

O quê?
Primeira página de jornal.

Com que intenção?
Montar a primeira página de um jornal apresentando produções elaboradas nesta Unidade.

Por que motivo?
Servir de capa ao jornal que poderá ser montado pela turma.

Para quem?
Para os prováveis leitores.

Em que circunstância?
Como exercício de organização gráfica e de produção de textos breves sobre as notícias e reportagens selecionadas.

Como fazer

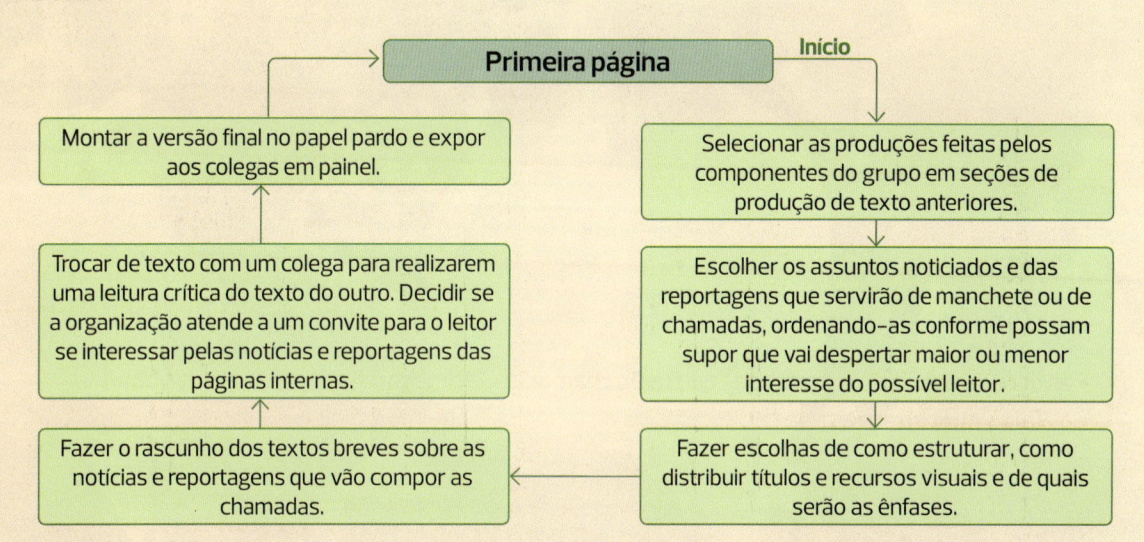

Primeira página — Início

Montar a versão final no papel pardo e expor aos colegas em painel.

Selecionar as produções feitas pelos componentes do grupo em seções de produção de texto anteriores.

Trocar de texto com um colega para realizarem uma leitura crítica do texto do outro. Decidir se a organização atende a um convite para o leitor se interessar pelas notícias e reportagens das páginas internas.

Escolher os assuntos noticiados e das reportagens que servirão de manchete ou de chamadas, ordenando-as conforme possam supor que vai despertar maior ou menor interesse do possível leitor.

Fazer o rascunho dos textos breves sobre as notícias e reportagens que vão compor as chamadas.

Fazer escolhas de como estruturar, como distribuir títulos e recursos visuais e de quais serão as ênfases.

Rascunho

🍃 Você poderá, em uma folha de papel pardo, simular a forma como o conteúdo da primeira página poderá ser disposto na página. E, neste momento, verifique se o planejamento está adequado ao gênero.

Produção definitiva

🍃 Observe se a produção de vocês está adequada:

a) às características da primeira página de jornal;

b) à intenção de despertar o interesse para o leitor;

c) à linguagem;

d) à correção das palavras: ortografia;

e) à pontuação e paragrafação.

Se houver necessidade de mudanças e correções, este é o momento de fazê-las. Caprichem para que todos possam, com facilidade, ler e se interessar pela primeira página do jornal de vocês. Siga as instruções do professor sobre quando, onde e como expor o seu trabalho para a leitura de todos.

Suryara Bernardi/Arquivo da editora

Panoramic Images/Getty Images

Grupo de pessoas
em um mercado
de rua na França.

Ideias e opiniões

A linguagem é usada tanto para expressar sentimentos, contar histórias de ficção, relatar experiências vividas, como também para informar, de modo mais imparcial possível, os fatos do mundo. Mas há também um uso muito importante da linguagem: fazer reflexões e defender ideias sobre a vida, o comportamento humano, os acontecimentos do dia a dia. É o que estudaremos nos capítulos sobre crônica e sobre artigo de opinião.

🚗 Ponto de partida

1. Você já vivenciou uma situação em que teve de defender suas ideias? Como isso aconteceu? Você conseguiu convencer o outro a aceitar seu ponto de vista?

2. Você procura se informar antes de discutir algum assunto com seus colegas? Você acha isso importante?

Carlos Araujo/Arquivo da editora

A palavra *crônica* vem da palavra grega *khronica*, de *khronos*, que significa 'tempo'. Há alguns séculos, a palavra deu nome a uma forma de registrar por escrito os fatos históricos e por muito tempo foi utilizada dessa maneira. Pero Vaz de Caminha era chamado de cronista, pois tinha a tarefa de registrar o que acontecia ao longo da viagem marítima de Pedro Álvares Cabral.

Há várias modalidades de crônica: jornalística, histórica, opinativa, futebolística, literária, etc. Grande parte das crônicas publicadas atualmente é de narrativas de ficção, literárias, baseadas em fatos do cotidiano. Geralmente escritas em linguagem leve, mais coloquial, e com muito humor, costumam fazer críticas a aspectos da realidade.

Leia, na próxima página, uma crônica bem humorada em que personagens dialogam, defendem ideias e argumentam sobre um desafio que os brasileiros precisam enfrentar.

O vendedor de palavras

Fábio Reynol

Ouviu dizer que o Brasil sofria de uma falta grave de palavras. Em um programa de TV, viu uma escritora lamentando que não se liam livros nesta terra, por isso as palavras estavam em falta na praça. O mal tinha até nome de batismo, como qualquer doença grande, "**indigência lexical**". Comerciante de **tino** que era, não perdeu tempo em ter uma ideia fantástica. Pegou dicionário, mesa e cartolina e saiu ao mercado cavar espaço entre os camelôs.

Entre uma banca de relógios e outra de *lingerie* instalou a sua: uma mesa, o dicionário e a cartolina na qual se lia: "**Histriônico** – apenas R$ 0,50!".

Demorou quase quatro horas para que o primeiro de mais de cinquenta curiosos parasse e perguntasse:

— O que o senhor está vendendo?

— Palavras, meu senhor. A promoção do dia é *histriônico* a cinquenta centavos, como diz a placa.

— O senhor não pode vender palavras. Elas não são suas. Palavras são de todos.

— O senhor sabe o significado de *histriônico*?

— Não.

— Então o senhor não a tem. Não vendo algo que as pessoas já têm ou coisas de que elas não precisem.

— Mas eu posso pegar essa palavra de graça no dicionário.

— O senhor tem dicionário em casa?

— Não. Mas eu poderia muito bem ir à biblioteca pública consultar um.

— O senhor estava indo à biblioteca?

— Não. Na verdade, eu estou a caminho do supermercado.

— Então veio ao lugar certo. O senhor está para comprar o feijão e a alface, pode muito bem levar para casa uma palavra por apenas cinquenta centavos de real!

— Eu não vou usar essa palavra. Vou pagar para depois esquecê-la?

— Se o senhor não comer a alface ela acaba apodrecendo na geladeira e terá de jogá-la fora e o feijão caruncha.

— O que pretende com isso? Vai ficar rico vendendo palavras?

— O senhor conhece Nélida Piñon?

— Não.

— É uma escritora. Esta manhã, ela disse na televisão que o país sofre com a falta de palavras, pois os livros são muito pouco lidos por aqui.

— E por que o senhor não vende livros?

indigência: falta do necessário para viver; pobreza extrema, penúria, miséria; carência, privação, falta, escassez.

lexical: relativo ao uso do léxico, do vocabulário; relativo ao conjunto de palavras de um idioma.

tino: juízo, discernimento, faro, intuição, conhecimento; pessoa de tino: pessoa com intuição, conhecimento, discernimento para algo.

histriônico: cômico, ridículo.

Dadá CArdoso/Folhapress

Nélida Cuiñas Piñon nasceu em 3 de maio de 1937, no Rio de Janeiro. Escreveu para jornais, além de publicar livros de contos e romances. Recebeu vários prêmios nacionais e internacionais. Em 1989, foi eleita para ocupar uma cadeira na Academia Brasileira de Letras.

atacado: vender um produto em grande quantidade.

varejo: vender um produto por unidades ou em pequenas quantidades.

pretensão: vaidade exagerada, presunção.

jactância: vaidade, ostentação, orgulho, arrogância, altivez.

alfarrábio: livro antigo, velho.

profaçar: (usado no português antigo) estorvar, importunar, incomodar, dificultar, impedir, censurar.

tergiversar: voltar as costas; fazer rodeios, evasivas, usar de subterfúgios.

lenga-lenga: conversa monótona, enfadonha.

ambages: rodeios, voltas, evasivas.

— Justamente por isso. As pessoas não compram as palavras no **atacado**, portanto eu as vendo no **varejo**.

— E o que as pessoas vão fazer com as palavras? Palavras são palavras, não enchem barriga.

— A escritora também disse que cada palavra corresponde a um pensamento. Se temos poucas palavras, pensamos pouco. Se eu vender uma palavra por dia, trabalhando duzentos dias por ano, serão duzentos novos pensamentos cem por cento brasileiros. Isso sem contar os que furtam o meu produto. São como trombadinhas que saem correndo com os relógios do meu colega aqui do lado. Olhe aquela senhora com o carrinho de feira dobrando a esquina. Com aquela carinha de dona de casa, ela nunca me enganou. Passou por aqui sorrateira. Olhou minha placa e deu um sorrisinho maroto se mordendo de curiosidade. Mas nem parou para perguntar. Eu tenho certeza de que ela tem um dicionário em casa. Assim que chegar lá, vai abri-lo e me roubar a carga. Suponho que, para cada pessoa que se dispõe a comprar uma palavra, pelo menos cinco a roubarão. Então eu provocarei mil pensamentos novos em um ano de trabalho.

— O senhor não acha muita **pretensão**? Pegar um...

— *Jactância*.

— Pegar um livro velho...

— *Alfarrábio*.

— O senhor me interrompe!

— *Profaço*.

— Está me enrolando, não é?

— *Tergiversando*.

— Quanta **lenga-lenga**...

— *Ambages*.

Carlos Araújo/Arquivo da editora

— Ambages?

— Pode ser também *evasivas*.

— Eu sou mesmo um banana para **dar trela** para gente como você!

— *Pusilânime*.

— O senhor é engraçadinho, não?

— Finalmente chegamos: *histriônico*!

— Adeus.

— Ei! Vai embora sem pagar?

— Tome seus cinquenta centavos.

— São três reais e cinquenta.

— Como é?

— Pelas minhas contas, são oito palavras novas que eu acabei de entregar para o senhor. Só *histriônico* estava na promoção, mas como o senhor se mostrou interessado, faço todas pelo mesmo preço.

— Mas oito palavras seriam quatro reais, certo?

— É que quem leva *ambages* ganha uma *evasiva*, entende?

— Tem troco para cinco?

REYNOL, Fábio. *O vendedor de palavras*. São Paulo: Baraúna, 2008. p. 8-10.

evasiva: desculpa, subterfúgio, rodeio.

dar trela: dar liberdade, dar confiança. Na linguagem popular, trela é conversa, tagarelice.

pusilânime: de alma pequena, fraco de ânimo, fraco de decisão, medroso, covarde.

Fábio Reynol nasceu em 1973 na cidade de Campinas, SP. É jornalista, escritor, editor. Publicou, no final de 2008, o livro *O vendedor de palavras*: crônicas de um país de tanga na mão e corda no pescoço.

●● Interpretação do texto

Compreensão

1. Logo no primeiro parágrafo, o narrador refere-se a um "mal" de que sofreria o Brasil. Que "mal" é esse? Explique a partir da leitura desse parágrafo.

2. "Comerciante de tino que era, não perdeu tempo em ter uma ideia fantástica." Nesse trecho, o narrador do texto refere-se ao vendedor, atribuindo-lhe uma qualidade. Que qualidade é essa? Explique.

3. Releia o trecho:

> [...] **não se liam livros nesta terra, por isso as palavras estavam em falta na praça. O mal tinha até nome de batismo, como qualquer doença grande, "indigência lexical".**

A expressão destacada é referida no texto como uma doença. Está empregada em **linguagem figurada**, isto é, fora de seu sentido literal.
Como poderia ficar essa expressão em linguagem com sentido literal, não figurada?

4. No texto, o vendedor fala sobre uma escritora que afirma que o país sofre com a falta de palavras porque os livros são pouco lidos.

Em seguida, o vendedor afirma que as pessoas não compram palavras *no atacado*.

a) Responda: que relação o vendedor fez entre livros e as palavras *no atacado*?

b) Reescreva a frase abaixo, que foi retirada do texto, substituindo as expressões destacadas por outras que deixem clara a intenção do vendedor:

> As pessoas não compram as **palavras no atacado**, portanto eu as **vendo no varejo**.

5. A primeira pessoa atraída para a "banca de palavras" fica indignada com o produto que estava sendo vendido: palavras. Explique o **argumento** que essa pessoa empregou para mostrar sua indignação.

6. Qual foi o argumento que o vendedor empregou como resposta?

7. Releia este trecho do texto.

> E o que as pessoas vão fazer com as palavras? Palavras são palavras, não enchem barriga.

Carlos Araujo/Arquivo da editora

Esse é um argumento empregado pelo cliente para não comprar palavras.

a) O que ele quis dizer com isso?

b) Que tipo de característica pessoal essa forma de pensar pode revelar em relação ao cliente? Copie no caderno a(s) alternativa(s) que, em sua opinião, caracteriza(m) a personagem que falou isso.

- Pessoa sensível, para quem os sentimentos têm mais valor que as coisas práticas.
- Pessoa muito objetiva, para quem as coisas têm de ter uma finalidade prática.
- Pessoa que valoriza a cultura, principalmente a que é encontrada nos livros.
- Pessoa para quem a cultura só terá valor se apresentar resultados concretos, visíveis.

8. O cliente pergunta ao vendedor: "O que pretende com isso? Vai ficar rico vendendo palavras?". Pelos argumentos que apresenta, em sua opinião, esse é o objetivo do vendedor?

🗨 Conversa em jogo

Indigência lexical: que mal é esse? É possível enfrentá-lo?

Na crônica lida neste capítulo, a personagem que vende palavras refere-se a uma afirmação feita por uma escritora consagrada da literatura brasileira contemporânea: Nélida Piñon. O vendedor diz que, numa entrevista, ela afirma que o país sofre de um mal que batizou de indigência lexical pelo fato de as pessoas lerem pouco.

💬 **Em grupo.** Reflitam: vocês acham que ler pouco, ter um vocabulário escasso seja um "mal", como afirmou a escritora?

1. A partir do que consideraram, conversem sobre:
- Quais as possíveis consequências disso?
- O que pode ser feito sobre esse assunto?

2. Conversem também sobre como vocês se veem como leitores. Vocês sentem o problema apontado pela escritora?

> **Léxico** é um conjunto de palavras, de vocábulos de um idioma; pode ser também dicionário dos vocábulos usados por um autor, ou por uma escola literária.

Linguagem do texto

Recursos de estilo: linguagem figurada

Para enriquecer o texto, o autor pode empregar alguns recursos que dão à sua crônica mais estilo, mais expressividade.

1. Releia o trecho:

> Ouviu dizer que o Brasil sofria de uma falta grave de palavras. Em um programa de TV, viu uma escritora lamentando que não se liam livros nesta terra, por isso as palavras estavam em falta na praça. O mal tinha até nome de batismo, como qualquer doença grande, "indigência lexical".

a) Ao dizer *o Brasil sofria*, a quem o narrador se refere: ao território ou às pessoas que habitam o país?

b) Qual a palavra que pode comprovar sua resposta à questão anterior? Explique.

c) Nesse parágrafo, qual a outra palavra ou expressão que indica que o narrador atribui característica de ser vivo ao Brasil?

2. No Capítulo 1 deste livro você estudou que há um recurso de linguagem pelo qual podemos atribuir características de seres humanos a um ser inanimado.

a) Qual é o nome desse recurso?

b) Transcreva dos quadrinhos a seguir a frase em que essa figura de linguagem é usada.

WALKER, Mort. Recruta Zero. *O Estado de S. Paulo*, São Paulo, 18 set. 2010. Caderno 2, p. D12.

> **Personificação** é uma figura de linguagem, um recurso pelo qual se atribui característica de seres humanos a objetos, animais, plantas, etc.

Metonímia

Veja outro recurso empregado pelo autor da crônica:

[...] o Brasil sofria de uma falta grave de palavras.

O narrador emprega a palavra *Brasil* — território, país —, mas está se referindo às pessoas, ao povo brasileiro.

Dizemos que empregou **o todo** (Brasil) **pela parte** (as pessoas que o habitam), ou **o território** (Brasil) **pelo conteúdo** (pessoas).

Esse recurso recebe um nome especial: **metonímia**.

🔸 Transcreva do trecho a seguir a palavra que também expressa uma metonímia:

> **— [...] Esta manhã, ela [a escritora] disse na televisão que o país sofre com a falta de palavras [...]**

> **Metonímia** é uma figura de linguagem, um recurso estilístico que denomina algo por proximidade de significados ou ideias.

Sinônimos

Releia o trecho:

— **O senhor não acha muita pretensão? Pegar um...**

— *Jactância*.

— **Pegar um livro velho...**

— *Alfarrábio*.

— **O senhor me interrompe!**

— *Profaço*.

— **Está me enrolando, não é?**

— *Tergiversando*.

— **Quanta lenga-lenga...**

— *Ambages*.

— **Ambages?**

— **Pode ser também** *evasivas*.

Carlos Araujo/ Arquivo da editora

Será que para entender as palavras diferentes empregadas pelo vendedor o único recurso é recorrer ao dicionário?

1. A partir do próprio texto, que estratégia podemos empregar para saber o significado das palavras?

No texto lido, a falta ou carência de vocabulário, ou a "indigência lexical", aponta para este aspecto do uso da língua: a necessidade de ampliar o vocabulário para se ter mais recursos de expressão.

Muitas vezes, ao escrever um texto, para não repetir a mesma palavra, precisamos usar termos de significado equivalente. São os **sinônimos**.

Observe como poderia ficar esta frase do texto se o cliente aceitasse o termo que o vendedor lhe sugeria:

— O senhor não acha muita **pretensão**? [...]

↓

— O senhor não acha muita **jactância**?

2. Procure sinônimos para as palavras *pretensão* e *jactância* na página 224 e amplie a pesquisa com o dicionário. Transcreva o que encontrar.

3. Leia com atenção a relação de sinônimos que você transcreveu e compare os significados.

a) Todos os sinônimos encontrados serviriam para a frase? Releia-a:

> **— O senhor não acha muita pretensão?**

Escolha o(s) sinônimo(s) que você achar mais adequado(s) para substituir — ao mesmo tempo — *pretensão* e *jactância* e reescreva a frase para verificar se ela continua com o sentido original.

b) As palavras *pretensão* e *jactância* pertencem a um vocabulário utilizado em situações mais cuidadas, mais formais. Converse com os colegas e o professor e pensem: como vocês costumam se referir a uma pessoa que demonstre pretensão ou jactância? Busquem uma palavra ou expressão na linguagem mais informal, do dia a dia, incluindo gíria, que possa corresponder a esse significado.

> **Sinônimos** são palavras de sentidos **equivalentes**.

ⓘ Atenção

Não há sinônimos perfeitos; os sinônimos devem ser escolhidos a partir do contexto de cada texto. O que existe é o sinônimo mais adequado para determinada circunstância.

Construção do texto

1. No início deste capítulo você viu algumas características da crônica. Releia:

> **Grande parte das crônicas publicadas atualmente é de narrativas de ficção, literárias, baseadas em fatos do cotidiano. Geralmente escritas em linguagem leve, mais coloquial, e com muito humor, costumam fazer críticas a aspectos da realidade.**

Cada item a seguir se refere a uma característica da crônica. Copie os itens em seu caderno e complete-os explicando como essas características acontecem na crônica "O vendedor de palavras".

a) Fato do cotidiano: ■.

b) Humor: ■.

c) Crítica a aspecto da realidade: ■.

d) Linguagem mais coloquial: ■.

2. A crônica que você leu é uma narrativa de ficção. Assim, alguns elementos da narrativa estão presentes. Indique no caderno cada um deles.

a) Tipo de narrador: ■.

b) Tempo: ■.

c) Personagens: ■.

d) Espaço: ■.

3. Você já sabe que o enredo, isto é, a sequência de ações na narrativa, vem geralmente organizado em quatro momentos: situação inicial, conflito, clímax e desfecho. Copie no caderno o início e o final de cada um dos momentos da crônica lida:

a) situação inicial   b) conflito   c) clímax   d) desfecho

4. Copie no caderno a alternativa que melhor explica as mudanças dos momentos nessa crônica.

- Mudança de tempo de duração das ações.
- Mudança do tom das falas das personagens.
- Mudança do espaço em que ações se desenvolvem.

O diálogo na narrativa

Na crônica "O vendedor de palavras", o vendedor faz uso de uma habilidade muito importante nessa profissão: **argumentar** para convencer o cliente a comprar seu produto.

> **Argumentos** são razões, fundamentos utilizados para defender, sustentar, provar uma ideia ou opinião.

1. Releia:

— Então veio ao lugar certo. O senhor está para comprar o feijão e a alface, pode muito bem levar para casa uma palavra por apenas cinquenta centavos de real!

— Eu não vou usar essa palavra. Vou pagar para depois esquecê-la?

— Se o senhor não comer a alface ela acaba apodrecendo na geladeira e terá de jogá-la fora e o feijão caruncha.

— O que pretende com isso? Vai ficar rico vendendo palavras?

— O senhor conhece Nélida Piñon?

— Não.

— É uma escritora. Esta manhã, ela disse na televisão que o país sofre com a falta de palavras, pois os livros são muito pouco lidos por aqui.

— E por que o senhor não vende livros?

— Justamente por isso. As pessoas não compram as palavras no atacado, portanto eu as vendo no varejo.

a) Explique o que o vendedor quis dizer na frase destacada.

b) Em sua resposta ao cliente, o vendedor produziu um argumento. Na sequência, ele continua argumentando para sustentar sua opinião. Explique o argumento empregado pelo vendedor para justificar ao cliente por que não vendia livros.

2. Releia como o vendedor se posicionou contra a ideia de que "palavras não enchem barriga":

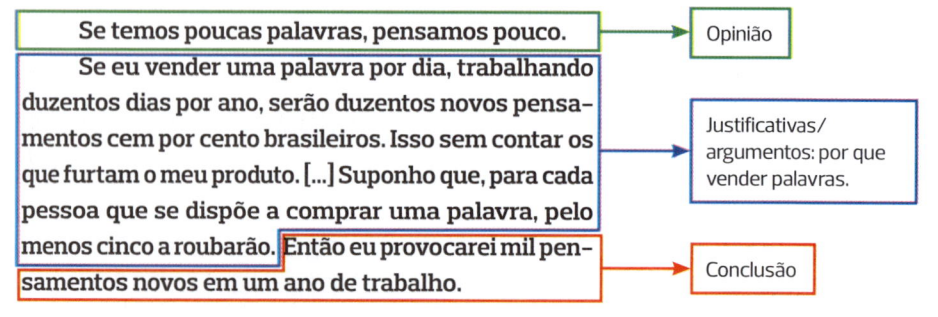

Se temos poucas palavras, pensamos pouco. → Opinião

Se eu vender uma palavra por dia, trabalhando duzentos dias por ano, serão duzentos novos pensamentos cem por cento brasileiros. Isso sem contar os que furtam o meu produto. [...] Suponho que, para cada pessoa que se dispõe a comprar uma palavra, pelo menos cinco a roubarão. → Justificativas/argumentos: por que vender palavras.

Então eu provocarei mil pensamentos novos em um ano de trabalho. → Conclusão

Carlos Araujo/Arquivo da editora

Observe que as partes têm palavras que fazem a ligação entre elas: *se* e *então*. Essas ligações tornam o encadeamento das partes mais coerente e estabelecem uma relação lógica entre elas.

Agora, analise a fala a seguir:

> — [...] Esta manhã, ela [a escritora Nélida Piñon] disse na televisão que o país sofre com a falta de palavras, pois os livros são muito pouco lidos por aqui.

a) Copie a fala em seu caderno e identifique as partes:

- opinião da escritora: ■.
- justificativa/argumento: ■.

b) Dê continuidade à fala produzindo uma **conclusão**. Empregue uma palavra para fazer a ligação entre o argumento e a conclusão: *então*, *assim*, *logo*, *portanto*, entre outras.

> — [...] Esta manhã, ela [a escritora Nélida Piñon] disse na televisão que o país sofre com a falta de palavras, pois os livros são muito pouco lidos por aqui, ■.

3. O diálogo apresenta algumas características que ocorrem na língua falada. Uma das características importantes são as interrupções da fala por um dos interlocutores. Localize e transcreva do texto um momento que revela essa característica.

Discurso direto e discurso indireto

Releia este trecho do diálogo:

— O senhor conhece Nélida Piñon?

— Não.

— É uma escritora. **Esta manhã, ela disse na televisão que o país sofre com a falta de palavras, pois os livros são muito pouco lidos por aqui.**

Há dois modos de representar a fala de alguém:

- dando voz à própria personagem para que se expresse de forma direta, reproduzindo fielmente a fala na escrita:

  "— O senhor conhece Nélida Piñon?" ⟶ a personagem fala diretamente.

- falando sobre o que a personagem disse, sem dar a ela a palavra:

  "— É uma escritora. Esta manhã, ela disse na televisão que o país sofre com a falta de palavras, pois os livros são muito pouco lidos por aqui." ⟶ A fala da escritora Nélida Piñon não aparece diretamente, isto é, alguém relata o que ela falou.

> Transforme o que a personagem relatou sobre a escritora Nélida Piñon em um discurso direto, isto é, como se ela estivesse com a palavra, falando diretamente o que pensa. Faça no caderno as adaptações necessárias para transformar o discurso indireto em discurso direto.

> — [...] Esta manhã, ela disse na televisão que o país sofre com a falta de palavras, pois os livros são muito pouco lidos por aqui.

Pode-se empregar também o travessão após a fala da personagem para indicar a retomada da fala pelo narrador.

Geralmente, para anunciar a fala das personagens usamos verbos como: *dizer, afirmar, comentar, perguntar, responder, continuar, declarar, sussurrar, pedir, gritar, retrucar* seguidos de dois-pontos. Leia:

O cliente falou:

— Tome seus cinquenta centavos.

O vendedor retrucou:

— São três reais e cinquenta.

Por introduzirem a fala de alguém esses verbos são chamados **verbos "de dizer"**.

> Quando a personagem fala diretamente, isto é, ela tem a palavra, trata-se de **discurso direto**. Se um narrador ou outra personagem relata o que o outro falou, trata-se de **discurso indireto**.

Atividade: discurso direto e discurso indireto

O texto a seguir é uma piada. Leia-o com atenção:

Parceria

Um sujeito entra numa loja de pássaros e encontra dois lindos canários. Um deles cantava lindamente; o outro apenas observava-o, sem dar um pio. Perguntou ao vendedor o preço do canário que cantava. O vendedor respondeu que custava cem reais. O sujeito perguntou então o preço do outro, mudinho. O vendedor respondeu que valia mil reais. O sujeito ficou indignado e perguntou como poderia o canário calado valer mais que o cantor.

O vendedor respondeu que o mudinho era o compositor.

Adaptado de: Revista *Almanaque da Cultura Popular*, ano 10, n. 110, jun. 2008, p. 34.

Reescreva a piada empregando o discurso direto no lugar do discurso indireto para indicar as falas das personagens.

Carlos Araújo/Arquivo da editora

Hora de organizar o que estudamos

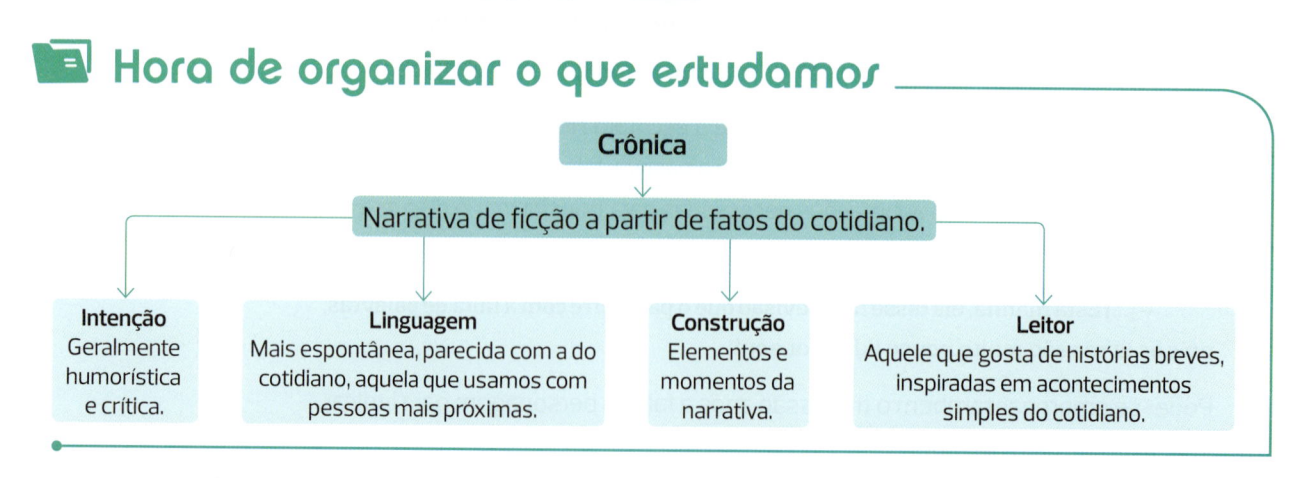

Crônica

Narrativa de ficção a partir de fatos do cotidiano.

Intenção
Geralmente humorística e crítica.

Linguagem
Mais espontânea, parecida com a do cotidiano, aquela que usamos com pessoas mais próximas.

Construção
Elementos e momentos da narrativa.

Leitor
Aquele que gosta de histórias breves, inspiradas em acontecimentos simples do cotidiano.

●● Prática de oralidade

Dramatização

Uma das formas de ressaltar o aspecto humorístico nessa crônica foi estruturar parte dela sob a forma de um diálogo em discurso direto. Isso tornou a história mais dinâmica e realista.

■ Para tornar mais significativo esse diálogo, formem duplas que queiram dramatizar o texto.

a) Memorizem parte que couber a cada um e ensaiem uma apresentação com bastante expressividade.

b) É interessante que haja no cenário:

- a banca do vendedor de palavras entre duas outras bancas.
- algumas palavras escritas em folhas ou placas para mostrar aos espectadores.
- se quiserem, imaginem as roupas que as personagens estariam usando e montem os figurinos.

c) Levando em consideração que se trata de um diálogo rico em argumentação, ensaiem:

- a entonação de voz,
- a expressividade,
- a **eloquência** nos momentos em que há a intenção de convencer o interlocutor.

●● Outras linguagens

Pintura: uma forma de se posicionar perante a realidade

Opinar, argumentar para defender ideias e sustentar posições assumidas é uma habilidade fundamental para enfrentarmos com mais criticidade e consciência a vida em sociedade.

Há várias maneiras de expressar nossos posicionamentos. Uma delas é a arte.

A pintura é uma das diversas formas de expressão que muitos artistas têm utilizado para se manifestar. Essa expressão pode envolver todo tipo de sentimento, sensação, impressão que o artista tem das coisas do mundo. Nas duas obras que você conhecerá a seguir, de Pablo Picasso e de Ziraldo, esses artistas expressam sua revolta, indignação, enfim, seu posicionamento perante a realidade que os cerca.

Guernica é o nome de uma das obras mais importantes do século XX, o conhecido painel pintado por **Pablo Picasso**.

A|Z

eloquência: capacidade de falar e exprimir-se com facilidade, expressivamente. Arte e talento de persuadir, convencer, deleitar ou comover por meio da palavra.

Pablo Picasso: nasceu em 1881, na cidade de Málaga, Espanha. Além de pintor, considerado um dos maiores artistas do século XX, era também escultor, ceramista e artista gráfico. Faleceu em 1937.

Pablo Picasso em seu ateliê em Vallauris, França.

Underwood/Corbis/Stock Photos

Nas palavras de Pablo Picasso, registradas no término de seu poema "Sonho e mentira de Franco", os fatos que deram origem a seu painel são assim descritos:

Gritos das crianças, gritos das mulheres, gritos dos pássaros, gritos das flores, gritos das árvores e das pedras, gritos dos tijolos, dos móveis, das camas, das cadeiras, dos cortinados, das panelas, dos gatos e do papel, gritos dos cheiros, que se propagam uns após os outros, gritos do fumo, que pica nos ombros, gritos, que cozem na grande caldeira, e da chuva de pássaros que inundam.[1]

O artista transpôs para a tela os sentimentos que os bombardeios ocorridos na cidade de **Guernica** nele despertaram.

Com sua pintura, Picasso mostrou os horrores da guerra e também sua indignação. Essa obra ajudou a chamar a atenção do mundo para os sofrimentos causados pela guerra civil espanhola, ocorrida durante a ditadura de **Francisco Franco**.

Veja como Picasso expressou esse sofrimento neste painel:

Pablo Picasso/Museu Nacional Centro De Arte Rainha Sofia, Madri

Guernica. 1937. Pablo Picasso. Óleo sobre tela, 350 cm × 782 cm.

1. **Em grupo.** Conversem sobre as sensações ou ideias que o quadro pode provocar em quem o aprecia.

2. Observem atentamente o quadro.

Reparem na pouca quantidade de cores da pintura. Pensem: qual terá sido o motivo para o artista utilizar a **monocromia**, isto é, tons de uma mesma cor, ora mais clara, ora mais escura? Essa escolha poderia estar relacionada às sensações que o fato despertou nele?

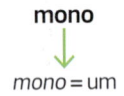

mono
↓
mono = um

cromia
↓
cromo = cor:
uma só cor

Atentem para a distribuição, no espaço da tela, dos elementos que compõem a imagem. Picasso dividiu o painel em três partes:

I. À esquerda:

Touro: segundo Picasso, representa a brutalidade própria das touradas, tipo de espetáculo comum na Espanha. A imagem do touro também parece sugerir a crueldade e a violência da guerra, capaz de destruir não somente seres humanos e animais,

[1] PICASSO, Pablo. Sonho e mentira de Franco. In: TAGLIAVINI, João Virgílio. *Filosofia e arte como resistência*. n. 2. Brasília: Revista Sul-Americana de Filosofia e Educação, maio/out. 2004.

mas de afetar a cultura de um lugar. Mulher e criança: mulher gritando de dor com uma criança morta nos braços.

II. Ao centro:

Parte de um corpo ao chão e um braço com espada na mão.

Cavalo com uma língua pontiaguda, ferido por uma lança. Uma imagem em formato de olho com uma lâmpada ao centro.

III. À direita:

Duas figuras humanas olhando para o cavalo ferido. Mulher de braços erguidos indicando desespero.

3. Qual desses elementos chamou mais a atenção de vocês? Expliquem.

O cartunista brasileiro **Ziraldo** recriou o famoso painel do artista espanhol para uma exposição comemorativa dos 100 anos de Picasso, realizada na cidade do Rio de Janeiro, em 1981.

Sobre este trabalho, Ziraldo afirma sua posição e, ao mesmo tempo, sua crítica em relação ao Brasil:

"Esse meu *Guernica verde e rosa* é uma referência à inchação urbana deste país [Brasil], nossa verdadeira Guernica."

Vejam como ficou *Guernica* na visão de Ziraldo:

Ziraldo: nasceu em Caratinga, MG, em 1932. É cartunista, escritor, pintor e artista gráfico, além de ser o criador da famosa personagem Menino Maluquinho.

O cartunista brasileiro Ziraldo

ZIRALDO. *Ziraldo*. Rio de Janeiro: Salamandra, 1988. p. 178–179.

🔸 **Em grupo.** Observem atentamente cada uma das partes indicadas (à esquerda, ao centro, à direita) na recriação de Ziraldo e conversem sobre as duas obras, comparando-as.

1. À esquerda:
   a) Em que Ziraldo transformou o touro e o que essa mudança expressa?
   b) O que pode indicar a mudança na imagem da mulher com a criança morta?

2. Ao centro:
   a) Observem o que foi acrescentado ao corpo estendido no chão. O que essas alterações nos levam a pensar?
   b) Foi colocado um militar montado sobre o cavalo. É possível notar que esse militar tem o pé sobre a cabeça de uma pessoa que está no chão. Qual é o significado provável dessa imagem?

3. À direita:

a) Uma das mulheres que aparecem no painel de Picasso foi transformada em um menino no quadro de Ziraldo. O que há em suas mãos?

b) Há uma fala relacionada à mulher de braços erguidos. A partir da frase, que tipo de suposição pode ser feita?

c) O que pode representar essa cena?

4. Qual teria sido a intenção de Ziraldo ao recriar o quadro de Picasso fazendo tantas modificações?

5. Na crônica, diz-se que a escritora brasileira Nélida Piñon referiu-se à carência de vocabulário causada pela falta de leitura como "indigência lexical". Como essa expressão poderia ser alterada para se referir ao que Ziraldo exprimiu em sua obra?

Conexões · RELAÇÕES ENTRE TEXTOS, ENTRE CONHECIMENTOS

A seguir você lerá textos que, de alguma forma, mantêm relação com o que foi lido nesta Unidade. Leia-os e converse com o professor e os colegas a respeito dessas relações, que ampliarão seu olhar sobre o que foi visto até aqui.

1. Crônicas por alguns cronistas

A crônica é um gênero bastante popular no Brasil. Implantado definitivamente na imprensa carioca em 1850, o gênero serviu a cronistas que se dedicaram aos relatos maliciosos da vida mundana do Rio de Janeiro, descrevendo ou criticando os aspectos pitorescos e os costumes dos diversos segmentos sociais ou, ainda, comentando fatos políticos.

Esse gênero se firmou principalmente como uma narrativa curta e informal que focaliza um tema do cotidiano, geralmente escrita em prosa amena e/ou coloquial, em que é frequente a presença do humor. A utilização do humor na crônica parece ser exclusiva da língua portuguesa. Junto com o humor, as crônicas sempre expressam explícita ou implicitamente uma crítica a comportamentos e atitudes das pessoas ou até mesmo a fatos ocorridos no dia a dia.

Cada cronista tem um modo particular de definir a crônica. Conheça o que dizem grandes nomes da crônica brasileira:

Daniela Toviansky/Arquivo da editora

Ivan Ângelo: "A crônica é o espaço em que o escritor transita pelo cotidiano, discute eventos, opina, reivindica, evoca, conta casos, experimenta escritas, expõe emoções. Lirismo, humor, indignação, meditação — tudo vale".

Fernando Pimentel/Arquivo da editora

Ignácio de Loyola Brandão: "Uma crônica é um texto que diverte, emociona, dá prazer ou entristece, mas ela é principalmente uma visão da vida, uma maneira de nos ajudar a contemplar o mundo, entender o país, os que estão em volta de nós".

Paulo Liebert/Arquivo da editora

Marina Colasanti: "Crônica, vamos dizer assim, é um texto a cavalo. Mantém um pé no estribo da literatura. E o outro no do jornalismo".

2. Palavras e poema

Na crônica "O vendedor de palavras", uma escritora aponta um "mal" de que sofrem as pessoas deste país.

Compare o que foi considerado nessa crônica com o que expressa o poema a seguir, de outro nome consagrado na nossa literatura: Carlos Drummond de Andrade.

A palavra

Carlos Drummond de Andrade

Carlos Araujo/Arquivo da editora

Já não quero dicionários
consultados em vão.
Quero só a palavra
que nunca estará neles
nem se pode inventar.

Que resumiria o mundo
e o substituiria.
Mais sol do que o sol,
dentro da qual vivêssemos
todos em comunhão,
mudos,
saboreando–a.

ANDRADE, Carlos Drummond de. *A paixão medida.*
Rio de Janeiro: Record, 2010. p. 79.

●● Língua: usos e reflexão

Língua falada e língua escrita

Grande parte do humor presente na crônica "O vendedor de palavras" é resultado de o autor ter privilegiado a representação do diálogo direto entre as duas personagens: o vendedor e o cliente.

🟧 Releia este trecho:

— **O senhor não acha muita pretensão? Pegar um...**

— *Jactância.*

— **Pegar um livro velho...**

— *Alfarrábio.*

— **O senhor me interrompe!**

— *Profaço.*

— **Está me enrolando, não é?**

— *Tergiversando.*

— **Quanta lenga–lenga..."**

O que o autor da crônica empregou na escrita para que esse trecho se aproximasse das características da língua falada? Faça um levantamento de aspectos desse emprego. Anote no caderno.

Ao final das atividades confronte o levantamento feito com o que será estudado a seguir.

Vamos analisar alguns aspectos da língua falada reproduzidos na língua escrita.

Se alguém lhe perguntasse o que é diálogo, como você poderia responder?

Converse com os colegas sobre como responderiam e então leia o quadro:

> **Diálogo** é uma conversa em que há uma alternância de quem está com a palavra. Essa alternância da fala entre um e outro interlocutor são os **turnos de fala**.

■ Volte ao trecho acima e responda:

O que foi empregado para marcar a alternância dos turnos, isto é, das falas durante o diálogo escrito?

> O **travessão** é um sinal de pontuação que mostra na escrita o início da fala e a mudança do **turno** da fala entre os interlocutores.

Além de separar por travessões as falas de cada uma das personagens, para que haja a impressão de um diálogo real, você possivelmente observou outros aspectos presentes no texto escrito que o aproximam de características próprias da língua falada, que podem ser representadas por **marcas da fala** (ou **marcas da oralidade**).

Veja algumas dessas marcas representadas no texto:

A — Pausas, hesitações, interrupções, que marcam momentos de dúvida, de incerteza, ou de indicação de que uma fala dará lugar a outra:

— [...] Então eu provocarei mil pensamentos novos em um ano de trabalho.

— O senhor não acha muita pretensão? Pegar um...

— *Jactância.*

— Pegar um livro velho...

— *Alfarrábio.*

— O senhor me interrompe!

— *Profaço.*

— Está me enrolando, não é?

— *Tergiversando.*

— Quanta lenga-lenga...

Carlos Araujo/Arquivo da editora

Observe que as reticências foram empregadas para marcar esses momentos no diálogo acima.

> O **turno de fala** é o que o falante produz como fala enquanto está com a palavra, por isso as pausas e até momentos de silêncio têm significados, isto é, ganham sentidos durante a conversa.

B — Emprego de palavras ou expressões mais empregadas na linguagem coloquial, do cotidiano, com pessoas mais próximas, de modo descontraído. Veja algumas expressões destacadas em negrito neste trecho:

— Está me **enrolando**, não é?

— *Tergiversando.*

— Quanta **lenga-lenga**...

— *Ambages.*

— Ambages?

— Pode ser também *evasivas.*

— Eu sou mesmo **um banana** para **dar trela** para gente como você!

— *Pusilânime.*

— O senhor é **engraçadinho**, não?

Essas expressões ou jeitos de falar, por exemplo o uso do diminutivo com ironia, são próprios da linguagem mais informal, popular.

C — Uso de expressões que ajudam a dar continuidade à conversa. Observe as expressões destacadas em negrito:

— O senhor é engraçadinho, **não**?

— Finalmente chegamos: *histriônico*!

— Adeus.

— **Ei**! Vai embora sem pagar?

— Tome seus cinquenta centavos.

— São três reais e cinquenta.

— **Como é**?"

Essas expressões destacadas são marcadores próprios da língua falada.

Além dessas marcas, há outras:

- **repetições de palavras** para dar ênfase a alguma ideia, reafirmá-la ou para verificar se o interlocutor entendeu o que queremos dizer. Exemplo: "Eu não disse? Eu não disse que era perigoso fazer esse tipo de esporte?! Eu disse...".

- **elementos de coesão** próprios da língua falada mais informal: *daí*, *então*, entre outros.

⚙ Atividades: língua falada e língua escrita

O texto a seguir faz parte de um projeto de pesquisa sobre a **língua falada**. Um dos objetivos desse projeto é conhecer e analisar a maneira de falar de pessoas que cursaram ensino superior e que vivem nos grandes centros urbanos.

O trecho é a reprodução de uma conversa real que foi gravada e depois transcrita para estudo.

DOC* — Bem, então, você podia, começar, falando pra mim é... Você se lembra quando você entrou pra escola seu primeiro dia de aula por exemplo.

LOC** — Não, não me lembro. Não me recordo.

DOC — Bem, mas...

LOC — [Ah sim] tenho recordações do, do meu curso primário mas, primeiro dia. Não me lembro. Eu tenho poucas recordações da infância, não tenho muitas não, assim detalhes eu não tenho, tem alguma coisa assim que fica né, na nossa imagem assim memória, a gente guarda algumas coisas, mas o total mesmo tudo, detalhes assim muito, especificamente de, de... de... dado de detalhes assim, de algum acontecimento assim.

*Doc = documentador ** Loc = locutor

Projeto NURC–RJ. Amostra complementar: Inquérito 001 (masculino/32 anos). Tema: instituições, ensino e igreja. Local/data: Rio de Janeiro, 28 de abril de 1992. Tipo de inquérito: diálogo entre informante e documentador. Documentador: MA. Projeto Nurc–RJ. Disponível em: <www.letras.ufrj.br/nurcrj/corpora/amostracomplementar/INQ01.htm>. Acesso em: abr. 2015.

1. **Em dupla.** Cada um deve assumir a fala de um dos interlocutores. Treinem a leitura do diálogo, para falar com naturalidade.

   Observem os sinais de pontuação e outros que orientam a forma de ler e de falar.

2. Façam um levantamento das marcas de língua falada presentes no trecho:

   a) emprego de palavras ou expressões mais usadas na fala do dia a dia;

   b) pausas, hesitações ou interrupções;

   c) repetições de palavras ou expressões;

   d) uso de expressões que ajudam a dar continuidade à fala.

3. Depois de analisado o trecho, respondam: o jeito de falar dessas pessoas é muito diferente do que você está acostumado a ouvir ou falar?

4. Reúnam-se com mais quatro colegas e discutam sobre um fato escolhido por vocês: um jogo de futebol, uma notícia que impressionou o grupo, um filme, algo ocorrido na escola, entre outras possibilidades.

   a) Se possível, façam a gravação dessa conversa.
   b) Ouçam a conversa gravada e observem as marcas de fala que vocês utilizaram.
   c) Apresentem o que vocês observaram aos outros grupos.

Oração: sujeito e predicado

No capítulo anterior, você estudou que **sujeito** é o termo da oração a que o verbo se refere. Vamos rever.

Releia esta frase retirada da crônica e observe o esquema:

— [...] Palavras **são** de todos.

verbo

O verbo *são* está se referindo ao termo *palavras*.

O termo *palavras* é o **sujeito**.

Assim, na oração acima há sujeito e verbo.

E o restante?

A parte restante também se refere ao sujeito e amplia a ideia sobre ele. Portanto, junto com o verbo, essa parte restante formará o **predicado** da oração. Observe:

• Oração **A**:

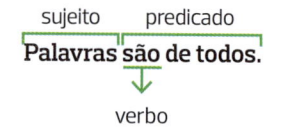

Dessa forma, na oração, tudo o que se refere ao sujeito — e, principalmente, o verbo — forma o **predicado**.

Veja como está organizada outra frase do texto:

• Oração **B**:

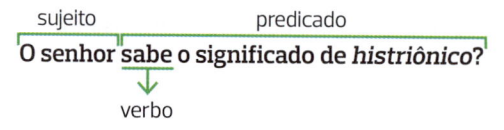

A quem se refere o verbo *sabe*? À expressão **o senhor**.

Por meio do verbo, encontramos o sujeito.

Portanto, para analisar a construção de uma oração, a primeira etapa é a localização do **verbo**.

Assim, temos:

> O **predicado** é tudo o que se referir ao sujeito. É a parte da oração que traz toda a informação sobre o sujeito.
> **Sujeito** e **predicado** são termos importantes na organização de uma oração.

Não há oração sem predicado.

Veja como esta outra frase se organiza:

- Oração **C**:

predicado sujeito   predicado
Mas eu posso pegar essa palavra de graça no dicionário.

locução verbal

O que é possível observar de diferente em relação às orações anteriores?

Aqui, o sujeito está no **meio** do predicado, isto é, o predicado começa antes do sujeito e continua depois dele.

Atividades: oração – sujeito e predicado

1. Copie a frase a seguir em seu caderno e faça um esquema semelhante aos que você viu anteriormente, localizando o sujeito e o predicado.

Não se esqueça de primeiro localizar o verbo.

- Oração **D**:

– [...] **Na verdade, eu estou a caminho do supermercado.**

Carlos Araujo/Arquivo da editora

2. Responda: a qual das orações anteriores (**A**, **B** ou **C**) a oração **D** se assemelha na forma de organização?

3. Em seu caderno, faça esquemas das orações seguintes para mostrar como estão organizadas, localizando o sujeito e o predicado. Não se esqueça de primeiro localizar o verbo, pois é a partir dele que você encontra o sujeito.

a) O senhor tem dicionário em casa?

b) As pessoas não compram palavras no atacado.

c) Eu tenho certeza de que ela tem um dicionário em casa.

d) Mas eu poderia ir a uma biblioteca pública.

e) Cada palavra corresponde a um pensamento.

Tipos de predicado

◼ Releia duas falas das personagens do texto "O vendedor de palavras" para compará-las.

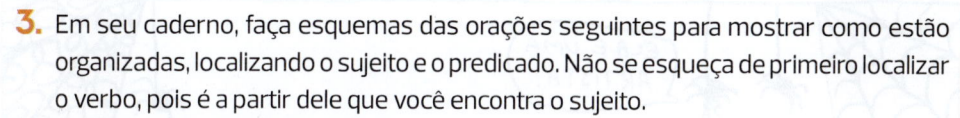

Frase A

sujeito   predicado
– O senhor é engraçadinho, não?

verbo

Frase B

sujeito   predicado
O senhor me interrompe!

verbo

Copie no caderno as frases com os esquemas. A seguir, responda às questões.

a) Na frase A a personagem expressa sua opinião sobre o vendedor – sujeito da oração – atribuindo-lhe uma **qualidade**.

- Qual é a qualidade atribuída ao sujeito dessa oração?

b) Copie no caderno a alternativa que melhor indica a ideia expressa pelo verbo em relação ao sujeito da frase **A**.

- ação do sujeito;
- característica do sujeito;
- mudança de estado do sujeito;
- tempo.

c) Copie no caderno a alternativa que melhor indica a ideia expressa pelo verbo em relação ao sujeito da frase **B**.

- ação do sujeito;
- característica do sujeito;
- mudança de estado do sujeito;
- tempo.

Pelo que foi respondido nessa atividade inicial, pode-se perceber que o predicado de cada uma das orações fez referência ao sujeito de formas diferentes:

- na frase **A**: o predicado expressa uma característica sobre o sujeito.
- na frase **B**: o predicado expressa uma ação do sujeito por meio do verbo.

Essas duas frases mostram dois tipos de predicado:

- **predicado nominal** – traz características, estado do sujeito;
- **predicado verbal** – traz a ideia principal sobre o sujeito por meio de um verbo. No caso acima, um verbo de ação.

Vamos começar o estudo pelo **predicado nominal**, principalmente para ver como ele pode ajudar na compreensão e produção de textos.

Predicado nominal

🔸 Leia a tira reproduzida a seguir.

Adão/Acervo do cartunista

ADÃO. *Folha de S.Paulo*, São Paulo, 15 nov. 2014. Folhinha, p. 8.

1. O que fez uma das aranhas considerar a outra aranha uma "artista"?

2. Copie a oração com o esquema em seu caderno e preencha-o.

Agora, identifique e copie no caderno a alternativa que indica a ideia principal sobre o sujeito expressa pelo predicado:

- ação do sujeito;
- característica do sujeito;
- mudança de estado do sujeito;
- tempo do sujeito.

Observe que, nesse contexto:

- a ideia principal sobre o sujeito *ela* (a aranha) é ser uma *artista*: foi atribuída a ela uma **qualidade, uma característica**;
- o verbo é tem, nessa frase, a função de **ligar** a qualidade ou a característica ao sujeito. É chamado, portanto, de **verbo de ligação**.

A ideia principal sobre o sujeito não está no verbo, mas na **qualidade** ou **estado do sujeito**, por isso é chamado de **predicado nominal**.

A palavra ou expressão que traz a característica ou o estado do sujeito é chamada de **predicativo do sujeito**.

As palavras **predicado** e **predicativo** têm o sentido de 'característica, atributo, qualidade'. Veja:
Clara tem muitos predicados: paciente, justa, esforçada.

Veja como fica a análise da oração acima:

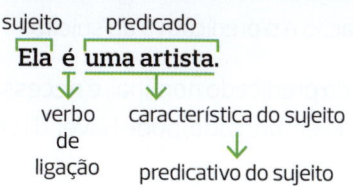

sujeito   predicado

Ela é uma artista.

verbo   característica do sujeito
de
ligação   predicativo do sujeito

3. Leia as frases a seguir e localize o predicativo do sujeito, isto é, o que caracteriza ou qualifica o sujeito:

a) As temperaturas dos últimos verões **parecem** mais altas.

b) Todos **ficaram** assustados com os estouros na rua.

c) Os assaltantes **continuarão** presos até o julgamento.

d) **Ando** um pouco desanimado ultimamente.

Releia os verbos das orações acima: alguns deles são mais empregados como verbos de ligação.

Veja estes exemplos de verbo de ligação: *ser, estar, parecer, permanecer, ficar, continuar, andar* (com o sentido de *estar*).

Predicado nominal e a construção de textos

🟧 Leia um trecho de um texto informativo sobre a serpente chamada urutu.

Serpente urutu

A urutu é uma cobra grande e muito perigosa. Quando enfurecida achata seu corpo e dá botes! Seu veneno é muito forte. Diz o ditado popular: "veneno de urutu quando não mata, aleija!". Felizmente hoje existe soro para sua picada.

BRIOSCHI, Gabriela. *Bichos do Brasil.* 2 ed. São Paulo: Odysseus Editora, 2004. p. 37.

1. Escolha e copie no caderno a alternativa que indica a intenção predominante nesse trecho:

a) narrar um acontecimento;

b) descrever algo;

c) conversar com o leitor;

d) fazer a propaganda de um produto.

Sem dúvida a resposta é descrever algo. E, ao descrever a serpente, o texto fornece suas características.

Vamos ver como pode ser construído um texto que tenha a intenção de caracterizar, descrever algo.

2. Copie no caderno esta frase e faça um esquema com a localização do predicativo do sujeito.

A urutu é uma cobra grande e muito perigosa.

O predicado nominal é uma construção muito empregada para desenvolver processos de descrição e caracterização, pois ele, geralmente, apresenta **atributos**, **qualidades**, **características**, **estado** ou **mudança de estado** de um sujeito.

3. Copie no caderno outra frase do trecho em que haja uma caracterização por meio de um predicado nominal. Destaque o verbo de ligação e o predicativo do sujeito.

Para caracterizar ou dar qualidades por meio do predicado nominal, é necessário que se perceba que, dependendo do verbo de ligação empregado, pode haver diferenças de sentido.

Leia e compare as frases que poderiam ser construídas sobre a serpente urutu.

A urutu é perigosa.

↓

expressa uma característica permanente, um estado permanente

A urutu, às vezes, parece adormecida diante de suas presas.

↓

expressa aparência e pode ser transitório

A urutu está agitada.

↓

característica ou estado do momento, mas não é permanente

A urutu anda esfomeada.

↓

estado que pode ser alterado, transitório

📁 Hora de organizar o que estudamos

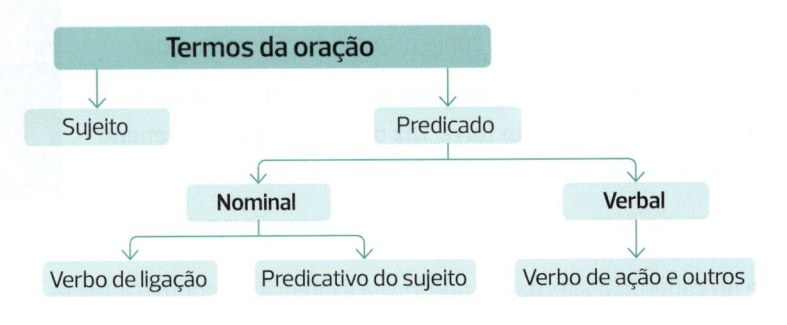

Termos da oração → Sujeito / Predicado → Nominal / Verbal → Verbo de ligação / Predicativo do sujeito / Verbo de ação e outros

⚙ Atividades: sujeito e predicado

1. Leia a tira reproduzida a seguir e responda às questões no caderno.

WALKER, Mort. *Recruta Zero*. *O Estado de S. Paulo*, São Paulo, 14 dez. 2014. Caderno 2, p. C10.

Releia esta fala do Recruta Zero: "Ele está ocupado."

a) Copie o verbo da frase.

b) Copie o predicativo do sujeito.

c) Escolha a alternativa que complete esta afirmação:

Essa frase está indicando principalmente ■.

- a ação da personagem
- o estado da personagem
- a transformação da personagem
- a característica da personagem

2. Leia os quadrinhos reproduzidos a seguir e responda às questões no caderno.

ZIRALDO. *As melhores tiradas do Menino Maluquinho.* São Paulo: Melhoramentos, 2000. p. 86.

a) Pela fala da menina e pelo desapontamento dos meninos nos quadrinhos 3 e 4, pode-se **inferir** que eles queriam outra sobremesa. Provavelmente qual?

b) O que se pode inferir que os meninos queriam nos quadrinhos 5 e 6, em vez do jogo de ecologia proposto pela menina?

c) Releia a fala: "As frutas são os doces da natureza, meninos!".

Nessa fala a menina expressa o que considera um atributo importante das frutas por meio de um predicativo do sujeito. Transcreva:

- o sujeito da oração: ■
- o predicativo do sujeito: ■
- o verbo de ligação: ■

d) Copie a alternativa que melhor completa a frase a seguir.

A menina expressou a caracterização das frutas por meio de ■.

- um estado passageiro
- uma característica permanente
- uma impressão sobre a aparência

e) Releia esta frase e monte um esquema com seus termos principais:

Os passarinhos são o rádio da natureza [...]

A Z

inferir: concluir, deduzir.

3. Copie as frases a seguir em seu caderno.

Grife os verbos das orações e circule os predicativos do sujeito.

a) O nível das represas está ficando cada vez mais baixo.

b) Estamos muito preocupados com a violência nas ruas.

c) As pessoas pareciam paralisadas com o susto.

d) Carlos e Filomena andam meio distraídos.

e) Muito apreensivos estavam os pais dos alunos concorrentes ao prêmio.

f) Foi violenta a tempestade de quinta-feira.

4. Leia a tira reproduzida a seguir e responda às questões no caderno.

BROWNE, Dik e Chris. *O melhor de Hagar, o Horrível*. Porto Alegre: L&PM, 2013. p. 9.

a) Releia a fala da mulher de Hagar no segundo quadrinho. Ela fala do estado da escada para justificar sua impressão. Transcreva-o.

b) Que função exerce na fala esse termo que expressa um estado?

c) Transcreva o sujeito dessa fala.

d) Transcreva o verbo que ela utiliza.

e) O que torna a tirinha engraçada?

5. Leia a frase em destaque na propaganda a seguir.

a) Transcreva no caderno:
- o verbo: ■
- o sujeito: ■
- predicativo do sujeito: ■

b) Essa frase poderia ter sido escrita assim: Você é nosso maior orgulho. Qual é a provável intenção do anunciante ao escrevê-la como está no anúncio?

c) Considerando que em uma propaganda não há casualidade na linguagem, mas sim escolhas intencionais para provocar efeitos de convencimento, qual é a provável intenção de ter sido empregado o pronome possessivo *nosso*?

Revista *Sãopaulo*, 2 a 8 nov. 2014, Folha de S.Paulo, p. 15.

Gênero: crônica

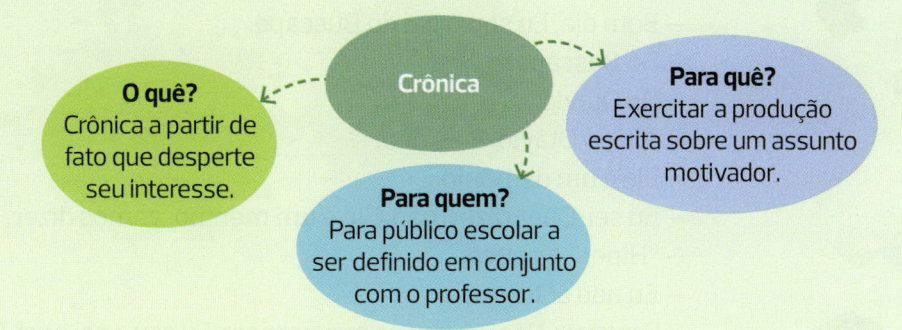

Você leu uma crônica em que a personagem tem a ideia de vender palavras porque viu uma escritora em um programa de TV dizendo que as palavras estavam em falta na praça porque ninguém lia livros no Brasil.

Agora é sua vez de fazer uma crônica a partir de um fato lido em jornais ou revistas ou visto na TV ou ouvido no rádio. Siga as instruções:

Antes de escrever

1. Selecione na leitura de jornais ou revistas, na TV ou no rádio uma matéria que o instigue a criar uma história em que haja, por exemplo, uma reflexão ou a observação de uma coisa cotidiana qualquer ou de um comportamento ou fato que tenha chamado sua atenção.

2. Imagine o que gostaria de escrever com base nesse elemento da realidade. Perceba a **intenção** que o motivou: defender uma ideia, criticar, fazer rir, sensibilizar o leitor, provocar emoções, entre outras possibilidades.

3. Se você for contar uma história, elabore a estrutura dela: os elementos e os momentos da narrativa. Pense se haverá diálogo e, dependendo de suas intenções ao usar falas, como elas entrarão no texto: em discurso direto ou indireto?

4. Escreva sua crônica.

Depois de escrever

1. Releia seu texto observando se você deu conta da sua intenção. Por exemplo: se um efeito de sentido que pretendia provocar não saiu como o desejado, repense o texto:
   - reveja a ideia e tente perceber o que precisa ser ajustado para você conseguir expressar o que inicialmente desejou expressar;
   - se for o caso, troque palavras ou frases fazendo uso, por exemplo, de sinônimos;
   - caso seja necessário, mude ou acrescente expressões para criar recursos de linguagem, tais como metonímia, personificação, etc.;
   - modificar a forma de registrar os diálogos pode ser uma forma de conseguir novos resultados para a ideia geral do texto.

2. Troque de texto com um colega para fazer as observações pertinentes à crônica dele e ouça as considerações dele sobre a sua.

3. Escreva a versão definitiva da crônica.

4. Aguarde as instruções do professor sobre quando, onde, como e por quem as crônicas serão lidas.

●● **Outro texto do mesmo gênero**

A descoberta

Luis Fernando Verissimo

— Bom dia. Eu sou o pai do Buscapé.

— Do Buscapé?

— Do Otávio.

— Ah, do Otávio. Pois não.

— Ele é um demônio.

— Eu sei. Quer dizer, não. Ele é um menino, vamos dizer, hiperativo.

— "Hiper" é pouco.

— Eu não acho que...

— Por favor. Não precisa se constranger. Eu sou o pai e sei. Ele é um demônio.

— É.

— E é sobre isso que eu queria lhe falar.

— Ele contou que eu gritei com ele na aula...

— Não, não. Isso ele nem nota. Está acostumado. É que a mãe dele está preocupada.

— Eu não me preocuparia. Todas as crianças são hiperativas nessa fase. O Buscapé... O Otávio só é um pouco mais do que as outras. A sua senhora não deve...

— Mas ela está preocupada com outra coisa.

— O quê?

— O Busca não para de ler.

— Não para de ler? Mas isso é ótimo.

— Desde que começou a ler, anda sempre com um livro debaixo do braço. Quando a gente estranha o silêncio dentro de casa, vai ver é ele não fazendo barulho. Está atirado no chão, soletrando um livro, muito compenetrado.

— Mas eu não vejo qual o problema.

— É a mãe dele que... Bom, ela sente falta.

— Do quê?

— Da agitação do Busca. Ela não está acostumada, entende? A ter um intelectual em casa. Outro dia até brigou com ele.

— Por quê?

— Ele estava quieto demais. Ela gritou: "Eu não aguento mais. Quebra alguma coisa!"

— Mas eu não entendo o que eu posso...

— Bom, se a senhora pudesse, sei lá. Não digo desencorajar o Busca. Só dizer que ele não precisa exagerar.

— Mas ele está descobrindo o mundo maravilhoso dos livros. Isso é formidável.

— É, só que a gente fica, não é? Com um certo ciúme.

VERISSIMO, Luis Fernando. *O santinho*. Porto Alegre: L&PM, 1991.

Carlos Araujo/Arquivo da editora

Autoavaliação

Chegou o momento de fazer um balanço de tudo o que foi estudado no Capítulo 7. Leia o quadro de conteúdos para recordar o que estudou e, no caderno, avalie seu desempenho usando os tópicos propostos a seguir como orientação. Isso o ajudará na hora de organizar seus estudos.

Meu desempenho

- **Avancei em** (registre no caderno os itens em que você melhorou)
- **Preciso rever** (registre no caderno os itens que você precisa estudar mais)
- **Outras observações e/ou outras atividades**

CONTEÚDOS	
1. Gênero	Crônica com diálogo argumentativo • "O vendedor de palavras", Fábio Reynol
2. Leitura e interpretação de texto	Recursos de estilo: linguagem figurada • Metonímia • Sinônimos O diálogo na narrativa • Discurso direto e discurso indireto
3. Língua: usos e reflexão	Língua falada e língua escrita Oração: sujeito e predicado • Tipos de predicado • Predicado nominal: verbo de ligação e predicativo do sujeito • Predicado nominal e a construção dos textos
4. Produção textual	**Escrita** Crônica
Participação	**Prática de oralidade** Gênero oral: Dramatização da crônica
Ampliação de leitura	Leitura de *Outras linguagens*: Pintura — uma forma de se posicionar perante a realidade Leitura e produção de relações entre textos da seção *Conexões* Leitura de *Outro texto do mesmo gênero*: • "A descoberta", Luís Fernando Verissimo

8 Artigo de opinião

Carlos Araujo/Arquivo da editora

Defender nossa opinião é algo que fazemos a todo instante em diversas situações comunicativas, escrevendo, falando ou silenciando, alterando a voz, agindo. Enfim, são muitas as maneiras de deixar clara nossa opinião diante de ideias ou acontecimentos polêmicos do dia a dia.

Há situações em que expressar uma opinião exige uma elaboração mais cuidadosa, mais atenta. É o caso do artigo de opinião.

Quando alguém deseja expor sua opinião por meio de um veículo de comunicação, por exemplo, é fundamental que se expresse de forma clara, relacionando argumentos que sustentem seu ponto de vista.

Você costuma expor sua opinião? Acha importante respeitar a opinião alheia, ainda que ela seja diferente? Como será defender nossas ideias com palavras?

O texto a seguir é um artigo de opinião. Nele, o jornalista Michael Kepp diz o que pensa, expõe sua opinião e defende suas ideias.

A mania nacional
da transgressão leve

Michael Kepp

Pequenos delitos são transgressões leves que passam **impunes** e, no Brasil, estão tão **institucionalizados** que os transgressores nem têm ideia de que estão fazendo algo errado. Ou então acham esses "miniabusos" irresistíveis, apesar de causarem "minidanos" e/ou levarem a delitos maiores. Esses maus exemplos são também contagiosos. E, em uma sociedade na qual **proliferam**, ser um cidadão-modelo exige que se reme contra uma poderosa maré ou que se beire a santidade.

Alguns pequenos **delitos** – fazer barulho em casa a ponto de incomodar os vizinhos ou usar as calçadas como depósito de lixo e de cocô de cachorro – diminuem a qualidade de vida em pequenas, mas significativas, doses. Eles ilustram a frase do escritor Millôr Fernandes: "Nossa liberdade começa onde podemos impedir a dos outros".

No ano passado, o grupo de adolescentes que furou a enorme fila para assistir ao *show* gratuito de Naná Vasconcelos, na qual eu e outros esperávamos por horas, impediu nossa liberdade. Os jovens receberam os ingressos gratuitos que, embora devessem ser nossos, se esgotaram antes de chegarmos à bilheteria.

A frase de Millôr também cai como uma luva para o casal que recentemente pediu a um amigo – na minha frente, na fila de bebidas, no intervalo de uma peça – que comprasse comes e bebes para ambos. O fura-fila indireto me irritou não só porque demorou mais para me atenderem, mas também porque o segundo ato estava prestes a começar. Qual é a diferença deles para os motoristas que me ultrapassam pelo acostamento nas estradas e depois furam a fila, atrasando minha viagem? E que dizer daqueles motoristas que costuram atrás das ambulâncias?

Outros pequenos delitos causam danos porque representam uma pequena parte da reação em cadeia que corrói o **tecido social**. Os brasileiros

Folhapress/Arquivo da editora

[Imagem: reprodução de página de jornal "outras ideias / michael kepp — A mania nacional da transgressão leve", Folha de S.Paulo, folhaequilíbrio, quinta-feira, 26 de agosto de 2004]

que contribuem para a rede de consumo de drogas não são apenas os que as compram, mas até os que as consomem de vez em quando em festas. Uma simples tragada liga você, mesmo que de modo ínfimo, ao traficante e à bala perdida, mas atos aparentemente tão **inócuos** e difíceis de condenar nos forçam a pensar no que constitui um pequeno delito.

Por exemplo, que dano social pode ser causado pelo roubo de "lembrancinhas" – de toalhas e cinzeiros de hotel a cobertores de companhias aéreas? Bem, os hotéis e companhias aéreas compensam os custos de substituir esses objetos aumentando levemente o preço. Os **varejistas** fazem o mesmo para compensar as perdas com pequenos furtos.

Outros pequenos delitos são mais fáceis de classificar, mas igualmente tentadores de cometer. Veja o caso da pessoa que não diz ao caixa que recebeu por engano uma nota de R$ 50 em vez da correta nota de R$ 10. Ou do garoto que obedece ao trocador, passa por baixo da roleta e lhe passa uma nota de R$ 1 em vez de pagar à empresa de ônibus R$ 1,60. Esse **suborno** não é igual a pagar à polícia uma **propina** para se safar? Essas caixinhas não seriam também crias do famoso **caixa dois**, que já virou uma instituição?

Um dos meus vizinhos disse que alguns desses pequenos delitos, como vários tipos de caixa dois, são fruto da necessidade. Ele escreve, embora não assine, **monografias** para que universitários preguiçosos/ocupados terminem seus cursos. É assim que põe comida na mesa. Apesar de defender sua atividade **antiética** dizendo que "a fome também é antiética", ele bem que poderia perder 20 quilos.

Outro vizinho vendeu sua cobertura no Rio com uma vista espetacular da floresta da Tijuca porque descobriu que, no prazo de um ano, um arranha-céu seria construído, acabando com a vista e desvalorizando o imóvel em R$ 50 mil. Ele disse isso aos compradores? Não. E eu também não considero esse delito tão pequeno diante do valor do prejuízo.

Apesar de os delitos pequenos estarem institucionalizados demais para notar ou serem tentadores demais para resistir, dizer "não" a eles beneficia a sociedade como um todo. E um "não" vigoroso o bastante pode alertar os distraídos e os fracos de espírito para que, em uma sociedade que se guia pela "**lei de Gerson**", nossa **bússola moral** possa nos apontar o caminho.

KEPP, Michael. *Folha de S.Paulo*, São Paulo, 26 ago. 2004. Folha Equilíbrio, p. 9.

Zé Carlos Barretta/Folhapress

Michael Kepp nasceu em 1950, na cidade de St. Louis, em Missouri (Estados Unidos). Jornalista norte-americano radicado há mais de 25 anos no Brasil, é autor dos livros de crônicas *Sonhando com sotaque – confissões e desabafos de um gringo brasileiro* e *Tropeços nos trópicos – crônicas de um gringo brasileiro*, publicados pela editora Record.

●● Interpretação do texto

Compreensão

O texto que você leu é um **artigo de opinião**.

Nele, o jornalista posiciona-se quanto à prática de pequenos delitos.

> **Artigo de opinião**: texto geralmente publicado em jornais, em revistas ou na internet, com a interpretação ou opinião do autor que o assina. Pode ser escrito em 1ª ou 3ª pessoa.

1. Quem assina o artigo de opinião lido?

2. O texto está escrito em que pessoa? Dê um exemplo que comprove sua resposta.

3. No quadro abaixo, os delitos estão divididos em quatro grupos. Localize no artigo e transcreva no caderno dois exemplos de cada grupo de delito.

Delitos	**Grupo A** → Que prejudicam a qualidade de vida de outras pessoas e impedem sua liberdade.
	Grupo B → Que perturbam as relações sociais e causam danos à sociedade toda.
	Grupo C → Que são tentadores.
	Grupo D → Que são justificados como fruto de necessidade.

4. Explique a frase: "Esses maus exemplos são também contagiosos".

5. Releia este trecho do texto.

> [...] ser um cidadão-modelo exige que se reme contra uma poderosa maré ou que se beire a santidade.

Que "poderosa maré" é essa?

Carlos Araujo/Arquivo da editora

6. Releia este outro trecho do texto.

> Pequenos delitos são transgressões leves que passam impunes e, no Brasil, estão tão institucionalizados que os transgressores nem têm ideia de que estão fazendo algo errado.

Na página 251, leia novamente o significado do termo *institucionalizado*. Depois, copie no caderno as alternativas abaixo que contenham outros termos que possam ser usados para substituir *institucionalizado* no trecho acima.

a) aceitos;

b) de instituições;

c) comuns;

d) crime.

Pequenos delitos

▪ Em seu dia a dia, você observa algum dos delitos apontados no texto? Qual ou quais? Você considera leve(s) esse(s) delito(s)? Por quê? Conversem a respeito da opinião do autor do texto sobre o que ele considera "mania nacional".

Construção e linguagem do texto

A estrutura do artigo de opinião

O texto "A mania nacional da transgressão leve" foi publicado originalmente em uma seção chamada *Outras ideias*, de um jornal brasileiro.

Entre os significados da palavra *ideia*, encontramos: 'maneira de ver', 'opinião pensada ou formulada sobre um assunto'.

O fato de o texto ter sido publicado na seção "Outras ideias" de um jornal pode indicar-nos que se trata de um **artigo de opinião**. Portanto, deve ser um texto que apresenta:

- ideias defendidas pelo autor;
- argumentos para sustentá-las.

Em um artigo de opinião é comum o autor:

- apresentar sua **ideia** ou **opinião** logo no início do texto;
- em seguida, expor **argumentos para convencer** o leitor a se posicionar a seu favor;
- por fim, apresentar suas **conclusões**.

Observe essas etapas no texto lido:

A mania nacional da transgressão leve

Introdução: apresentação da opinião do autor.

1º parágrafo – Pequenos delitos são transgressões leves que passam impunes [...]

2º parágrafo – Alguns pequenos delitos — fazer barulho em casa a ponto de incomodar os vizinhos ou usar as calçadas como depósito de lixo e de cocô de cachorro — diminuem a qualidade de vida [...]

3º parágrafo – No ano passado, o grupo de adolescentes que furou a enorme fila para assistir ao *show* gratuito de Naná Vasconcelos [...]

4º parágrafo – A frase de Millôr também cai como uma luva para o casal que recentemente pediu a um amigo [...]

Argumentação: fatos, ideias, citações, exemplos que sustentam sua opinião.

5º parágrafo – Outros pequenos delitos causam danos porque representam uma pequena parte da reação em cadeia [...]

6º parágrafo – Por exemplo, que dano social pode ser causado pelo roubo de "lembrancinhas" [...]

7º parágrafo – Outros pequenos delitos são mais fáceis de classificar, mas igualmente tentadores de cometer. [...]

8º parágrafo – Um dos meus vizinhos disse que alguns desses pequenos delitos, como vários tipos de caixa dois, são fruto da necessidade. [...]

9º parágrafo – Outro vizinho vendeu sua cobertura no Rio com uma vista espetacular da floresta da Tijuca [...]

Conclusão: retomada da opinião apresentada na introdução e resumo das ideias do autor, reforçando seu posicionamento.

10º parágrafo – Apesar de os delitos pequenos estarem institucionalizados demais para notar ou serem tentadores demais para resistir, dizer "não" a eles beneficia a sociedade como um todo. [...]

Veja o esquema abaixo, com a representação dessas partes do texto:

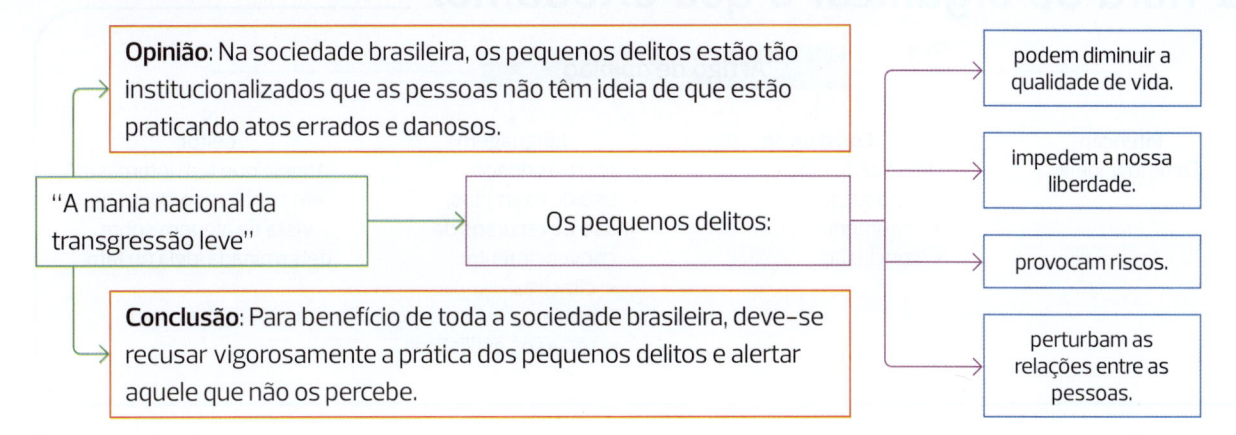

A linguagem do texto de opinião

1. O autor do texto usa aspas nas palavras: "miniabusos", "minidanos" e "lembrancinhas". No caderno, complete a frase:

Quanto à intenção do uso desse recurso tipográfico, as aspas nessas palavras indicam que ■

a) essas palavras não existem no dicionário.

b) o autor faz um comentário crítico por meio delas.

c) o autor quer apenas destacar as palavras.

d) essas palavras estão no diminutivo.

2. O autor do texto revela-se irônico e sarcástico, isto é, faz zombaria, mostra o que há por trás das situações e dos comportamentos que menciona.

Sobre o vizinho que faz trabalhos para estudantes preguiçosos/ocupados e diz que "a fome também é antiética", qual é a ironia feita pelo autor?

3. No texto, o autor empregou recursos estilísticos, como a linguagem figurada. Releia os seguintes trechos:

> [...] ser um cidadão-modelo exige que se reme contra uma poderosa maré ou que se beire a santidade.

> Apesar de os delitos pequenos estarem institucionalizados demais para notar [...] dizer "não" a eles beneficia a sociedade como um todo. E um "não" vigoroso o bastante pode alertar os distraídos e os fracos de espírito para que, em uma sociedade que se guia pela "lei de Gerson", nossa bússola moral possa nos apontar o caminho.

Escreva no caderno a alternativa que corresponde ao significado de:

- "que se reme contra uma poderosa maré";
- "que se beire a santidade";
- "alertar os distraídos [...] para que [...] nossa bússola moral possa nos apontar o caminho".

a) Conhecer as regras e saber as atitudes corretas para ensinar aos outros a melhor forma de agir.

b) Fazer diferente daqueles que praticam pequenos delitos.

c) Ser extremamente correto, ter conduta exemplar.

Hora de organizar o que estudamos

Artigo de opinião

Intenção	**Construção**	**Linguagem**	**Leitor**

Defender ideias.	Organizado em:
	• introdução;
	• argumentos;
	• conclusão.
		• texto assinado;
		• uso de exemplos;
		• uso de recursos de convencimento:
		  • citações;
		  • ironia;
		  • recursos estilísticos.
			Aquele que tem interesse em conhecer o ponto de vista de alguém sobre determinada ideia ou fato.

Você lerá agora outro texto argumentativo que, embora diferente do artigo de opinião, emprega também posicionamento e sustentação com argumentos.

polêmica: discussão, disputa em torno de questão que provoca diferentes opiniões, divergências; controvérsia.

Leitura 2

Leia o tema proposto para debate pela revista *Os caminhos da terra — para entender o mundo*, em sua seção denominada "**Polêmica**", e observe como cada um dos debatedores apresenta as razões de seu posicionamento a respeito do tema.

Editora Peixes/Arquivo da editora

LATITUDE | LONGITUDE

POLÊMICA

Os zoológicos valem a pena?

A MORTE DE ANIMAIS EM SÃO PAULO DESPERTA UMA DISCUSSÃO ENTRE DEFENSORES DA NATUREZA

O envenenamento de dezenas de animais no Zoológico de São Paulo, a partir de janeiro, provocou uma discussão que divide aqueles que se dedicam a preservar a vida selvagem. É válido retirar um animal da natureza para expô-lo em áreas urbanas, longe de seus hábitats? A questão é mais controversa ainda levando-se em conta os contrastes notados diariamente entre instituições desse tipo mundo afora e também no Brasil – algumas sem recursos, outras com trabalho exemplar. Confira a opinião de dois especialistas no assunto. | ●

1. Apresentação da questão polêmica.

não!

Miriane de Almeida Fernandes, presidente da Associação dos Amigos dos Animais de Campinas (AAAC), entidade que mantém 2 500 animais.

"O simples fato de ver qualquer animal enjaulado já me causa arrepios. Mas os zoológicos são especialmente degradantes, porque sua função nada mais é do que saciar, à custa dos bichos, a satisfação humana. É verdade que, no passado, existiam argumentos duvidosos, mas talvez justificáveis. Com a ausência da televisão, da internet e de outros meios de comunicação, para que as pessoas pudessem conhecer um leão ou um elefante, por exemplo, poderiam fazê-lo apenas visitando um zoológico ou o seu hábitat. Hoje, isso não é mais necessário, pois os meios de comunicação têm fartas matérias que propiciam conhecimento. Por isso, entendo que os zoológicos deveriam ter outras finalidades. Deveriam, por exemplo, preocupar-se em ensinar as pessoas a conhecer os animais dentro do seu próprio hábitat. Deveriam contribuir com a fiscalização da nossa fauna, auxiliando na proteção dos animais que estiverem em risco de extinção. Deveriam também atuar como hospital veterinário para animais de grande porte, resgatados de circos ou ainda de traficantes de animais. Não é mais aceitável mantê-los em cativeiro para entretenimento dos seres humanos. É um ato de crueldade, cuja proporção somente pode ser avaliada se nos imaginarmos no lugar desses animais, presos em um espaço limitado e longe dos nossos amigos e familiares, por tempo indefinido e, principalmente, contra a nossa vontade."

2. Debatedor que apresenta posição contrária.

sim!

Luiz Roberto Francisco, biólogo, ex-diretor do Zoológico de Curitiba e atual consultor do Zoológioco de São Paulo e de outras entidades.

"Há que se esclarecer que os zoológicos não retiram animais da natureza para simplesmente expô-los. Há tempos esse conceito mudou, e os zôos contemporâneos trabalham voltados à preservação e conservação das espécies. Os animais que chegam aos zoológicos brasileiros são quase todos oriundos de apreensões por órgãos fiscalizadores, porque a maior parte das espécies desse universo teve seus hábitats fragmentados, destruídos ou vêm do tráfico de animais selvagens. Ver os zoológicos apenas como 'prisão de animais' é estar fora de sintonia com a realidade. Graças aos zoológicos, espécies como o condor-da-califórnia (*Gymnogyps californianus*) ou o nosso mico-leão-dourado (*Leontopithecus rosalia*), entre outras, têm uma chance de sobrevivência na natureza. Para esses e outros programas, as instituições envolvidas permutam animais importantes para seus programas de reprodução, buscando manter a maior diversidade genética possível. É óbvio que todos preferimos os animais em vida livre, mas a pressão ao meio ambiente é tal, que a extinção para muitas espécies é questão de tempo. Quem não vê isso está parado no tempo. No Brasil, a Sociedade de Zoológicos do Brasil fomenta a pesquisa e preservação das espécies, promovendo congressos onde são compartilhadas novas técnicas de manejo e desafios. Não fosse esse um segmento sério, nada disso existiria. Por isso tudo, os zoológicos são a verdadeira esperança para as espécies da fauna ameaçadas de extinção."

3. Debatedor que apresenta posição favorável.

18 TERRA ABRIL/2004

Polêmica

Os zoológicos valem a pena?

*A morte de animais em São Paulo
desperta uma discussão
entre defensores da natureza*

O envenenamento de dezenas de animais no Zoológico de São Paulo, a partir de janeiro, provocou uma discussão que divide aqueles que se dedicam a preservar a vida selvagem. É válido retirar um animal da natureza para expô-lo em áreas urbanas, longe de seu *habitat*? A questão é mais controversa ainda levando-se em conta os contrastes notados diariamente entre instituições desse tipo mundo afora e também no Brasil — algumas sem recursos, outras com trabalho exemplar. Confira a opinião de dois especialistas no assunto.

Parte B

não!

*Miriane de Almeida Fernandes, presidente da
Associação dos Amigos dos Animais de Campinas (AAAC),
entidade que mantém 2 500 animais.*

"O simples fato de ver qualquer animal enjaulado já me causa arrepios. Mas os zoológicos são especialmente degradantes, porque sua função nada mais é do que saciar, à custa dos bichos, a satisfação humana. É verdade que, no passado, existiam argumentos duvidosos, mas talvez justificáveis. Com a ausência da televisão, da internet e de outros meios de comunicação, para que as pessoas pudessem conhecer um leão ou um elefante, por exemplo, poderiam fazê-lo apenas visitando um zoológico ou o seu *habitat*. Hoje, isso não é mais necessário, pois os meios de comunicação têm fartas matérias que propiciam conhecimento. Por isso, entendo que os zoológicos deveriam ter outras finalidades. Deveriam, por exemplo, preocupar-se em ensinar as pessoas a conhecer os animais dentro do seu próprio *habitat*. Deveriam contribuir com a fiscalização da nossa fauna, auxiliando na proteção dos animais que estiverem em risco de extinção. Deveriam também atuar como hospital veterinário para animais de grande porte, resgatados de circos ou ainda de traficantes de animais. Não é mais aceitável mantê-los em cativeiro para entretenimento dos seres humanos. É um ato de crueldade, cuja proporção somente pode ser avaliada se nos imaginarmos no lugar desses animais, presos em um espaço limitado e longe dos nossos amigos e familiares, por tempo indefinido e, principalmente, contra a nossa vontade."

Parte C

sim!

Luiz Roberto Francisco, biólogo, ex-diretor do Zoológico de Curitiba e atual consultor do Zoológico de São Paulo e de outras entidades.

"Há que se esclarecer que os zoológicos não retiram animais da natureza para simplesmente expô-los. Há tempos esse conceito mudou, e os zoos contemporâneos trabalham voltados à preservação e conservação das espécies. Os animais que chegam aos zoológicos brasileiros são quase todos oriundos de apreensões por órgãos fiscalizadores, porque a maior parte das espécies desse universo teve seus *habitat* fragmentados, desunidos ou vem do tráfico de animais selvagens. Ver os zoológicos apenas como 'prisão de animais' é estar fora de sintonia com a realidade. Graças aos zoológicos, espécies como o condor-da-califórnia (*Gymnogyps californianus*) ou o nosso mico-leão-dourado (*Leontopithecus rosalia*), entre outras, têm uma chance de sobrevivência na natureza. Para esses e outros programas, as instituições envolvidas permutam animais importantes para seus programas de reprodução, buscando manter a maior diversidade genética possível. É óbvio que todos preferimos os animais em vida livre, mas a pressão ao meio ambiente é tal que a extinção para muitas espécies é questão de tempo. Quem não vê isso está parado no tempo. No Brasil, a Sociedade de Zoológicos do Brasil fomenta a pesquisa e preservação das espécies, promovendo congressos, onde são compartilhadas novas técnicas de manejo e desafios. Não fosse esse um segmento sério, nada disso existiria. Por isso tudo, os zoológicos são a verdadeira esperança para as espécies ameaçadas de extinção."

Os caminhos da Terra – para entender o mundo. São Paulo: Peixes, ano 12, n. 144, abr. 2004, p. 18.

●● Interpretação do texto

Compreensão

■ Responda no caderno.

1. Que motivo provocou a discussão publicada pela revista?

2. Transcreva da apresentação (parte A) a frase que expressa o assunto da polêmica.

3. Por que esse assunto é polêmico?

Construção do texto

1. Identifique nos textos dos debatedores e copie no caderno os trechos que correspondem à:

a) apresentação da opinião;   b) argumentação;   c) conclusão.

2. Leia o quadro seguinte, que resume a opinião e a conclusão de cada um dos deba-tedores.

Polêmica: É válido retirar um animal da natureza para expô-lo em zoológicos?		
Debatedores	Miriane	Luiz Roberto
Posicionamento	*contra*	*a favor*
Opinião	Os zoológicos expõem os animais só para satisfazer a curiosidade humana.	Os zoológicos também trabalham para preservar os animais.
Conclusão	É crueldade manter bichos em cativeiro só para entretenimento das pessoas.	Os zoológicos são a esperança para as espécies ameaçadas de extinção.

No caderno, explique os seguintes argumentos apresentados pelos debatedores em defesa de sua opinião:

I. Argumentos de Miriane

a) Substituir os zoológicos pelos meios de comunicação.

b) Transformar os zoológicos em fiscais da fauna.

c) Transformar os zoológicos em hospitais veterinários.

II. Argumentos de Luiz Roberto

d) Os zoológicos cuidam dos animais apreendidos pela fiscalização.

e) Os zoológicos preservam animais em perigo de extinção.

f) Troca de animais entre zoológicos.

3. Com qual dos debatedores você concorda? Justifique sua posição.

4. A classe deve fazer um levantamento da opinião que prevaleceu entre os alunos em relação à existência de zoológicos: o **sim** ou o **não**.

Conversem sobre:

a) a opinião que venceu: as razões, o tipo de argumento mais convincente;

b) a opinião que perdeu: o argumento mais rejeitado pelos alunos.

Comparando textos

Copie o quadro no caderno e complete-o com a intenção correspondente a cada um dos textos.

Artigo de opinião	Debate
O autor: • apresenta, por meio de texto escrito, uma ideia sobre um assunto; • argumenta; • conclui.	Os participantes: • assumem um posicionamento; • argumentam; • concluem.
Intenção: ‖‖‖‖‖‖‖‖‖‖‖‖‖‖‖‖‖‖‖‖‖‖	Intenção: ‖‖‖‖‖‖‖‖‖‖‖‖‖‖‖‖‖‖‖‖‖‖‖‖

●● Outras linguagens

Foto

José Luis da Conceição/Agência Estado

2004 foi o ano das greves e das filas intermináveis: funcionários do INSS cruzaram os braços por todo o país.

O Estado de S. Paulo, São Paulo, 2004.

1. A foto mostra pessoas numa fila. Leia a legenda para responder: o que elas estão esperando na fila?

2. A legenda comenta que 2004 foi um ano de "filas intermináveis". Que fato contribuiu para as "filas intermináveis"?

3. O que aparece em primeiro plano na foto?

4. Em fotos de jornal, é comum as pessoas que aparecem em primeiro plano serem fotografadas dessa forma, sem mostrar o rosto?

5. Qual é a provável intenção, neste caso, de a foto não incluir o rosto da pessoa?

6. Pelas escolhas feitas para o enquadramento da foto, qual é a provável opinião do fotógrafo em relação à "fila interminável"?

7. Depois de analisar a imagem em relação à legenda, responda: a intenção do fotógrafo foi registrar um acontecimento único, para documentá-lo, ou, além disso, quis expressar seu ponto de vista sobre esse acontecimento? Explique sua resposta.

Cartum e opinião

1. Em dupla. Observem a sequência de **cartuns** em quadrinhos criados por Laerte.

cartum: desenho humorístico; anedota gráfica que satiriza comportamentos humanos, também chamada de vinheta cômica, geralmente destinada à publicação jornalística.

© Laerte/Acervo do artista

LAERTE. *Classificados.* São Paulo: Devir, 2002. Capa e p. 5, 33, 36, 59. v. 2.

Cada um dos cartuns aqui reproduzidos apresenta um pequeno (ou grande) **delito**, isto é, um ato que vai contra uma lei, uma regra ou uma ordem, constituindo uma falta que sempre prejudica alguém.

Relacionem a cada cartum os delitos apresentados a seguir.

a) Desrespeitar o direito das outras pessoas, desconsiderando-as.

b) Subornar um funcionário do poder público, gratificando-o em troca da obtenção de benefício.

c) Enganar as pessoas aproveitando-se do tipo de cargo ou profissão que tem para conseguir privilégios para si próprio.

d) Desrespeitar a propriedade do outro ou da coletividade.

e) Tentar fazer que outra pessoa seja seu cúmplice.

2. Conversem sobre quais foram as possíveis intenções do autor dos cartuns.

a) Provocar humor, fazer rir.

b) Mostrar que os delitos são insignificantes, sem importância.

c) Salientar que atos aparentemente inofensivos podem ser prejudiciais.

d) Estimular o leitor a praticar os mesmos atos.

e) Motivar o leitor a se posicionar criticamente contra "pequenos" delitos.

●● Prática de oralidade

Debate regrado

Você analisou opiniões diferentes sobre um tema polêmico: a função do zoológico.

O texto "A mania nacional da transgressão leve" também pode gerar polêmica, pois há pessoas que concordam com a opinião do autor do texto e há pessoas que discordam dela. O tema abordado pelo autor nesse artigo de opinião é muito importante para as relações de convivência. Por isso, cada um deve definir sua posição sobre ele.

Vamos então fazer um **debate** seguindo **algumas regras**.

Pequenos delitos são transgressões leves que, segundo Michael Kepp, passam impunes. Entretanto, ele cita delitos que, embora pareçam pequenos, causam danos a toda a sociedade. Por outro lado, o próprio autor lembra argumentos de pessoas que consideram os pequenos delitos justificáveis se forem cometidos em caso de necessidade.

A polêmica agora é: ser conivente ou não com a ocorrência de delitos, ainda que pequenos?

Dê sua opinião sobre essa polêmica.

conivente: cúmplice, aquele que finge não ver o mal praticado por alguém ou o encobre.

Debate com mediação e regras

Preparo para o debate

1. Que posicionamento é o seu diante da polêmica: **a favor** ou **contra**? Reflita sobre as razões que o leva a essa posição.

2. O professor dividirá os alunos entre os que são a favor e os que são contra.

a) Junte-se aos que têm a mesma opinião que você. Discutam entre vocês as razões que os levaram a assumir essa posição: ideias, fatos, experiências, orientações que vocês receberam de seus pais ou responsáveis.

b) Façam uma lista com os argumentos, isto é, as justificativas que vocês considerarem mais fortes para sustentar sua posição no debate.

c) Escolham dois participantes para representar seu grupo como debatedores. Cada participante ficará com parte da lista de argumentos a ser apresentada.

Momento do debate

1. Um aluno deverá ser o mediador do debate. Ele terá as seguintes atribuições:

- apresentar o assunto a ser debatido;
- justificar a importância da discussão sobre a polêmica;
- controlar o tempo da fala de cada debatedor (sugerem-se três minutos);
- interromper, com gentileza, a fala do debatedor, caso ultrapasse o tempo previsto, avisando-o de que seu tempo se esgotou;
- dirigir os debatedores de modo que façam perguntas um ao outro sobre as posições apresentadas;
- organizar a participação dos observadores após o debate, isto é, dar a palavra, com tempo estabelecido, a quem quiser questionar os debatedores.

2. No dia determinado pelo professor, realizem o debate.

Lembre-se de que, mesmo havendo opiniões contrárias, no debate deve prevalecer o respeito: ouvir a opinião do outro com atenção sem desfazer das posições contrárias à sua; esperar a vez de falar; não interromper quem fala.

Se necessitar interromper alguém em algum momento, seja gentil: utilize palavras e expressões, como "com licença", "permita-me", "por favor", "obrigado(a)".

Avaliação do debate

- Copie o quadro abaixo no caderno e preencha-o.

Item avaliado	Qualidade dos argumentos	Atuação dos debatedores	Participação dos observadores	Desempenho do mediador
Comentários	|||||||||||||||||||	|||||||||||||||||||	|||||||||||||||||||	|||||||||||||||||||

 **Conexões** RELAÇÕES ENTRE TEXTOS, ENTRE CONHECIMENTOS

Arte e opinião

É possível defender uma opinião e ainda fazer arte? Você vai conferir essa possibilidade nos textos a seguir.

1. Poema

Leia o poema "Razão de ser" e observe como o poeta defende sua opinião sobre o ofício de escrever.

Razão de ser

Paulo Leminski

Escrevo. E pronto.
Escrevo porque preciso,
Preciso porque estou tonto.
Ninguém tem nada com isso.
Escrevo porque amanhece,
e as estrelas lá no céu

lembram letras no papel,
quando o poema me anoitece.
A aranha tece teias.
O peixe beija e morde o que vê.
Eu escrevo apenas.
Tem que ter por quê?

LEMINSKI, Paulo. *Melhores poemas.* São Paulo: Global, 2002. p. 33.

2. Letras de canção

Leia um trecho da letra da canção do grupo O Rappa e a letra completa do compositor Paulinho da Viola; observe os argumentos empregados nos dois textos. Cada letra de canção trata de um tema diferente; na primeira, o tema é a paz; na segunda, o samba.

Minha alma (a paz que eu não quero)

Marcelo Yuka

A minha alma tá armada e apontada
Para a cara do sossego!
(Sêgo! Sêgo! Sêgo! Sêgo!)
Pois paz sem voz, paz sem voz
Não é paz, é medo!
(Medo! Medo! Medo! Medo!)

Às vezes, eu falo com a vida,
Às vezes, é ela quem diz:
"Qual a paz que eu não quero conservar,
Pra tentar ser feliz?"

As grades do condomínio
São pra trazer proteção
Mas também trazem a dúvida
Se é você que tá nessa prisão

[...]

Ilustrações: Carlos Araujo/Arquivo da editora

YUKA, Marcelo. Minha alma (a paz que eu não quero). Intérprete: O Rappa. In: *Instinto coletivo*: ao vivo. São Paulo: Warner Brasil, 2001. 1 CD. Faixa 7.

Argumento

Paulinho da Viola

Tá legal
Eu aceito o argumento
Mas não me altere o samba tanto assim
Olha que a rapaziada está sentindo a falta
De um cavaco, de um pandeiro
Ou de um tamborim

Sem preconceito
Ou mania de passado
Sem querer ficar do lado
De quem não quer navegar
Faça como um velho marinheiro
Que durante o nevoeiro
Leva o barco devagar

VIOLA, Paulinho da. Argumento. In: *Série Bis*: Paulinho da Viola. São Paulo: EMI, 2005. 2 CDs. CD 1. Faixa 1.

3. Cartuns

Leia os cartuns de Sergio Aragonés e compare o que esse artista narra por meio deles e o que foi apresentado pelo jornalista Michael Kepp no artigo de opinião que você leu.

1

2

ARAGONÉS, Sergio. *Mais do que palavras*. São Paulo: Abril, 1999.

●● Língua: usos e reflexão

Oração: tipos de predicado

Para atender às nossas necessidades de comunicação, podemos organizar as frases de diversas maneiras. Uma das coisas que precisam ser observadas é o sentido que as relações entre o sujeito e o predicado pode produzir nos textos.

Na Unidade anterior você estudou a relação do sujeito com o predicado nominal para *caracterizar* algo — indicar estado, qualidade, mudança de estado — por meio do *predicativo do sujeito*. Vamos rever.

Leia a frase:

I. Os maus exemplos **são contagiosos**.
— sujeito | predicado nominal
— verbo de ligação | predicativo do sujeito

Agora veja como o **predicado verbal** se relaciona com o sujeito das orações.

■ Leia a frase a seguir e complete o esquema com as informações que faltam:

■　　　　　　　　　　■

I. Alguns pequenos delitos **diminuem** a qualidade de vida.

↓
verbo

Copie no caderno a alternativa que melhor completa esta frase em relação à oração acima.

a) O verbo expressa a ■

- caracterização do sujeito.
- ação do sujeito.
- mudança de estado do sujeito.
- aparência do sujeito.

O predicado é a parte da oração que traz as informações principais sobre o sujeito. Essas informações podem estar concentradas principalmente sobre dois termos:

- **Frase I**: o foco da informação trazida pelo predicado está no predicativo do sujeito, isto é, na característica do sujeito – *contagiosos*. O predicativo do sujeito é o núcleo do predicado, o **predicado é nominal**. Nesse caso o verbo é de **ligação**.
- **Frase II**: o foco do predicado está na ação do sujeito expressa pelo verbo – *diminuem*. O verbo é o núcleo do predicado, o **predicado é verbal**. O verbo é chamado de **significativo**, pois expressa uma ideia fundamental sobre o sujeito.

A seguir veja mais detalhes do predicado verbal.

Predicado verbal

Transitividade verbal: verbos transitivos e verbos intransitivos

■ Leia os quadrinhos reproduzidos a seguir e responda às questões no caderno.

© Laerte/Acervo do cartunista

LAERTE. Lola, a andorinha. *Folha de S.Paulo*, São Paulo, 2 nov. 2013. Folhinha, p. 8.

1. Lola parece querer também mostrar suas habilidades perto do nenê. Como ela faz isso?

2. Como Lola se comporta quando o nenê lhe mostra a habilidade que ele tem com desenho? Por que ela age assim?

3. O que o desenho feito pelo nenê pode revelar sobre ele?

4. Compare as frases ditas sobre o nenê.

I. "Nenê já anda."

II. "Nenê já fala."

III. "Nenê já faz desenho."

a) Qual é o sujeito dessas frases?

b) Os verbos dessas frases indicam:

- estado do sujeito.

- ação do sujeito.

- característica do sujeito.

c) Em uma das frases o verbo precisou de um complemento para ter o sentido completo. Copie esse verbo e o termo que o complementou.

Nas frases I e II, os verbos *anda* e *fala* expressam ações do sujeito e não precisam de complementos para ter o sentido completo.

Dizemos que se trata de verbos **intransitivos**.

Na frase III, o verbo *faz* expressa a ação do sujeito, porém precisou de um complemento — *desenho* — para que tivesse sentido completo. Por precisar de complemento, trata-se de um verbo **transitivo**.

Os verbos **transitivos** expressam uma ação que não fica apenas com o sujeito, mas cujos efeitos se estendem, passam para um complemento.

Verbos **transitivos** ou **intransitivos** são **significativos** e são sempre núcleos do predicado verbal.

> **Transitivo** é uma palavra que vem de **transitar**: *passar, andar, percorrer.*

■ Leia a tira reproduzida a seguir e responda às questões no caderno.

BROWNE, Dik e Chris. *O melhor de Hagar, o horrível.* Porto Alegre: L&PM, 2013. p. 13. v. 5.

1. Por que foi pedido para cortar o óleo de lagarto que Helga, mulher de Hagar, deu para ele?

2. Releia a fala de Helga e observe como ela foi construída:

predicado verbal

Eu lhe dei pó de asa de morcego e óleo de lagarto duas vezes ao dia.

sujeito | verbo de ação

3. Copie e complete no caderno:

  a) o sujeito;

  b) o predicado.

  c) Responda: o verbo dessa oração pode ser considerado significativo? Por quê?

4. Qual é o papel da parte destacada em laranja?

Observem:

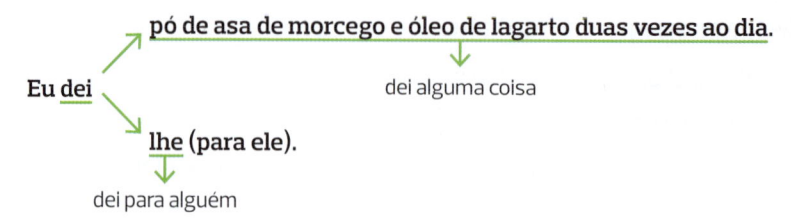

Eu dei
  → **pó de asa de morcego e óleo de lagarto duas vezes ao dia.**
    ↓ dei alguma coisa
  ↘ **lhe (para ele).**
    ↓ dei para alguém

O verbo *dei* precisou de complementos para ter sentido completo. Portanto, trata-se de um verbo **transitivo**.

Leia outros exemplos de frases com verbos que precisam de complementos para ter sentido completo:

Carlos comprou um novo jogo de *videogame*.
  ↓ comprou alguma coisa

O governo construirá novos reservatórios de água.
  ↓ construirá alguma coisa

A escola precisa de áreas de lazer.
  ↓ precisa de alguma coisa

O professor olhou para nós com simpatia.
  ↓ olhou para alguém

O exército distribuiu água para os desabrigados.
  ↓ distribuiu alguma coisa   ↓ para alguém

📁 Hora de organizar o que estudamos

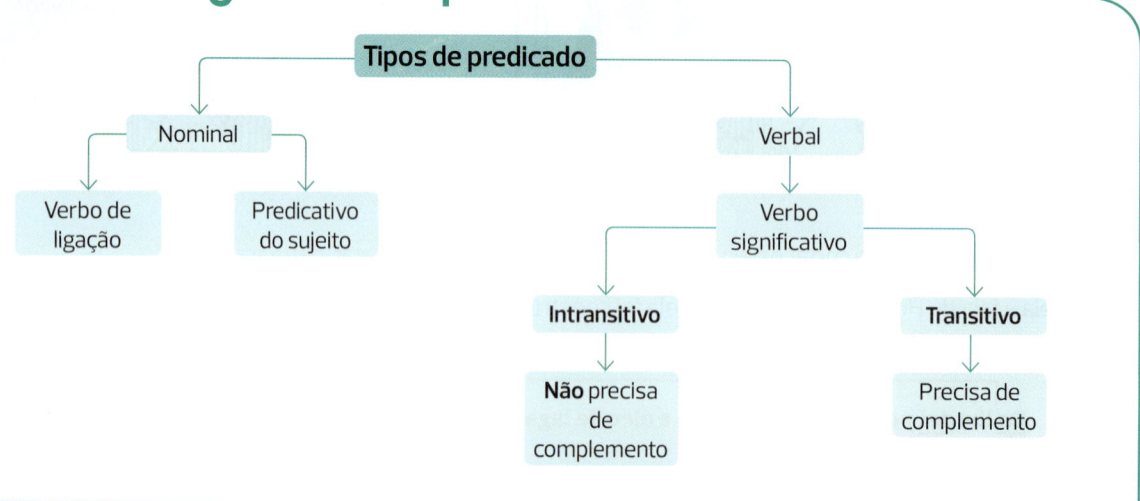

Tipos de predicado
- Nominal
  - Verbo de ligação
  - Predicativo do sujeito
- Verbal
  - Verbo significativo
    - Intransitivo
      - **Não** precisa de complemento
    - Transitivo
      - Precisa de complemento

Atividades: tipos de predicado

1. Das frases a seguir, copie no caderno apenas as que tiverem complementos para o verbo, grifando-os:

   a) A seca está cada vez mais intensa.

   b) Por falta de água, suspenderam as aulas.

   c) O nível da represa permanece baixo.

   d) As pessoas estão economizando mais água.

   e) As cidades precisam de mais reservatórios para água de chuva.

   f) O governo dará desconto a quem economizar.

2. No caderno, copie as frases e indique o tipo de verbo que há nelas. A seguir, classifique o predicado em nominal ou verbal:

   a) A Alemanha marcou sete gols contra o Brasil.

   b) Os jogadores ficaram muito nervosos.

   c) Muitos torcedores saíram antes do término da partida.

   d) Todos ficaram desapontados com os resultados.

   e) Na próxima Copa do Mundo, o Brasil se recuperará.

3. Leia a tira reproduzida a seguir.

WALKER, Mort. Recruta Zero. *O Estado de S. Paulo*, 23 nov. 2014. Caderno 2, p. C10.

   a) Por que a personagem se espantou ao ver o Recruta Zero usando boias?

   b) Copie a frase a seguir no caderno e complete as partes do esquema.

   Por que ele <u>**está usando**</u> todas essas boias?
   ↓
   verbo transitivo
   (ação)

   c) Faça o mesmo com a frase a seguir.

   Ele **é** um bom nadador!
   ↓
   verbo de ligação

4. Leia a tira reproduzida a seguir.

BROWNE, Dik e Chris. *O melhor de Hagar, o horrível*. Porto Alegre: L&PM, 2013. p. 65. v. 5.

Responda no caderno.

a) Na frase: "**Fazem** os quadris menores!"

- qual é o sujeito do verbo *fazer*?
- a que termo esse sujeito se refere?
- a que termo se refere o verbo *parecerem*?

b) Releia e observe a seta:

os quadris parecerem *menores*

- Qual é a função da palavra *menores*?

c) Releia esta fala de Hagar:

A sua cabeça está ficando menor!

Complete com o nome da função exercida pelos termos destacados a seguir.

- está ficando;
- a sua cabeça;
- está ficando menor;
- menor.

GUARDA-ROUPA

Desperte o brilho em você!

Paetês, bordados e metálicos deixam roupas e acessórios com cara de festa

Revista *Capricho*, São Paulo: Abril,
n. 1202, set. 2014, p. 64.

5. Leia a a chamada da matéria reproduzida ao lado e responda às perguntas no caderno.

a) Na propaganda a palavra *brilho* está empregada em dois sentidos. Explique-os.

b) Na frase: "Desperte o brilho em você!", que função estão exercendo os termos: *o brilho* e *em você*?

c) A que sujeito o verbo dessa frase se refere?

Tipos de predicado: sentidos e intenções dos textos

1. Leia o texto a seguir e responda às questões no caderno.

Edmund Hillary e Tenzing Norgay

Reidratando–se com canecas de chá depois de conquistarem o monte Everest, em maio de 1953, Hillary (à direita na foto abaixo), um esguio apicultor da Nova Zelândia, e Tenzing, um sherpa nepalês cujo segundo nome significa 'o afortunado', relatam seu sucesso aos membros da nona Expedição Britânica que não foram ao cume. "Pronto" disse Hillary, "liquidamos o desgraçado!"

Algumas semanas depois, quando transportavam suprimentos para o colo oeste, um vale glacial inclinado (à direita), Tenzing salvou Hillary de uma queda letal em uma fenda, e a amizade dos dois escaladores cresceu.

reidratar: tratar por água, beber líquido.

apicultor: criador de abelhas.

sherpa: povo da região mais montanhas do Nepal, no alto do Himalaia.

nepalês: oriundo do Nepal.

colo: depressão entre duas elevações.

letal: que pode causar a morte.

fenda: buraco, rachadura profunda na terra.

EDMUND HILLARY E TENZING NORGAY

Reidratando-se com canecas de chá depois de conquistarem o monte Everest, em maio de 1953, Hillary (à direita na foto acima), um esguio apicultor da Nova Zelândia, e Tenzing, um sherpa nepalês cujo segundo nome significa "o afortunado", relatam seu sucesso aos membros da nona Expedição Britânica que não foram ao cume. "Pronto", disse Hillary, "liquidamos o desgraçado!" Algumas semanas depois, quando transportavam suprimentos para o colo Oeste, um vale glacial inclinado (à direita), Tenzig salvou Hillary de uma queda letal em uma fenda, e a amizade dos dois escaladores cresceu.

Reprodução/Revista *National Geographic*/Editora Abril

Revista *National Geographic Brasil*. Grandes aventuras. Ed. Especial 173–A. São Paulo: Abril, 2014. p. 98.

a) Qual é a provável razão de eles estarem se reidratando?

b) A quem Hillary se referia ao dizer: "Liquidamos o desgraçado!"?

c) Depois da conquista, a amizade entre Tenzing e Hillary aumentou. Por quê?

d) Observe os verbos empregados nesse texto. Responda:

- Que tipo de verbo foi mais empregado: verbo que indica ação ou verbo que ajuda a indicar características do que foi apresentado?

- Observe a capa e, em especial, o título da revista de onde foi retirada a reportagem. Que relação pode existir entre o propósito da reportagem e o tipo de verbo empregado nela?

O tipo de predicado – nominal ou verbal – contribui para o estilo e intenção predominantes do texto:

- **predicado nominal**: foco predominante na caracterização; mais descritivo;
- **predicado verbal**: foco predominante na ação; mais factual.

Revista *National Geographic*/Editora Abril

2. Leia o trecho de uma notícia em que um físico famoso demonstra sua preocupação com a crescente evolução de máquinas inteligentes, pois acha que elas poderão se sobrepor aos seres humanos. Responda às questões no caderno.

A ameaça dos robôs

Salvador Nogueira
Colaboração para a Folha

Jornal *Folha de S.Paulo*/Folhapress
O físico britânico Stephen Hawking.

O físico Stephen Hawking e outros pesquisadores importantes **estão** preocupados: essa história de **fazer** robôs cada vez mais inteligentes **é** um risco, que **pode dar** no fim da raça humana.

O físico britânico Stephen Hawking **está causando** novamente. Em entrevista à rede BBC, ele **alertou** para os perigos do desenvolvimento de máquinas superinteligentes.

"As formas primitivas de inteligência artificial que **temos** agora se **mostraram** muito úteis. Mas **acho** que o desenvolvimento de inteligência artificial completa **pode significar** o fim da raça humana", **disse** o cientista.

Ele **ecoa** um número crescente de especialistas – de filósofos e tecnologistas – que **aponta** as incertezas trazidas pelo desenvolvimento de máquinas pensantes.

[...]

NOGUEIRA, Salvador. A ameaça dos robôs. *Folha de S.Paulo*, São Paulo, 16 dez. 2014. Cotidiano, p. C10.

a) O que dizer a frase "O físico britânico Stephen Hawking está causando novamente"?
b) No trecho, há formas verbais destacadas.
- Copie uma frase em que a forma verbal liga um predicativo do sujeito – estado ou característica – ao sujeito a que se refere.
- Da frase destacada que você copiou no item anterior, transcreva o predicativo do sujeito.
- Que tipo de verbo predomina nesse trecho da notícia: verbo que expressa ação dos sujeitos a que se referem ou verbos que ligam estado ou características aos sujeitos a que se referem?
- Transcreva três verbos que exemplifique sua resposta anterior.
- Pelos tipos de verbos indicados, você pode afirmar que a notícia se concentra em fatos/acontecimentos ou processos de descrição/caracterização?
- Qual é o tipo de predicado predominante na notícia?

Ao produzir um texto, a forma de organizar as frases contribui para expressar as intenções de quem escreve ou do gênero que está sendo produzido.

Verbos significativos, de ação, poderão predominar em gêneros de caráter factual, narrativos.

Verbos que indicam estado, mudança de estado, ligam características ao sujeito a que se referem predominarão em gêneros em que os processos descritivos de caracterização precisam estar mais presentes.

Ordem frasal e efeitos de sentido nos textos

Observe os exemplos:

sujeito   predicado

I. **Os zoológicos** **valem** a pena?

↓
verbo

Nessa oração, o sujeito está colocado **antes** do verbo. Dizemos que a oração está na **ordem direta**.

predicado   sujeito

II. **Valem** a pena **os zoológicos**?

↓
verbo

Na oração acima, o sujeito está colocado **depois** do verbo. Dizemos que a oração está na **ordem inversa**.

A escolha da ordem direta ou da ordem inversa depende, muitas vezes, da intenção de dar maior ou menor realce a um termo, a uma ideia da oração. Geralmente o termo que inicia a oração é o que mais chama a atenção do leitor ou do ouvinte, por exemplo, em uma notícia.

Na frase **I**, a ênfase, o foco da informação é dado ao sujeito: *os zoológicos*.

Na frase **II**, em que foi empregada a ordem inversa, a intenção do usuário da língua (ou enunciador) é chamar a atenção do leitor em primeiro lugar para a ideia de *valer* ou *não valer a pena*.

Carlos Araujo/Arquivo da editora

🟧 A oração "Os zoológicos valem a pena?" é o título da matéria que você leu. Se você fosse o autor dessa matéria, qual das duas orações escolheria para dar destaque ao tema da discussão: a que está na ordem direta ou a que está na ordem inversa? Justifique sua escolha.

Na capa ao lado, várias frases foram organizadas para informar sobre as principais matérias de que a revista trata. Analise essa organização.

Leia a frase:

Os "primos selvagens" dos nossos gatinhos domésticos perdem espaço nos biomas devastados [...].

Reprodução/Editora Terra da Gente

Veja:

- **Verbo**: perdem.
- **Sujeito**: Os "primos selvagens" dos nossos gatinhos domésticos.
- **Predicado**: perdem espaço nos biomas devastados [...]

Observe que na oração acima o sujeito aparece antes do verbo e de todo o predicado. Pode-se esquematizar esse tipo de oração da seguinte maneira:

Sujeito $\longrightarrow$ Predicado

Essa oração está na **ordem direta**.

Assim, ao ler a frase, o olhar do leitor recai primeiro sobre o **sujeito**. Veja:

Os "primos selvagens" dos nossos gatinhos domésticos perdem espaço nos biomas devastados [...].

Suponha que o jornalista queira chamar a atenção para o problema de os animais perderem espaço em seus *habitat*, dando destaque a essa ideia. A frase poderia ficar assim:

Perdem espaço nos biomas devastados os "primos selvagens" dos nossos gatinhos domésticos.

Nesse formato, a ordem da oração é:

Predicado $\longrightarrow$ Sujeito

Nessa ordem, o sujeito ficou depois do verbo e de todo o predicado. Portanto, a oração está em **ordem inversa**.

Imagine agora que o jornalista quisesse dar destaque ao lugar em que o problema ocorre, no caso os *biomas devastados*:

Nos biomas devastados, perdem espaço os "primos selvagens" dos nossos gatinhos domésticos.

Nessa frase também há ordem inversa, já que o sujeito está depois do verbo.

Atividades: ordem frasal

1. Identifique no caderno o sujeito de cada uma das orações a seguir e indique também o núcleo de cada sujeito. Essas orações foram retiradas do texto de Michael Kepp, "A mania nacional da transgressão leve".

   a) "Alguns pequenos delitos diminuem a qualidade de vida em pequenas, mas significativas, doses."

   b) "Uma simples tragada liga você ao traficante e à bala perdida."

2. Que tipo de ordem frasal há nas orações da atividade anterior: ordem direta ou ordem inversa?

3. O artigo de Michael Kepp é um texto jornalístico destinado a vários tipos de leitores. Volte a ele procurando observar agora que tipo de ordem frasal predomina: a direta ou a inversa?

4. Em sua opinião, há alguma relação entre essa modalidade de texto e a escolha da ordem das frases identificadas na atividade anterior?

5. Reescreva no caderno as frases em ordem inversa de duas maneiras diferentes. Para isso, você vai alterar a colocação do sujeito em relação ao verbo e ao predicado de acordo com cada pedido de destaque. Faça adaptações se for necessário.

a) "Lobos, linces, falcões e outros selvagens retornam à Alemanha." (*Terra da gente*, out. 2011.)

- Dê destaque ao retorno dos animais.
- Dê destaque ao lugar para onde voltaram.

b) "Os macacos selvagens desenvolvem estratégias de sobrevivência na floresta [...]." (*Terra da gente*, out. 2011.)

- Dê destaque ao desenvolvimento de estratégias.
- Dê destaque ao local do desenvolvimento de estratégias.

6. Leia a frase a seguir

Espécie em extinção, três dos filhotes quadrigêmeos de guepardo descansam no zoo de Praga

Folha de S.Paulo, 20 dez. 2014. Cotidiano, C12.

a) Pela ordem dos termos na frase, que ideia teve destaque nessa chamada de notícia?

b) Reescreva no caderno a chamada da notícia, alterando o destaque para:

- o descanso dos animais;
- os filhotes.

Oração sem sujeito

Você viu que há dois elementos que são essenciais na formação de uma oração: o sujeito e o predicado. Viu também que há tipos diferentes de sujeito.

Mas a gramática ainda aponta uma oração que é formada de um jeito diferente: é a **oração sem sujeito**.

Observe esta oração:

    sujeito   predicado
Os pequenos delitos | são impunes no Brasil.
                  verbo

É uma oração formada com os dois elementos: sujeito e predicado.

Já a frase a seguir é considerada pela gramática uma **oração sem sujeito**. Veja:

           predicado
Há pequenos delitos impunes no Brasil.

verbo *haver* com o sentido de existir

3ª pessoa do singular

É considerada uma oração que tem apenas o predicado.

Veja uma oração com sujeito e predicado e, em seguida, outra oração com o verbo *haver* empregado com o sentido de *existir*:

    sujeito   predicado
Maus exemplos são contagiosos na sociedade.

          predicado
Há maus exemplos contagiosos na sociedade.

Segundo a gramática normativa, quando o verbo *haver* é empregado com o sentido de existir, torna-se um verbo impessoal.

Deve-se considerar a frase uma **oração sem sujeito**.

O verbo desse tipo de oração será empregado sempre na **3ª pessoa do singular**.

Ter e *haver*

Na linguagem mais espontânea e menos monitorada do cotidiano, é mais comum o emprego do verbo *ter* no lugar do verbo *haver*:

Tem maus exemplos contagiosos na sociedade.

em vez de:

Há maus exemplos contagiosos na sociedade.

Casos de oração sem sujeito e verbos impessoais

A seguir, veja alguns casos considerados **orações sem sujeito** pela gramática. Em todos eles os verbos são empregados na 3ª pessoa do singular, pois são considerados **verbos impessoais**, uma vez que não há sujeito com o qual concordem.

1. Verbo *haver* sempre que tiver o sentido de *existir*:

Há grandes artistas neste país. ⟶ Oração sem sujeito

- Nessa frase, o verbo fica no singular e se considera que não há sujeito.

Existem grandes artistas neste país. ⟶ Oração com sujeito

- Nessa frase, o verbo vai para o plural, pois se refere a *grandes artistas*, que é o sujeito simples dessa oração.

2. Verbos que indicam **fenômenos da natureza**: *chover*, *ventar*, *esfriar*, *nevar*, etc.:

Choveu muito no Nordeste neste ano. ⟶ Oração sem sujeito
Ventava na noite do acidente. ⟶ Oração sem sujeito

3. Verbos *ser* e *estar* indicando tempo ou fenômeno meteorológico:

É cedo para você sair.
Era tarde demais para consertar o erro.
Está um calor insuportável.

4. Verbos *fazer* e *haver* quando indicam tempo decorrido:

Faz três horas que estou na fila.
Há meses não o vejo.

🔩 Atividades: tipos de sujeito

1. Leia a tira reproduzida a seguir.

SCHULZ, Charles M. Minduim. *O Estado de S. Paulo*, São Paulo, 1º out. 2011. Caderno 2, p. D6.

a) Observe os verbos destacados na tira e indique o sujeito e como ele pode ser classificado.

li	espero	mando

b) O que torna a tira engraçada?

2. Leia a tira reproduzida a seguir e responda às questões no caderno.

THAVES, Bob. Frank & Ernest. *O Estado de S. Paulo*, São Paulo, 1º out. 2011. Caderno 2, p. D6.

a) Qual é o sujeito a que se refere o verbo *preferia*?
b) Altere o sujeito para *nós* e reescreva a frase fazendo a concordância do verbo.
c) Qual a provável razão de a personagem "preferir" ratos a serpentes?

3. Leia os quadrinhos reproduzidos a seguir e responda às questões no caderno.

SOUSA, Mauricio de. *Almanaque Papa-Capim & Turma da mata*, n. 4, São Paulo: Panini Comics, out. 2011.

a) Que tipo de sujeito pode ser identificado em relação ao verbo destacado no 1º quadrinho? Explique sua resposta.
b) Jotalhão emprega uma forma verbal de um jeito bem informal. Transcreva-a e diga qual é o sujeito a que ela se refere.
c) Na fala "Elas não duram nada!", o verbo está na 3ª pessoa do plural. Pode-se afirmar que é um sujeito indeterminado? Explique sua resposta.

4. Localize o sujeito das frases a seguir, transcreva-os em seu caderno e classifique-os.
a) Encontraram ossos de dinossauros ainda desconhecidos dos cientistas.
b) Choveu muito durante as férias de janeiro.
c) Chuvas pesadas provocam enchentes no sul do país.
d) Há muitas crianças ainda sem escola no Brasil.
e) Faz muito tempo desde o encontro dos primeiros esqueletos da Pré-História.
f) Caíram nos telhados pedras enormes da construção.
g) É muito tarde para você dirigir sozinho na estrada.
h) Casas e carros foram arrastados pela enchente.

Produção de texto

Parágrafo argumentativo

Parágrafo argumentativo

O quê? Fazer uma escolha e apresentar argumentos para justificá-la.

Para quê? Para eleger uma das Sete Maravilhas da Natureza.

Para quem? Para os colegas da sala, participantes da escolha de uma das Sete Maravilhas da Natureza.

Em 2011 foi realizada uma votação, em âmbito mundial, para que se elegessem as **Sete Maravilhas da Natureza**.

Veja a seguir alguns dos 28 finalistas:

Amazônia

A biodiversidade amazônica ainda reserva muitos segredos desconhecidos da humanidade. [...] Os animais são um capítulo à parte: dezenas de espécies de primatas encontram abrigo na densa vegetação amazônica. [...]

A Amazônia conta com mais de três mil espécies só de árvores, imersas na fragilidade dos ecossistemas. Árvores gigantescas — algumas com mais de 50 m de altura — vivem basicamente do húmus resultante da vegetação em decomposição. Da variedade total de espécies animais, vegetais e das propriedades biomedicinais ainda se sabe pouco.

Disponível em: <www.portalamazonia.com.br/secao/amazoniadeaz/interna.php?id=15>. Acesso em: abr. 2015.

Edson Grandisoli/Pulsar Imagens

Galápagos

O arquipélago de dezenove ilhas vulcânicas no oceano Pacífico é ainda hoje o maior laboratório vivo de Biologia do mundo. Tem cerca de 5 mil espécies de animais [...]. Foi a partir da observação dos animais em Galápagos que Charles Darwin elaborou a *Teoria da Evolução* das espécies. Entre os bichos que só existem por lá estão as tartarugas-gigantes, as iguanas da terra, os tubarões de galápagos e milhares de insetos.

[...] A riqueza da fauna e da flora de Galápagos é favorecida por sua formação geológica incomum, com atividades sísmicas e vulcânicas constantes, e pelo fato de o arquipélago ser isolado do continente.

Disponível em: <www.planetasustentavel.abril.com.br/especiais/superinteressante/galapagos.shtml>. Acesso em: abr. 2015.

Mattias Klum/National Geographic Society/Corbis/Latinstock

Grande Barreira de Corais

Você pode imaginar o espetáculo que é uma fileira de corais que se estende por milhares de quilômetros e que somente pode ser vista por completo por um astronauta no espaço? Com 2 200 km de extensão, a Grande Barreira de Corais da Austrália é formada por uma infinidade de anéis, como em uma corrente. Equivocadamente, muitos pensam que a barreira é contínua, mas não é. São zilhões de formações de corais com várias formas diferentes, umas próximas das outras, mas que na maior parte de sua extensão não se tocam e muitas vezes estão até mesmo a dezenas de quilômetros de distância da sua vizinha.

Disponível em: <www.yesaustralia.com/turis-grandebarreira.htm>. Acesso em: abr. 2015.

Theo Allofs/Corbis/Latinstock

Enote/Shutterstock/Glow Images

Monte Kilimanjaro

Situado no norte da Tanzânia (leste da África) e cerca de 300 km abaixo do equador, o monte Kilimanjaro é o ponto mais alto da África, atingindo 5 895 m. Da base ao pico há uma enorme mudança na vegetação. A base é coberta por uma densa e úmida floresta tropical, com árvores de grande porte.

À medida que se ganha altitude, as árvores vão diminuindo de porte e número, e a vegetação se tornando rasteira. [...] O pico está coberto pelas neves eternas e cercado por glaciares.

Disponível em: <ecofotos.com.br/monte-kilimanjaro-5895-msnm/>. Acesso em: abr. 2015.

Mar Morto

Situado 408 metros abaixo do nível do mar, o lago conhecido como mar Morto é o mais baixo reservatório de água do mundo e também o mais salgado, com sete vezes mais sal que os oceanos.

Localizado na foz do rio Jordão, o lago faz fronteira com Israel, a oeste, e com a Jordânia, a leste. O mar Morto recebe abundante quantidade de água doce vinda do rio Jordão, mas o calor extremo e a baixíssima umidade da região acabam por evaporá-la, deixando-o sempre salgado.

A grande quantidade de sal permite a fácil flutuação. Alguns acreditam que sua água tenha propriedades medicinais, o que fez surgir em sua orla uma grande quantidade de balneários voltados à saúde.

Adaptado de: <www.apolo11.com/volta_ao_mundo.php>. Acesso em: abr. 2015.

Nickolay Vinokurov/Shutterstock/Glow Images

Cataratas do Iguaçu

As cataratas receberam seu primeiro nome da cultura ocidental: Salto de Santa Maria. Entretanto, prevaleceu mesmo o termo adotado pelos Guarani: Iguaçu (muita água). [...]

As Cataratas do Iguaçu são, na verdade, um complexo de 275 quedas que se estendem por quase cinco quilômetros do rio Iguaçu. [...] São cercadas por parques nacionais de mata Atlântica. No Brasil, pelo Parque Nacional do Iguaçu, criado em 1939, e, na Argentina, pelo Parque Nacional del Iguazú. É uma área com fauna e flora ricas.

Disponível em: <www.guiageo-parana.com/iguacu.htm>. Acesso em: abr. 2015.

Christian Knepper/Opção Brasil Imagens

Opinar e argumentar

1. Você deverá escolher uma dessas paisagens finalistas.
   a) Qual é sua opinião sobre a maravilha natural que você escolheu?
   b) Que razões o levaram a essa escolha?

2. Construa um parágrafo falando sobre sua escolha e expondo sua opinião sobre ela com base nas informações lidas aqui ou de outras pesquisadas por você. Elabore argumentos para convencer seus leitores de que sua escolha mereceria estar entre as Sete Maravilhas da Natureza.

Planejamento

3. Para ajudar a planejar seu parágrafo, você pode se orientar pelo esquema a seguir:
   Parágrafo 1
   - Indique o nome da paisagem natural escolhida por você.
   - Apresente sua opinião sobre essa paisagem natural.
   - Elabore alguns argumentos para convencer as pessoas: razões por que o lugar que você escolheu deve estar entre as Sete Maravilhas da Natureza.

   Parágrafo 2 (opcional)
   Se quiser, comece um novo parágrafo e conclua-o. Não se esqueça de, conforme a necessidade do texto, empregar na conclusão termos de ligação (conectivos) como *então*, *assim*, *logo*, *portanto*, etc.

4. Caso ache necessário, pesquise mais imagens para ilustrar seu parágrafo argumentativo. Em um momento previamente combinado, leia seu texto para os colegas.

   Montem um mural para expor os textos e respectivas imagens. Com esse material produzido, vocês podem promover uma votação levando em conta os argumentos de cada um para que sua imagem escolhida seja uma das Sete Maravilhas da Natureza.

Bullying é arma para ganhar popularidade

Jairo Bouer

Você já parou para pensar que jovens que praticam *bullying*, causando violência física ou psicológica em seus colegas, podem estar, no fundo, tentando se tornar mais populares ou ganhar um "*status*" especial na escola? Pois é!

Uma pesquisa da Universidade da Califórnia entrevistou mais de 3 mil alunos do Ensino Médio americano e concluiu que os jovens que querem chegar ao topo da liderança de suas turmas recorrem, muitas vezes, a brigas, ofensas e boatos maldosos para chegar lá. É como se a humilhação fosse uma estratégia de poder.

O interessante da pesquisa é que ela mostra um lado diferente do *bullying*. Ele não surge apenas como resultado de questões pessoais dos agressores (problemas em casa, transtornos de personalidade, etc.), mas como consequência de uma complexa rede de interações sociais do grupo.

E o que você tem a ver com isso? Por questões pessoais ou por processos sociais, o *bullying* pode provocar muitas cicatrizes em quem sofre esse tipo de experiência. Fenômeno muito comum no Brasil, ele faz com que jovens sofram em silêncio e não queiram nem passar perto da escola.

Quem pratica, muitas vezes, não consegue perceber o impacto que essas agressões e violências podem ter na vida dos seus colegas. E é fundamental que o grupo mostre para esse agressor que não é nada legal humilhar colegas. Na verdade, isso é covardia das feias!

Que tal trocar valores como poder, competição e mando (que poderiam incitar práticas violentas) por outros que tornem as pessoas e os grupos mais unidos? Quer palpites? Companheirismo, amizade, solidariedade, cooperação e ajuda, entre outros tantos! Achou careta? Então, espere alguns anos para que "caia a sua ficha" e você possa entender do que estava tentando fugir quando era agressivo ou intolerante com os outros.

BOUER, Jairo. *Bullying* é arma para ganhar popularidade. *Folha de S.Paulo*, São Paulo, 28 fev. 2011. Folhateen, p. 5.

Autoavaliação

Chegou o momento de fazer um balanço de tudo o que foi estudado no Capítulo 8. Leia o quadro de conteúdos para recordar o que estudou e, no caderno, avalie seu desempenho usando os tópicos propostos a seguir como orientação. Isso o ajudará na hora de organizar seus estudos.

Meu desempenho

- **Avancei em** (registre no caderno os itens em que você melhorou)
- **Preciso rever** (registre no caderno os itens que você precisa estudar mais)
- **Outras observações e/ou outras atividades**

CONTEÚDOS	
1. Gênero	Artigo de opinião • "A mania nacional da transgressão leve", Michael Kepp • "Os zoológicos valem a pena?", revista *Os caminhos da Terra — para entender o mundo*
2. Leitura e interpretação de texto	Construção e linguagem do texto • A estrutura do artigo de opinião • A linguagem do texto de opinião

3. Língua: usos e reflexão	Oração: tipos de predicado
	• Predicado verbal
	  • Transitividade verbal
	  • Verbos transitivos e verbos intransitivos
	Tipos de predicado: sentidos e intenções do texto
	Ordem frasal e efeitos de sentido no texto
	Oração sem sujeito

4. Produção textual	**Escrita** Parágrafo argumentativo Artigo de opinião
5. Participação	**Prática de oralidade** Debate regrado
6. Ampliação de leitura	Leitura de *Outras linguagens:* Foto, cartum e opinião Leitura e produção de relações entre textos da seção *Conexões* Leitura de *Outros textos do mesmo gênero:* • "*Bullying*" é arma para ganhar popularidade, Jairo Bouer

Carlos Araujo/Arquivo da editora

Sugestões

Sugestões para você conhecer outros livros, filmes, *sites* e CDs que podem fazer você rir, se emocionar e, ao mesmo tempo, ampliar seu conhecimento do mundo, do outro e de si mesmo.

Reprodução/Editora Brinque-Book

 ## Leia mais

Se é assim que você pensa! Geert De Kockere. Brinque-Book.

Este livro apresenta 14 pequenas conversas filosóficas entre animais que veem o mundo de forma muito original. São diálogos engraçados que falam de amizade, inveja, saudade, ciúme, confiança, admiração e até de tédio. O livro é permeado por pontos de vista diferentes e mostra que o que parece óbvio nem sempre é verdadeiro para todos. Embora essas conversas não tragam uma moral no fim, os textos levam crianças e adultos a muitas reflexões.

Tela plana. Leonardo Cunha. Planeta do Brasil.

Reprodução/Editora Planeta do Brasil

Com crônicas que retratam nossa relação com a TV, Leonardo Cunha nos propõe uma importante reflexão sobre o papel que esse aparelho tão popular desempenha em nossas vidas. A televisão ocupa um ambiente bem familiar, já que crianças e adultos têm algum tipo de relação com ela. Seja com tom crítico, seja engraçado, o autor nos ajuda a pensar sobre esse meio de comunicação, que tem tanta importância em nosso país. Obra selecionada para o Programa Nacional Biblioteca da Escola (PNBE).

 ## Veja mais

www1.folha.uol.com.br/folhinha/903219-leia-opiniao-de-escritores-e-
-outras-personalidades-sobre-a-obra-de-lobato.shtml

Folha de S.Paulo/Arquivo da editora

A Folhinha é um caderno infantil publicado pela *Folha de S.Paulo* todos os sábados. Você também pode consultar o conteúdo *on-line* e interagir pelo Blog da Folhinha. Nesta página, você vai conferir a opinião de várias personalidades sobre a obra de Monteiro Lobato. Será que você concorda com eles? (Acesso em: abr. 2015.)

Lixo extraordinário. Paris Filmes. DVD.

O documentário *Lixo extraordinário* mostra o trabalho realizado pelo artista plástico Vik Muniz em um dos maiores aterros sanitários do mundo, em Duque de Caxias (RJ). Inicialmente, a proposta desse artista era fotografar um grupo de catadores de materiais recicláveis e ajudá-los a dar um sentido maior para suas vidas. Entretanto, a iniciativa revelou muitas coisas inesperadas sobre essas pessoas e gerou um resultado transformador. Confira!

Divulgação/Arquivo da editora

 ## Ouça mais

Seja você mesmo. Gabriel, o pensador. Sony BMG. CD.

Gabriel é um dos mais importantes nomes do *rap* brasileiro. Cheio de ideias e argumentos, neste CD ele fala sobre as injustiças que vemos em nosso país. Conheça um pouco mais da obra desse compositor que nos mostra que "a gente pensa que é livre pra falar tudo que pensa, mas a gente sempre pensa um pouco antes de falar".

Divulgação/Arquivo da editora

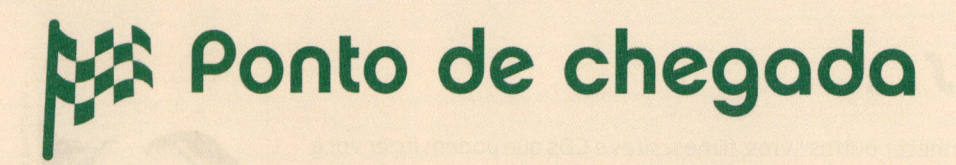

Ponto de chegada

1. O que estudamos nesta Unidade

Gêneros textuais

- Nesta Unidade, você estudou dois gêneros que, de formas diferentes, apresentam opiniões e posicionamentos: a crônica com diálogo argumentativo e o artigo de opinião.

  Leia os termos relacionados a seguir e relembre algumas características desses gêneros textuais.

  Depois, copie o esquema abaixo em seu caderno e complete-o. Para isso escolha, do quadro seguinte, as palavras ou expressões que se referem a cada um dos gêneros e as que se referem ao que esses gêneros têm em comum.

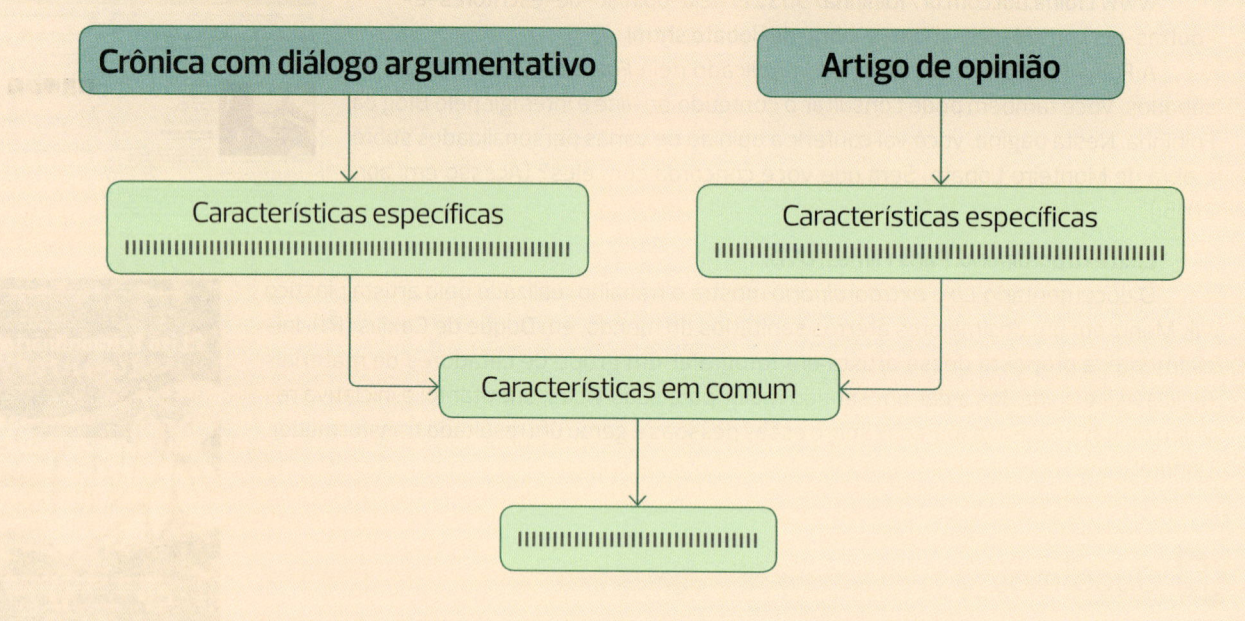

- defesa de ideias ou opiniões
- recursos estilísticos
- argumentos
- narrativa de ficção
- personagens
- localização de fatos no tempo
- introdução
- situação inicial
- conclusão
- desfecho
- conflito
- texto assinado

Crônica com diálogo argumentativo → Características específicas ||||||||||||||||||||||||||||||||||

Artigo de opinião → Características específicas ||||||||||||||||||||||||||||||||||

Características em comum

||||||||||||||||||||||||||||||||

Língua: usos e reflexão

🟩 Nesta Unidade você aprofundou seus estudos sobre termos que podem compor uma oração. Vamos rever?

1. Leia a tira reproduzida a seguir e responda às questões no caderno.

SCHULZ. Charles M. Minduim. *O Estado de S. Paulo*, São Paulo, 12 maio 2014. Caderno 2, p. C4.

a) Pela fala do último quadrinho, o que você acha que Charlie Brown sentiu com a reação da irmã?

b) Vamos aproveitar as falas das personagens para rever o que você estudou sobre termos da oração. Releia as falas dos dois primeiros quadrinhos:

- Frase **A** "Você é um fracasso como irmão!"   • Frase **B** "Eu perdi todo o respeito por você!"

Em qual das duas frases a menina expressa um juízo, uma qualidade sobre o irmão?

2. Analise as duas falas do item **b** da atividade anterior.

Copie o esquema seguinte em seu caderno e distribua nele as partes correspondentes de cada uma das frases.

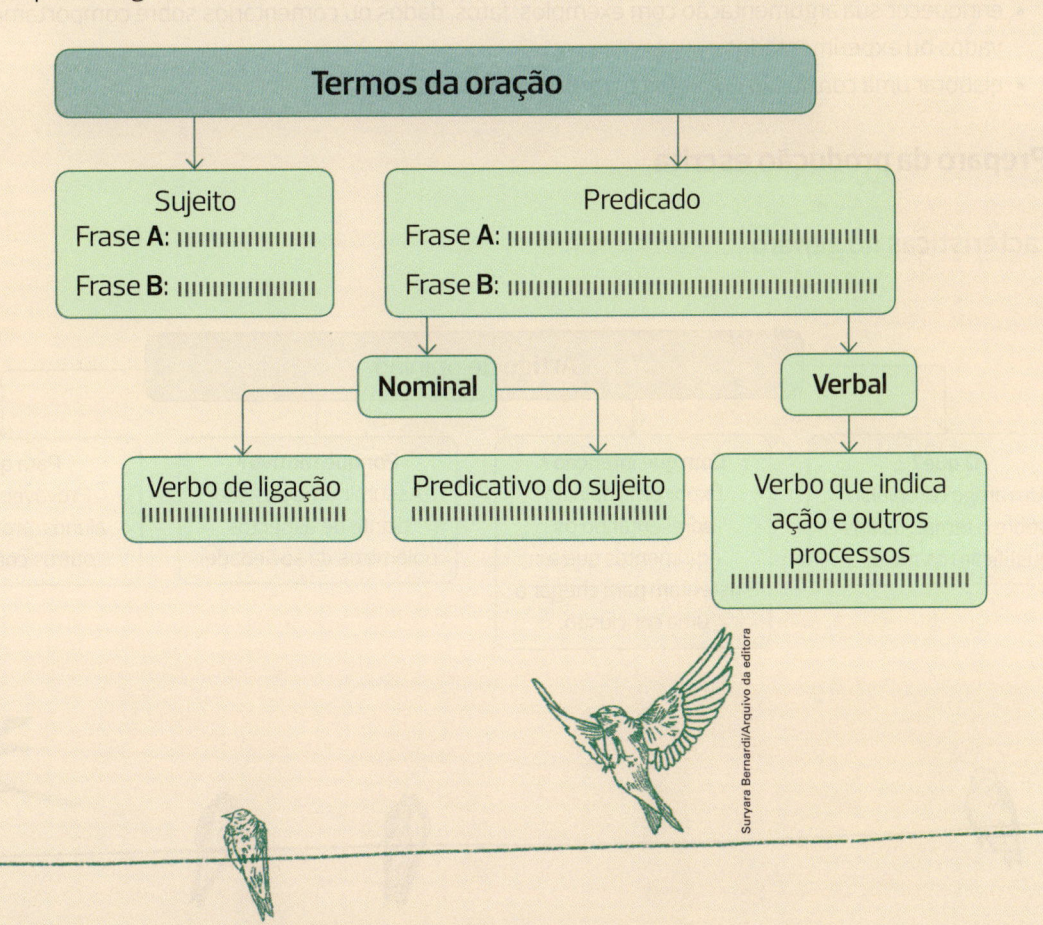

2. Produção: artigo de opinião

A. Aquecimento

Recordando. O artigo de opinião é um texto que pertence à esfera de comunicação jornalística e caracteriza-se por:

- ter a intenção de expor uma opinião;
- apresentar os argumentos em defesa dessa opinião;
- apresentar uma conclusão;
- ser assinado.

B. Proposta de trabalho — Artigo de opinião

Há uma frase muito utilizada pelas pessoas para justificar determinadas ações: "os fins justificam os meios". Essa afirmação gera muita polêmica, pois:

- há os que **concordam**, considerando que qualquer caminho ou ação é aceitável desde que se atinjam os objetivos desejados ou necessários;
- há os que **são contra**, pois consideram que é preciso avaliar se os caminhos escolhidos para atingir os objetivos vão prejudicar alguém.

E você, qual é sua opinião?

■ Escreva um texto posicionando-se **contra** essa afirmação ou **a favor** dela.
Lembre-se de:

- apresentar sua posição na introdução do texto;
- relacionar um ou mais argumentos que sustentem sua opinião;
- enriquecer sua argumentação com exemplos: fatos, dados ou comentários sobre comportamentos observados ou experimentados;
- elaborar uma conclusão que reforce a posição assumida.

C. Preparo da produção escrita

Características do gênero

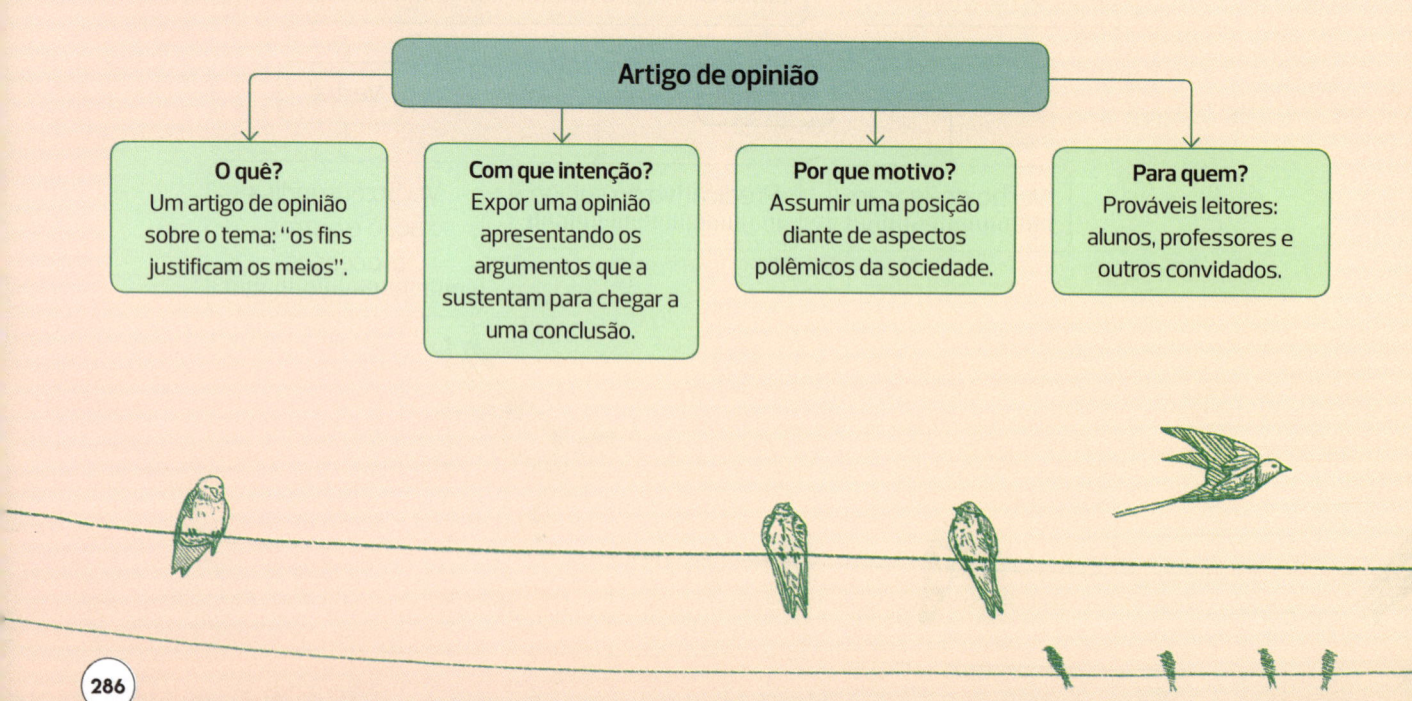

Artigo de opinião

O quê?
Um artigo de opinião sobre o tema: "os fins justificam os meios".

Com que intenção?
Expor uma opinião apresentando os argumentos que a sustentam para chegar a uma conclusão.

Por que motivo?
Assumir uma posição diante de aspectos polêmicos da sociedade.

Para quem?
Prováveis leitores: alunos, professores e outros convidados.

Como fazer

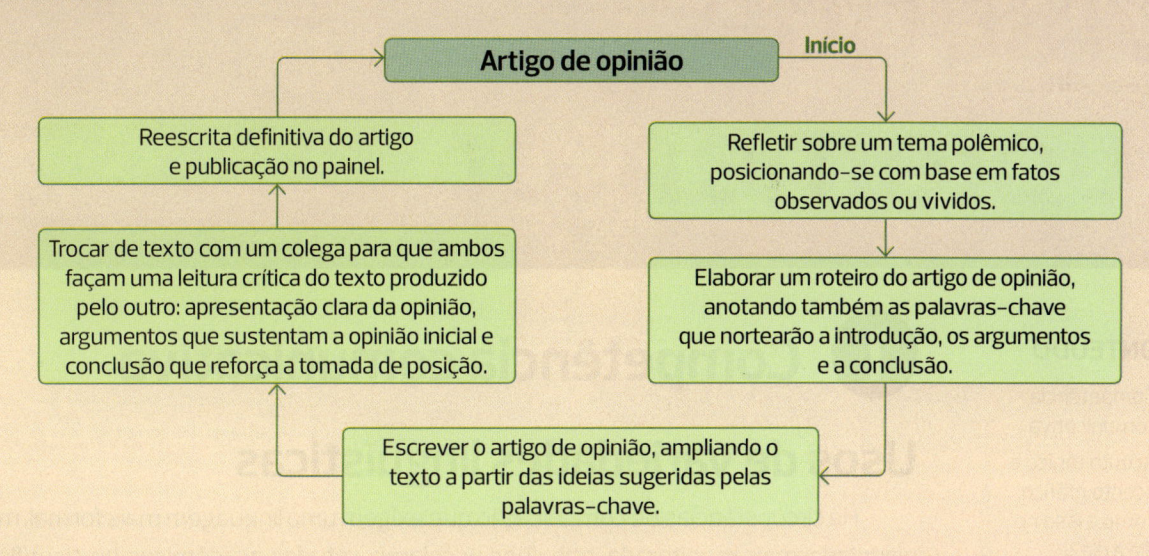

Artigo de opinião — Início

Refletir sobre um tema polêmico, posicionando-se com base em fatos observados ou vividos.

Elaborar um roteiro do artigo de opinião, anotando também as palavras-chave que nortearão a introdução, os argumentos e a conclusão.

Escrever o artigo de opinião, ampliando o texto a partir das ideias sugeridas pelas palavras-chave.

Trocar de texto com um colega para que ambos façam uma leitura crítica do texto produzido pelo outro: apresentação clara da opinião, argumentos que sustentam a opinião inicial e conclusão que reforça a tomada de posição.

Reescrita definitiva do artigo e publicação no painel.

Roteiro do planejamento

Elementos

- Introdução com a apresentação da opinião do autor.
- Argumentação.
- Conclusão.

Rascunho

1. Elabore um rascunho em uma folha de caderno.
2. Dê um título ao seu artigo de opinião.

Reescrita definitiva

1. Observe se seu texto está adequado:
   - ao gênero;
   - à intenção;
   - à linguagem;
   - à correção das palavras: ortografia;
   - à pontuação e à paragrafação.

2. Reescreva-o na folha definitiva para ser exposto no painel organizado pelo professor em duas colunas:

Os fins justificam os meios	
Opiniões a favor	Opiniões contra

Suryara Bernardi/Arquivo da editora

Unidade suplementar

norma: regra, preceito, princípio.

1 Competência comunicativa

Usos de variedades linguísticas

Há circunstâncias de comunicação que exigem uma linguagem mais formal, mais planejada, mais monitorada: trabalhos escolares; estudos acadêmicos ou científicos, certas apresentações orais, como palestras, seminários; determinadas situações jornalísticas ou jurídicas; certos textos. Nessas situações, a forma de empregar a língua geralmente segue algumas regras, convenções ou **normas** que são descritas e organizadas na **gramática normativa**. Essa gramática, apresentada nos livros também conhecidos como **gramáticas**, descreve formas de empregar a língua consideradas mais formais, de maior prestígio na sociedade, eleitas por muito tempo como padrão.

Hoje, sabe-se que não há um padrão único, pois os usos da língua são muito variados, mas as regras gramaticais para usos mais formais, mais monitorados continuam valendo para diversas situações, como, por exemplo, diversos vestibulares orientam o aluno a redigir os textos em linguagem formal.

Levando em conta tudo isso, na escola estudam-se as regras da gramática normativa paralelamente ao estudo e à reflexão sobre como a língua vem se transformando e vem sendo usada no dia a dia das pessoas. É importante conhecer os empregos mais formais, mais monitorados da língua para que se possa fazer escolhas de acordo com as necessidades de comunicação, tanto mais formais quanto mais informais.

Leia a frase que está em destaque na capa desta revista.

Devore-me

Revista *Veja São Paulo*, ed. 2402, São Paulo: Abril, 3 dez. 2014. Capa.

A frase "Devore-me" foi construída de acordo com uma regra da gramática normativa que determina a colocação pronominal: **não se inicia frase com os pronomes oblíquos** *me, te, se, nos, vos, o(s), a(s), lhe(s)*. Observe que:

- O pronome oblíquo *me* não está iniciando a frase, então ele foi colocado de acordo com essa regra.

    Há outra regra: o modo verbal usado para aconselhar, ordenar, pedir é o **imperativo**.

- O verbo *devorar* está no imperativo e na terceira pessoa do singular, porque se refere à pessoa verbal *você*.

    Podemos afirmar, então, que essa frase foi construída de acordo com a gramática normativa.

    Mas será que é sempre assim?

    Ao ler e interpretar textos na escola ou em conversas com amigos ou familiares, você já deve ter percebido que há uma grande **variedade de usos da língua** que foge às normas estabelecidas pela gramática normativa, ou dos usos mais formais. São textos que registram falas menos monitoradas, mais espontâneas, menos planejadas. Podem ocorrer, por exemplo, em situações de comunicação com pessoas de nosso convívio que são mais próximas, mais íntimas, com quem ficamos mais à vontade para falar, sem a preocupação de monitorar a forma como se fala.

■ Leia o quadrinho reproduzido a seguir observando as falas registradas.

PAIVA, Miguel. *Chiquinha*: namoro ou amizade. Rio de Janeiro: Rovelle, 2014. p. 22.

Converse com os colegas sobre o quadrinho.
- a) Pela imagem e pelas falas, o ambiente é mais urbano ou mais rural?
- b) Observem como as personagens são reveladas sem aparecer, a forma como estão colocados os balões de fala no espaço apresentado: qual a característica destacada nas relações de comunicação dessa tira?
- c) Qual é a provável crítica contida nessa tira?
- d) As falas dos balões revelam uma linguagem mais elaborada, monitorada ou menos monitorada e mais espontânea?
- e) Façam um levantamento de características que comprovem a modalidade que vocês escolheram como a predominante.

Dependendo da situação comunicativa, isto é, do gênero textual (seja oral ou escrito), do leitor, do suporte, entre outros fatores, o usuário da língua (ou enunciador) faz escolhas de linguagem com a **intenção** de aproximar seu texto dessas situações mais espontâneas de comunicação, que fogem às normas gramaticais tradicionais. Com esse objetivo, ele então emprega uma linguagem mais espontânea, menos monitorada, menos planejada.

■ Leia a frase em destaque nesta página de revista.

Me belisca?

Recebeu amigos na Copa e percebeu que seu kit anfitrião está um desastre? Dê um trato no armário com nossas sugestões para petiscar

Revista *Sãopaulo*, 13 a 19 jul. 2014. Folha de S.Paulo, p. 34.

Observe que, nesse caso, foi feita uma escolha de linguagem que fugiu às regras descritas anteriormente, e isso compõe um uso, uma variedade da língua:

- iniciou-se a frase com o pronome oblíquo *me*;
- o verbo *beliscar* está na 2ª pessoa do singular (*belisca tu*) do imperativo em vez de 3ª (*belisque ele*).

a) Qual terá sido a provável intenção desse uso?

b) Converse com os colegas sobre as prováveis intenções nas escolhas de linguagem feitas em "Devore-me" e em "Me belisca?".

Além da intenção do usuário da língua (ou enunciador), muitas vezes o que determina as escolhas de linguagem é o provável leitor/ouvinte, o interlocutor do texto.

■ Leia a frase em destaque desta página de revista.

Já pra RUA

Brinquedos e outros itens para a criançada se divertir ao ar livre

Revista *Sãopaulo*, 27 abr. a 3 maio 2014. Folha de S.Paulo, p. 54.

Considerando que o texto explica o significado da frase em destaque, conversem sobre quem seria o provável destinatário do texto: a criança ou os responsáveis por ela? Por quê?

O **meio** ou o **suporte** em que o texto será produzido também tem influência nas escolhas de linguagem.

🟧 Leia os quadrinhos de um gibi reproduzidos a seguir, dirigido ao público jovem.

SOUSA, Mauricio de. *Tina*, n. 27. São Paulo: Panini Comics, jul. 2011. p. 31-33.

Observe as falas das personagens e, no caderno, faça um levantamento de aspectos que caracterizem a linguagem comumente usada por jovens.

Fazer escolhas de linguagem, portanto, é uma atividade inerente à competência comunicativa. A todo momento analisamos e fazemos **escolhas de como nos comunicar** pensando sobre: o que, para quem, em que situação, que veículo ou meio utilizar?

Não se pode esquecer de que, em determinadas situações, é necessário usar uma linguagem mais elaborada, mais monitorada, mais objetiva, por exemplo: em alguns círculos sociais; em uma palestra ou apresentação de um trabalho em sala de aula; na escrita de um documento, de uma redação, de um texto informativo; em um relatório técnico ou científico; na apresentação de um seminário; entre outras situações que exigem mais **planejamento**, mais monitoramento. Para estar preparado para esse tipo de situação, é necessário estudar a língua.

Leia o comentário do fotógrafo Steve McCurry a respeito de uma foto de sua autoria que ficou muito famosa, publicada na revista *National Geographic*, especializada em divulgar artigos sobre geografia, biologia, física, ciência popular, história, cultura, eventos atuais e fotografia.

Steve McCurry/National Geographic Creative

É evidente a sua pobreza. O rosto está sujo e a roupa, rasgada; mesmo assim ela exala dignidade, confiança e força moral. Em seu olhar, nota-se que algo não está muito certo. Ela já viu mais coisas do que devia para alguém tão jovem. O vilarejo em que morava sofreu um bombardeio e seus parentes morreram; depois, caminhou durante duas semanas para chegar ao campo de refugiados.

50 melhores fotos e as histórias por trás das lentes. *National Geographic Brasil*. Ed. Especial. São Paulo: Abril, 2014. p. 12.

Observe que as escolhas de sua linguagem verbal (o texto escrito) — desde o vocabulário até a organização das palavras nas frases — são cuidadosas e expressivas. A linguagem verbal não só ajuda o leitor a compreender melhor a linguagem não verbal (a foto) como também a notar detalhes que, sem o texto escrito, passariam despercebidos.

Ter competência comunicativa é ter essa capacidade de empregar a língua em situações diversas, fazendo as adequações necessárias para dar conta da intenção, considerando sempre a situação de comunicação e o interlocutor.

Para fazer **adequações e escolhas**, é preciso conhecer tanto a **variedade mais monitorada**, **mais formal** quanto a **variedade menos monitorada, mais espontânea** de usos da língua. É por isso que estudamos a língua portuguesa na escola: para sermos **sujeitos** da nossa fala, do nosso pensamento e das inúmeras formas de expressá-lo.

■ Observe abaixo uma peça publicitária que fez parte de uma campanha desenvolvida para a racionalização do consumo de água potável no estado de São Paulo. Ela foi publicada em uma revista destinada a surfistas.

Anúncio criado pela agência Giovanni, FCB, para a Sabesp.
Revista *Fluir*, ano 19, n. 2, ed. 220, fev. 2004.

1. Responda às questões a seguir.

a) A forma verbal *Olha* está no imperativo, na segunda pessoa do singular (tu). Procure no texto publicitário uma frase que comprove que ele é dirigido a um destinatário na terceira pessoa do singular e transcreva-a no caderno.

b) Qual teria sido a intenção do autor do texto ao utilizar em sua escrita mais de uma pessoa verbal?

c) A palavra *nível* é utilizada em três sentidos no texto. Explique-os.

d) Se uma palavra é empregada com diferentes sentidos em um texto, dizemos que está sendo utilizada em sentido ambíguo. Em algumas circunstâncias a ambiguidade é considerada um defeito na comunicação. Nesse texto, a ambiguidade é fruto de uma falha ou de uma intenção? Explique sua resposta.

e) Transcreva no caderno expressões do texto que possam ser consideradas de uso mais espontâneo, menos monitorado. Explique-as.

2. Para organizar o que analisamos, transcreva no caderno as escolhas feitas por quem produziu a propaganda para atender tanto à **intenção** de convencer o leitor quanto à de fazer-se entender pelo destinatário, o provável leitor da revista.

a) Uso das regras da gramática normativa para tornar o texto mais monitorado, mais formal.

b) Combinação de diferentes pessoas verbais para ficar mais próximo da linguagem mais coloquial, mais espontânea.

c) Uso de expressões científicas para indicar a gravidade do problema.

d) Exploração da ambiguidade como recurso expressivo e de ênfase.

e) Uso de expressões da linguagem popular para aproximar o texto de seu destinatário.

3. Conversem sobre a propaganda e exponham suas opiniões: o autor dela soube utilizar sua competência comunicativa com eficácia? Manifeste e justifique sua opinião.

2 Acento tônico e acento gráfico: como é isso no dia a dia?

■ Leia os quadrinhos e divirta-se.

SOUSA, Mauricio de. *O Estado de S. Paulo*, São Paulo, 2 nov. 2014. Caderno 2, p. C4.

© Mauricio de Sousa/Mauricio de Sousa Produções Ltda.

Responda no caderno:

a) O que provocou o humor nos quadrinhos?

b) Além da forma como a palavra *acento* vem escrita no balão de fala, como o leitor pode ficar sabendo a que Mônica se refere?

c) O que faz Cascão pensar que Mônica se refere ao assento do veículo ônibus?

O humor dos quadrinhos explora o fato de, em língua portuguesa, haver palavras que têm uma única pronúncia, mas são **escritas de forma diferente e têm sentidos também diferentes**. Compare as duas que aparecem nos quadrinhos:

• **acento**: nome do sinal gráfico que indica como deve ser pronunciada a vogal quanto à **tonicidade** (forte/fraco) e/ou **timbre** (aberto/fechado), bem como a ocorrência de crase. No caso da palavra *ônibus*, o acento circunflexo na vogal *o* indica que ela forma a sílaba tônica, forte e que essa vogal deve ser pronunciada fechada /o/.

• **assento**: nome da superfície ou coisa sobre a qual se pode sentar; parte específica de uma cadeira, de um sofá, poltrona onde se pode sentar.

Vamos recordar alguns conhecimentos sobre as palavras.

As palavras são formadas por sílabas.

> **Sílaba**: cada **impulso de voz produzido** ao se pronunciar uma palavra.

Em uma palavra há tantas sílabas quantos forem os impulsos de voz necessários para pronunciá-la. Exemplos:

cadeira	⟶	ca-dei-ra	⟶	3 sílabas
desesperado	⟶	de-ses-pe-ra-do	⟶	5 sílabas
carregar	⟶	car-re-gar	⟶	3 sílabas
psicólogo	⟶	psi-có-lo-go	⟶	4 sílabas
eu	⟶	eu	⟶	1 sílaba
transporte	⟶	trans-por-te	⟶	3 sílabas

Ilustrações: Maurício Pierro/Arquivo da editora

Além do **número** de sílabas, é na fala que se percebe também qual das sílabas é **a mais forte, a sílaba tônica**.

> **Sílaba tônica**: sílaba pronunciada com **mais intensidade** na palavra.

Fale estas palavras para observar qual das sílabas é pronunciada com mais intensidade:

ca-**dei**-ra   de-ses-pe-**ra**-do   car-re-**gar**   psi-**có**-lo-go   **eu** trans-**por**-te

De acordo com **a posição da sílaba tônica**, a palavra recebe diferentes classificações. Confira:

Classificação de palavras quanto à posição da sílaba tônica		
Proparoxítona A sílaba tônica é a antepenúltima	**Paroxítona** A sílaba tônica é a penúltima	**Oxítona** A sílaba tônica é a última
psi-**có**-lo-go re-**lâm**-pa-go	trans-**por**-te es-**co**-la	car-re-**gar** a-**lô**

Convencionou-se iniciar a contagem das sílabas do fim para o começo, pois em língua portuguesa geralmente **não há** palavras em que a sílaba tônica se posiciona antes da antepenúltima sílaba.

Leia as palavras do quadro destacando a sílaba tônica:

				Proparoxítona Antepenúltima sílaba	Paroxítona Penúltima sílaba	Oxítona Última sílaba
desimpedimento	de	sim	pe	di	men	to
abóbora			a	bó	bo	ra
engatinhar			en	ga	ti	nhar
juízo				ju	í	zo
vermífugo			ver	mí	fu	go
organizar			or	ga	ni	zar
avenida			a	ve	ni	da
ética				é	ti	ca
receptividade	re	cep	ti	vi	da	de

Observe que todas as **palavras proparoxítonas**, isto é, as palavras cuja sílaba tônica é a antepenúltima, receberam um **acento gráfico**.

> Todas as palavras proparoxítonas são acentuadas graficamente.

A maioria das palavras em língua portuguesa é **paroxítona**, isto é, a sílaba tônica está na penúltima sílaba.

📺 No dia a dia

Prosódia

Há palavras cuja posição da **sílaba tônica**, isto é, da **sílaba forte**, causa dúvida quando temos de pronunciá-la.

Muitas vezes temos que recorrer ao dicionário para resolver uma dúvida quanto à pronuncia de uma palavra, isto é, quanto à **prosódia**.

🟩 Leia este anúncio em voz alta.

Anúncio disponível em: <www.cursosenairio.com.br/link-cursos-gratuitos-senai-rio,14.html?utm_source=CursoSenaiRio&utm_medium=DestaqueHome&utm_campaign=LandingCursos=GratuitosSENAI>. Acesso em: maio 2015.

Como você leu a palavra *gratuito*?

🟩 E agora leia em voz alta o título deste livro.

Lançado em 2007, o livro *Cabelo ruim? A história de três meninas aprendendo a se aceitar*, foi escrito pela jornalista Neusa Baptista Pinto e, em pouco tempo, se tornou item obrigatório para as crianças que sofrem com preconceito ou que apenas não entendem por que são discriminadas por ter um cabelo mais crespo do que as coleguinhas.

O livro, segundo a autora, integra o projeto "Pixaim: nem bom e nem ruim", cujo objetivo é estimular a valorização dos cabelos crespos. O sucesso foi tanto que a obra já teve uma segunda edição, lançada no ano seguinte pela editora Tanta Tinta, além de adaptações para o teatro. O projeto é hoje um dos braços da CUFa – Central Única das Favelas.

Disponível em: <www.revistaafro.com.br/social/cabelo-ruim/>. Acesso em: maio 2015.

E como você leria o nome do projeto "Pixaim: nem bom nem ruim"?

● Há várias outras palavras que causam dúvida quanto à sílaba tônica na pronúncia. Leia:

As palavras vistas nesta seção foram separadas em sílabas abaixo. Leia-as novamente.

gra-tui-tos	ru-im	pi-xa-im

no-bel	cir-cui-to

con-dor	ju-ni-o-res

Copie-as no caderno e circule a sílaba tônica de acordo com o modo como você fez a leitura. Depois confira se a sua fala estava de acordo com a prosódia.

Leia algumas outras palavras que podem causar incerteza quanto à posição da sílaba tônica. Se tiver dúvida quanto ao significado de alguma, consulte um dicionário.

	Proparoxítonas	Paroxítonas	Oxítonas
Sílaba tônica de acordo com a prosódia	álibi, ar**qué**tipo, a**zá**fama, **ê**xodo, **ín**terim, **lê**vedo, **ô**mega, pro**tó**tipo, **zê**nite	a**va**ro, aus**te**ro, carac**te**res, for**tui**to (três sílabas), i**be**ro, pu**di**co, ju**ni**ores (plural de júnior), **lá**tex, pe**ga**da, re**cor**de, ru**bri**ca, seni**o**res (plural de sênior), **têx**til, pa**la**to	mis**ter**, No**bel**, re**cém**-(prefixo), re**fém**, ru**im**, su**til**

Perceba também que, como as sílabas tônicas das palavras proparoxítonas são acentuadas graficamente, temos mais segurança na hora de pronunciá-las se elas estiverem escritas.

Observar a sílaba tônica das palavras é importante também para assegurar a comunicação.

Leia os quadrinhos reproduzidos a seguir e observe como, com humor, foi ressaltada a confusão que uma palavra pode causar.

SOUSA, Mauricio de. Turma da Mônica. *O Estado de S. Paulo*, São Paulo, 9 jan. 2014. Caderno 2, C4.

Responda no caderno.

a) Por que Chico Bento ofereceu tanto tipo de doce para a menina?

b) De que a menina realmente gostava?

c) O que provoca humor na tirinha?

Qual foi o motivo da confusão na comunicação entre os dois?

Um pouco mais sobre prosódia

Além da tonicidade da sílaba, há outra marca na fala que pode causar dúvida quanto ao significado da palavra: é o **som aberto** ou **fechado** de algumas vogais quando estas não vierem acompanhadas dos respectivos acentos gráficos, como em *avó* e *avô*.

Esse também é um assunto de que trata a prosódia, parte da gramática que apresenta como as palavras devem ser pronunciadas.

1. Leia em voz alta este cartaz.

Cartaz disponível em: <www.sambachoro.com.br/fotos/porlocal/fgrande?foto_id=851&chave_id=Clube%20do%20Choro%20de%20Bras%EDlia>. Acesso em: maio 2015.

Agora leia esta frase em voz alta também.

Eu choro todas as vezes que ouço aquela música.

Explique a diferença entre essas duas ocorrências da palavra *choro*.

2. Leia o título do livro e a tirinha abaixo e compare o som aberto e fechado da vogal **o** nas palavras **gosto** e **desgosto**.

QUINO. *Toda Mafalda*. São Paulo: Martins Fontes, 2008. p. 163.

Agora, faça o mesmo comparando o som da vogal **e** na palavra **pego** no título do livro e na tirinha a seguir.

QUINO. *Toda Mafalda*. São Paulo: Martins Fontes, 2008. p. 165.

3. Pesquise palavras que na escrita sejam iguais, mas na fala tenham o som das vogais **e** ou **o** diferentes por um ser aberto e o outro fechado.

Exemplo: **ele** (nome da letra l) e **ele** (pronome pessoal masculino).

③ Ortografia e acentuação gráfica

Veja como é formada a palavra *ortografia*:

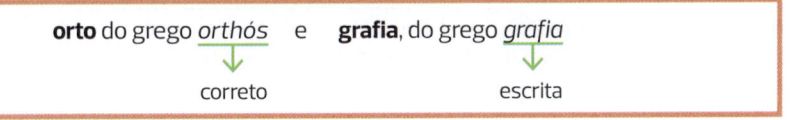

orto do grego *orthós* e **grafia**, do grego *grafia*
↓ ↓
correto escrita

Lembremos o que significa *ortografia*: parte da gramática que estuda a maneira considerada correta de escrever as palavras de uma língua, de acordo com uma **convenção** estabelecida, isto é, de acordo com uma norma ou regra. As regras ou convenções ortográficas são determinadas por lei e fazem parte da gramática normativa.

As regras de acentuação são parte do estudo da ortografia.

Antes de rever e ampliar o estudo das regras de acentuação, reveja os conceitos de sílaba, sílaba tônica e classificação das palavras quanto à sílaba tônica.

Relembre também outros conceitos que facilitarão o emprego dos acentos gráficos.

convenção: acordo sobre determinada atividade, assunto, etc., que obedece a entendimentos prévios e normas baseadas na experiência recíproca. As convenções ortográficas da língua portuguesa em uso no Brasil são estabelecidas pela ABL (Academia Brasileira de Letras), uma congregação de especialistas de língua portuguesa.

1. Encontros vocálicos

Observe os encontros vocálicos abaixo.

- **Ditongo** — encontro de dois sons vocálicos pronunciados na mesma sílaba:

á-g**ua**	cá-r**ie**	cha-p**éu**
ou-tro	**Eu**-ro-pa	Pás-c**oa**
f**ei**-ra	d**oi**-do	m**ai**s

- **Tritongo** — encontro de três sons vocálicos pronunciados na mesma sílaba:

Pa-ra-g**uai**	en-xa-g**uou**	a-g**uei**

- **Hiato** — encontro de dois sons vocálicos pronunciados em duas sílabas:

sa-**í**-da	sa-**ú**-de	es-fr**i**-ar	ra-**í**-zes	ju-**iz**

2. Vogais

As vogais (orais, nasais, abertas e fechadas) são a base de todas as sílabas em língua portuguesa. Leia:

t**a**pete ⟶ /a/	fog**u**ete ⟶ /ê/	t**e**to ⟶ /é/	ap**i**to ⟶ /i/
ap**o**sta ⟶ /ó/	s**o**no ⟶ /ô/	aj**u**da ⟶ /u/	

A língua portuguesa possui sete vogais denominadas orais, pois, ao serem pronunciadas, utilizam mais a cavidade bucal: /a/, /é/, /ê/, /i/, /ó/, /ô/, /u/.

Perceba que há diferenças na pronúncia da vogal nestas palavras:

fog**ue**te ⟶ /ê/: vogal fechada   t**e**to ⟶ /é/: vogal aberta

Há também vogais pronunciadas com a ajuda das cavidades nasais. Observe:

l**ã**, c**a**mpo, t**e**mpo, c**i**nto, **o**mbro, p**õe**, conj**u**nto

São as chamadas vogais nasais: /ã/, /ẽ/, /ĩ/, /õ/, /ũ/.

Reveja agora as regras que orientam a acentuação gráfica das palavras.

Regras de acentuação

Tonicidade	Regras	Exemplos
1. Oxítonas	• Acentuam-se as terminadas em **a(s)**, **e(s)**, **o(s)**, **em**, **ens**.	• vatapá, dendê, carijó, também, vinténs
2. Paroxítonas	• Acentuam-se as terminadas em **l, i(s), n, us, r, ã(s), ão(s), x, um/uns, ei(s), on(s), ps.**	• fácil, júri, pólen, Vênus, caráter, ímã, órgão, tórax, álbum, álbuns, têxteis, prótons, bíceps
3. Proparoxítonas	• Todas são acentuadas. • Incluem-se nesta regra as **proparoxítonas aparentes**, isto é, as terminadas em ditongos crescentes.	• sólido, cântico, excêntrico, fôlego, cítrico, lâmpada • história, negócios, água, espécie, enxágue, nódoa
4. Ditongos abertos *éu, éi, ói*	• Acentuam-se os ditongos abertos **éu, éi, ói** quando forem a sílaba tônica nos monossílabos tônicos e nas palavras oxítonas.	• céu, chapéu, anzóis, dói, pastéis

5. Formas verbais com pronome	• **cortar + a = cortá-la**
	   ↓ ↓
	   verbo pronome pessoal
	• Para se acentuarem as formas verbais com pronome oblíquo, deve-se considerar cada uma das partes como uma palavra independente.
		• cortá-lo → cortá: oxítona terminada em **a**.
		   → monossílabo átono **lo**
		• vendê-la → vendê: oxítona terminada em **e**.
		   → monossílabo átono **la**

6. Verbos *ter* e *vir* e seus derivados	• Acentua-se a 3ª pessoa do plural, no presente do indicativo, para distingui-la da 3ª pessoa do singular.
	• Nas formas derivadas, a 3ª pessoa do singular recebe acento agudo.
		• Ele tem → Eles têm
		   Ele vem → Eles vêm
		• Ele contém → Eles contêm
		   Ele convém → Eles convêm

7. Vogais *i* e *u* tônicas do hiato	Acentuam-se quando: • formarem hiato com a vogal anterior; • estiverem sozinhas ou seguidas de **s**; • não forem seguidas de **nh**; • não vierem precedidas de ditongo nas palavras paroxítonas.	• saúde, proíbem, juízo, reúne • uísque • rainha, moinho • feiura, boiuna

1. Consultando o quadro da página anterior, identifique e transcreva no caderno a regra que determina a acentuação de cada um dos seguintes grupos de palavras:

a) espécime – tática – ótica – ônibus – Líbano

b) tábua – história – gênio – óleo – tênue – mágoa

c) pastéis – troféu – herói – réu – rói

d) acarajé – parabéns – alguém – avô – você – será

e) saúde – caído – faísca – Luís

f) fácil – sofrível – amável – possível

g) médium – álbuns – fórum

2. Reescreva as orações a seguir no caderno e empregue o acento gráfico nas palavras em que ele for necessário.

a) Os policiais detem todas as pessoas que tem atitude suspeita durante as Olimpiadas.

b) No Forum para o desenvolvimento das nações varias resoluções foram votadas pelos presentes às assembleias e debates.

c) Dolar baixo deve reduzir exportações de produtos agropecuarios para reduzir superavit.

d) O lider de um grupo não deve conhecer apenas tecnicas, mas deve tambem saber o que é convivencia com tolerancia.

4 Um pouco mais sobre acentuação

1. Monossílabos tônicos e monossílabos átonos

1. Leia em voz alta, sem pressa, e procure perceber quais são as sílabas mais fortes das duas frases a seguir:

I. Não depende apenas **da** nossa vontade o fim **da** violência em nosso tempo.

II. Não **dá** para enfrentar sozinho a resistência **das** pessoas em aceitar o diferente.

Na escrita dessas duas frases percebemos que há a palavra **da** sem o acento gráfico e a palavra *dá* com o acento gráfico.

Responda no caderno:

a) Qual é a diferença de sentido entre as palavras destacadas nas frases I e II?

b) Ao pronunciar as frases, o que você percebeu nas duas palavras que pudesse justificar a ausência ou o uso do acento gráfico?

Quando falamos, em geral não pronunciamos as palavras separadamente, mas em conjunto nas frases que construímos.

Os monossílabos integram-se às frases como sílabas tônicas ou como sílabas átonas de outras palavras, no conjunto da frase.

Na frase **I**, o primeiro *da* parece fazer parte da palavra *nossa* na fala.

Na frase **II**, perceba que o *dá* é falado com mais intensidade e se destaca das palavras que o rodeiam.

> Assim, **monossílabo tônico** é a palavra que, na fala, recebe uma entonação bem marcada. Destaca-se como se fosse uma sílaba tônica dentro da frase.

2. Leia as frases a seguir em voz alta, sem pressa, observando como aparecem todas as palavras monossílabas. Em seguida, no caderno, faça um quadro com duas colunas e separe os monossílabos átonos em uma coluna e os monossílabos tônicos em outra.

    I. Estava só, na casa, e não se sentia solitário: queria estar apenas com seus pensamentos.

    II. Por mais que tentássemos, não conseguíamos pôr o carro em funcionamento: tivemos de ir a pé.

3. Leia a frase a seguir em voz alta. Preste atenção aos termos destacados:

Pedro admitiu <u>seu</u> erro e se sentiu no <u>céu</u>.

O que se pode observar de semelhante e de diferente entre eles?

4. Compare as duas colunas a seguir:

bois	sóis
meu	véu
seis	réis

Observando as palavras, que regra de acentuação pode ser formulada?

Veja o quadro a seguir:

Monossílabo	Monossílabo átono
• Intolerância e discriminação são **más** atitudes e só causam desarmonia. • Não tenhas medo do futuro, **sê** forte e tem fé. • Tenha **dó** daqueles que não tiveram chances na vida e ajude-os.	• Eu não gosto de filme de terror, **mas** para acompanhá-lo, irei. • **Se** eu encontrar, compro o livro que você pediu. • O caso **do** aluno doente será resolvido hoje.

Poderíamos assim expressar a regra dos monossílabos tônicos:

> Os **monossílabos tônicos** são acentuados quando terminam em **a**, **e**, **o**, seguidos ou não de **s**.

Os monossílabos átonos não serão acentuados.

São considerados monossílabos átonos:

• artigos: *o, os, a, as, um, uns*;

• conjunções: *mas, e, pois, nem, ou*, etc.;

• pronomes oblíquos: *me, te, se, lhe, o, os, a, as*, etc.

5. Leia em voz alta e de forma expressiva o seguinte trecho de letra de música.

Brasil nativo

Danilo Caymmi e Paulo César Pinheiro

Brasil, sei lá
Eu não vi na Terra inteira
O que nessa terra dá
E o que é que dá?
Gabiroba, gameleira,
Guariroba, gravatá
Tambatajá, ouricuri e jurema
Xingu, Jari, Madeira e Juruá
Do boto cor–de–rosa ao boitatá
Dá
Goiaba, cajá–manga e cambucá
Caju, pitanga e guaraná
E dá vontade de cantar
Brasil, sei lá
Ou meu coração se engana
Ou uma terra igual não há
E o que é que dá?
[...]

Mauricio Pierro/Arquivo da editora

CAYMMI, Danilo; PINHEIRO, Paulo César. Brasil nativo. In: JOBIM, Antonio Carlos. *Passarim.* Verve Records, Poligram, 1987. 1 LP.

a) Que tipo de efeito produz a predominância de oxítonas e de monossílabos tônicos ao se ler em voz alta a letra da música?

b) Além das oxítonas e dos monossílabos tônicos, que outro traço sonoro é bastante evidente ao se ler em voz alta esse texto? Que efeito ele produz?

2. Acento diferencial

Com o *Acordo Ortográfico da Língua Portuguesa* (AOLP) entre os países de língua portuguesa assinado em 1998 e aprovado em lei pelo Brasil em 2009, mante-ve-se o **acento diferencial**, isto é, o acento gráfico para diferenciar palavras quanto ao sentido em:

Com acento	Sem acento
pôr (verbo)	por (preposição)
pôde (pretérito do verbo *poder*)	pode (presente do verbo *poder*)

Suponha que você seja revisor de texto de um jornal e chegam os seguintes trechos, em que os autores omitiram todos os acentos gráficos para escrever mais rápido. Cabe a você acentuar corretamente as palavras para liberar as frases para a edição final. Mãos à obra!

No caderno, copie apenas as palavras que devem ser acentuadas e, em seguida, justifique o acento.

a) Em cenas sem precedentes na historia, um oceano de gente afluiu a Roma para as cerimonias funebres do Papa.

b) Milicias americanas atuam nas fronteiras de seu pais para impedir a entrada de imigrantes ilegais.

c) *Operação Araguaia* e o primeiro livro sobre a guerrilha na Amazonia baseado em relatorio do exercito.

d) Ameaça de novo virus: milhões de pessoas mortas pode ser o terrivel saldo da gripe do frango.

e) A ultima edição de uma revista cientifica inglesa traz uma boa noticia na luta contra o HIV.

f) Agronegocios são os novos aliados das ONGs na batalha pela preservação ambiental de areas cultivaveis.

g) O recem-lançado livro de Manoel de Barros esta sendo muito bem-aceito pela critica.

h) O presidente não pode responder de modo veemente às perguntas feitas pelos jornalistas, pois o cerimonial fazia sinais para que todos se retirassem.

i) No trevo da rodovia Anhanguera, o governador diz que, sem aumentar o pedagio, o governo teria de por dinheiro no sistema. (*O Estado de S. Paulo*, 28 abr. 2005.)

5 A escrita e os sons da fala: *e/i*; *o/u*; *éu/el*; *ao/au/al*; *ou/ol*; *io/il/iu*

1. Leia em voz alta ou, se preferir, cante a estrofe da música "Ciclo", de Jorge Vercilo e Dudu Falcão.

Mauricio Pierro/Arquivo da editora

> O amor surgiu
> como um em mil,
> por você eu vim
> E assim será a me conduzir,
> sem mandar em mim
> Como o vento e o barco a vela,
> que nos leva sem fim

VERCILO, Jorge; FALCÃO, Dudu. Ciclo. In: VERCILO, Jorge. *Signo de ar*. [S. l.]: EMI, 2005. 1 CD.

Repita, com naturalidade, os dois primeiros versos dessa estrofe. Pode-se afirmar que há rima entre os dois versos?

Se fosse considerado apenas o registro escrito, talvez alguns pudessem achar que não há rima. Entretanto, se considerarmos a sonoridade, perceberemos que o poeta empregou as palavras *surgiu* e *mil* por terem a sonoridade ideal para a rima de que ele precisava.

Mauricio Pierro/Arquivo da editora

2. Copie as palavras seguintes em seu caderno e leia-as em voz alta. Identifique nelas os sons que se repetem, apesar de apresentarem escrita diferente. Escreva como eles são pronunciados.

a) pavio/abril/riu

b) rival/mau

c) anel/chapéu

d) outeiro/solteiro

e) menino/anu (pássaro)

f) hoje/guri

g) mágoa/água

3. Ainda em relação à atividade anterior, que conclusão pode-se tirar dessa observação sobre a escrita e a pronúncia de alguns sons na língua portuguesa?

4. Agora, vamos brincar um pouco com o som das palavras e refletir sobre a escrita de alguns sons da língua.

Jogo de pares

Você e seus colegas devem:

- dobrar uma folha de papel sulfite em oito partes iguais;

- escrever uma palavra em cada parte para formar quatro pares de palavras com combinação de som final. As combinações deverão ser entre palavras que tenham escrita diferente, mas o mesmo som ou som semelhante:

    iu/il/io, eu/el, ou/ol, au/al, oa/ua, éu/el, e/i, o/u;

- cortar a folha, separando as partes com as palavras. Essas partes serão as cartas do jogo;

- formar cinco grupos de alunos;

- embaralhar as cartas;

- tirar uma das cartas. Esta será chamada de "mico": é a carta que impedirá alguém de formar um par de palavras;

- distribuir as cartas entre os grupos: uma para cada grupo, em várias rodadas até terminar o "baralho".

Como jogar:

- Cada grupo deverá formar o maior número de pares possível com as cartas que tiver em mãos, separando-as em um monte.

- As cartas restantes deverão ser colocadas diante da sala em outro monte.

- Um representante de cada grupo levanta-se e pega desse monte duas cartas de cada vez para formar mais pares.

- Quem conseguir formar um par de palavras com as novas cartas para de jogar. Quem não conseguir, apresenta as novas cartas ao representante de outro grupo para que ele, sem ver quais são, pegue uma.

- Este jogador vai ficar com três cartas. Se conseguir formar um par, passa a terceira carta ao jogador seguinte. Se não conseguir, embaralha as três cartas e apresenta-as, do mesmo modo como foi feito anteriormente, ao jogador seguinte.

- Perderá o jogo o grupo que ficar com a carta que faz par com a carta "mico".

- Um aluno de cada grupo deverá ler os pares que conseguiu formar.

- Depois da leitura das palavras, cada grupo deverá escrever uma conclusão a respeito da escrita e dos sons que elas podem representar. Depois, um aluno do grupo lê a conclusão para que os outros ouçam e complementem, se necessário.

6 A escrita e os sons da fala: –am e –ão

Na seção anterior, vimos alguns sons de palavras que nem sempre correspondem à mesma forma escrita...

1. Leia a tira reproduzida abaixo.

ZIRALDO. *As melhores tiras do Menino Maluquinho.* São Paulo: Melhoramentos, 2000. p. 46.

Se fôssemos escrever as palavras *pensavam*, *tinham*, *contavam* da forma como as falamos, como ficariam? Preste bastante atenção à pronúncia.

Você deve ter percebido que o som /ãum/, um **ditongo nasal**, em língua portuguesa pode ser representado de duas formas na escrita:

/ãum/
am
ão

Lembre-se de que estamos falando de pronúncia. Assim, embora a escrita de palavras como *voltaram*, *cantam*, *amam*, *fizeram*, *tinham* seja feita com a terminação –*am*, isto é, com uma vogal e uma consoante, essa terminação é *pronunciada* como um encontro de vogais, portanto como um ditongo /ãum/.

Vamos observar em que palavras esse tipo de ocorrência pode aparecer.

2. Divida a folha de caderno em duas colunas.

Escreva no topo de uma coluna **Oxítonas** e no topo da outra **Paroxítonas**.

a) Leia em voz alta cada uma das palavras do quadro a seguir com naturalidade, isto é, sem forçar a pronúncia. Depois, distribua-as nas colunas correspondentes.

voltarão	falam	escorregão	conseguiram	exceção
voltaram	chegarão	carregaram	anão	olharão
olharam	venderão	bobão	testam	invasão	casam
extinção	analisam	forçam	brigão	brigam	alemão

b) Releia as palavras de cada uma das colunas. O que você pode deduzir em relação ao uso do –*ão* e do –*am* no final de palavra no que se refere à tonicidade?

3. Observe a sequência de palavras: *órfão*, *órgão*, *sótão*. É possível estabelecer uma regra única para as palavras terminadas em –*ão*?

4. Da lista da atividade 2, separe as palavras novamente em duas colunas: uma para **Verbos** e outra para **Não verbos**.

5. Releia a lista de verbos e analise-a. É possível deduzir uma regra em relação às formas verbais?

6. Copie as frases a seguir no caderno, substituindo o ■ por uma das formas verbais que se encontram nos parênteses.

a) As andorinhas ■ aos seus lugares de origem quando acabar o inverno. (voltaram/voltarão/voltam)

b) Segundo o noticiário, os policiais ■ rapidamente ao local do crime. (chegam/chegaram/chegarão)

c) Se vocês não se apressarem, não ■ convites para o show. (conseguiram/conseguem/conseguirão).

d) Dia a dia, percebe-se que mais crianças ■ pelos cruzamentos até altas horas da noite. (ficarão/ficam/ficaram)

e) Quando o verão chegar, estas ruas ■ a ser ruidosas e alegres. (voltam/voltarão/voltaram)

f) No próximo mês, os coordenadores ■ os resultados do exame aos candidatos. (entregaram/entregarão/entregam)

g) Os últimos alunos ■ a porta e saíram com lágrimas nos olhos depois da despedida do professor. (fecham/fecharam/fecharão)

Maurício Pierro/Arquivo da editora

7. Reescreva no caderno o parágrafo, de acordo com o que se pede, alterando o tempo dos verbos e fazendo as adequações necessárias. Deve prevalecer a linguagem mais cuidada, mais monitorada.

> **Os membros do governo mostram um relatório de gastos para a imprensa e analisam o desempenho dessa administração. Aproveitam o evento e apresentam o novo coordenador das contas públicas, indicado para o cargo, que está vago em função da morte do antecessor.**

a) Comece com: Na reunião de ontem à noite, ■.

b) Comece com: Na próxima sexta-feira, ■.

8. Em dupla.

a) Cada aluno da dupla fará uma lista com dez palavras que tenham a terminação -*am* ou -*ão*. Em seguida, vai ditá-las para o seu par, pronunciando-as naturalmente.

b) Os alunos deverão trocar os cadernos e cada um corrigirá a lista ditada para o outro.

7 Pontuação e efeitos de sentido

1. Leia a tirinha reproduzida abaixo e divirta-se.

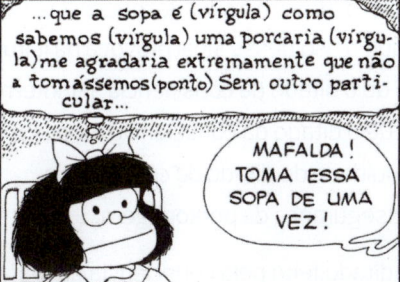

© Joaquin Salvador Lavado (Quino)/ Acervo do cartunista

QUINO. *Toda Mafalda.* São Paulo: Martins Fontes, 2008. p. 75.

Responda no caderno:

a) O que a personagem está fazendo nos quadrinhos 1 e 2?

b) Que recursos o autor utilizou para destacar essa ação?

c) Quem fala com a Mafalda?

d) No último quadrinho, Mafalda censura a interrupção do "ditado da sua consciência". Responda:

- Por que ela se refere à consciência, e não ao pensamento?

- Como o leitor percebe que o texto dos balões de pensamento está sendo ditado?

Você já estudou que a pontuação, além de marcar pausas e finais das frases, ajuda a organizar o texto de forma que o leitor consiga entender o que está escrito de acordo com a intenção do autor.

2. Releia o texto dos dois primeiros quadrinhos.

Senhorita Mafalda (ponto) Meus cumprimentos (dois pontos) considerando...

...que a sopa é (vírgula) como sabemos (vírgula) uma porcaria (vírgula) me agradaria extremamente que não a tomássemos (ponto) Sem outro particular...

Responda no caderno:

a) Que outro sinal de pontuação poderia ter sido usado no lugar do ponto-final depois do nome *Mafalda*? Por quê?

b) Que outro sinal de pontuação poderia ter sido usado no lugar dos dois-pontos depois de *Meus cumprimentos*?

c) Copie no caderno a alternativa que melhor explica o fato de o sinal de reticências aparecer no final do texto do primeiro balão e no início do texto do segundo balão.

- Revela a insegurança da personagem quanto a tomar ou não a sopa.

- Indica a interrupção do ditado da consciência.

- Expressa a continuidade do ditado da consciência.

- Demonstra a insegurança da personagem quanto ao ditado da consciência.

d) Copie no caderno a(s) alternativa(s) que melhor explica(m) o uso das vírgulas antes e depois da expressão *como sabemos*.

- Isola a expressão para destacá-la.

- Isola a expressão para não quebrar a continuidade da frase *a sopa é uma porcaria*.

- Isola a expressão para facilitar a compreensão do texto pelo leitor.

- Isola a expressão para facilitar a compreensão do texto pelo autor.

e) O segundo balão termina com o sinal de reticências. Copie a alternativa que melhor explica o efeito que o uso desse sinal provoca na leitura da tirinha.

- Destaca o fato de o ditado da consciência ser interrompido por uma fala.

- Salienta o fato de o ditado da consciência ter acabado.

- Mostra a continuidade do ditado da consciência.

- Demonstra a insegurança da personagem.

3. Copie no caderno o ditado feito pela consciência da Mafalda, substituindo os nomes dos sinais pelos próprios sinais.

4. Releia a fala da outra personagem.

© Joaquin Salvador Lavado (Quino)/Acervo do cartunista

Responda no caderno:

a) Que outro sinal poderia substituir o ponto de exclamação no fim dessa fala?

b) Que efeito de sentido a substituição do ponto de exclamação por esse outro provocaria na fala?

5. Releia o último balão de fala:

© Joaquin Salvador Lavado (Quino)/Acervo do cartunista

Responda no caderno:

a) Que outra pontuação poderia substituir o ponto de interrogação no fim da fala de Mafalda?

b) Que efeito de sentido o uso do ponto de interrogação provoca na fala de Mafalda?

Recordando o que estudamos sobre pontuação:

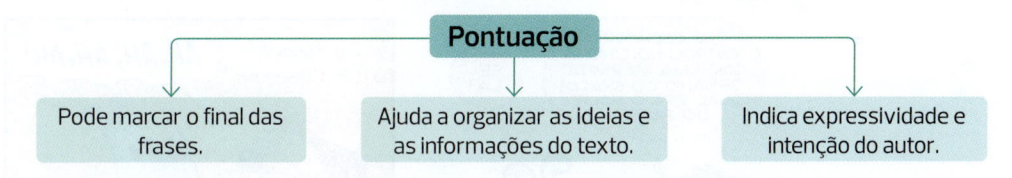

Pontuação

- Pode marcar o final das frases.
- Ajuda a organizar as ideias e as informações do texto.
- Indica expressividade e intenção do autor.

Recordando os sinais de pontuação já estudados:

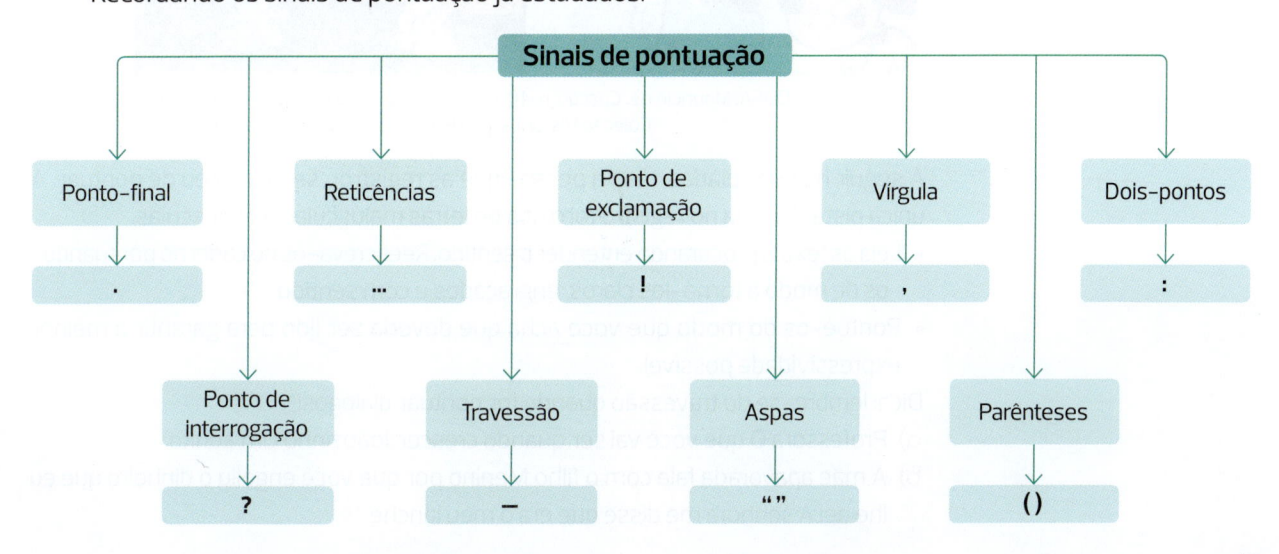

Sinais de pontuação

Ponto-final	Reticências	Ponto de exclamação	Vírgula	Dois-pontos
.	...	!	,	:

Ponto de interrogação	Travessão	Aspas	Parênteses
?	–	" "	()

6. Desafio! Contar piadas exige do contador muita expressividade na fala, não é? Leia em voz alta e com entonação adequada os quadrinhos reproduzidos abaixo, observando a pontuação que marca a expressividade das falas quando se conta uma piada.

SOUSA, Mauricio de. *Cascão*, n. 40. Parte integrante de caixa Turma da Mônica. Coleção Histórica. São Paulo: Panini Comics, mar. 2014. p. 28.

A seguir há duas piadas, mas a pessoa que as registrou se esqueceu de pontuar. A única pista deixada no registro foi o uso de letras maiúsculas e minúsculas.

- Leia os textos procurando entender o sentido. Reescreva-os no caderno pontuando--os de modo a torná-los claros, engraçados e com sentido.
- Pontue-os do modo que você acha que deveria ser lido para garantir a melhor expressividade possível.

Dica: lembre-se do travessão quando for pontuar diálogos!

a) Professora O que você vai ser quando crescer Joãozinho Um adulto

b) A mãe apavorada fala com o filho Menino por que você engoliu o dinheiro que eu lhe dei A senhora me disse que era o meu lanche

8 Coesão textual: uso de *mas* ou *mais*

1. Copie no caderno o seguinte trecho de notícia e, depois, leia-o com atenção.

Ressaca causa mais destruição em Santos

[...]

No Rio, ondas chegaram a 3 metros de altura; São Paulo teve dia mais frio do ano. [...]

No fim de semana, as temperaturas na serra catarinense poderão chegar a zero grau ou menos, mas está afastada a possibilidade de ocorrência de neve. A previsão para hoje é de mais sol, mas ainda com temperaturas baixas pela manhã e à noite.

O Estado de S. Paulo, São Paulo, 28 abr. 2005. Caderno Cidades/Metrópole, p. 8.

Observe que as palavras **mas** e **mais** aparecem mais de uma vez. No caderno, relacione essas palavras com a ideia que estão acrescentando à frase ou ao termo que acompanham.

a) Introduz uma ideia que contraria a anterior.

b) Acrescenta ideia de intensidade ou força à qualidade expressa.

c) Acrescenta ideia de quantidade ao termo que acompanha.

2. As palavras sublinhadas no texto da atividade 1 pertencem a diferentes classes de palavras. Copie no caderno as definições seguintes a respeito dessas classes de palavras.

a) Advérbio: modifica ou altera a ideia do adjetivo.

b) Conjunção: palavra que liga duas orações.

c) Pronome indefinido: modifica um substantivo.

Responda: a que palavra sublinhada no trecho da questão anterior corresponde cada definição? Confronte sua resposta com a de seus colegas.

3. Leia a tira reproduzida a seguir.

BROWNE, Chis. Hagar. *Folha de S.Paulo*, São Paulo, 15 jul. 2003.

Responda no caderno:

a) Das ideias indicadas nas alternativas da atividade 1, transcreva a que se aplica à palavra **mas** dita por Helga.

b) Escreva uma palavra que poderia substituir a palavra *mas* dita por Helga sem alterar o sentido da frase.

c) Pela substituição feita e pela resposta dada à questão **a**, a que classe de palavras pertence esse *mas*?

d) Qual é o sentido da palavra *mas* dita por Hagar? Que palavra poderia substituí-la?

e) Pode-se afirmar que pertence à mesma classe de palavras do *mas* dito por Helga?

f) O que torna a tirinha engraçada?

4. Copie as frases a seguir no caderno substituindo o ■ por uma ideia que as complete adequadamente.

a) O *mas* tem valor de conjunção quando ■.

b) Se a palavra *mas* for precedida de artigo, terá valor de ■.

c) A palavra *mais* será um advérbio se ■.

d) A palavra *mais* qualificando um substantivo será um ■.

5. Copie as frases no caderno substituindo os ■ por *mas* ou *mais* de acordo com o sentido.

a) O time venceu, ■ os jogadores admitiram os erros cometidos durante a partida.

b) Algumas pessoas condenam os pequenos delitos, ■ não reconhecem que os cometem no dia a dia.

c) "Quem já passou por essa vida e não viveu / pode ser ■, ■ sabe menos do que eu." ("Como dizia o poeta", Toquinho e Vinicius de Moraes)

d) O Círio de Nazaré é um dos eventos ■ prestigiados pelos católicos.

e) Se vocês prestarem ■ atenção, vão entender o que estou dizendo.

f) Meteorologia prevê ■ chuvas em todo o Nordeste.

g) O carro que acaba de ser lançado é ■ potente, ■ gasta ■ combustível.

h) "Muitas espécies de plantas, como a dracena, a samambaia e a babosa, podem ser utilizadas para neutralizar a poluição em ambientes, ■ as ■ eficientes são as palmeiras areca e ráfis, de baixo custo e muito conhecidas por suas qualidades ornamentais." (Disponível em: <cienciaesaude.uol.com.br>. Acesso em: jan. 2009.)

i) "Pesquisadores chineses identificaram penas em seu estágio de desenvolvimento ■ primitivo, ■ ressaltaram que ainda não se conhece a função primária dessas penas." (*Ciência Hoje* Online, jan. 2009.)

j) "Ela já não gosta ■ de mim / ■ eu gosto dela mesmo assim." ("Que pena", Jorge Ben Jor)

k) "Dói bater a cabeça na quina da mesa, dói morder a língua, dói cólica, cárie e pedra no rim. ■ o que ■ dói é saudade." (Medeiros, Martha. Disponível em: <www.pensador.info/p/mais_mas/1/>. Acesso em: jan. 2009.)

l) Segundo especialistas chineses, a montanha ■ alta do mundo é menos majestosa do que se imaginava. O monte Everest, na fronteira entre a China e o Nepal, é 3,7 m ■ baixo do que as estimativas anteriores diziam.

●● Ampliação de estudos gramaticais

Unidade 1

Classes de palavras que podem atuar como determinantes do substantivo

1. Artigos

Definidos	Indefinidos
o, os	um, uns
a, as	uma, umas

2. Numerais

Cardinais	um, dois, três, quatro, cinco, seis, sete, oito...
Ordinais	primeiro, segundo, terceiro, quarto, quinto, sexto, sétimo...
Fracionários	meio, metade, terço, quarto, quinto, sexto, sétimo...
Multiplicativos	duplo ou dobro, triplo ou tríplice, quádruplo, quíntuplo...

3. Pronomes

A — Pronomes possessivos

Pessoa		Pesssoa	
1ª do singular	meu(s), minha(s)	1ª do plural	nosso(s), nossa(s)
2ª do singular	teu(s), tua(s)	2ª do plural	vosso(s), vossa(s)
3ª do singular	seu(s), sua(s)	3ª do plural	seu(s), sua(s)

B — Pronomes demonstrativos

Masculino		Feminino		Invariáveis
Singular	Plural	Singular	Plural	
este	estes	esta	estas	isto
esse	esses	essa	essas	isso
aquele	aqueles	aquela	aquelas	aquilo

Observação: Há outras palavras que podem ser empregadas como pronomes demonstrativos: *mesmo(s), mesma(s), próprio(s), própria(s), tal (tais), semelhante(s).*

C – Pronomes indefinidos

Variáveis	Invariáveis
algum, alguns, alguma(s)	alguém
nenhum, nenhuns, nenhuma(s)	ninguém
outro(s), outra(s)	outrem
todo(s), toda(s)	tudo
muito(s), muita(s)	nada
pouco(s), pouca(s)	cada
certo(s), certa(s)	algo
vário(s), vária(s)	quem
tanto(s), tanta(s)	—
quanto(s), quanta(s)	—
qualquer, quaisquer	—

Observação: os pronomes indefinidos invariáveis não atuam como determinantes, acompanham substantivos ou aparecem sozinhos, substituindo nomes.

4. Preposições

Principais preposições
a, ante, após, até, com, contra, de, desde, em, entre, para, perante, por (per), sem, sob, sobre, trás
Expressões com valor de preposição
São locuções prepositivas que sempre terminam com uma preposição: ao lado de, além de, depois de, através de, dentro de, abaixo de, a par de.

Unidade 3

Advérbio

Advérbio é a classe de palavras que pode acrescentar circunstâncias ao verbo, ao adjetivo ou a outro advérbio.

Os advérbios podem indicar diferentes **circunstâncias**. Veja exemplos no quadro a seguir:

Advérbios
de tempo: agora, já, amanhã, ontem, jamais, nunca, logo, cedo, etc.
de negação: não, nunca, etc.
de modo: bem, mal, depressa, devagar, assim (além da maioria dos terminados em –*mente*, por exemplo: suavemente, claramente, raivosamente), etc.
de lugar: aqui, ali, lá, atrás, detrás, acima, embaixo, longe, etc.
de intensidade: mais, menos, muito, pouco, bastante, demais, etc.
de dúvida: talvez, possivelmente, provavelmente, etc.
de afirmação: sim, certamente, realmente, mesmo, de fato, etc.

●● Modelos de conjugação verbal

Verbos regulares

1ª conjugação — modelo: *cantar*

INDICATIVO	
Presente	Pretérito imperfeito
canto	cantava
cantas	cantavas
canta	cantava
cantamos	cantávamos
cantais	cantáveis
cantam	cantavam

Pretérito perfeito simples	Pretérito perfeito composto
cantei	tenho cantado
cantaste	tens cantado
cantou	tem cantado
cantamos	temos cantado
cantastes	tendes cantado
cantaram	têm cantado

Pretérito mais-que--perfeito simples	Pretérito mais-que--perfeito composto
cantara	tinha cantado
cantaras	tinhas cantado
cantara	tinha cantado
cantáramos	tínhamos cantado
cantáreis	tínheis cantado
cantaram	tinham cantado

Futuro do presente simples	Futuro do presente composto
cantarei	terei cantado
cantarás	terás cantado
cantará	terá cantado
cantaremos	teremos cantado
cantareis	tereis cantado
cantarão	terão cantado

Futuro do pretérito simples	Futuro do pretérito composto
cantaria	teria cantado
cantarias	terias cantado
cantaria	teria cantado
cantaríamos	teríamos cantado
cantaríeis	teríeis cantado
cantariam	teriam cantado

SUBJUNTIVO	
Presente	Pretérito perfeito
cante	tenha cantado
cantes	tenhas cantado
cante	tenha cantado
cantemos	tenhamos cantado
canteis	tenhais cantado
cantem	tenham cantado

Pretérito imperfeito	Pretérito mais-que--perfeito
cantasse	tivesse cantado
cantasses	tivesses cantado
cantasse	tivesse cantado
cantássemos	tivéssemos cantado
cantásseis	tivésseis cantado
cantassem	tivessem cantado

Futuro simples	Futuro composto
cantar	tiver cantado
cantares	tiveres cantado
cantar	tiver cantado
cantarmos	tivermos cantado
cantardes	tiverdes cantado
cantarem	tiverem cantado

IMPERATIVO	
Afirmativo	Negativo
–	–
canta (tu)	não cantes (tu)
cante (você)	não cante (você)
cantemos (nós)	não cantemos (nós)
cantai (vós)	não canteis (vós)
cantem (vocês)	não cantem (vocês)

FORMAS NOMINAIS	
Infinitivo impessoal	Infinitivo pessoal
cantar	cantar
	cantares
	cantar
	cantarmos
	cantardes
	cantarem
Gerúndio	Particípio
cantando	cantado

2ª conjugação — modelo: *vender*

INDICATIVO	
Presente	Pretérito imperfeito
vendo	vendia
vendes	vendias
vende	vendia
vendemos	vendíamos
vendeis	vendíeis
vendem	vendiam

Pretérito perfeito simples	Pretérito perfeito composto
vendi	tenho vendido
vendeste	tens vendido
vendeu	tem vendido
vendemos	temos vendido
vendestes	tendes vendido
venderam	têm vendido

Pretérito mais-que--perfeito simples	Pretérito mais-que--perfeito composto
vendera	tinha vendido
venderas	tinhas vendido
vendera	tinha vendido
vendêramos	tínhamos vendido
vendêreis	tínheis vendido
venderam	tinham vendido

Futuro do presente simples	Futuro do presente composto
venderei	terei vendido
venderás	terás vendido
venderá	terá vendido
venderemos	teremos vendido
vendereis	tereis vendido
venderão	terão vendido

Futuro do presente simples	Futuro do pretérito composto
venderia	teria vendido
venderias	terias vendido
venderia	teria vendido
venderíamos	teríamos vendido
venderíeis	teríeis vendido
venderiam	teriam vendido

SUBJUNTIVO	
Presente	Pretérito perfeito
venda	tenha vendido
vendas	tenhas vendido
venda	tenha vendido
vendamos	tenhamos vendido
vendais	tenhais vendido
vendam	tenham vendido

Pretérito imperfeito	Pretérito mais-que--perfeito
vendesse	tivesse vendido
vendesses	tivesses vendido
vendesse	tivesse vendido
vendêssemos	tivéssemos vendido
vendêsseis	tivésseis vendido
vendessem	tivessem vendido

Futuro simples	Futuro composto
vender	tiver vendido
venderes	tiveres vendido
vender	tiver vendido
vendermos	tivermos vendido
venderdes	tiverdes vendido
venderem	tiverem vendido

IMPERATIVO	
Afirmativo	**Negativo**
—	—
vende (tu)	não venda (tu)
venda (você)	não venda (você)
vendamos (nós)	não vendamos (nós)
vendei (vós)	não vendais (vós)
vendam (vocês)	não vendam (vocês)

FORMAS NOMINAIS	
Infinitivo impessoal	**Infinitivo pessoal**
vender	vender
	venderes
	vender
	vendermos
	venderdes
	venderem

Gerúndio	Particípio
vendendo	vendido

3ª conjugação – modelo: *partir*

INDICATIVO	
Presente	**Pretérito imperfeito**
parto	partia
partes	partias
parte	partia
partimos	partíamos
partis	partíeis
partem	partiam

Pretérito perfeito simples	Pretérito perfeito composto
parti	tenho partido
partiste	tens partido
partiu	tem partido
partimos	temos partido
partistes	tendes partido
partiram	têm partido

Pretérito mais-que--perfeito simples	Pretérito mais-que--perfeito composto
partira	tinha partido
partiras	tinhas partido
partira	tinha partido
partíramos	tínhamos partido
partíreis	tínheis partido
partiram	tinham partido

Futuro do presente simples	Futuro do presente composto
partirei	terei partido
partirás	terás partido
partirá	terá partido
partiremos	teremos partido
partireis	tereis partido
partirão	terão partido

Futuro do pretérito simples	Futuro do pretérito composto
partiria	teria partido
partirias	terias partido
partiria	teria partido
partiríamos	teríamos partido
partiríeis	teríeis partido
partiriam	teriam partido

SUBJUNTIVO	
Presente	**Pretérito perfeito**
parta	tenha partido
partas	tenhas partido
parta	tenha partido
partamos	tenhamos partido
partais	tenhais partido
partam	tenham partido

Pretérito imperfeito	Pretérito mais-que--perfeito
partisse	tivesse partido
partisses	tivesses partido
partisse	tivesse partido
partíssemos	tivéssemos partido
partísseis	tivésseis partido
partissem	tivessem partido

Futuro simples	Futuro composto
partir	tiver partido
partires	tiveres partido
partir	tiver partido
partirmos	tivermos partido
partirdes	tiverdes partido
partirem	tiverem partido

IMPERATIVO	
Afirmativo	**Negativo**
–	–
parte (tu)	não partas (tu)
parta (você)	não parta (você)
partamos (nós)	não partamos (nós)
parti (vós)	não partais (vós)
partam (vocês)	não partam (vocês)

FORMAS NOMINAIS	
Infinitivo impessoal	**Infinitivo pessoal**
partir	partir
	partires
	partir
	partirmos
	partirdes
	partirem

Gerúndio	Particípio
partindo	partido

Verbos auxiliares

ser

INDICATIVO	
Presente	**Pretérito imperfeito**
sou	era
és	eras
é	era
somos	éramos
sois	éreis
são	eram

Pretérito perfeito simples	Pretérito perfeito composto
fui	tenho sido
foste	tens sido
foi	tem sido
fomos	temos sido
fostes	tendes sido
foram	têm sido

Pretérito mais-que--perfeito simples	Pretérito mais-que--perfeito composto
fora	tinha sido
foras	tinhas sido
fora	tinha sido
fôramos	tínhamos sido
fôreis	tínheis sido
foram	tinham sido

Futuro do presente simples	Futuro do presente composto
serei	terei sido
serás	terás sido
será	terá sido
seremos	teremos sido
sereis	tereis sido
serão	terão sido

Futuro do pretérito simples	Futuro do pretérito composto
seria	teria sido
serias	terias sido
seria	teria sido
seríamos	teríamos sido
seríeis	teríeis sido
seriam	teriam sido

SUBJUNTIVO	
Presente	Pretérito perfeito
seja	tenha sido
sejas	tenhas sido
seja	tenha sido
sejamos	tenhamos sido
sejais	tenhais sido
sejam	tenham sido

Pretérito imperfeito	Pretérito mais-que--perfeito
fosse	tivesse sido
fosses	tivesses sido
fosse	tivesse sido
fôssemos	tivéssemos sido
fôsseis	tivésseis sido
fossem	tivessem sido

Futuro simples	Futuro composto
for	tiver sido
fores	tiveres sido
for	tiver sido
formos	tivermos sido
fordes	tiverdes sido
forem	tiverem sido

IMPERATIVO	
Afirmativo	Negativo
—	—
sê (tu)	não sejas (tu)
seja (você)	não seja (você)
sejamos (nós)	não sejamos (nós)
sede (vós)	não sejais (vós)
sejam (vocês)	não sejam (vocês)

FORMAS NOMINAIS	
Infinitivo impessoal	Infinitivo pessoal
ser	ser
	seres
	ser
	sermos
	serdes
	serem

Gerúndio	Particípio
sendo	sido

estar

INDICATIVO	
Presente	Pretérito imperfeito
estou	estava
estás	estavas
está	estava
estamos	estávamos
estais	estáveis
estão	estavam

Pretérito perfeito simples	Pretérito perfeito composto
estive	tenho estado
estiveste	tens estado
esteve	tem estado
estivemos	temos estado
estivestes	tendes estado
estiveram	têm estado

Pretérito mais-que--perfeito simples	Pretérito mais-que--perfeito composto
estivera	tinha estado
estiveras	tinhas estado
estivera	tinha estado
estivéramos	tínhamos estado
estivéreis	tínheis estado
estiveram	tinham estado

Futuro do presente simples	Futuro do presente composto
estarei	terei estado
estarás	terás estado
estará	terá estado
estaremos	teremos estado
estareis	tereis estado
estarão	terão estado

Futuro do pretérito simples	Futuro do pretérito composto
estaria	teria estado
estarias	terias estado
estaria	teria estado
estaríamos	teríamos estado
estaríeis	teríeis estado
estariam	teriam estado

SUBJUNTIVO	
Presente	Pretérito perfeito
esteja	tenha estado
estejas	tenhas estado
esteja	tenha estado
estejamos	tenhamos estado
estejais	tenhais estado
estejam	tenham estado

Pretérito imperfeito	Pretérito mais-que--perfeito
estivesse	tivesse estado
estivesses	tivesses estado
estivesse	tivesse estado
estivéssemos	tivéssemos estado
estivésseis	tivésseis estado
estivessem	tivessem estado

Futuro simples	Futuro composto
estiver	tiver estado
estiveres	tiveres estado
estiver	tiver estado
estivermos	tivermos estado
estiverdes	tiverdes estado
estiverem	tiverem estado

IMPERATIVO	
Afirmativo	Negativo
—	—
está (tu)	não estejas (tu)
esteja (você)	não esteja (você)
estejamos (nós)	não estejamos (nós)
estai (vós)	não estejais (vós)
estejam (vocês)	não estejam (vocês)

FORMAS NOMINAIS	
Infinitivo impessoal	Infinitivo pessoal
estar	estar
	estares
	estar
	estarmos
	estardes
	estarem

Gerúndio	Particípio
estando	estado

ter

INDICATIVO	
Presente	Pretérito imperfeito
tenho	tinha
tens	tinhas
tem	tinha
temos	tínhamos
tendes	tínheis
têm	tinham

Pretérito perfeito simples	Pretérito perfeito composto
tive	tenho tido
tiveste	tens tido
teve	tem tido
tivemos	temos tido
tivestes	tendes tido
tiveram	têm tido

Pretérito mais-que--perfeito simples	Pretérito mais-que--perfeito composto
tivera	tinha tido
tiveras	tinhas tido
tivera	tinha tido
tivéramos	tínhamos tido
tivéreis	tínheis tido
tiveram	tinham tido

Futuro do presente simples	Futuro do presente composto
terei	terei tido
terás	terás tido
terá	terá tido
teremos	teremos tido
tereis	tereis tido
terão	terão tido

Futuro do pretérito simples	Futuro do pretérito composto
teria	teria tido
terias	terias tido
teria	teria tido
teríamos	teríamos tido
teríeis	teríeis tido
teriam	teriam tido

SUBJUNTIVO	
Presente	Pretérito perfeito
tenha	tenha tido
tenhas	tenhas tido
tenha	tenha tido
tenhamos	tenhamos tido
tenhais	tenhais tido
tenham	tenham tido

Pretérito imperfeito	Pretérito mais-que--perfeito
tivesse	tivesse tido
tivesses	tivesses tido
tivesse	tivesse tido
tivéssemos	tivéssemos tido
tivésseis	tivésseis tido
tivessem	tivessem tido

Futuro simples	Futuro composto
tiver	tiver tido
tiveres	tiveres tido
tiver	tiver tido
tivermos	tivermos tido
tiverdes	tiverdes tido
tiverem	tiverem tido

IMPERATIVO	
Afirmativo	Negativo
—	—
tem (tu)	não tenhas (tu)
tenha (você)	não tenha (você)
tenhamos (nós)	não tenhamos (nós)
tende (vós)	não tenhais (vós)
tenham (vocês)	não tenham (vocês)

FORMAS NOMINAIS	
Infinitivo impessoal	Infinitivo pessoal
ter	ter
	teres
	ter
	termos
	terdes
	terem

Gerúndio	Particípio
tendo	tido

haver

INDICATIVO	
Presente	Pretérito imperfeito
hei	havia
hás	havias
há	havia
havemos	havíamos
haveis	havíeis
hão	haviam

Pretérito perfeito simples	Pretérito perfeito composto
houve	—
houveste	—
houve	tem havido
houvemos	—
houvestes	—
houveram	—

Pretérito mais-que--perfeito simples	Pretérito mais-que--perfeito composto
houvera	—
houveras	—
houvera	tinha havido
houvéramos	—
houvéreis	—
houveram	—

Futuro do presente simples	Futuro do presente composto
haverei	—
haverás	—
haverá	terá havido
haveremos	—
havereis	—
haverão	—

Futuro do pretérito simples	Futuro do pretérito composto
haveria	—
haverias	—
haveria	teria havido
haveríamos	—
haveríeis	—
haveriam	—

SUBJUNTIVO	
Presente	Pretérito perfeito
haja	—
hajas	—
haja	tenha havido
hajamos	—
hajais	—
hajam	—

Pretérito imperfeito	Pretérito mais-que--perfeito
houvesse	—
houvesses	—
houvesse	tivesse havido
houvéssemos	—
houvésseis	—
houvessem	—

Futuro simples	Futuro composto
houver	—
houveres	—
houver	tiver havido
houvermos	—
houverdes	—
houverem	—

IMPERATIVO	
Afirmativo	Negativo
—	—
há (tu)	não hajas (tu)
haja (você)	não haja (você)
hajamos (nós)	não hajamos (nós)
havei (vós)	não hajais (vós)
hajam (vocês)	não hajam (vocês)

FORMAS NOMINAIS	
Infinitivo impessoal	Infinitivo pessoal
haver	haver
	haveres
	haver
	havermos
	haverdes
	haverem

Gerúndio	Particípio
havendo	havido

Verbos irregulares

fazer

INDICATIVO	
Presente	Pretérito imperfeito
faço	fazia
fazes	fazias
faz	fazia
fazemos	fazíamos
fazeis	fazíeis
fazem	faziam

Pretérito perfeito simples	Pretérito perfeito composto
fiz	tenho feito
fizeste	tens feito
fez	tem feito
fizemos	temos feito
fizestes	tendes feito
fizeram	têm feito

Pretérito mais-que--perfeito simples	Pretérito mais-que--perfeito composto
fizera	tinha feito
fizeras	tinhas feito
fizera	tinha feito
fizéramos	tínhamos feito
fizéreis	tínheis feito
fizeram	tinham feito

Futuro do presente simples	Futuro do presente composto
farei	terei feito
farás	terás feito
fará	terá feito
faremos	teremos feito
fareis	tereis feito
farão	terão feito

Futuro do pretérito simples	Futuro do pretérito composto
faria	teria feito
farias	terias feito
faria	teria feito
faríamos	teríamos feito
faríeis	teríeis feito
fariam	teriam feito

SUBJUNTIVO	
Presente	Pretérito perfeito
faça	tenha feito
faças	tenhas feito
faça	tenha feito
façamos	tenhamos feito
façais	tenhais feito
façam	tenham feito

Pretérito imperfeito	Pretérito mais-que--perfeito
fizesse	tivesse feito
fizesses	tivesses feito
fizesse	tivesse feito
fizéssemos	tivéssemos feito
fizésseis	tivésseis feito
fizessem	tivessem feito

Futuro simples	Futuro composto
fizer	tiver feito
fizeres	tiveres feito
fizer	tiver feito
fizermos	tivermos feito
fizerdes	tiverdes feito
fizerem	tiverem feito

IMPERATIVO	
Afirmativo	Negativo
—	—
faz/faze (tu)	não faças (tu)
faça (você)	não faça (você)
façamos (nós)	não façamos (nós)
fazei (vós)	não façais (vós)
façam (vocês)	não façam (vocês)

FORMAS NOMINAIS	
Infinitivo impessoal	Infinitivo pessoal
fazer	fazer
	fazeres
	fazer
	fazermos
	fazerdes
	fazerem

Gerúndio	Particípio
fazendo	feito

dizer

INDICATIVO	
Presente	Pretérito imperfeito
digo	dizia
dizes	dizias
diz	dizia
dizemos	dizíamos
dizeis	dizíeis
dizem	diziam

Pretérito perfeito simples	Pretérito perfeito composto
disse	tenho dito
disseste	tens dito
disse	tem dito
dissemos	temos dito
dissestes	tendes dito
disseram	têm dito

Pretérito mais-que--perfeito simples	Pretérito mais-que--perfeito composto
dissera	tinha dito
disseras	tinhas dito
dissera	tinha dito
disséramos	tínhamos dito
disséreis	tínheis dito
disseram	tinham dito

Futuro do presente simples	Futuro do presente composto
direi	terei dito
dirás	terás dito
dirá	terá dito
diremos	teremos dito
direis	tereis dito
dirão	terão dito

Futuro do pretérito simples	Futuro do pretérito composto
diria	teria dito
dirias	terias dito
diria	teria dito
diríamos	teríamos dito
diríeis	teríeis dito
diriam	teriam dito

SUBJUNTIVO

Presente	Pretérito perfeito
diga	tenha dito
digas	tenhas dito
diga	tenha dito
digamos	tenhamos dito
digais	tenhais dito
digam	tenham dito

Pretérito imperfeito	Pretérito mais-que--perfeito
dissesse	tivesse dito
dissesses	tivesses dito
dissesse	tivesse dito
disséssemos	tivéssemos dito
dissésseis	tivésseis dito
dissessem	tivessem dito

Futuro simples	Futuro composto
disser	tiver dito
disseres	tiveres dito
disser	tiver dito
dissermos	tivermos dito
disserdes	tiverdes dito
disserem	tiverem dito

IMPERATIVO

Afirmativo	Negativo
—	—
diz/dize (tu)	não digas (tu)
diga (você)	não diga (você)
digamos (nós)	não digamos (nós)
dizei (vós)	não digais (vós)
digam (vocês)	não digam (vocês)

FORMAS NOMINAIS

Infinitivo impessoal	Infinitivo pessoal
dizer	dizer
	dizeres
	dizer
	dizermos
	dizerdes
	dizerem

Gerúndio	Particípio
dizendo	dito

trazer

INDICATIVO

Presente	Pretérito imperfeito
trago	trazia
trazes	trazias
traz	trazia
trazemos	trazíamos
trazeis	trazíeis
trazem	traziam

Pretérito perfeito simples	Pretérito perfeito composto
trouxe	tenho trazido
trouxeste	tens trazido
trouxe	tem trazido
trouxemos	temos trazido
trouxestes	tendes trazido
trouxeram	têm trazido

Pretérito mais-que--perfeito simples	Pretérito mais-que--perfeito composto
trouxera	tinha trazido
trouxeras	tinhas trazido
trouxera	tinha trazido
trouxéramos	tínhamos trazido
trouxéreis	tínheis trazido
trouxeram	tinham trazido

Futuro do presente simples	Futuro do presente composto
trarei	terei trazido
trarás	terás trazido
trará	terá trazido
traremos	teremos trazido
trareis	tereis trazido
trarão	terão trazido

Futuro do pretérito simples	Futuro do pretérito composto
traria	teria trazido
trarias	terias trazido
traria	teria trazido
traríamos	teríamos trazido
traríeis	teríeis trazido
trariam	teriam trazido

SUBJUNTIVO	
Presente	Pretérito perfeito
traga	tenha trazido
tragas	tenhas trazido
traga	tenha trazido
tragamos	tenhamos trazido
tragais	tenhais trazido
tragam	tenham trazido

Pretérito imperfeito	Pretérito mais-que--perfeito
trouxesse	tivesse trazido
trouxesses	tivesses trazido
trouxesse	tivesse trazido
trouxéssemos	tivéssemos trazido
trouxésseis	tivésseis trazido
trouxessem	tivessem trazido

Futuro simples	Futuro composto
trouxer	tiver trazido
trouxeres	tiveres trazido
trouxer	tiver trazido
trouxermos	tivermos trazido
trouxerdes	tiverdes trazido
trouxerem	tiverem trazido

IMPERATIVO	
Afirmativo	Negativo
—	—
traz / traze (tu)	não tragas (tu)
traga (você)	não traga (você)
tragamos (nós)	não tragamos (nós)
trazei (vós)	não tragais (vós)
tragam (vocês)	não tragam (vocês)

FORMAS NOMINAIS	
Infinitivo impessoal	Infinitivo pessoal
trazer	trazer
	trazeres
	trazer
	trazermos
	trazerdes
	trazerem

Gerúndio	Particípio
trazendo	trazido

Caro leitor

Conhecer nossa história pessoal nos dá segurança sobre nossa identidade, sobre nosso lugar no mundo. Talvez seja por esse motivo que, em geral, as pessoas gostam muito de relatar fatos de sua vida, recordando acontecimentos e personagens que tornaram significativo algum momento da sua existência.

Na antologia *Relatos e memórias*, encartada neste volume, foram reunidos alguns registros de memória (ficcionais ou não), compostos em diferentes linguagens:

- em prosa ou versos — quando escritos;
- em desenho, fotografia, pintura — quando a linguagem visual foi a escolhida;
- em quadrinhos — com a linguagem verbal (escrita) e a linguagem não verbal (visual).

Comparando os diferentes relatos, você observará como as escolhas dos recursos de linguagem contribuem para distinguir uma produção de outra, pois, ao relatar o que é pessoal, cada autor imprime sua "marca" especial. Isso também acontece se uma personagem "decide" fazer um relato pessoal.

Para que você possa explorar todas as possibilidades que a reunião desses relatos e memórias oferece, você está convidado a participar de um projeto de leitura estruturado em atividades desafiadoras, que vão fazê-lo interagir com os textos, com a arte e com os seus colegas, desfrutando do prazer de criar, cantar, desenhar, escrever... Aguarde as instruções do professor.

Explicações dadas e convite feito, vamos ao projeto!
Participe!

As autoras

Relatos e memórias
ANTOLOGIA

(Organizada pelas autoras.)

Sumário

Tarsila do Amaral/Coleção Roberto Marinho, Rio de Janeiro, RJ/Cedida por Tarsila Educação/<www.tarsiladoamaral.com.br>

Tarsila do Amaral/Coleção particular/Cedida por Tarsila Educação/<www.tarsiladoamaral.com.br>

Cândido Portinari/Coleção particular, Rio de Janeiro, RJ/Fundação Projeto Portinari

●● Relatos, memórias e... memória!

Juca Novaes e Ize Novaes

José de Araujo Novaes Neto (Juca Novaes) nasceu em 29 de novembro de 1958, na cidade de Avaré (SP). Venceu diversos festivais de música no interior de São Paulo. Em um desses festivais recebeu como parte da premiação uma gravação em estúdio, para a qual montou o grupo Fruto Primeiro, reunindo seus irmãos Poio, Ize, Maída, Lúcia e Lucila, além de diversos outros músicos.

Luiz Cesar Piedade Novaes (Ize Novaes) nasceu em Avaré (SP), em 24 de março de 1961, é um dos irmãos de Juca Novaes e também é músico.

No coração

Juca Novaes e Ize Novaes

A noite estrelada
escura, encantada
nos traz solidão
eu paro no tempo
procuro e relembro
o tempo tão bom
lembro a velha casa
com parque, sacada,
jardim e porão
o meu cão Bolinha
a avó na surdina
o gol no botão
me lembro do quarto
daquele retrato
do primeiro amor
da mamãe gritando
um, dois, três, chamando
pra comer feijão
e quando eu acordo
com os olhos molhados
percebo, então,
que tudo é passado
são fatos guardados
no meu coração.

NOVAES, Juca; NOVAES, Ize. Intérprete: Lucila Novaes.
Frestas de céu. [s.l.]: Dabliú Discos, 1998. 1 CD.

Ziraldo

Ziraldo Alves Pinto nasceu em 24 de outubro de 1932, em Caratinga (MG). Além de desenhista, é escritor, jornalista, chargista e pintor. Começou sua carreira em jornais e revistas.

Bill Watterson

William Boyd (Bill) Watterson nasceu em 5 de julho de 1958, em Washington, Estados Unidos. É o criador das histórias de Calvin, um garoto de 6 anos, e Haroldo, seu tigre de pelúcia. A primeira tira de Bill Watterson foi lançada em novembro de 1985. Com o sucesso de sua publicação diária, seus quadrinhos foram distribuídos em catorze países e ganharam fama pelo mundo. Bill é desenhista, escritor e já recebeu muitos prêmios por seu trabalho.

Angeli

Arnaldo Angeli Filho nasceu em 31 de agosto de 1956, em São Paulo (SP). No jornal *Folha de S.Paulo*, criou várias personagens em sua tira diária "Chiclete com banana", que se tornou uma revista em quadrinhos de sucesso. Algumas dessas personagens ganharam álbum próprio. Angeli tem vários trabalhos publicados no exterior e faz charges e quadrinhos também para a internet.

O Menino Maluquinho

ZIRALDO. *As melhores tiradas do Menino Maluquinho*.
São Paulo: Melhoramentos, 2000. © Cia. Melhoramentos de São Paulo.

Calvin e Haroldo

WATTERSON, Bill. *Felino, selvagem, psicopata, homicida*. São Paulo: Best Expressão Social, 1996.

Chiclete com banana

ANGELI. Chiclete com banana. *Folha de S.Paulo*. São Paulo, 16 set. 2004. Ilustrada.

Milton Nascimento

Ana Ottoni/Folhapress

Milton Nascimento nasceu no Rio de Janeiro, em 1942, e, aos 10 anos, mudou-se com seus pais adotivos para Minas Gerais. Cantor, compositor e músico de talento mundialmente reconhecido, recebeu vários prêmios internacionais por suas músicas.

No CD *Geraes*, Milton Nascimento evoca imagens de Minas Gerais — como na música "Fazenda" — que trazem à lembrança sensações e emoções da infância.

Fazenda

Milton Nascimento

Água de beber, bica no quintal
Sede de viver tudo
E o esquecer era tão normal
Que o tempo parava
E a meninada respirava o vento
Até vir a noite
E os velhos falavam coisas dessa vida
Eu era criança, hoje é você
E no amanhã... nós
Água de beber, bica no quintal
Sede de viver tudo
E o esquecer era tão normal
Que o tempo parava
Tinha sabiá, tinha laranjeira
Tinha manga–rosa, tinha o sol da manhã
E na despedida
Tios na varanda
Jipe na estrada
E o coração lá...
Tios na varanda
Jipe na estrada
E o coração lá...

NASCIMENTO, Milton. *Geraes*. Rio de Janeiro: EMI, 1976. Edições Musicais Tapajós Ltda. 1 CD.

Edições Musicais Tapajós Ltda./EMI

Roseana Murray

Acervo pessoal/Roseana Murray

Roseana Murray nasceu na cidade do Rio de Janeiro, em 1950. Escreveu diversos livros para jovens e crianças, muitos dos quais foram premiados. Seu primeiro livro de poesia para crianças, *Fardo de carinho*, foi publicado em 1980. São também de sua autoria, entre outros, *Caixinha de música*, *Jardins*, *Todas as cores dentro do branco*, *Fruta no ponto*, *Manual da delicadeza*. Hoje mora em Saquarema (RJ), com seu marido, Juan Arias.

Retratos

Roseana Murray

Acervo pessoal de Roseana Murray/Arquivo da editora

A avó

A avó tem cabelos muito brancos, curtos e lisos. Pouco cabelo. A pele é toda enrugada. Parece que já está virando árvore. O corpo também é pequeno. Ela toda parece um pássaro. Usa um xale de renda na cabeça e nas mãos carrega sempre um livro sagrado e cheiro de cebola. Tem passos miúdos. Às vezes parece orvalho. Já está quase desaparecendo, dá pra notar. Os olhos pousados em coisas distantes, invisíveis navios, alguma terra do lado de lá?

O avô

O avô não tem a doçura da avó. É sério, grande, pesado. Talvez pareça um urso. Come a comida que a avó prepara e sente um grande sono. E dorme e sonha que é jovem, ardente, apaixonado. Como um jovem urso.

O aniversário

Festa de aniversário é na casa da avó. Todos os primos juntos e os amigos da rua e da escola. Um bolo enorme, a roupa mais bonita, o maior sorriso. A avó, como um passarinho piando, pra lá e pra cá, toda felicidade. Mães e pais em conversas de gente grande. No final da festa, as roupas tortas, um cansaço bom, e o corpo indo, escorregando pro país do sono.

Primos e primas

Um primo é o mais levado de todos. Na venda da esquina o avô tem conta. Tudo é assim: na conta do avô. Os primos todos, às vezes escondidamente, pegam uma bala na conta. O primo exagerou: dez latas de leite condensado para a garotada da rua. Foi uma festa e no fim do mês uma surra. O primo levado nem liga, vai só inventando artes. Solta os passarinhos da gaiola. Ou então alguma horrível maldade. Uma bomba amarrada no rabo do gato. Fim do ano: o primo sério, uniforme engomado, sorriso amarelo. Conseguiu passar de ano. Formatura da escola primária.

MURRAY, Roseana Kligerman. *Retratos*. 11. ed. Belo Horizonte: Miguilim, 2003. Adaptado.

Fotos: Acervo pessoal de Roseana Murray/Arquivo da editora

Editora Miguilim/Arquivo da editora

ROSEANA KLIGERMAN MURRAY

RETRATOS

miguilim

Tarsila do Amaral

Tarsila do Amaral nasceu em 1º de setembro de 1886, na Fazenda São Bernardo, no município de Capivari, interior de São Paulo. Passou a infância e a adolescência no campo. Pintou seu primeiro quadro, *Sagrado Coração de Jesus*, aos 16 anos. Em 1920, foi estudar pintura na Europa e, na volta ao Brasil, juntou-se ao Grupo Modernista, que havia realizado a Semana de Arte Moderna de 1922: entre outros, os pintores Anita Malfatti e Di Cavalcanti e os escritores Oswald de Andrade, Mário de Andrade e Menotti del Picchia. Seu quadro *Abaporu*, pintado em 1928, é um dos marcos do Modernismo brasileiro. Tarsila morreu em São Paulo, em janeiro de 1973.

Paisagem com touro. 1925. Tarsila do Amaral. Óleo sobre tela, 52 cm × 65 cm. Coleção particular.

A caipirinha

Tarsila do Amaral

Trecho da carta de Tarsila à família.
Paris. 19 abr. 1923.

"Sinto-me cada vez mais brasileira, quero ser a pintora da minha terra. Como agradeço por ter passado na fazenda a minha infância toda. As reminiscências desse tempo vão se tornando preciosas para mim. Quero, na arte, ser a caipirinha de São Bernardo, brincando com bonecas de mato, como no último quadro que estou pintando."

Trecho da carta de Tarsila para a família junto do quadro *A caipirinha*, de 1923. In: ARANHA, Cecília; ACEDO, Rosane. Encontro com Tarsila. São Paulo: Minden, [s.d.]. p. 13.

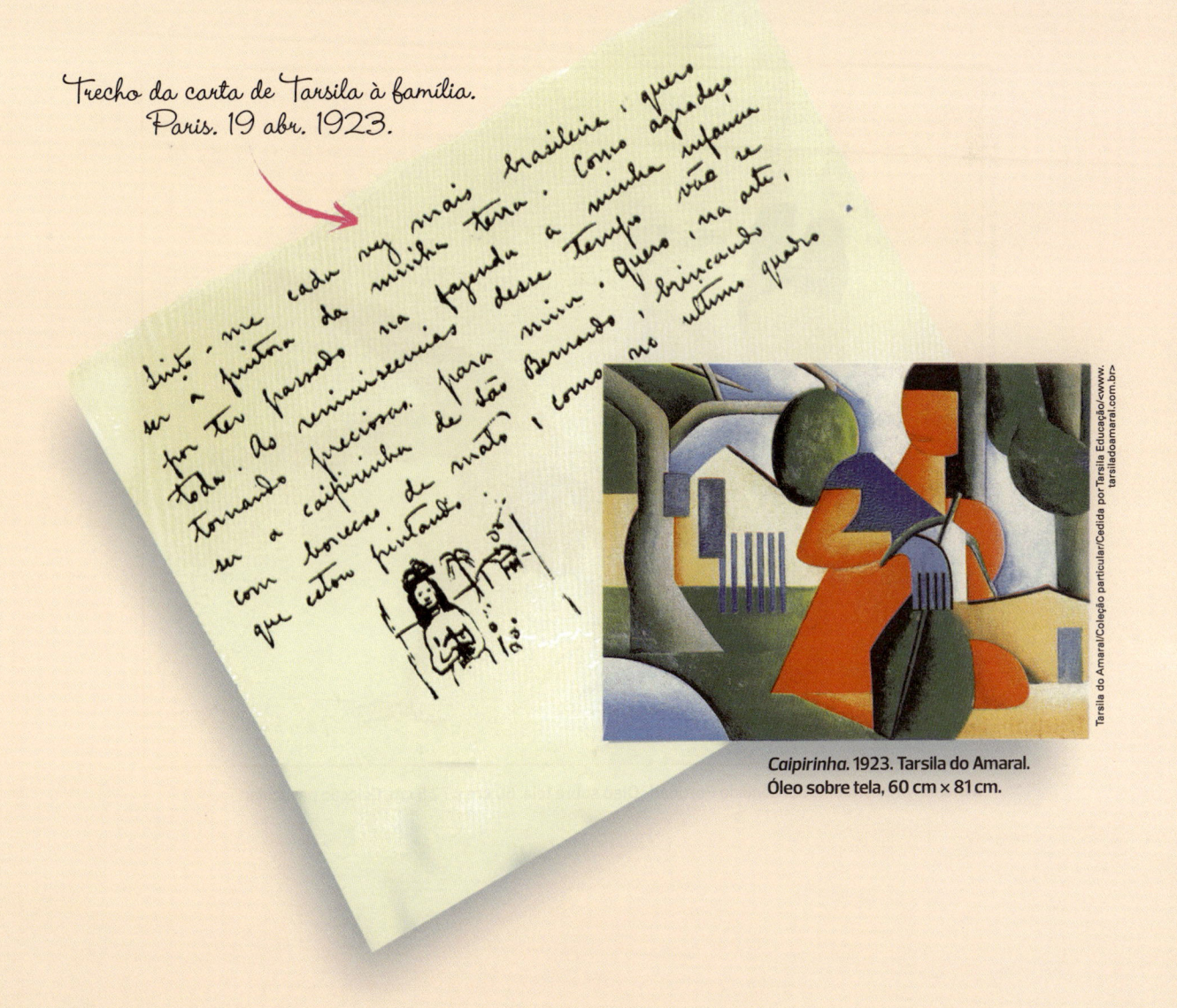

Caipirinha. 1923. Tarsila do Amaral. Óleo sobre tela, 60 cm × 81 cm.

Tarsila do Amaral/Coleção particular/Cedida por Tarsila Educação/<www.tarsiladoamaral.com.br>

Cândido Portinari

Arquivo/Agência Estado

Cândido Portinari nasceu em 29 de dezembro de 1903, em Brodósqui (SP). Era filho de imigrantes italianos.

Aos 15 anos foi para o Rio de Janeiro e matriculou-se na Escola Nacional de Belas-Artes. Em 1928 teve uma obra premiada com uma viagem ao exterior e partiu para Paris. Saudoso da pátria, decidiu voltar em 1931 e retratar em suas telas o povo brasileiro. Foi um dos principais representantes das novas tendências artísticas do país. Seus trabalhos estão espalhados pelo mundo todo. O painel *Guerra e paz*, na sede da ONU, em Nova York, é um exemplo. Em 1954, iniciaram-se os primeiros sintomas de intoxicação por tinta, o que lhe causaria a morte em 6 de fevereiro de 1962.

Cândido Portinari/Coleção particular, Rio de Janeiro, RJ/Fundação Projeto Portinari

Meninos brincando. 1955. Cândido Portinari. Óleo sobre tela, 60 cm × 72,5 cm. Coleção particular.

Um pintor que escreve

Cândido Portinari

....
Não tínhamos nenhum brinquedo
Comprado. Fabricamos
Nossos papagaios, piões,
Diabolô.
À noite de mãos livres e
pés ligeiros era pique,
barra-manteiga, cruzado.
Certas noites de céu estrelado
E lua, ficávamos deitados na
Grama da igreja de olhos presos
Por fios luminosos vindos do céu
era jogo de
Encantamento. No silêncio podíamos
Perceber o menor ruído
Hora do deslocamento dos
Pequenos lumes... Onde andam
Aqueles meninos, e aquele
Céu luminoso e de festa?
Os medos desapareciam
Sem nada dizer nos recolhíamos
Tranquilos...

....
Poucos são aqueles a quem falo
e muitos me procuram
por nada. Se tivesse
continuado a soltar papagaio

Seria livre como as andorinhas
Não entenderia os homens
Teria pena deles e de mim
Saberia a vida do vento

E a época dos vaga-lumes
Com as suas lanterninhas.
Saberia as idades
Das nuvens e os dias de arco-íris.

PORTINARI, Cândido. Poemas. [s.l.]: *Projeto Portinari*, 1999. p. 29 e 69.

Tostão

Eduardo Gonçalves de Andrade (Tostão) nasceu em Belo Horizonte (MG), em 1947. É ex-jogador de futebol, médico, comentarista esportivo e colunista em vários jornais. Começou a jogar quando criança e se tornou um grande jogador, conhecido no Brasil e internacionalmente. Foi atleta profissional pelo Cruzeiro por nove anos e atuou na seleção brasileira ao lado de Pelé. Após encerrar a carreira, formou-se em Medicina e lecionou na UFMG por dezesseis anos. Em 1997, publicou o livro *Lembranças, opiniões e reflexões sobre futebol.*

Lição de vida

Tostão

Terminei o curso primário com 10 para 11 anos, na escola Silviano Brandão, em Belo Horizonte. Na época, o sonho de todo menino era fazer o curso ginasial e científico em um colégio público. Além de gratuitos, eram os melhores da cidade. Por morar perto, tinha mais um motivo para estudar no Colégio Municipal.

Era muito difícil conseguir uma vaga. A maioria dos alunos estudava um ano para fazer a prova de admissão, que era muito difícil. Terminei o grupo, estudei bastante nas férias, durante três meses, fiz a prova e passei. Foi uma grande festa em minha casa.

Foi também uma grande mudança em minha vida. Além de o Colégio Municipal ser muito rígido, passei a ser tratado como adulto, bem diferente do grupo, quando havia uma relação familiar paternalista. Passei a ter grande responsabilidade, sem estar preparado para isso. Fiquei perdido, confuso e fui reprovado.

Na época, além das matérias tradicionais, tínhamos aulas de canto, desenho, latim, trabalhos manuais e outras. Era obrigado a cantar e a escrever todo o Hino Nacional Brasileiro. Na matéria de trabalhos manuais, tinha de fazer cestas e muitas outras coisas. Minha habilidade era muito mais com os pés do que com as mãos.

Na disciplina de desenho, era proibido utilizar régua e compasso. Tudo desenhado à mão. O professor era o Mangabeira, foi ele quem criou os mascotes dos times mineiros. O Cruzeiro é a Raposa, o Atlético é o Galo e o América, o Coelho. Não imaginava, com 11 anos, que cinco anos depois estaria jogando no time principal da Raposa, passando antes pelo Coelho.

Tinha uma grande dificuldade em fazer os desenhos com a mão. Como precisava de muitos pontos para passar de ano, tentei enganar o professor. Na prova final, fiz o desenho com régua e compasso e passei o lápis por cima.

No dia da correção da prova, o professor Mangabeira chamou-me em sua mesa, com os alunos dentro da sala. Tremi. Fiquei vermelho, o coração disparou, e as mãos suavam. Ele olhou várias vezes para o desenho e para mim e disse: "O seu desenho é suspeito". Não aguentei. Chorei, confessei o crime e fui reprovado.

Foi uma grande lição. Depois disso, fiz quatro anos do curso ginasial no Municipal, três anos de científico no Estadual e mais seis anos na faculdade de Medicina, sem levar bomba. Modéstia à parte, passei a ser bom aluno. Mais que uma lição profissional, o episódio foi uma lição de vida, de integridade.

TOSTÃO. *Carta na escola*. São Paulo: Confiança, 2009. p. 66.

Lemyr Martins/Arquivo da editora

Cora Coralina

Iugo Koyama/Arquivo da editora

Ana Lins dos Guimarães Peixoto Bretãs (Cora Coralina) nasceu na cidade de Goiás (GO), em 20 de agosto de 1889. Filha de desembargador, casou-se e teve quatro filhos: Paraguassu, Cantídio Filho, Jacinta e Vicência, que lhe deram quinze netos e 29 bisnetos. Iniciou sua carreira literária aos 14 anos, publicando seu primeiro conto, "Tragédia na roça", em 1910. Mudou-se para o interior de São Paulo em 1911. Em 1954, voltou à sua cidade natal e foi morar na Casa Velha da Ponte, iniciando-se na atividade de doceira, que desenvolveu por mais de vinte anos. Seu primeiro livro de poesia, *Poemas dos becos de Goiás e estórias mais*, foi lançado em 1956. Em 1976, saiu *Meu livro de cordel* e, em 1983, *Vintém de cobre*. Faleceu em 10 de abril de 1985.

"Ô de casa!"

Cora Coralina

Acontecia à noite, alta noite com chuva, frio ou lua clara,
passantes com cargueiros e família darem: "Ô, de casa..."
Meu avô era o primeiro a levantar, abrir a janela:
"Ô de fora... Tome chegada."
O chefe do comboio se adiantava:
"De passagem para o comércio levando cargas, a patroa perrengue,
mofina, pedia um encosto até 'demanhã'."
Mais, um fecho para os "alimais".
Meu avô abria a porta, franqueava a casa.
Tia Nhá-Bá, de candeia na mão, procurava a cozinha,
acompanhada de Ricarda sonolenta. Avivar o fogo, fazer café, a praxe,
Aquecer o leite. Meu avô ouvia as informações. Não especulava.
Oferecia acomodação, no dentro, quarto de hóspedes.
Quase sempre agradeciam. Se arrumavam ali mesmo no vasto alpendre coberto.
Descarregavam as mulas, encostavam a carga.
Tia Nhá-Bá comparecia, oferecia bacião de banho à dona, e aos meninos,
quitandas.
Aceitavam ou não. Queriam, só mais, aquele encosto,
estendiam os couros, baixeiros, arreatas, se encostavam.
Meu avô franqueava o paiol. Milho à vontade para os animais de sela, de carga.
Eles acendiam fogo, se arranjavam naquele agasalho bondoso, primitivo.
Levantávamos curiosas, afoitas, ver os passantes.
Acompanhá-los ao curral, oferecer as coisas da casa.
Ajoujavam os cargueiros, remetiam as bruacas nas cangalhas.
Faziam suas despedidas, pediam a conta das despesas.
Meu avô recusava qualquer pagamento — Lei da Hospitalidade.
Os camaradas já tinham feito o almoço lá deles. Já tinha madrugado
para as restantes cinco léguas. Convidava-se a demorar mais na volta.
Despediam-se em gratidão e repouso.
Era assim no antigamente, naqueles velhos reinos de Goiás.

CORALINA, Cora. *Vintém de cobre:* meias confissões de Aninha.
5. ed. São Paulo: Global, 1995. p. 79.

Thalita Rebouças

Fernanda Dias/Agência O Globo

Thalita Rebouças nasceu no Rio de Janeiro, em 1974, e é um dos maiores fenômenos da literatura juvenil no Brasil. Em novembro de 2013 a escritora ultrapassou a incrível marca de 1 milhão e 500 mil livros vendidos.

Frequentou a faculdade de Direito durante dois anos, mas resolveu mudar para o curso de jornalismo. Trabalhou como jornalista e assessora de imprensa no Rio de Janeiro, no Guarujá e em Nova Iorque.

Em 2009 lançou seus primeiros livros em Portugal, que também foram traduzidos para a América Latina. Escreveu, entre outros livros, *Tudo por um pop star*, *Por que só as princesas se dão bem?*, *Traição entre amigas*, *Adultos sem filtro*.

O livro na minha vida

Thalita Rebouças

Do alto dos meus 14 anos estava na fase "ler é chato", convicta de que livros eram tediosos e só serviam para fazer provas - e olha que passei a infância devorando Ziraldo, Ruth Rocha e Mauricio de Sousa e a pré-adolescência entregue aos títulos da série Vaga-lume. Quando o professor de literatura mandou a turma ler *Feliz Ano Velho*, de Marcelo Rubens Paiva, a coisa mudou de figura.

Ao contrário do que acontecia quando o mestre indicava obras literárias, não torci o nariz. Achei o título diferente, fiquei louca para ler. A curiosidade foi saciada em poucas horas, o tempo que levou para que eu me encantasse com a história - que me fez rir, chorar, refletir e, mais importante: me fez gostar de livros de novo. Pra sempre. Valeu, Marcelo!

REBOUÇAS, Thalita. O livro da minha vida. Disponível em: <oglobo.globo.com/cultura/livros/sete-autores-de-thalita-reboucas-antonio-torres-revelam-os-livros-mais-importantes-em-suas-vidas-14395016#ixzz3K5SpjgI2>. Acesso em: maio 2015.

Leonardo Brasiliense

Leonardo Brasiliense, gaúcho de São Gabriel (RS), nasceu em 1972. É formado em medicina pela Universidade Federal de Santa Maria. Publicou *O desejo da psicanálise*, *Meu sonho acaba tarde*, *Desatino*, *Adeus conto de fadas*, *Olhos de morcego* e Whatever.

Ana Terra/Arquivo pessoal

O que eu vou ser

Leonardo Brasiliense

Minha mãe diz que quando era pequeno eu queria ser veterinário, por causa do Sansão, nosso cachorro na época, com quem eu brincava o dia inteiro. Depois, lá pelos sete, quis ser piloto de Fórmula 1. Disso eu me lembro bem: vivia com um carrinho na mão, montava pistas e acelerava como se estivesse dentro. E teve também a fase do basquete: passava as tardes jogando com a turma e tinha esperança de crescer e ficar mais alto que a média da família. Agora, não sei, mas acho tudo isso meio bobo. Vejo a NBA na TV e me canso. Troco de canal, vejo programa de bichinho, e acho infantil demais. Fórmula 1, então, um tédio, e troco de canal, troco de canal, troco de canal...

Reprodução/7Letras

BRASILIENSE, Leonardo. *Adeus conto de fadas*. Rio de Janeiro: 7 Letras, 2007. p. 12.

Carlos Drummond de Andrade

Fernando Seixas/Arquivo da editora

Carlos Drummond de Andrade nasceu em 31 de outubro de 1902 em Itabira (MG). Descendente de mineradores, passou a infância em uma fazenda em Itabira. Estudou em Belo Horizonte. Cursou Farmácia e foi professor de Geografia. Mudou-se para o Rio de Janeiro, onde trabalhou como jornalista profissional e funcionário público. Lançou sua primeira edição de poesias em 1930: *Alguma poesia*. Faleceu no Rio de Janeiro, em 1987. Suas obras foram publicadas em Portugal, Espanha, Alemanha, Suécia, Estados Unidos.

Infância

(A Abgar Renault)

Carlos Drummond de Andrade

Meu pai montava a cavalo, ia para o campo.
Minha mãe ficava sentada cosendo.
Meu irmão pequeno dormia.
Eu sozinho menino entre mangueiras
lia a história de Robinson Crusoé,
comprida história que não acaba mais.

No meio-dia branco de luz uma voz que aprendeu
a ninar nos longes da senzala — e nunca se esqueceu
chamava para o café.
Café preto que nem a preta velha
café gostoso
café bom.

Minha mãe ficava sentada cosendo
olhando para mim:
— Psiu... Não acorde o menino.
Para o berço onde pousou um mosquito.
E dava um suspiro... que fundo!

Lá longe meu pai campeava
no mato sem fim da fazenda.

E eu não sabia que minha história
era mais bonita que a de Robinson Crusoé.

ANDRADE, Carlos Drummond de. *Alguma poesia*. Rio de Janeiro: Record, 2005. p. 17.
Graña Drummond — <www.carlosdrummond.com.br>

Patativa do Assaré

Jarbas Oliveira/Folhapress

Antônio Gonçalves da Silva (Patativa do Assaré) nasceu em 5 de março de 1909, na Serra de Santana, pequena propriedade rural, no município de Assaré, no sul do Ceará. Casado com dona Belinha, teve nove filhos. Tem inúmeros folhetos de cordel e poemas publicados em revistas e jornais. Seu primeiro livro foi lançado em 1956. Faleceu em 8 de julho de 2002, aos 93 anos, em sua terra natal.

Aos poetas clássicos

Patativa do Assaré

Poetas niversitáro,
Poetas de Cademia,
De rico vocabularo
Cheio de mitologia;
Se a gente canta o que pensa,
Eu quero pedir licença,
Pois mesmo sem português
Neste livrinho apresento
O prazê e o sofrimento
De um poeta camponês.

Eu nasci aqui no mato,
Vivi sempre a trabaiá,
Neste meu pobre recato,
Eu não pude estudá.
No verdô de minha idade,
Só tive a felicidade
De dá um pequeno insaio
In dois livro do iscritô,
O famoso professo
Filisberto de Carvaio.

No premêro livro havia
Belas figuras na capa,
E no começo se lia:
A pá – O dedo do Papa,
Papa, pia, dedo, dado,
Pua, o pote de melado,
Dá–me o dado, a fera é má
E tantas coisa bonita,
Qui o meu coração parpita
Quando eu pego a rescordá.

Foi os livro de valô
Mais maió que vi no mundo,
Apenas daquele autô

Li o premêro e o segundo;
Mas, porém, esta leitura
Me tirô da treva escura,
Mostrando o caminho certo,
Bastante me protegeu;
Eu juro que Jesus deu
Sarvação a Filisberto.

Depois que os dois livro eu li,
Fiquei me sintindo bem,
E ôtras coisinha aprendi
Sem tê lição de ninguém.
Na minha pobre linguage,
A minha lira servage
Canto o que minha arma sente
E o meu coração incerra,
As coisa de minha terra
E a vida de minha gente.

....

PATATIVA DO ASSARÉ. *Cante lá que eu canto cá*: filosofia de um trovador nordestino. 8. ed. Petrópolis: Vozes, 1978. p. 17–18.

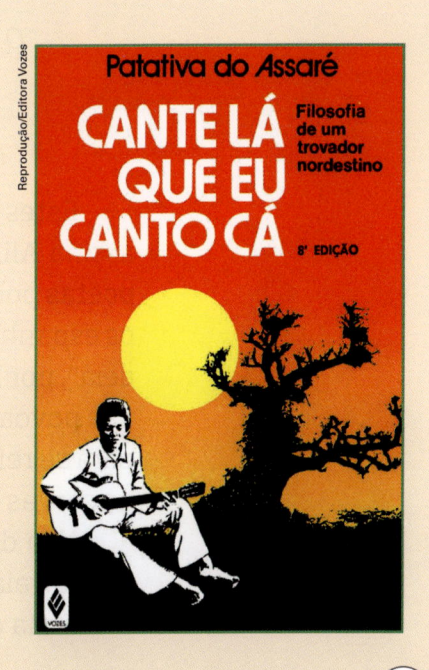

Reprodução/Editora Vozes

Ziraldo

Ziraldo Alves Pinto nasceu em 24 de outubro de 1932, em Caratinga (MG). Filho de Zizinha Alves Pinto e Geraldo Moreira Alves Pinto, seu nome surgiu da combinação dos nomes dos pais. O mais velho de sete irmãos, Ziraldo formou-se em Direito em 1957, na Faculdade de Direito de Minas Gerais. Casou-se no ano seguinte com Vilma Gontijo, com quem teve três filhos: Daniela, Fabrizia e Antônio. Além de desenhista, é escritor, jornalista, chargista e pintor. Começou sua carreira em jornais e revistas. Lançou a primeira revista brasileira em quadrinhos feita por um só autor: *A turma do Pererê*. Em 1969 publicou o seu primeiro livro infantil, *Flicts*, e, em 1980, lançou *O Menino Maluquinho*, um dos maiores sucessos de todos os tempos. O livro *O Menino Maluquinho* já foi adaptado para teatro, quadrinhos, *videogame*, internet e cinema.

Os meninos morenos

Ziraldo

O Tejo é mais belo que o rio que corre pela minha aldeia.
Mas o Tejo não é mais belo que o rio
Que corre pela minha aldeia.
Porque o Tejo não é o rio que corre pela minha aldeia.

Estes versos são de um poema de Fernando Pessoa, quando ele se assina Alberto Caeiro e vira o poeta de sua província. Em Portugal, os poetas podem se referir à sua cidadezinha chamando-a de aldeia como os espanhóis chamam às suas de *pueblo*. No Brasil quando falamos "aldeia", por hábito e por costume, o que nos vem à cabeça são as pequenas povoações dos índios. Não temos, em português, uma boa palavra para se referir, com saudade, à cidadezinha onde nascemos, lembrando as curvas do seu rio.

Não dá para dizer, poeticamente, que estou com saudade do rio de meu arraial, do meu povoado, da minha vila, da minha pequena cidade, da minha cidadezinha, do lugar onde nasci... Não tem a força poética dos que falam espanhol. Eles não têm a palavra saudade, mas têm a palavra *pueblo*. Eu queria tanto sentir saudades do rio de *mi pueblo*.

Quando nasci, as cidades de minha infância eram exatos *pueblos*. E tinham rios. Mais belos do que o Tejo. Era bonito, ainda que mortal, o pequeno rio da minha primeira aldeia, o lugar onde nasci.

Era pouco mais do que um córrego, com belos remansos escondidos entre bambuzais, onde os meninos nadavam escondidos e morriam de esquistossomose, pois achávamos engraçadinhos os caramujos que vinham colados em nossas canelas, quando saíamos da água.

O rio da outra aldeia, este sim, era belo de verdade.

Corria por entre a mata densa e eram lindas as suas curvas, com as árvores debruçadas sobre seu leito. Tão grande quanto o Tejo, chamava-se Doce e dava lagostas. Minha avó gostava de pescar com os filhos nas suas margens. E dizia que não tinha sorte com peixes, que só sabia pescar lagostas. E falava: "Querem ver?". Aí, afundava a vara de seu anzol, remexia o fundo do rio, turvava a água e, em poucos segundos, saía com uma lagosta embolada na linha do anzol. "É fácil" — minha avó dizia. "Elas ficam distraídas, passeando lá no fundo."

Quero voltar ao Lajão. Lajão era o nome da vila à beira do rio Doce quando, comandada por meu avô, minha família se mudou para lá. Quero voltar porque preciso esclarecer tantas histórias. Ali vivi dos 3 aos 6 anos. Todas as lembranças são neblinosas e fora de ordem. A anta que, todas as tardes, atravessava a vila caminhando calmamente em direção ao rio é, na minha lembrança, uma mancha negra flutuando, em câmera lenta, numa nesga de luz. "A anta já passou?" — perguntavam. Sua passagem marcava as horas da tarde, seria a hora de servir o jantar? Mas o jantar estava sempre posto em cima do fogão, era só pegar o prato e se servir, o fogo estava sempre aceso e o feijão cozinhava sem parar.

ZIRALDO. *Os meninos morenos.* São Paulo: Melhoramentos, 2004. p. 10–11.

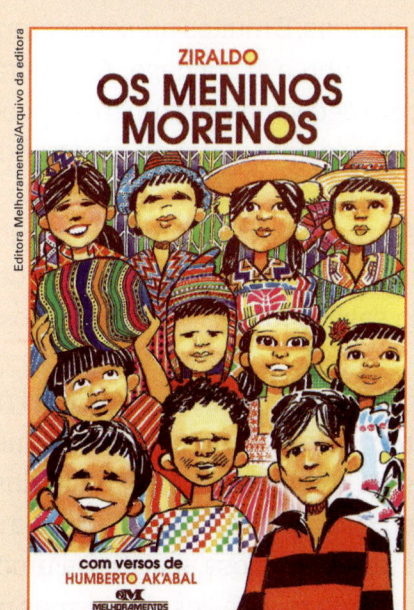

Tatiana Belinky

Luane Fischer/Folhapress

Tatiana Belinky nasceu em São Petersburgo, na Rússia, em março de 1919. Veio para o Brasil aos 10 anos. Naturalizou-se. Desde 1949 trabalha com teatro infantil. Escreveu para a antiga TV Tupi os textos do teleteatro *O sítio do Pica-Pau Amarelo*, com base na obra de Monteiro Lobato. Eterna incentivadora da leitura, Tatiana tem participado de muitos seminários e simpósios sobre teatro e literatura infantojuvenis. Fez inúmeras traduções de obras literárias do inglês, do russo, do alemão e do francês. No livro *Transplante de menina: da rua dos Navios à rua Jaguaribe*, Tatiana relata tudo o que vivenciou desde que saiu de sua cidade natal na Rússia até chegar ao Brasil e buscar a adaptação ao clima, à língua, aos novos costumes e, principalmente, aos novos amigos. Faleceu em 15 de junho de 2013, em São Paulo, aos 94 anos de idade.

Transplante de menina

Tatiana Belinky

Corria o ano de 1931. Aproximava-se a data do meu aniversário: eu ia completar 12 anos. Lá em Riga, nossos aniversários eram comemorados com animadas reuniões, no meio de uma grande família: avós, tios e tias, muitos primos e primas, a casa toda enfeitada, teatrinho feito por nós mesmos, jogos, cirandas, cantorias. E muitos presentes, muitos bolos e doces, e principalmente muito carinho e aconchego. A cadeira do aniversariante, na cabeceira da mesa, era decorada como um trono, com grinaldas e enfeites de papel, a criançada toda endomingada, ostentando chapéus de penacho e coroas de flores de crepom, tudo confeccionado por nossas próprias mãos. Eram eventos festivos, aguardados com palpitante antecipação, e registrados em fotografias feitas com "explosões" de magnésio, que faziam metade do grupo sair na foto de olhos fechados, e a outra, de olhos arregalados...

Mas os nossos primeiros aniversários no Brasil nem chegaram a ser comemorados, passaram "em branca nuvem", em meio à afobação e aos mil problemas da grande mudança. Assim, o dia dos meus 11 anos não teve festa. Mas agora eu ia fazer 12, e estava na Escola Americana, e morávamos numa casa bastante espaçosa, e eu tinha uma porção de coleguinhas — e achei que já poderia recebê-los. Achei, mas não falei nada: a proposta de fazer uma festinha para mim partiu dos meus pais, e eu, claro, fiquei muito contente. Eu deveria convidar alguns meninos e algumas meninas da minha classe, aqueles com quem me relacionava melhor, uns dez ou doze. Mamãe prepararia uma bonita mesa de doces e refrigerantes — uma extravagância, nas nossas condições econômicas. E eu e meu irmão faríamos a decoração com enfeites de papel, chapéus e bandeirolas, como fazíamos lá em Riga. E eu teria a minha primeira festa de aniversário no Brasil.

Dito e feito. Escrevi até convites, com letra caprichada, em cartões com vinhetas coloridas da minha própria lavra, e os entreguei aos colegas de classe, na escola, alguns dias antes do evento, encabulada e contente com a receptividade amável dos convidados.

Quando chegou o dia — era um sábado, dia sem aulas na Escola Americana — preparei tudo, enfeitei a sala, me "enchiquetei" com o primeiro vestido e o primeiro par de sapatos novos desde que chegamos a São Paulo, e esperei pelos meus convidados, ao lado da mesa toda decorada e cheia de guloseimas. Os convidados estavam demorando a chegar, mas já me haviam dito que no Brasil não se costuma chegar na hora, especialmente em festas — pontualidade também era "coisa de estrangeiros" —, então não me preocupei muito, apesar da natural impaciência. Só que a demora estava se prolongando, e uma hora depois da hora marcada ainda não chegara ninguém. Nem duas horas depois. E nem três. E a minha aflição aumentando, a angústia subindo como um nó na garganta, um aperto no coração...

Resumindo, a triste e interminável tarde chegou ao fim, e anoiteceu, sem que aparecesse um só dos meus convidados, nem um único! Frustração, decepção, rejeição — essas foram as minhas companheiras naquele malfadado aniversário dos meus 12 anos. Eu não era de chorar, e diante dos meus aflitos pais, que não sabiam o que fazer para me ajudar naquele transe amargo, eu não podia "dar parte de fraca". Mas à noite, na minha cama, quando ninguém viu, chorei muito, sufocando as lágrimas no travesseiro. E no ano seguinte eu não quis festa nenhuma.

Este foi um dos grandes traumas de transição do meu primeiro ano no Brasil, na rua Jaguaribe. Felizmente foi também um dos últimos, senão o último, de tamanho impacto. Mas que me deixou uma "equimose" na alma, que custou muito a desaparecer.

BELINKY, Tatiana. *Transplante de menina*: da rua dos Navios à rua Jaguaribe. São Paulo: Moderna, 2003. p. 153–155.

Graciliano Ramos

Arquivo/Agência Estado

Graciliano Ramos nasceu em 1892, em Quebrangulo (AL). Era o primogênito de quinze filhos de um casal sertanejo. Passou a infância parte em Buíque, Pernambuco, e parte em Viçosa, Alagoas. Estudou em Maceió. Fez Jornalismo e Política, sendo prefeito da cidade alagoana de Palmeira dos Índios. Seu primeiro romance, Caetés, foi escrito em 1925. Preso em 1936 como subversivo, registrou o depoimento dessa experiência no livro *Memórias do cárcere*. Faleceu em 1953, no Rio de Janeiro.

Laura

Graciliano Ramos

Aos 11 anos experimentei grave desarranjo. Atravessando uma porta, choquei no batente, senti dor aguda. Examinei-me, supus que tinha no peito dois tumores. Nasceram-me pelos, emagreci — e nos banhos coletivos do Paraíba envergonhei-me da nudez. Era como se o meu corpo se tivesse tornado impuro e feio de repente. Percebi nele vagas exigências, alarmei-me, pela primeira vez me comparei aos homens que se lavavam no rio.

Desejei avisar a família, consultar o Dr. Mota, cair de cama. Achava-me, porém, numa grande perplexidade. Nunca usara franqueza com meus parentes: não me consentiam expansões. Agora a timidez se exagerava, o caso me parecia inconfessável. E, se me atrevesse a falar ao Dr. Mota, ele iria dizer que o mal não tinha cura.

Refleti, afirmei que não estava doente nem precisava deitar-me. Era ruim deitar-me. Na loja, no colégio, na agência do correio, distraía-me; à noite ficava horas pensando maluqueiras, rolava no colchão, contava as pancadas do relógio da sala, buscava o sono debalde. Levantava-me, acendia a lâmpada de querosene, pegava um romance, estirava-me na rede, lia até cansar. O espírito fugia do livro: necessário reler páginas inteiras. Inquietação inexplicável, depois meio explicável. O diagnóstico pouco a pouco se revelava, baseado em pedaços de conversas, lembranças de leituras, frases ambíguas que de chofre se esclareciam e me davam tremuras.

Aquilo ia passar: os outros rapazes certamente não viviam em tal desassossego. Mas a ansiedade aumentava, as horas de insônia dobravam-se, e de manhã o espelho me exibia olheiras fundas, uma cara murcha e pálida.

Recompus gradualmente o vestuário. Dispensava luxos, mas não sairia calçado em tamancos, metido em roupas de algodão, sem colarinho. Obtive um terno de casimira, chapéu de feltro, sapatos americanos, uma gravata vermelha. Não me animava a exigir mais de uma gravata: meu pai só me permitia, rigoroso, o suficiente. Isso bastava à minha representação — no colégio, no quinzenário, nas seções da Instrutora Viçosense, da Amor e Caridade, que me elegeu para segundo secretário. Foi então que vi Laura, num exame. Jovino Xavier fez-lhe perguntas comuns; notando-lhe a fortaleza, puxou por ela e declarou a análise sem jaça. Ouviu os discursos, recebeu os agradecimentos da professora e elogiou em demasia a inteligência e o progresso de Laura. Concordei. Invadiu-me súbita admiração, que em breve se mudou numa espécie de culto.

Mal percebi o rostinho moreno, as tranças negras, os olhos redondos e luminosos. O meu ideal de beleza estava nas donzelas finas, desbotadas, louras, que deslizavam à beira de lagos de folhetim, batidos pelos raios do luar, cruzados por cisnes vagarosos. Laura não possuía o azul e o ouro convencionais, mas dividia períodos, classificava orações com firmeza, trabalho em que as meninas vulgares em geral se espichavam. Imaginei-a compondo histórias curtas, a folhear o dicionário, entregue a ocupações semelhantes às minhas — e aproximei-a; encareci-lhe depois o mérito — e afastei-a. Se ela estivesse próxima, não me seria possível concluir a veneração que se ia maquinando. Situei-a além dos lagos azuis, considerei-a mais perfeita que as moças do folhetim.

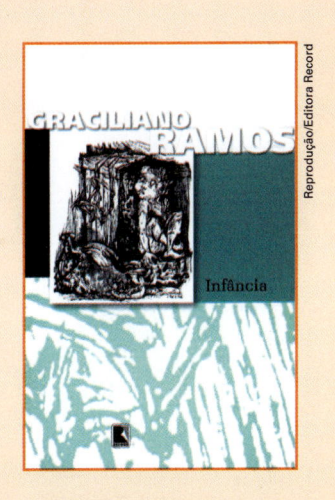

RAMOS, Graciliano. *Infância (memórias)*. 9. ed. Rio de Janeiro: Record, 2003. p. 261-268.

Gregorio Duvivier

Gregorio Duvivier é ator e escritor. Também é um dos criadores do portal de humor Porta dos Fundos. Formado em Letras em 2008, começou a atuar aos 9 anos de idade, no curso de teatro Tablado. É autor de *Ligue os pontos – poemas de amor e big bang* e *Put some farofa*.

Meus pais

Gregorio Duvivier

O amor dos meus pais era poderoso – para mim, pelo menos, que era uma criança muito medrosa. Tinha medo de médico, de palhaço, de qualquer pessoa com muita maquiagem – Bozo, Vovó Mafalda, Hebe.

Quando meus pais se abraçavam, eu me aconchegava entre suas pernas e ia para longe de todos os perigos do mundo, de toda essa gente maquiada demais.

Gostava de viajar com eles, quando eles faziam *shows* pelo Brasil. Sentava na primeira fila e berrava de orgulho no final. Queria saber assobiar com os dedos, só pra fazer mais barulho.

Sabia o *show* de cor, especialmente uma parte em que eles contavam como tinham se conhecido.

Meu pai morava na rua Rumania, em Laranjeiras, quando minha mãe se mudou pra casinha da frente. Meu pai estudava sax. Minha mãe estudava canto. Começaram a fazer duetos – sem nunca terem se visto. Um dia, meu pai tomou coragem e atravessou a rua. Bateu na porta dela e deu no que deu. Tiveram três filhos. Gravaram dois discos. Construíram uma outra casa pra caberem os filhos e os discos.

Fomos muito felizes nessa casa. Minha mãe dava festas e jantares e saraus que enchiam a casa de música e alegria. Meu pai fez um estúdio no porão onde minha irmã e eu podíamos dormir no carpete, ouvindo ele compor. A piscina de dez metros quadrados tinha as dimensões do oceano Atlântico. Criamos no jardim muitos cachorros, alguns gatos, uma cabra, uma figueira, um limoeiro e um manacá muito cheiroso.

Um dia, estava dormindo no quarto e acordei com um quebra-quebra. Subi até a cozinha achando que era assalto. Os dois choravam, envergonhados. Foi a primeira vez que eu vi eles brigando. Meu pai desceu comigo e dormiu na minha cama. No meio da noite acho que ouvi ele chorar.

Não demorou pra que meu pai saísse de casa. Separados, tentaram ser amigos por muito tempo, e foram. Até que começaram a brigar pela casa que construíram juntos – quem construiu mais, quem construiu menos. Não sei quem está certo. Mas aprendi que as brigas de casal pertencem ao universo quântico. Duas pessoas falando coisas opostas podem estar igualmente certas – e frequentemente estão.

DUVIVIER, Gregorio. Meus pais. Disponível em: <www1.folha.uol.com.br/colunas/gregorioduvivier/2014/04/1440143-meus-pais.shtml>. Acesso em: maio 2015.

Cineas Santos

Cineas Santos nasceu em Campo Formoso, Caracol (PI), em 1948. É um dos mais competentes cronistas da literatura brasileira contemporânea. Suas crônicas encantam pela simplicidade e clareza. Revelam certa preocupação com a forma, pois, afinal de contas, Cineas também é um ótimo professor de Língua Portuguesa e de Literatura Brasileira.

Lição de casa
(À Aurita)

Cineas Santos

Dia desses, parei num semáforo (sou do tempo em que isso era normal) e, num segundo, vi-me cercado por um enxame de garotos, quase todos do mesmo tope; todos eles da mesma cor: marrom-descaso. Obedecendo a uma hierarquia que desconheço, apenas um deles pediu-me "um trocado"; os outros, quietos, ficaram espiando. De repente, um deles adianta-se, saca do bolso uma flanelinha vermelha e, com ela, joga o bote certeiro: "Ajude uma criança, freguês! Só um real!". Decididamente, não sou o que se possa chamar de "freguês", tampouco necessito de flanelas. A despeito disso, acabei comprando o pedacinho de pano amarrotado. Eu e D. Purcina sabemos por quê.

Menino ainda, morando em São Raimundo Nonato, presenciei uma cena que me marcaria para sempre. Numa manhã qualquer — naquela época, todas me pareciam iguais — passa um garoto entanguido vendendo lenha. A bem da verdade, não era lenha; era um simples feixe de gravetos de marmeleiro, coisa sem a menor serventia. Sem perguntar o preço, D. Purcina comprou-o. Seu Liberato, que a tudo assistira, cioso da sua autoridade de dono da casa, interpelou-a, com certa rispidez:

— Tá faltando lenha na casa?

— Não, respondeu minha velha.

— Tá sobrando dinheiro? — insistiu.

— Também não.

— Então, por que diabo você comprou essa porcaria?

Sem levantar a voz, D. Purcina explicou:

— Hoje esse garoto passa vendendo lenha; se ninguém comprar, amanhã passará pedindo esmolas; se ninguém der, depois de amanhã passará furtando o que encontrar pela frente. — E mais não disse porque mais não lhe foi perguntado.

SANTOS, Cineas. *As despesas do envelhecer*. Teresina: Corisco, 2001. p. 19-20.

Daniel Munduruku

Daniel Munduruku nasceu em Belém, no Pará, em 1964. Pertence ao povo indígena Munduruku. Formado em Filosofia, mestre em Antropologia social e doutor em Educação pela USP, atua como escritor e professor. É autor de obras premiadas pela Fundação Nacional do Livro Infantil e Juvenil e recebeu menção honrosa da Unesco no Prêmio Literatura para Crianças e Jovens. Participa de palestras e seminários que visam destacar o papel da cultura indígena na formação da sociedade brasileira. Destaca-se como escritor na área da literatura infantil e é membro da Academia de Letras de Lorena.

Catando piolhos, contando histórias

Daniel Munduruku

Sempre que chegava em casa, depois de um dia de muita correria pela aldeia e seus arredores, minha mãe mandava que eu fosse ao igarapé tomar um gostoso banho para tirar o suor do corpo. Dizia isso sem nenhuma obrigação. Apenas nos preparava para a noite que vinha. Dizia sempre que é preciso esperarmos a noite com o corpo limpo, perfumado. "A noite é como um véu que cobre a gente de beleza e felicidade", dizia, sem esconder a emoção. E nós, crianças ainda, corríamos para a beira do igarapé para lá brincar mais um pouco, até que o sol fosse engolido pela noite que se anunciava.

Depois do banho no rio, corríamos para casa, onde éramos recebidos com o saboroso alimento preparado por nossas mães. Assim, o dia passava mais uma vez e nos deixava com saudade do dia seguinte.

Nós – meus irmãos e eu – nos sentávamos então ao redor do fogo aceso no centro da casa para alimentar nosso corpo. Ali contávamos para todos os adultos presentes tudo o que havíamos feito durante o dia. Embora não parecesse, todos nos ouviam com atenção e respeito. Aquele era um exercício de participação na vida de nossa comunidade familiar.

Papai, em especial, dava toda a atenção ao que contávamos, perguntando coisas que nos faziam rir ou lamentar. Era uma forma muito carinhosa de nos ensinar o que precisávamos aprender.

Também mamãe ouvia atentamente, embora estivesse envolvida com os afazeres domésticos, sempre acompanhada por nossas irmãs. Todas elas sabiam que deveriam assim proceder para manter a harmonia de nosso lar.

MUNDURUKU, Daniel. *Catando piolhos, contando histórias.* São Paulo: Brinque-book, 2006. p. 7-8.

Bibliografia

Livros

BAGNO, Marcos. *Gramática de bolso do português brasileiro*. São Paulo: Parábola, 2011.

_____. *O preconceito linguístico*. 54. ed. São Paulo: Loyola, 2011.

_____. *Sete erros aos quatro ventos*. São Paulo: Parábola, 2013.

BAKHTIN, Mikhail. *Estética da criação verbal*. 2. ed. São Paulo: Martins Fontes, 1997.

_____. *Marxismo e filosofia da linguagem*. 16. ed. São Paulo: Hucitec, 2009.

BECHARA, Evanildo. *Moderna gramática portuguesa*. 37. ed. rev. e ampl. Rio de Janeiro: Lucerna, 2000.

BORBA, Francisco da Silva. *Dicionário de usos do português do Brasil*. São Paulo: Ática, 2002.

BRANDÃO, Helena Nagamine (Coord.). *Gêneros do discurso na escola*: mito, conto, cordel, discurso político, divulgação científica. 5. ed. São Paulo: Cortez, 2012.

BRASIL. Ministério da Educação. Secretaria de Educação Básica. *Plano de Desenvolvimento da Educação*: Prova Brasil — Ensino Fundamental: matrizes de referência, tópicos e descritores. Brasília, 2008. 193 p.

_____. Ministério da Educação. Secretaria de Educação Fundamental. *Parâmetros Curriculares Nacionais*: terceiro e quarto ciclos do Ensino Fundamental — Língua Portuguesa. Brasília, 1998.

CAMPS, Anna et al. *Propostas didáticas para aprender a escrever*. Tradução de Valério Campos. Porto Alegre: Artmed, 2006.

CASTILHO, Ataliba Teixeira de (Org.). *Gramática do português falado*. Campinas: Ed. da Unicamp, 2002. v. 3.

CASTILHO, Ataliba T. de. *Nova gramática do português brasileiro*. São Paulo: Contexto, 2012.

_____; ELIAS, Vanda Maria. *Pequena gramática do português brasileiro*. São Paulo: Contexto, 2012.

CITELLI, Adilson. *Linguagem e persuasão*. 16. ed. rev. e atual. São Paulo: Ática, 2004.

_____. *O texto argumentativo*. São Paulo: Scipione, 1994.

COLL, César et al. *Os conteúdos na reforma*: ensino e aprendizagem de conceitos, procedimentos e atitudes. Tradução de Beatriz Affonso Neves. Porto Alegre: Artmed, 1998.

COSTA, Sérgio Roberto. *Dicionário de gêneros textuais*. Belo Horizonte: Autêntica, 2008.

CUNHA, Celso; CINTRA, Luís F. Lindley. *Nova gramática do português contemporâneo*. 6. ed. Rio de Janeiro: Lexikon, 2013.

DIONÍSIO, Ângela P.; MACHADO, Anna R.; BEZERRA, Maria A. (Org.). *Gêneros textuais e ensino*. São Paulo: Parábola, 2010.

FÁVERO, Leonor Lopes; ANDRADE, Maria Lúcia C. V. O.; AQUINO, Zilda G. O. *Oralidade e escrita*: perspectivas para o ensino da língua materna. 8. ed. São Paulo: Cortez, 2012.

GANCHO, Cândida Vilares. *Como analisar narrativas*. 9. ed. São Paulo: Ática, 2006.

HERNÁNDEZ, Fernando. *Transgressão e mudança na educação*: os projetos de trabalho. Porto Alegre: Artmed, 1998.

HOFFMANN, Jussara; JANSSEN, Felipe da Silva; ESTEBAN, Maria Teresa (Org.). *Práticas avaliativas e aprendizagens significativas em diferentes áreas do currículo*. 6. ed. Porto Alegre: Mediação, 2008.

ILARI, Rodolfo. *Introdução à semântica*: brincando com a gramática. São Paulo: Contexto, 2001.

_____. *Introdução ao estudo do léxico*: brincando com as palavras. São Paulo: Contexto, 2002.

_____; BASSO, Renato. *O português da gente*: a língua que estudamos, a língua que falamos. 2. ed. São Paulo: Contexto, 2012.

_____; GERALDI, João Wanderley. *Semântica*. 11. ed. São Paulo: Ática, 2006.

KLEIMAN. Ângela. *Leitura*: ensino e pesquisa. 2. ed. Campinas: Pontes, 1996.

_____. *Oficina de leitura*: teoria e prática. 14. ed. Campinas: Pontes, 2012.

_____. *Os significados do letramento*. Campinas: Mercado de Letras, 1995.

_____. *Texto e leitor*: aspectos cognitivos da leitura. 9. ed. Campinas: Pontes, 2005.

_____; MORAES, Silvia E. *Leitura e interdisciplinaridade*: tecendo redes nos projetos da escola. Campinas: Mercado de Letras, 1999.

_____; SEPÚLVEDA, Cida. *Oficina de gramática*. Campinas: Pontes, 2012.

KOCH, Ingedore Villaça. *A coesão textual*. 17. ed. São Paulo: Contexto, 2002.

_____. *Desvendando os segredos do texto*. São Paulo: Cortez, 2002.

_____. *Ler e escrever*: estratégias de produção textual. 2. ed. São Paulo: Contexto, 2010.

_____. *O texto e a construção dos sentidos*. 9. ed. São Paulo: Contexto, 2007.

_____. *Texto e coerência*. 13. ed. São Paulo: Cortez, 2011.

_____; ELIAS, Vanda Maria. *Ler e compreender os sentidos do texto*. São Paulo: Contexto, 2006.

_____; TRAVAGLIA, Luiz C. *A coerência textual*. 16. ed. São Paulo: Contexto, 1990.

_____; VILELA, Mário. *Gramática da língua portuguesa*. Porto, Portugal: Almedina, 2001.

LAGE, Nilson. *Estrutura da notícia*. 5. ed. São Paulo: Ática, 2002. (Série Princípios).

LERNER, Délia. *Ler e escrever na escola*: o real, o possível e o necessário. Porto Alegre: Artmed, 2002.

MACHADO, Irene A. *Literatura e redação*: os gêneros literários e a tradição oral. São Paulo: Scipione, 1994.

MARCUSCHI, Luiz Antônio. *Análise da conversação*. 6. ed. São Paulo: Ática, 2007.

_____. *Da fala para a escrita*: atividades de retextualização. 10. ed. São Paulo: Cortez, 2010.

_____. *Produção textual, análise de gêneros e compreensão*. São Paulo: Parábola, 2008.

_____; XAVIER, Antônio Carlos (Org.). *Hipertexto e gêneros digitais*. 3. ed. São Paulo: Cortez, 2010.

MORAES, Artur Gomes. *Ortografia*: ensinar e aprender. 4. ed. São Paulo: Ática, 1998.

NEVES, Maria Helena de Moura. *Gramática de usos do português*. 2. ed. São Paulo: Ed. da Unesp, 2000.

_____. *Que gramática estudar na escola?* 3. ed. São Paulo: Contexto, 2008.

NOVAK, J. D.; GOWIN, D. B. *Aprendiendo a aprender*. Barcelona, Espanha: Martinez Roca, 1988.

PEÑA, Antonio Ontoria. *Mapas conceituais*. São Paulo: Loyola, 2006.

_____ et al. *Aprender com mapas mentais*: uma estratégia para pensar e estudar. 3. ed. São Paulo: Madras, 2008.

PERINI, Mário. *Gramática do português brasileiro*. São Paulo: Parábola, 2010.

_____. *Sintaxe portuguesa*: metodologia e funções. 2. ed. São Paulo: Ática, 1994.

PRETI, Dino. *A gíria e outros temas*. São Paulo: Edusp, 1984.

RANGEL, Egon de Oliveira; ROJO, Roxane (Coord.). *Língua Portuguesa*: Ensino Fundamental. Brasília: Ministério da Educação/Secretaria da Educação Básica, 2007. (Explorando o Ensino, v. 19).

ROJO, Roxane (Org.). *A prática da linguagem em sala de aula*. São Paulo: Educ; Campinas: Mercado de Letras, 2001.

SCHNEUWLY, Bernard; DOLZ, Joaquim. Os gêneros escolares. In: ROJO, Roxane; CORDEIRO, Glaís Sales (Org.). *Gêneros orais e escritos na escola*. Tradução de Roxane Rojo e Glaís Sales Cordeiro. Campinas: Mercado de Letras, 2004.

SILVA, Ezequiel Theodoro da. *A produção da leitura na escola*: pesquisa × propostas. 2. ed. São Paulo: Ática, 2003.

SOARES, Magda. *Alfabetização e letramento*. São Paulo: Contexto, 2003.

SOLÉ, Isabel. *Estratégias de leitura*. 6. ed. Porto Alegre: Artmed, 1998.

TRAVAGLIA, Luiz Carlos. *Gramática e interação*: uma proposta para o ensino de gramática no 1º e 2º graus. 2. ed. São Paulo: Cortez, 2005.

_____. *Gramática*: ensino plural. 5. ed. São Paulo: Cortez, 2011.

VYGOTSKY, L. S. *Pensamento e linguagem*. 4. ed. São Paulo: Martins Fontes, 2008.

Sites

Centro de Referência em Educação Mário Covas: <www.crmariocovas.sp.gov.br>.

Ministério da Educação: <http://portal.mec.gov.br/seb/arquivos/pdf/Ensfund/noveanorienger>.

Net Educação: <www.neteducacao.com.br>.

Nova Escola: <http://revistaescola.abril.com.br/>.

Portal do Professor: <http://portaldoprofessor.mec.gov.br/index.html>.

Todos pela Educação (biblioteca): <www.todospelaeducacao.org.br/biblioteca>.

Vinte e um filmes voltados para a educação (sugestões e sinopses): <www.lendo.org/21-filmes-em-que-a-educacao-e-um-tema-criativo>.

(Acesso em: 5 mar. 2015.)